U0687554

金融工程

（第二版）

JINRONG GONGCHENG

主　编　陆珩瑱
副主编　冯　颖

中国金融出版社

责任编辑：谢晓敏
责任校对：李俊英
责任印制：王效端

图书在版编目（CIP）数据

金融工程／陆珩瑱主编．-- 2 版．-- 北京：中国金融出版社，2024. 9.
--（21 世纪高等学校金融学系列教材）．-- ISBN 978-7-5220-2493-6
Ⅰ．F830. 49
中国国家版本馆 CIP 数据核字第 2024PM5256 号

金融工程（第二版）
JINRONG GONGCHENG（DI-ER BAN）
出版
发行 中国金融出版社
社址 北京市丰台区益泽路 2 号
市场开发部 （010）66024766，63805472，63439533（传真）
网 上 书 店 www. cfph. cn
（010）66024766，63372837（传真）
读者服务部 （010）66070833，62568380
邮编 100071
经销 新华书店
印刷 河北松源印刷有限公司
尺寸 185 毫米×260 毫米
印张 20. 25
字数 474 千
版次 2018 年 1 月第 1 版 2024 年 9 月第 2 版
印次 2024 年 9 月第 1 次印刷
定价 59. 00 元
ISBN 978-7-5220-2493-6
如出现印装错误本社负责调换 联系电话（010）63263947
编辑部邮箱：jiaocaiyibu@126. com

21世纪高等学校金融学系列教材
编审委员会

宋清华　中南财经政法大学　教授　博士生导师
张礼卿　中央财经大学　教授　博士生导师
张成思　中国人民大学　教授　博士生导师
张　杰　中国人民大学　教授　博士生导师
张桥云　西南财经大学　教授　博士生导师
张志元　山东财经大学　教授
陆　磊　中国人民银行　副行长
陈伟忠　同济大学　教授　博士生导师
郑振龙　厦门大学　教授　博士生导师
赵锡军　中国人民大学　教授　博士生导师
郝演苏　中央财经大学　教授　博士生导师
胡炳志　武汉大学　教授　博士生导师
胡金焱　山东大学　教授　博士生导师
查子安　金融时报社　原总编辑
贺力平　北京师范大学　教授　博士生导师
殷孟波　西南财经大学　教授　博士生导师
彭建刚　湖南大学　教授　博士生导师
谢太峰　首都经济贸易大学　教授　博士生导师
赫国胜　辽宁大学　教授　博士生导师
裴　平　南京大学　教授　博士生导师
潘英丽（女）　上海交通大学　教授　博士生导师
潘淑娟（女）　安徽财经大学　教授
戴国强　上海财经大学　教授　博士生导师

前言

金融学是一门年轻的学科，它从经济学中分离出来成为一门独立的学科不过半个多世纪。无疑，经济学是金融学的基础，金融学发展的过去、现在和将来都必须不断地从经济学的研究成果中汲取营养。但是，金融学从内容、方法到工具，都已经形成了自己独有的学科特色。它不但已经是一门科学，而且在向工程化方向发展，直接地、大规模地创造经济效益和社会效益。

从 20 世纪 70 年代开始，随着各国金融管制的放松，金融自由化席卷全球，导致全球市场一体化趋势不断加强，金融创新达到了前所未有的高度，金融风险不断加剧引发了作为金融风险管理手段的金融衍生工具的爆炸式增长，从而使金融业发生了全面而深刻的变化。在这一过程中，萌芽于新古典金融学的金融工程思想开始逐渐成形，并成为金融创新和金融衍生工具不断发展的理论基础和技术保证。到了 20 世纪 90 年代，人们开始在金融领域内大范围地运用金融工程的思想、方法和技术来解决日益复杂的金融、财务问题，这些问题的解决方案中逐渐打上了越来越深的“工程化”烙印。相应地，金融学科也从传统的描述性和分析性的阶段过渡到了工程化的阶段。

1991 年，国际金融工程师协会的成立标志着金融工程学科的正式诞生。随后，美国的很多大学都先后成立了金融工程这一专业，虽然名称不尽相同，然而无论是金融工程、金融数学、数学金融还是计算金融，本质都是一样的，将数理分析、电脑技术、电信技术、自动化及系统工程全面导入金融领域，并运用运筹学、数学建模、数值计算、网络图解、仿真技术、人工神经元等前沿工程技术，设计、开发金融产品，创造性地解决各种金融问题。作为“金融业的高科技”，金融工程被广泛应用于公司财务、贸易、投资、兼并重组以及风险管理等领域，使金融领域呈现出全新的面貌和广阔的发展前景。

2008 年国际金融危机引发了金融学者和实务界对金融衍生品的反思。金融衍生品作为金融创新产品，其诞生的基础在于对金融风险规避的需求，虽然在实际过程中由于过度使用引发了系统性风险，但不应质疑金融工程本身，未来金融工程领域会继续为金融行业以及实体经济提供更多的理论和工具以规避风险。

我第一次了解金融工程是在攻读博士学位期间，当时读了两本关于金融工程的书，一本是马歇尔及其助手编写的《金融工程》（宋逢明等译，清华大学出版社出版），这是系统而全面地介绍这一新兴学科的著作。马歇尔教授原来是国际金融工程师学会的执行主席，是国际上创立这一学科的先驱之一。另一本是格利茨著的《金融工程学》（唐旭等译，经济科学出版社出版）。这两本书将我带入了金融工程的世界，了解了金融工程这一新名词及其内涵。其后，我认真研读过宋逢明、叶永刚、郑振龙、林清泉、王晋忠等老师的金融工程教材，让我更深地理解了金融工程，感谢各位前辈学者。

我从事金融工程这门课的教学已经有 19 年了，教学过程加深了我对金融工程的理解。随着教学改革的不断深入，我开始思考如何通过金融工程这门主干课程让学生更深刻地理解和领悟金融工程的基本思想和实际应用，最终于 2018 年出版了《金融工程》第一版。此教材出版后，陆续收到了不少老师和学生的意见和建议，我们自己也发现了一些错误，特别是随着时间的推移，其中不少内容已显陈旧。因此，我们对全书进行了全面的修改，内容整体保留了原有框架，修订重点在于改错和更新，特别是补充了部分最新的案例。

本书的基本思路如下：首先介绍金融工程有关的基本金融原理，其次重点介绍金融衍生工具，最后是金融工程的实际应用。鉴于教学改革中的翻转课堂要求，本书力求让学生可以通过教材和相关资料的阅读基本了解相关知识，教学过程中以学生为主，教师通过引导、案例讨论等方式强化学生的认识和理解。

鉴于自己的学识和水平有限，本书难免有许多错误和不当之处，恳请各位前辈、同行、同学们批评指正，我的电子邮箱：Luhengzhen@ nuaa. edu. cn。

中国金融出版社对这本书的出版给予了高度重视和支持，在本书即将付印之际，谨向有关编辑表示最诚挚的谢意！

陆珩瑱
2024 年 6 月
于南京航空航天大学

目　录 Contents

21世纪高等学校金融学系列教材

第一篇

金融工程概论

第一章
金融工程概论

本章学习目标

通过本章的学习对金融工程有一个全面的了解。掌握金融工程的内涵及其特点，了解金融工程的演进和发展，掌握金融工程的知识框架，清楚其研究对象，了解其运用领域。

知识结构图

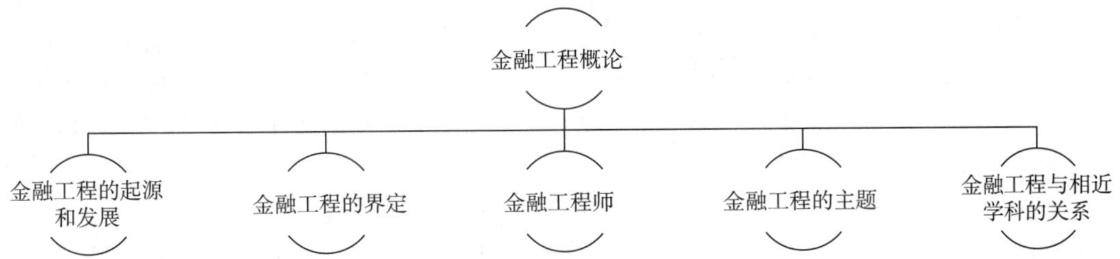

金融工程是20世纪80年代中后期才涌现出来的一门新兴学科，该学科将数理分析、电脑技术、电信技术、自动化及系统工程全面导入金融领域，并运用运筹学、数学建模、数值计算、网络图解、仿真技术、人工神经元等前沿工程技术来设计、开发金融产品，创造性地解决各种金融问题。作为“金融业的高科技”，金融工程被广泛应用于公司财务、贸易、投资、兼并重组以及风险管理等领域，使金融领域呈现出全新的面貌和广阔的发展前景。

第一节　金融工程的起源和发展

一、金融工程的起源

金融工程的思想早在两三千年前就已经产生。据说，在古希腊时期就有期权思想的萌芽。从16世纪欧洲出现的“郁金香热”，到17世纪初阿姆斯特丹银行利用工程化思想最早尝试发行银行券，再到1848年美国芝加哥商品交易所成立并开始交易商品期货，可以看到具有金融工程性质的活动在很早就已经比较普遍，金融业已经开始将数理分析技术引入到金融业务和交易的决策中来。进入20世纪80年代，随着金融自由化和金融创新的发展，金融工程开始大显身手，尤其是在资本市场的投资银行业务方面，形形色色的新型金融产品被创造出来并投放到市场，使金融活动变得极其丰富多彩，大大地增强了市场流动性，提高了市场的效率，发展了市场的完全性。进入20世纪90年代，金融工程向商业银行和保险业全面渗透。金融工程为保险业提供风险量化手段与产品创新技术，为商业银行控制和管理风险创造出各种各样的新技术和新工具。到20世纪90年代后期，信用衍生品市场产生，使信用风险可以通过市场交易进行转移和配置，满足了经济主体管理信用风险的需要，目前这一新兴市场仍方兴未艾。

科学史的研究发现，每一门真正可以称之为科学的学科，其成长过程都要经历三个阶段：第一个阶段是描述性的，第二个阶段是分析性的，最后一个阶段是工程化的。如现代生物工程和遗传工程的兴起，标志着生物学及遗传学的工程化。实际上，一门科学学科只有在工程化后，才能大规模地创造出经济效益和社会效益。金融科学正如这些科学一样，经历了描述性阶段和分析性阶段之后，在20世纪80年代后期发展到了工程化的阶段——金融工程学。金融工程的产生把金融科学推到一个新层次。

（一）第一阶段：20世纪50年代初期前，金融科学的描述性阶段

在20世纪50年代初期前，金融学的研究大多是依赖于经验分析而非理论上的、合乎规范的探讨，没有精确的数量分析。

（二）第二阶段：20世纪50年代初至70年代末期，金融科学的分析性阶段

一般认为，现代金融理论起始于20世纪50年代初哈里·马柯维茨（Harry Markowitz，1952，1956，1959）提出的投资组合理论，这不但奠定了现代有价证券组合理论的基础，而且也被看作是分析金融学的发端。

事实上，马柯维茨证明了投资者的一个最优资产组合，即在既定方差水平上有最大收益率或在既定收益水平上有最小的方差的资产组合，将是一个均方差有效率的资产组合，并将投资者的资产选择问题转变成一个给定目标函数和约束条件的线性规划问题。正是这个贡献引发了大量的现代证券组合理论研究。20世纪60年代早期，利兰德·约翰逊（Leland Johnson，1960）和杰罗斯·斯特因（Jerose Stein，1961）把证券组合理论扩展到套期保值，从而形成现代套期保值理论。以威廉·夏普（William Sharpe，1961）、约翰·林特纳（John Lintner，1965）和简·莫辛（Jan Mossin，1966）为代表的一批学者，把注意力从马柯维茨的对单个投资者的微观主体研究转向对整个市场的研究，考虑所有遵循马柯维茨假设下的投资者的共同行动将导致怎样的市场状态，并先后在1964年和1965年得出了有关资本市场的均衡的相同结论，创造地提出了著名的资本资产定价理论。但资本资产定价理论严格的假定条件却给经验验证造成了很大障碍，使学者们不得不致力于对假定条件进行修改，以使其更符合实际。以迈耶斯（Mayers，1972）、罗伯特·默顿（Robert Merton，1973）、艾尔顿和格鲁伯（Elton & Gruber，1978）为代表的学者，在放松其中的某个假定条件，而保留其他假定条件不变的情况下研究资产定价模型。以费雪·布莱克和迈伦·斯科尔斯（Fisher Black & Myron Scholes，1971）、罗斯（Ross，1976）为代表的学者，基本放弃资本资产定价理论假定，以

新假定条件为出发点重新建立模型，从而分别提出了第一个完整的期权定价模型①和套利定价理论，标志着分析型的现代金融理论开始走向成熟。也可以说，完成了现代金融理论从描述性科学向分析性科学的飞跃。尤其是在罗伯特·莫顿（Robert Merton）的著作中，新的方法得到了最清晰的体现，他为分析金融学奠定了大量的数学基础，取得了一系列突破性的成果。

（三）第三阶段：20世纪80年代初以来，金融科学的工程化阶段

20世纪80年代在金融理论上也是多产的。工作主要集中于扩展早期理论、检验新的金融工具和新金融市场的运作，对风险管理工具和技术进行非常细致而必要的观察分析等方面。实际上，进入20世纪80年代，在努力寻求一个性状良好的均衡定价模型进展甚微时，一部分学者不再像当初马柯维茨那样对投资者效用函数之类作规范性研究，而是通过实证分析方法考察信息与股价变动的关系。具有代表性的有恩格尔（Engle，1982）提出的p阶条件异方差自回归（ARCH（p））模型。

在此之后，新一代金融经济学家突破传统的方法论和思维方式。如摒弃风险与收益呈线性关系的假定，采用非线性的动态定价模型，如指数广义自回归条件异方差（EGARCH）模型、非对称广义自回归条件异方差（AGARCH）模型等，甚至尝试放弃风险与收益存在正相关关系的基本假设条件，提出了具有黑盒子性质的定价核（Price Kernel）概念。实现现代金融理论从分析性科学向工程化科学过渡的主要贡献者是达莱尔·达菲（Darrell Duffie）等，他们在不完全市场一般均衡理论方面的经济学研究为金融创新和金融工程的发展提供了重要的理论支持。他们从理论上证明了金融创新和金融工程的合理性和对提高社会资本资源配置效率的重大意义。以金融工程作为技术支持的多种创新活动不仅转移价值，而且通过增加金融市场的完全性和提高市场效率而实际地创造价值。

20世纪80年代末期，一些学者意识到金融作为一门科学正在经历第二次根本性的变革，即由分析性科学向工程化科学转变。如海恩·利兰德（Hayne Leland）和马克·鲁宾斯坦（Mark Rubinstein）开始谈论“金融工程新科学”。1988年约翰·芬尼迪（John Finnerty）给出金融工程的正式定义。

但金融工程作为一门独立的学科直到20世纪90年代才得以确立并获得迅猛发展。宋逢明（1998）认为其确立的重要标志是1991年国际金融工程师学会的成立。

二、金融工程发展动因

金融工程的发展是多种因素共同作用的结果。其中，主要因素包括经济因素、技术因素、人才因素和理论因素四个方面。

（一）经济因素

经济因素主要包括两个方面。一方面是经济环境急剧变化导致的经济活动中的不确定性增加，或者说各类价格的波动性增大。这主要表现为：其一，20世纪70年代布雷顿森林体系崩溃导致的汇率波动增大，汇率通过“利率平价”引起利率的波动加大，利率变动又导致金融资产的价格波动。为规避这种汇率和利率风险，各种风险管理技术便应运而生，如期

① 1971年还没有场内期权市场，布莱克—斯科尔斯期权定价模型可以说是自经济学产生以来唯一的一次领先于经济事实的理论发现。

货、期权、套期保值等。其二，20 世纪 70 年代两次石油价格冲击，导致全球通货膨胀加剧，通胀的压力导致了市场浮动利率的盛行。其三，逃避金融管制引致的金融创新。

20 世纪 80 年代以前，西方各国政府对金融机构实行严格管制，如分业经营和利率管制等，给金融机构的生存带来了不利影响。这样，金融机构便通过组织创新、工具创新等来逃避金融管制，金融创新的迅猛发展推动了金融工程的发展。

另一方面的经济动因是经济增长促进了社会财富的增长，引致了经济生活中广泛的理财需求，如家庭理财、公司理财等，这些需求推动了个性化金融服务和金融产品的创新。特别值得一提的是，公司理财中一个重要方面是合理避税的需求。许多国家的政府为本国某些经济政策的需要，采用税收减免或差别税率等税收政策。这些税收的不对称，给金融工程师以利用的机会，运用金融工程的手段帮助企业实现有效的避税。

（二）技术因素

技术因素主要是指相关科学发展对金融工程的推动作用，包括数理分析技术、计算机信息技术以及数值计算和仿真技术等。

数理分析技术主要包括数学方法和统计计量学方法，这些方法应用于经济研究领域，促进了经济学的科学化进程，反过来，社会科学的复杂性特征也促进了这些学科自身的发展。数理分析方法包含的内容很广泛，从基本的代数、微积分、概率论和线性代数，到微分方程、运筹学和优化技术，再到模糊数学、博弈论、随机过程、拓扑结构、泛函分析、实分析、非参数估计、时间序列分析。此外，还有混沌理论、小波理论、遗传算法、神经网络、复杂系统理论等，都已经在金融研究和实践中得到了广泛的应用。

计算机信息技术对金融工程的发展也起到了关键性的推动作用。计算机硬件和软件、远距离数据传送技术和存储设备的显著改进，使实施大型的金融技术成为可能。利用计算机编程操作，可以进行巨量数据的分析处理和高速的复杂运算。因此应用这些工具的交易员能够用比对信息技术不熟悉的竞争者快得多的速度发现定价失衡并利用其进行套利。而且，信息技术也为金融交易员提供了在线分析工具，这些分析工具能够利用金融市场的实时数据进行计算。因此，为了在竞争中占据优势地位，许多大型金融机构大量投资购买硬件设备，在金融机构内部开发研制分析技术及软件，这些系统和分析工具的使用，大大缩短了开发金融产品和进行交易决策的时间。反过来，大规模数据演算能力的提高，又激励研究者进一步扩展理论和分析技术，以前有一些研究方法和思路因为计算方面的原因而被迫放弃，现在这些研究重新变得可行而有意义了。

数值计算和仿真技术的发展对金融工程也起到很大的推动作用。我们知道，通常的理论模型有着严谨的推导和封闭形式的解。但这些模型的成立总是建立在一些必不可少的对市场环境和其他方面的假设的基础之上。对金融市场的交易和操作来说，与实际不符的假设条件会使模型本应有的功能失效。采用数值计算和仿真技术建立的模型则要灵活得多，相对容易建立，而且也容易推广使用，不像理论模型那样需要极为严格的逻辑思辨，因为许多逻辑推理是由计算机程序帮助实现的。基于数值计算和仿真技术建立金融产品估价模型的方法大大提高了金融产品创新的速度。估价方法的重点从严格的封闭式的模型转移到不那么高深而计算量很大的方法，计算机信息技术的支持使这种方法得以广泛地应用。这类数值计算和仿真技术有代数格模型、有限差分和统计模拟等。

（三）人才因素

金融工程活动是一个知识和智力密集型的创造过程，没有雄厚的人才资源支撑，是不可能开展大规模的金融工程活动的。而且，这些高智商人才的行为方式对金融工程的运作和发展有极大的影响；换言之，金融工程的许多特征，原本就是这些参与金融工程的人才所带来的。极端地说，金融工程不过是金融工程师活动的方式，是这些人才的内在素质或知识结构的体现而已。因为，从事金融工程的这些专家们的知识结构、思维方式和行为方式是具有继承性和惯性的，这些特征必然带入并烙刻在金融工程活动之中。由于他们具有良好的数理知识功底、工程技术思维和极强的计算机分析应用技能，因此便形成了金融工程活动中显著的数理特征和工程化特征。金融工程师大量的日常工作同物理学家一样，是编写计算机程序。例如，布莱克—斯科尔斯期权定价模型诞生之后，该模型及其大量的改进模型，都被金融工程师写成易于使用的程序，输入交易者的计算机来帮助交易者进行买卖。

“冷战”结束之后，大量的物理、数学人才转向了金融领域。美国十几年间招募了数以千计的数学家、物理学家、计算机科学家和工程师从事金融工程的研究，这些人才被统称为“火箭科学家”（Rocket Scientists），这个现象被西方广泛报道为“火箭科学家向华尔街的大规模转移”。现在许多投资银行、商业银行、金融机构雇用具备金融学、数学、计算机科学等多方面的专业知识的金融工程师，从事金融产品的开发和研究，为客户解决复杂的金融难题，以达到客户满意、公司盈利的目的。为了回应金融企业的需求，全球许多著名大学的数学系建立了职业项目，培养具有深厚的数理分析和计算机技能的金融人才。

（四）理论因素

无论将金融工程视为一种金融创新的实践，还是一门新兴的金融学科，它都是金融理论发展到一定阶段的一种体现，都要带上不同阶段金融理论的烙印。

现代金融学理论最早可以溯源到1896年欧文·费雪（Irving Fisher）提出的资产定价关系的基本原理，即一种资产的价值等于该资产未来产生的现金收入流量现值的总和。本杰明·格雷厄姆（Benjiaming Graham）和大卫·多德（David Dodd）于1934年提出了证券定价理论。1938年弗雷德里克·麦考莱（Frederick Macaulay）关于久期（Duration）的理论成为资产负债管理中普遍应用的工具。1952年马柯维茨开创了现代金融理论。马柯维茨的资产组合选择理论和莫迪利安尼—米勒的M－M定理的提出促成了“华尔街的第一次革命”，为现代金融理论的定量化发展指明了方向，由经济学中的完全竞争市场发展出来的“无套利”原则为资本市场定价提供了理论基础。资本资产定价模型（CAPM）和套利定价模型（APT）的发表，标志着分析型的现代金融和财务理论开始走向成熟。而且，银行金融界的实务人员开始实际地应用这些发展出来的理论和工具进行资产组合选择和套期保值决策。1973年布莱克—斯科尔斯定价公式为金融工具的定价提供了第一件有用的武器，促成了“华尔街的第二次革命”。围绕定价问题，金融市场理论为金融工程的发展提供了理论依据。此外，20世纪80年代达莱尔·达菲的工作从理论上证明了金融创新和金融工程的合理性以及其对提高社会资本资源配置效率的重大意义。从而，金融科学的工程化不是只给一部分人带来好处，也为整个社会创造效益。

金融工程的发展是多种因素综合作用的结果，如果说经济动因是金融工程形成和发展的需求方面的因素的话，那么，其他各类动因都是金融工程形成和发展的供给方面的因素。

第二节　金融工程的界定

一、工程学与金融工程

工程学是通过研究与实践应用数学、自然科学、社会学等基础学科的知识，来达到改良各行业中现有建筑、机械、仪器、系统、材料、化学和加工步骤的设计和应用方式的一门学科。

工程学与经济学之间的联系历史悠久。瑞士洛桑经济学派第一代掌门人、数理经济学派代表人物、集边际学派之大成的新古典经济学派代表人物之一的勒翁·瓦尔拉斯（Léon Walras）早在一百多年前提出经济一般均衡理论时，就是参考了当时一位法国工程师潘索（L. Poinsot）的一本机械工程学的教科书《静态要义》。瓦尔拉斯在 1901 年时曾向一位朋友透露，他是在 19 岁时第一次读到这本书的，从那时候起，他始终都在读这本书，以期从中得到一些领悟。与该书中充满联立方程式系统一样，瓦尔拉斯的一般经济均衡理论中也充满着联立方程式，这些方程式有的是均衡方程式，有的是条件方程式，分别代表着各个不同市场的均衡。他大胆假设，只要系统中代表均衡的联立方程式的独立方程式的个数等于未知数的个数，则此联立方程式系统就可解，因此各个市场可以出清，且同时达到均衡。1954 年，德布鲁（Gerard Debreu）与阿罗（Kenneth Arrow）共同给出了一般经济均衡的严格证明。

工程的本义，是将自然科学的原理运用到物质生产领域中去而形成的学科。至于金融工程，显然是工程学从物质生产领域向金融服务贸易领域的一种延伸。这是符合工程的质的规定性的，因为工程是利用已有的知识解决面临的问题，只是在解决问题时不是单向思维，工程问题应有最佳的解决方案，必须考虑诸多因素，采取最可靠的和最经济的方式方法。《简明不列颠百科全书》（1985）也是这样诠释工程的含义的，“工程问题应有最佳的解决方案，要考虑许多因素，取最可靠和最紧急的方法”。因此，用金融工程这个概念来概括那些需要综合利用多学科进行研究、设计和开发的，具有复杂性特征的现代金融活动是合适的。

二、金融工程的定义

金融工程作为一门新兴学科，其自身仍处于变化与发展过程中，对其认识与界定远未取得一致。不同的学者从不同的角度出发给出了不同的定义。

美国金融学家约翰·芬纳迪（John Finnarty）认为，广义的金融工程包括创新金融工具与金融手段的设计、开发与实施，以及对金融问题给予创造性的解决。马歇尔和班赛尔在其《金融工程》一书中十分推崇这一定义。这一定义中特别需要重视的是“创新”和“创造”两个词，它们包括三个层次的意义：一是金融领域中思想的跃进，其创造性最高，如创造出第一个零息债券，第一个互换合约；二是指对已有的观念作出新的理解和应用，如将期货交易推广到以前没有涉及的领域，发展众多的期权与互换的变种；三是指对已有的金融产品进行重新组合，以适应某种特定的情况，如远期互换、期货期权、互换期权等。

1993 年美国罗彻斯特西蒙管理学院教授克里弗得·史密斯（Clifford W. Smith）和大通曼哈顿银行经理查尔斯·史密森（Charles W. Smithson）合著的《金融工具手册》中对金融工程的定义是：金融工程创造的是导致非标准现金流的金融合约，它主要是指用基础的资本市场工具组合成新工具的工程。这一定义着眼于创造“非标准”的新金融工具。金融工具的标准与非标准，是指金融工具是否被市场普遍接受并交易，实际上每一种标准的金融工具，都经历过一个由非标准的金融工具到被市场接纳、改进、批量生产、集中交易的过程。金融工程实际上是为特定的客户量体裁衣，设计特定的、非标准的金融工具的过程。

洛伦兹·格利茨（Lawrance Galitz）在《金融工程学》中提出了一个“统一”的定义：金融工程是应用金融工具，将现有的金融结构进行重组以获得人们希望的结果。比如，对于投资者来说，金融工程能够在风险一定的情况下获得更高的投资收益（如期权）；对于公司财务人员来说，金融工程可能帮助消除目前尚处在投标阶段的项目风险；对于筹资者来说，金融工程可以帮助他们获得更低利率的资金。虽然一方所希望的结果，另一方也许是不希望看到的，但总之双方对这笔交易都感到满意。该定义虽然强调的是对现有金融结构的重组，但很多方面更是一种创新，一些金融工程还是一种从无到有的发明创造。

国际金融工程师学会（International Association of Financial Engineers，IAFE）认为：一方面金融工程指运用多种数学、统计和计算机技术去解决金融的实际问题，这些问题包括期货、期权和互换在内的衍生金融工具定价，证券交易、风险管理和金融市场规制；另一方面金融工程是运用如远期合约、期货、互换、期权及相关产品等金融工具，去重新建立或者重组现金流以达到特定的财务目标，特别是财务风险管理的目标。在此基础上，给出广义的金融工程的定义：金融工程学是借助庞大而先进的金融信息系统，用系统工程学的方法将现代金融理论与计算机信息技术综合在一起，通过建立数学模型、网络图解、仿真技术等各种方法，设计开发出新型的金融产品，创造性地解决各种金融问题的学科。

国外对金融工程的一般定义如下：金融工程（Financial Engineering）是用数学和工程学的方法建立金融模型（如描述股价浮动的随机微分方程），侧重于衍生金融产品的定价和实际作用，它最关心的是如何利用创新金融工具，更有效地分配和再分配个体所面临的形形色色的经济风险，进而计算金融收益与风险的一门学科。

国内学者也给出了类似定义。清华大学宋逢明的《金融工程原理》序言中认为，金融工程是将工程思维引入金融领域，综合地采用各种工程技术方法（主要有数学建模、数值计算、网络图解、仿真模拟等）设计、开发和实施新型的金融产品，创造性地解决各种金融问题。中国人民大学林清泉的《金融工程》给出的定义是：金融工程是以一系列的现代金融理论作为基础，运用一定的金融技术，研究和解决特殊问题，从而满足金融市场上特定的风险规避和效率提高需求，其结果是产生创新性的金融产品和创造性的解决方案。武汉大学的叶永刚、郑康彬的《金融工程概论》指出，金融工程指创造性地运用各种金融工具和策略来解决人们面临的各种金融与财务问题。

综上所述，金融工程学是将工程思维引入金融领域，将现代金融理论与计算机信息技术结合在一起，综合地运用各种工程技术设计、开发和实施新的金融产品，创造性地解决各种金融问题。

三、金融工程的特点

金融工程作为一门新兴学科还在发展变化中，人们对它的界定也存在一定程度的差别，但是它作为一门学科的基本体系是完整的，它自身的学科特点也是明确的。概括起来，它有以下五个特点。

（一）实用性

金融科学的工程化本身就已经表明，金融学已经从抽象的理论中走出来，开始面向客户、面向市场。金融工程是根据客户需要和市场的状况，运用金融工程技术和金融工程工具来制造出满足客户需要的产品，圆满地解决金融实际问题。形象地说，可以把金融工程看作以一个个种类各异的金融工具为原件，装配成一架具有特殊性能的机器，生产出最适合客户特点的产品；也可以将一个个金融工程部门比作一家家缝纫店，为不同需求的客户“量体裁衣”，制作出一件件个性化“时装”。

（二）最优化

金融工程不仅要应用金融工程解决实际问题，而且还要在现有的约束条件下找到最优的解决办法。最优化是金融工程的思维核心，是量体裁衣和个性化服务的指导思想，它在形式上常常是通过创造出非标准化的现金流来实现的。金融工程在解决任何金融实际问题中都以此为指南，根据不同客户的风险/收益偏好，运用金融工程技术，提供给客户最满意的产品和服务。

（三）定量化

金融工程在制造产品、提供服务以及解决实际问题的过程中，对资产的定价、对风险和收益的衡量、对金融工具的创造以及组合分解都需要准确地定量分析。一丝偏差都会带来错误的结论，给服务对象带来负面的后果甚至重大损失。因此，金融工程广泛地运用了现代数量知识与统计工具，主要有数学建模、数值计算、网络图解等技术手段，数理知识作为金融工程的工具成为了一个突出的特点。正是因为把数理工具和现代金融原理结合起来，才使得金融工程提供的产品和服务有了坚实的科学基础。

（四）综合化

金融工程的内容极其繁杂，其变化与新的发展又无比迅猛。它除了运用现代数理知识为其主要工具外，还引入了尖端的信息技术、自动化及系统工程、仿真技术、人工神经元等前沿技术，也用到与系统科学和决策科学有关的知识。自然科学和工程的方法向金融工程全面地渗透，使得金融工程的技术手段更加丰富多彩，增强了金融工程解决实际问题的能力和效率，在金融领域展现出了全新的面貌和广阔的前景。

（五）创造性

金融工程的目的是要达到最优化，金融工程在实现这一目的的过程中时时处处体现出了创造性的特点。金融工程可以根据不同的具体情况来为客户设计出最令人满意的金融产品，这一过程就是运用各种先进技术对客户将面临的收益/风险状况进行定量、分解、选择、削弱或加强、再聚合的创造性过程。

金融工程还根据客户提出的目标来设计和安排各种金融活动供客户选择，并对选出的方案进行优化，这需要金融机构在负债业务、资产业务及中间业务方面进行开发与创新。

金融工程还要进行新型金融手段和金融技术的开发，包括金融交易过程中套利机会的发掘、金融交易与支付、清算系统的创新等。

以上金融工程学科的特点有着内在的逻辑联系，实用性是金融工程目的的体现，金融工程必须能够有效地解决实践中存在的问题。最优化是金融工程的导向，金融工程对实际问题的处理，不仅要解决问题，而且还要时时处处体现最优化的特点，要最好地满足客户和市场的需要，对实际问题提供完备的解决方案。创造性是金融工程实现最优化解决实际问题的手段，通过金融领域中思想的跃进和新型工具的创造，或者对已有的观念做出的新的理解和应用，以及对已有的金融产品和手段进行重新组合以适应某种特定的情况来实现最优化。定量化是金融工程的工具，金融工程运用现代数理知识和统计技术来进行量化，通过创新，达到最优化解决实际问题的目的。综合化是金融工程有效解决实际金融问题的保障，正是因为综合了多种学科的知识，特别是工程技术和现代信息技术，才使得金融工程的产品设计、开发、制造有了可行性和有效性。

第三节　金融工程师

一、何谓金融工程师

金融工程师是指利用基本的金融工具和手段，运用大量的数理知识和工程技术，设计和开发新型金融工具并创造性地解决金融问题的专业人才。

金融工程师始于20世纪80年代初的伦敦金融界，与传统的金融理论研究和金融市场分析人员不同，金融工程师更加注重金融市场交易与金融工具的可操作性，将最新的科技手段、规模化处理的工程方法应用到金融市场上，创造出新的金融产品、交易方式，从而为金融市场的参与者赢取利润、规避风险或完善服务。20世纪90年代初，大通曼哈顿银行和美洲银行等金融机构先后创建金融工程部门，金融工程师正式登上历史舞台。

金融工程师通过基本的金融工具，如股票、债券、期货等，依据客户的要求设计加工，使收益、币种、风险和期限形成合理的组合，构成较复杂的金融创新产品，以提高收益，降低风险。金融工程师主要在商业银行、投资银行、保险公司、证券公司、基金公司、财务公司等机构从事产品开发、定价、风险及投资组合管理工作，一般具有经济或理工科的学术或知识背景。

二、金融工程师的特点

金融工程师共同的特点是，具有与所处行业相关的金融理论知识并且都具有创造性，创造性是金融工程师的灵魂。一方面，金融工程涉及的范围非常广泛，因此不同的金融工程师的侧重点不同，有的擅长风险管理，有的则擅长公司并购方案设计，由于金融工程大量引进运筹技术、仿真模拟技术、人口智能与自动化技术、知识工程与专家系统、近似推理、人工神经元网络等最先进、最前沿的科学技术，对风险收益进行测算与评估，使得新型金融工程产品的定价计算异常烦琐复杂，需要精通数理技术的专家来完成。而在另一方面，美国等发达国家由于缩减或放慢太空探索计划和别的一些重大项目的研究，使得一大批天体物理学家、遗传学领域的精英投身于金融领域，进行复杂的数理分析与计算正是这些人的长处。因此，复杂金融产品的定价工作则责无旁贷地由这些精通数理技术的专家来完成。由于大多数这样的专家以前曾经是火箭发射、天体物理等方面的科学家，因此当他们转行到金融工程领域后，仍被业内人士尊称为“火箭科学家”。

国际金融工程师协会从 1993 年起每年颁发一个金融工程师年度人物奖（Financial Engineer of the Year Award）。[①] 这些年度人物（如 1993 年的 Robert C. Merton、1994 年的 Fischer Black 等）的研究成果构成了金融工程理论发展的主旋律。

 专栏 1－1

迈伦·斯科尔斯（Myron S. Scholes，1941—）

迈伦·斯科尔斯于 1941 年出生在加拿大安大略省的提民斯（Timmins），1962 年于麦克马斯特大学获得经济学的学士学位。就读麦克马斯特大学时，一位教授介绍他认识了乔治·斯蒂格勒（George Joseph Stigler）与米尔顿·弗里德曼（Milton Friedman），这两位芝加哥大学的经济学家后来也都获得了诺贝尔经济学奖。迈伦·斯科尔斯获得学士学位后决定前往芝加哥大学进行经济学研究，1964 年获得工商管理硕士学位，1969 年获得博士学位。迈伦·斯科尔斯于 1972—1983 年执教于芝加哥大学。1983 年至今执教斯坦福大学。

获博士学位后有两份工作供他选择，其一是得克萨斯大学副教授，年薪 17 000 美元，且可当企业顾问；另一个是麻省理工学院（MIT）助教，且不准兼职。但斯科尔斯最终接受了 MIT 的聘约。此后不久他遇到了费雪·布莱克（Fischer Black），由于他们两人都对资本资产定价模型（CAPM）的检验有共同的兴趣，而且都对期权定价理论有相似的见解，所以尽管两人性格差异很大，但却很快成为好朋友，也成为学术研究的合作伙伴。1972 年斯科尔斯与布莱克合写的《期权合约定价和市场有效性检验》《资本资产定价模型：詹森作的一些实证检验》两篇论文成为 CAPM 检验与市场有效性研究领域的重要文献。

斯科尔斯与费雪·布莱克于 1973 年发表《期权定价和公司债务》一文中给出了期权定价公式，即著名的布莱克—斯科尔斯公式。它与以往期权定价公式的重要差别在于只依赖于可观察到的或可估计出的变量，这使得布莱克—斯科尔斯公式避免了对未来股票价格概率分布和投资者风险偏好的依赖，这主要得益于他们认识到，可以用标的股票和无风险资产构造的投资组合的收益

① 历届金融工程师年度人物奖名单：

Robert C. Merton 1993；Fischer Black 1994；Mark Rubinstein 1995；Stephen A. Ross 1996；Robert A. Jarrow 1997；John C. Cox 1998；John C. Hull 1999；Emanuel Derman 2000；Andrew W. Lo 2001；Jonathan E. Ingersoll，Jr. 2002；J. Darrell Duffie 2003；Oldrich A. Vasicek 2004；Phelim Boyle 2005；James H. Simons 2006；Jack L. Treynor 2007；Robert Litterman 2008；Richard Roll 2009；Peter P. Carr 2010；Robert F. Engle 2011；Robert Litzenberger 2012；Douglas T. Breeden 2013；Martin L. Leibowitz 2014；Eduardo Schwartz 2015；Hayne Leland 2016；Michael Brennan 2017；Francis Longstaff 2018；Cliff Asness 2019；Paul Glasserman 2020；Dilip B. Madan 2021；Hélyette Geman 2022；Leif B. Andersen 2023。Myron S. Scholes 在 2001 年获得了国际金融工程师协会颁发的终身成就奖（Lifetime Achievement）。

来复制期权的收益，在无套利情况下，复制的期权价格应等于购买投资组合的成本，期权价格仅依赖于股票价格的波动量、无风险利率、期权到期时间、执行价格、股票时价。正是这篇文章的开创性研究为他们带来了极大的荣誉，这篇文章所提出的布莱克—斯科尔斯期权定价模型对这一领域具有革命性的意义，也对后续金融领域的研究产生了广泛而深刻的影响。

利用布莱克—斯科尔斯公式对某一特定证券定价时，不像统计或回归分析那样，需要这种证券或与其相类似证券以往的数据，它可以对以往所没有的新型证券进行定价，这一特性扩大了期权定价模型的应用，为企业新型债务及交易证券如保险合约进行定价提供了方法。

三、金融工程师的工作

罗伯特·默顿（Robert Merton）1998 年提出，现代金融理论的三大支柱是资本时间价值、资产定价和风险管理。金融工程的三大支柱是在此基础上提出的，包括以下内容。

- 资产定价：运用各种模型为金融工具及其组合产品定价；
- 风险管理：通过组合各种工具提出规避风险的方案；
- 金融工具创新：为了解决金融问题创造新的金融工具。

对于金融工程师而言，“机械上的完美”是指能够通过设计合理的系统实现特定的金融目标。

金融工程师运用金融工程学的方法一般被分为以下几个步骤。

1. 问题诊断：识别金融问题的根源与核心；
2. 问题分析：根据当前的金融体制、金融技术以及金融理论，找出解决具体金融问题的最佳方案；
3. 工具产生：针对客户的具体金融问题而提出一种新的金融工具或工具组合；
4. 工具定价：为所提出的金融工具或工具组合确定成本和边际收益；
5. 方案修正：根据客户的特殊要求而对方案进行修正。

第四节　金融工程的主题

一、金融工程的基本架构

金融工程是在金融学发展到一定阶段的基础上，结合工程方法和信息技术而发展起来的一门综合性学科，其基本架构如图 1 - 1 所示。

金融工程是一门综合性学科，但它不是组成部分的简单加总，而是它们的有机结合。它形成了自身的知识结构和逻辑关系，主要由三部分组成：一是概念性的工具，二是实体性的工具，三是金融工程的方法与策略。

概念性的工具是指使金融工程成为一门正式学科的那些思想和概念，包括估值理论、证券组合理论、套期保值理论、资本资产定价理论、套利定价理论、期权期货定价理论、风险管理理论、会计关系、税收待遇等。

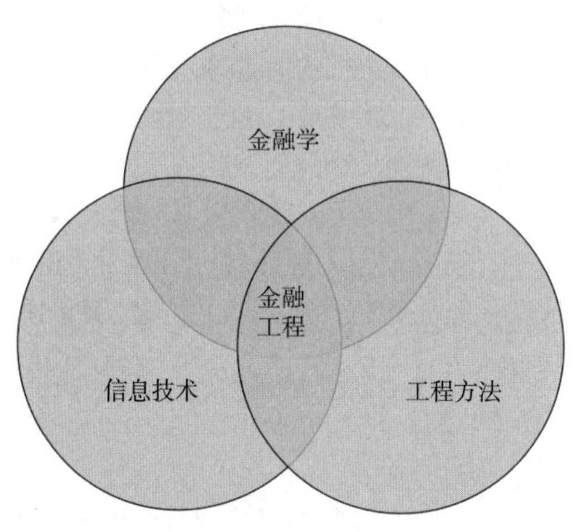

图 1-1　金融工程知识架构

实体性工具包括那些被拼凑起来实现某一特定目的的金融工具和金融手段。大体上有三大类，第一类是基础证券，主要是指股票、固定收益证券、货币等金融工具。第二类是衍生工具，既包括远期、期货、期权、互换等基本的衍生产品，也包括在此基础上产生出来的复合衍生产品，如期货期权、远期期权等。第三类是混合工具，是基础证券与衍生证券的结合，如可赎回债券、可转换债券等。

这些实体性工具既是金融交易的对象，也是金融工程组成更为复杂的金融产品的零部件。它们有现成的标准化规格或形式可供采用，也可以按照特定的需求单独定制，还可以应用种种不同的方法加以组合。如果一种金融工程结构不能令人十分满意，还可以将金融工具加以调整直至取得理想的结果。

金融策略是金融工程中利用概念性工具和实体性工具来解决金融实际问题的一些方法和技术，包括资产负债管理、套期保值以及相关的风险管理、套利、投机、避税策略、流动性管理、利用合成和剥离来升值等。

国际金融工程师协会网站列举了核心课程，包含经济和金融两大部分。经济部分包括微观经济学和宏观经济学。金融包括：利率期限结构，包括一般理论、数学（包括 CIR 和其他模型）；现金流定价，包括净现值、有效市场的应用、市场惯例；或有要求权定价；组合理论；资产定价（CAPM 及其他）；国际金融；业绩评价；信用风险定价；衍生工具与证券；远期、期货和互换；期权，包括一般理论、应用、数学；混合证券；资产支持证券（特别是抵押支撑证券）；经验构建；市场和流程；理解全球市场，包括货币市场、国债市场、外汇市场、股权市场、公司债券市场；债务发行程序；套利，包括经典的隐蔽利率、税收和监管。

除此之外，国际数量金融协会（International Association for Quantitative Finance，IAQF）也列出了核心课程（参见本章附表）。

二、金融工程的对象

金融工程研究的对象目前主要集中在以下三个方面。

1. 产品的设计、开发与创新。这里的产品是广义的产品，包括金融工具或服务、金融手段或方法以及金融方案等，这是目前金融工程的主要领域。新兴金融工具或服务的研究与开发，是根据市场需要和客户的特殊偏好，开发新的金融产品并为之创造市场。而优化金融机构运作，降低成本，规避金融管制的需求促进了新型金融手段和方法的开发。根据金融实践的需要，金融工程能够对金融问题提供系统完善的解决方案。

2. 风险管理。风险管理是金融工程的重要内容，包括对金融风险进行识别、度量、分配和处置。金融工程与风险管理有着极其深入的关系，在西方很多人将金融工程与风险管理等同起来。20 世纪 80 年代中期伦敦银行界开始设立由专家小组组成的风险管理部门，对公司的风险暴露提供结构化的解决方案。现在金融工程人才与客户公司合作，在识别风险、衡量风险和确定公司管理层想要获得的结果后，运用金融工程方法技术，提出风险管理的策略。

3. 资产定价。对资产的定价是金融工程又一重要的内容。从主观上讲，市场参与者通过资产定价，寻找套利机会，进行套利，获取收益；从客观上看，资产的定价能够使市场整体形成更为完善的金融体系，增强了整个金融市场的稳定性和有效性，促进有效竞争的实现。

在成熟的金融市场上，对大多数金融资产的定价并不是件困难的事情，我们可以通过市场上的相关信息确定出资产的内在价值。但是，对于那些不在市场上交易的资产，如专利、品牌等定价困难的资产，金融工程也提供了有效的方法来确定其价值。

三、金融工程的研究范围

金融工程学是20 世纪80 年代末90 年代初随着公司财务、商业银行、投资银行与证券投资业务的迅速发展而诞生的一门工程型的新兴交叉学科。它作为现代金融学的最新发展，标志着金融科学走向产品化和工程化。目前，学术界对国际金融工程学研究范围的观点有以下几种。

第一，约翰·芬纳迪（John Finnarty）从他对金融工程的定义出发，将金融工程的研究范围分为三个方面。

1. 新型金融产品和金融工具的设计和开发。金融工具是用于交换、结算、投资、融资的各种货币性手段，它包括基础金融工具和衍生金融工具。基础金融工具主要有利率或债务工具的价格、外汇汇率、股票价格或指数以及商品期货价格。衍生金融工具由基础工具衍生而来，主要包括远期、期货、期权和互换四种基本衍生工具和由它们通过变化、组合、合成三种方式再衍生出来的一种结构性和复杂型的衍生产品。

2. 创造性地为解决某些金融问题提供系统、完备的解决办法。通过应用前沿性的数量分析技术、电子通信技术、自动化系统工程、人工智能技术等对客户所面临的收益和风险状况进行评估、取舍、分解和重组。设计研究风险管理技术，从整体上构筑更为完善的金融体系，以增强整个金融市场的稳定性和有效性。

3. 新型金融手段的开发，即为解决某些金融问题提出完备的方法，包括公司融资结构的创造，公司理财及套期保值业务的执行，企业兼并收购方案的设计，资产证券化的实施等。

第二，美国圣·约翰大学工商学院约翰·马歇尔（John F Marshall，1992）从实务角度，认为金融工程的研究范围应包括以下四个方面。

1. 公司理财。当传统的金融工具难以满足公司特有融资需要（包括兼并与收购）时，金融工程师就要为其设计出适当的融资方案。

2. 证券及衍生产品等金融工具的交易。主要是开发具有套利性质或准套利性质的交易策略，这些套利策略可能涉及不同的地点、时间、金融工具、风险、法律法规和税率等方面的套利。

3. 投资与货币管理。开发新的投资工具和“高收益”共同基金、货币市场共同基金、回购反向回购协议以及将高风险投资工具转变成低风险投资工具的系统。

4. 风险管理。将各种风险管理方法组合而进行金融风险分析与管理工作。即对企业风险识别与风险度量之后，根据企业的管理目标，利用已有的金融工具构造出降低或避免风险的方案。

第三，清华大学宋逢明教授将金融工程类比于机械工程中的零件设计、结构设计、整机设计和对机器运作环境的研究，认为金融工程的研究范围可概括为以下四个层次。

1. 金融工具与金融手段的设计、开发与实施。

2. 风险管理技术，即运用各种金融工具与手段以达到预期的收益/风险目标。

3. 整体金融架构的创造，例如设计企业的兼并与收购的方案，资产证券化，设立货币市场基金，建立回购/反向回购市场等。

4. 对金融市场的研究，例如对金融市场的完全性、有效率性及金融市场一般均衡的研究，以及对金融市场在整个市场体系中的地位、作用的研究等。

这四个层次从微观到宏观概括了金融工程的研究范围。

值得说明的是，金融工程在实际运用方面，甚至已超出了金融和财务的领域。一些工业企业已把金融工程的技术方法应用于企业管理、市场营销、商品定价、专利权价值估算、员工福利政策的制定、商务契约的谈判等方面，取得了意想不到的成功。而且经常是只用一项简单的金融工程技术就可以解决原本相当复杂的问题。实际上，金融工程的理论与务实，可拓展到更为广阔的领域中，凡是牵涉到收益和风险权衡抉择和分配转移问题，金融工程都有用武之地。

第五节 金融工程与相近学科的关系

一、金融工程理论基础

金融工程学科属于金融理论、数量经济学、应用数学、统计学和计算机科学的交叉。因此，金融工程人才不仅需要掌握现代数学知识，特别是概率论、数理统计、随机过程和运筹学知识，而且还必须能够熟练地运用现代计算技术解决复杂的金融计算问题。但是，金融工程不应该脱离经济学，特别是金融学这一理论基础，只有打下了坚实的金融学理论基础，一些数学技术手段才能正确应用。因此，金融工程应该以金融经济学为基础，以数学方法、计算机技术为支持手段，为资本市场、金融中介和公司财务的发展提供创新服务。与金融工程相近的二级学科包括应用数学、统计学、数量经济学和金融学。然而，它们之间存在着根本的差别。

二、金融工程与其相近学科的关系

金融工程与二级学科应用数学、统计学及数量经济学的差别是显而易见的。例如，金融工程的根本问题是：对投资者而言，应如何利用可供选择的投资机会，才能极大化投资者的消费效用或投资收益，无论是投资组合选择、衍生资产定价，还是风险管理，最终都可归结为最优投资；对投资银行而言，应如何科学地设计、开发和实施具有各种不同风险和收益特性的新的金融产品（金融创新），以便尽可能地满足具有不同风险承受能力和风险态度的投资者的多样化需求。

虽然金融工程与二级学科金融学最相近，都研究金融问题（如资产定价问题），但是，二者仍然有着根本的差别。例如，国际著名的资产定价理论大师 Cochrane（2002）指出："金融学（Financial Economics）倾向于运用一般均衡思想研究基础资产的定价问题（如资本资产定价模型），或可称之为绝对定价（Absolute Pricing）；金融工程则侧重在基础资产价格已知的假设下，运用数学工具研究基于基础资产的衍生资产的无套利定价——或可称之为相对定价（Relative Pricing）。"

三、金融工程的若干不同称呼

金融工程是一门不断发展的学科，站在不同的角度，具有不同的称呼。例如，已有的称呼有计算金融（Computational Finance）、数理金融（Mathematical Finance）、金融数学（Financial Mathematics）、数量金融（Quantitative Finance）、分析金融（Analytical Finance）等。这些称呼不同的学科，内容却大同小异。无论称呼是什么，它们都运用概率论、随机过程、统计学、最优控制理论（运筹学）、（偏）微分方程数值方法和计算机技术研究金融理论及应用问题，属于金融学（经济学）、应用数学（统计学、运筹学）和计算机的交叉领域。

1. 金融经济学与数理金融。金融经济学（Financial Economics）倾向于运用一般均衡思想研究基础资产（如股票、债券）的定价问题，即所谓的绝对定价；数理金融偏向于在基础资产价格已知的假设下，运用数学工具研究基于基础资产的衍生资产（如期权等）的无套利定价，即所谓的相对定价。

2. 金融工程与数理金融。金融工程又称计算金融，它与数理金融的关系最为密切。许多学者指出金融工程就是数理金融。数理金融偏重于金融市场的数学建模和一般理论分析。金融工程侧重于应用数理金融理论、数值方法和计算机软件技术，解决投资定价与风险管理的实际应用问题。

本章小结

金融工程在国内外迅速发展，目前已经成为金融学、应用数学和计算机科学之间的极具应用价值的一门交叉学科，它将复杂的数理方法和计算技术融入金融学领域，极大地丰富和发展了现代金融理论和金融实践活动。

金融科学正如其他科学一样，经历了描述性阶段和分析性阶段之后，在20世纪

80年代后期发展到了工程化的阶段——金融工程学。

金融工程的发展是由于多种因素共同作用的结果。其中主要因素包括：经济因素、技术因素、人才因素和理论因素四个方面。

金融工程学是将工程思维引入金融领域，将现代金融理论与计算机信息技术结合在一起，综合地运用各种工程技术设计、开发和实施新的金融产品，创造性地解决各种金融问题。

金融工程的特点：实用性、最优化、定量化、综合化、创造性。

金融工程师通过基本的金融工具，如股票、债券、期货等，依据客户的要求设计加工，使收益、币种、风险和期限形成合理的组合，构成较复杂的金融创新产品，以提高收益，降低风险。

金融工程的研究对象包括：产品的设计、开发与创新，风险管理，资产定价。

金融工程与相近学科既有联系，又存在着根本的差别。

本书的主要内容包括三大篇，即金融工程概论、金融衍生工具、金融风险管理。首先对基本理论进行介绍阐述，其次重点介绍各类金融衍生工具，最后应用金融工具进行金融风险管理。

重点概念

金融工程的起源　金融工程　金融工程师

思考与练习

1. 论述金融工程的起源。
2. 金融工程的内涵和特点是什么？
3. 论述金融工程师的概念及特点。
4. 论述金融工程的主要研究对象。
5. 学习金融工程需要掌握的知识有哪些？
6. 金融工程与风险管理是什么关系？
7. 概括金融工程的研究范围。

主要参考文献

[1] 赫尔．期权、期货及其他衍生产品（原书第11版）[M]．王勇，索吾林，张翔，译．北京：机械工业出版社，2023.

[2] 威尔莫特．金融工程与风险管理技术 [M]．刘立新，等，译．北京：机械工业出版社，2009.

［3］格利茨．金融工程：运用衍生工具管理风险（第三版）［M］．彭红枫，译．武汉：武汉大学出版社，2016.

［4］马歇尔，班赛尔．金融工程［M］．宋逢明，译．北京：清华大学出版社，1998.

［5］吴清．期权交易策略十讲［M］．上海：格致出版社，2016.

［6］叶永刚，彭红枫．金融工程学［M］．大连：东北财经大学出版社，2018.

［7］王晋忠．金融工程案例［M］．成都：西南财经大学出版社，2017.

［8］周爱民．金融工程［M］．北京：科学出版社，2007.

［9］宋逢明．金融工程原理——无套利均衡分析［M］．北京：清华大学出版社，1999.

［10］林清泉．金融工程（第五版）［M］．北京：中国人民大学出版社，2022.

［11］博蒙特．金融工程［M］．叶永刚，译．北京：机械工业出版社，2010.

附表：金融工程相关课程重要程度的评价数据表

本表数据来源于国际金融工程师网站。这些数据来自每年一度的金融工程师人才招聘市场对金融机构人事部门招聘人员的调查数据，要求招聘人员根据提供的课程的重要性选择高（H）、中（M）、低（L）。表中的数据是认为重要性分别为高、中、低的相应人数的百分数。

编号	课程名称	H	M	L
	Mathematical tools（数学工具）			
M1	Stochastic calculus（随机分析）	55	35	10
M2	PDEs applied to finance（金融应用偏微分方程）	42	46	12
M3	Numerical methods（数值方法）	74	26	0
M4	Basic fixed income math（固定收入数学基础）	64	28	8
	Statistical tools（统计工具）			
S1	Data analysis/Statistical inference（数据分析/统计推断）	68	29	3
S2	Time series analysis（时间序列分析）	59	37	4
S3	Regression analysis（回归分析）	68	29	3
	Economic/financial tools（经济/金融工具）			
E1	Microeconomics（微观经济学）	32	39	29
E2	Macroeconomics（宏观经济学）	32	39	29
E3	Econometrics（计量经济学）	41	45	14
E4	Corporate finance（公司金融）	33	26	41
E5	Game theory/Auction theory（博弈论与拍卖理论）	32	39	29
E6	Real options（实物期权）	45	22	33
	Computational tools（计算工具）			
C1	Object – oriented programming applied to finance（金融应用面向对象编程）	64	32	4

续表

编号	课程名称	H	M	L
C2	Monte Carol simulation（蒙特卡罗模拟）	71	25	4
C3	Optimization（最优化方法）	71	29	0
C4	Finite difference solutions for PDEs/Dynamic programming（偏微分方程有限差分解/动态规划）	33	56	11
	Derivative securities models（衍生证券模型）			
D1	Basic overview of derivatives models（初级衍生品模型）	72	28	0
D2	Advanced overview of derivatives models（高级衍生品模型）	50	46	4
D3	Interest rate option models（利率期权模型）	61	25	14
D4	Credit models（信用模型）	57	22	21
D5	Mortgage－backed & asset－backed models（抵押与资产担保模型）	43	21	36
D6	Energy models & weather derivatives（能源模型与天气衍生品）	25	29	46
D7	FX models（外汇模型）	43	32	25
D8	Equity models（股权模型）	62	27	11
D9	Convertible bond & hybrid models（可转换债券和混合模型）	43	39	18
	Investments & trading（投资与交易）			
T1	Basic capital markets & portfolio theory（初级资本市场和投资组合理论）	50	32	18
T2	Advanced capital markets and portfolio theory（高级资本市场和投资组合理论）	36	50	14
T3	Statistical arbitrage（统计套利）	57	32	11
T4	Market microstructure/algorithmic trading/optimal execution（市场微观结构/算法交易/最优变现交易）	56	26	18
T5	Behavioral finance（行为金融）	25	43	32
	Institutional background（制度背景）			
I1	Risk management（风险管理）	64	32	4
I2	Structuring/Financial engineering（结构/金融工程）	54	43	3
I3	Tax & accounting aspects of derivatives（衍生品的税收与会计）	14	22	64

第二章
金融工程基本理论

本章学习目标

通过本章的学习，了解金融工程的一些基本理论，主要包括投资组合理论、资本资产定价模型、套利定价理论和有效市场理论，同时掌握基本理论各自的应用。了解无套利均衡分析方法，并在此基础上掌握状态价格定价方法。

知识结构图

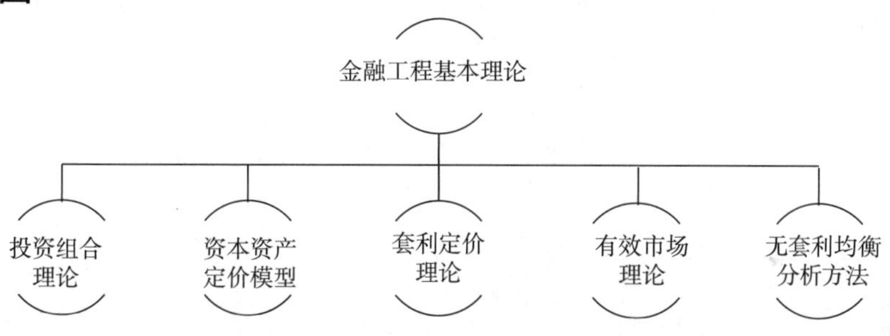

第一节　投资组合理论

一、现代投资组合理论的起源

1952 年，美国经济学家马柯维茨发表的《投资组合选择》（*Portfolio Selection*）一文标志着现代投资组合理论的开端。绝大部分投资者实际上都投资多种资产而不是仅投资期望收益最高的单一资产。这是为什么呢？进一步的研究发现，虽然投资者对每一种资产都有关于期望收益的判断，但同时他们也意识到，期望得到的收益有可能与未来实际得到的收益并不一致，有时实际收益要远远低于期望收益，即实际投资收益具有不确定性。为了应对这种投资收益的不确定性（或风险），投资者采取了分散化投资的策略。这种策略背后的逻辑是，多种资产的实际收益同时低于期望收益的可能性（概率）要小于单一资产发生这种情况的可能性。

马柯维茨把观察到的上述事实归纳为如下的资产选择原则，投资者不仅希望收益高，而且希望收益尽可能确定。这意味着投资者在寻求预期收益最大化的同时，也在寻求收益不确定性的最小化。在进行决策时，投资者力求使这两个相互制约的目标达到某种平衡。基于上述归纳，马柯维茨认为可以用数学规划的方法来描述投资者的资产选择行为。他首先对投资收益不确定性的度量问题进行了正规阐述，用概率论中方差的概念表述投资收益的不确定性，然后进一步将投资者的目标规范化：在不确定程度相同的条件下，追求期望收益最大化；而在期望收益相同的条件下，追求不确定程度最小化。最后在此基础上，马柯维茨建立了著名的“均值—方差模型”来分析投资者的资产选择行为。这一模型后来成为现代投资组合理论的核心与基石。

二、投资组合的收益与不确定性

现代投资组合理论首先为我们揭示了组合投资降低不确定性的内在机理。通常一个投资组合由若干数量的资产构成，每种资产占有一定的比重。现在让我们把投资组合看成是一个资产整体，那么投资者的收益以及面临的不确定性就是该组合的收益和不确定性。下面我们就两种资产和多种资产的情况分别讨论组合资产的投资收益和不确定性。

（一） 两种证券组合的收益及其不确定性

由两种证券所构成的投资组合是最简单的投资组合形式。面对两种证券 A 和 B（投资收益都具有不确定性），投资者可以将其资金全部投向证券 A，或全部投向证券 B，也可以在两者之间按一定的比例分配。现假设某投资者将一笔资金以 x_A 的比例投资于证券 A，以 x_B 的比例投资于证券 B，且 $x_A + x_B = 1$。该投资者拥有一个证券组合 P。在今后一段时期（比如一年）内，证券 A 的收益率为 r_A，证券 B 的收益率为 r_B，则证券组合 P 的收益率为：

$$R_p = x_A r_A + x_B r_B$$

投资者在进行投资决策时并不知道 r_A 和 r_B 的确切值，因而此时的 r_A 和 r_B 对投资者来说应为随机变量，对其分布的简化描述是它们的期望值和方差。那么组合资产的收益期望值（期望收益）和方差又会与单个资产有什么差别吗？

根据概率论的知识，我们知道为了得到组合投资 P 的期望收益和收益的方差，除了要知道 A、B 两种证券各自的期望收益率和方差外，还需知道它们的收益率之间的关联性——相关系数或协方差，这是因为：

投资组合 P 的期望收益：

$$E(r_P) = x_A E(r_A) + x_B E(r_B) \tag{2.1}$$

投资组合 P 的收益方差：

$$\begin{aligned}\sigma_P^2 &= E(r_P - \bar{r}_P)^2 = E[(x_A r_A + x_B r_B) - (x_A \bar{r}_A + x_B \bar{r}_B)]^2 \\ &= x_A^2\sigma_A^2 + x_B^2\sigma_B^2 + 2x_A x_B cov(r_A, r_B) \\ &= x_A^2\sigma_A^2 + x_B^2\sigma_B^2 + 2x_A x_B \sigma_A \sigma_B \rho_{AB}\end{aligned} \tag{2.2}$$

式中，$\bar{r}_A$ 和 $\bar{r}_B$ 分别为证券 A 和证券 B 的期望收益；ρ_{AB} 为 r_A 和 r_B 的相关系数；$\sigma_A\sigma_B\rho_{AB}$ 为协方差，记为 $cov(r_A, r_B)$。

无论投资组合的权重如何变化，组合收益的方差都随着组合内资产相关系数的减小而直线降低。组合投资之所以能够降低不确定性，是因为利用了不同资产收益之间的相关结构。当资产收益的相关系数为 -1 时，组合收益的方差大幅降低，有时甚至能低于风险最低的资产。而当资产收益之间的相关系数为 1 时，组合收益的方差并不能有效降低，而只是对各资产的收益方差进行了加权平均。

此外，选择不同的组合权重，可以得到包含证券 A 与证券 B 的不同的资产组合，这些不同的组合对应着不同的期望收益率和方差。相关系数对组合收益方差的影响将随着组合权重偏向于低风险资产（证券 B）而减小，随着组合权重偏向于高风险资产（证券 A）而增加。

（二）多种证券组合的收益与风险

现在，我们把前面两种资产的讨论拓展到任意多个资产的情形。设有 N 种资产，记为 A_1，A_2，A_3，…，A_N，资产组合 P（$=x_1$，x_2，x_3，…，x_N）表示将资金分别以权重 x_1，x_2，x_3，…，x_N 投资到资产 A_1，A_2，A_3，…，A_N。正如两种资产的投资组合情形一样，投资组合的收益率等于各单个资产的收益率按组合的权重求得的加权平均，即设 A_i 的收益率为 $r_i(i=1, 2, \cdots, N)$，则组合 P（$=x_1$，x_2，x_3，…，x_N）的收益率为

$$r_P = x_1r_1 + x_2r_2 + \cdots + x_Nr_N = \sum_{i=1}^{N} x_ir_i$$

推导可得证券组合 P 的期望收益率和方差，即

$$E(r_P) = \sum_{i=1}^{N} x_iE(r_i) \tag{2.3}$$

$$\sigma_P^2 = \sum_{i=1}^{N}\sum_{j=1}^{N} x_i x_j cov(r_i, r_j) = \sum_{i=1}^{N}\sum_{j=1}^{N} x_i x_j \sigma_i \sigma_j \rho_{ij} \tag{2.4}$$

式中，ρ_{ij}为 r_i和 r_j的相关系数（$i, j = 1, 2, \cdots, N$）；σ_i为证券 A_i的收益率 r_i的方差。

三、投资组合的可行域与有效边界

（一）投资组合的可行域

由于投资者关注的核心是投资的期望收益以及不确定性，所以我们可以用两个数字特征——期望收益率和标准差来描述一种投资机会（或资产的投资特征）。任意一种资产（包括投资组合）都可用在以期望收益率 $E(r_P)$为纵轴和以标准差 σ_P为横轴的坐标系中的一个点来表示，参见图 2-1。

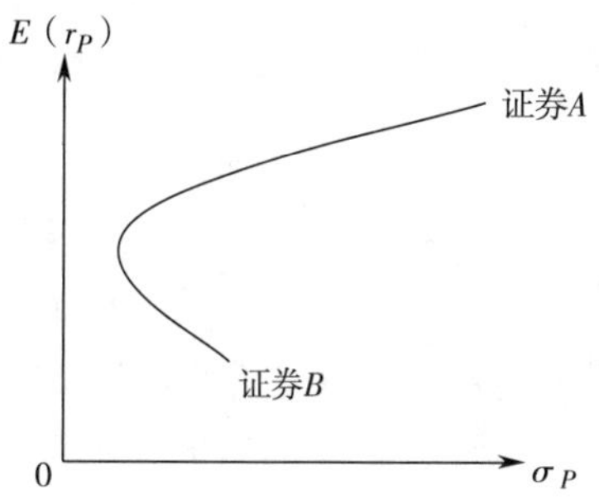

图 2-1　两种资产的投资组合可行域

两种资产的情况下，通过改变投资的比重，可以得到无数种投资组合方案，每个方案都对应着一对期望收益和收益标准差，即图 2-1 中的一个点。这一点将随着组合权重的变化而变化，其轨迹将是经过 A 和 B 的一条连续曲线，这条曲线被称为证券 A 和证券 B 的组合特征线。组合特征线的具体形状取决于证券 A 与证券 B 的期望收益率和方差，以及证券 A 与证券 B 之间的相关性。

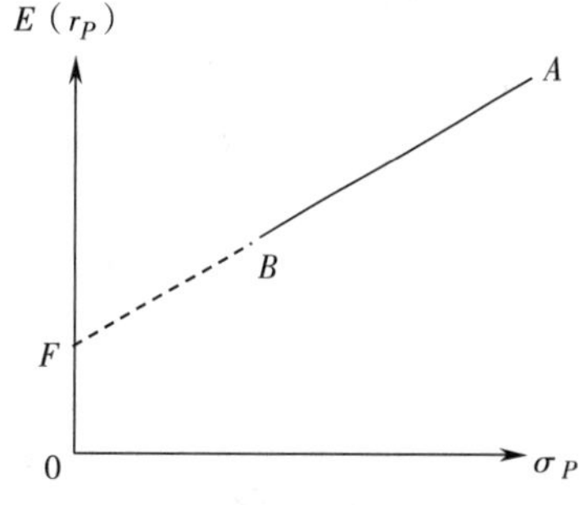

图 2-2　$\rho_{AB}=1$ 时的组合特征线

在完全正相关下的情况下，由证券 A 与证券 B 构成的组合特征线是连接这两点的直线，具体如图 2-2 所示。同时，只要 $\sigma_A \neq \sigma_B$，无论将来证券 A 和证券 B 的收益率如何，总可以选择组合得到一个恒定的无风险收

益率，我们称该组合为一个无风险组合或零方差组合，该组合位于自 A 到 B 连线的延长线的 F 点上。

在完全负相关的情形下，证券 A 与证券 B 构成的组合特征线如图 2-3 所示。此时，需要同时买入证券 A 和证券 B。这一点容易理解，因为当证券 A 的收益率与证券 B 的收益率完全负相关时，它们完全反向变化，从而可以通过同时买入两种证券来抵消风险。

当证券 A 与证券 B 的收益率不相关时，$\rho_{AB}=0$，证券 A 与证券 B 构成的组合特征线是一条经过 A 和 B 的双曲线，如图 2-4 所示。此时，可以通过按适当的比例买入两种证券，获得比两种证券中任何一种证券的风险都小的证券组合。在图 2-4 中，C 点为最小方差组合。组合线上介于 A 与 B 之间的点代表的组合由同时买入证券 A 和证券 B 构成，越靠近 A，买入证券 A 越多，买入证券 B 越少。

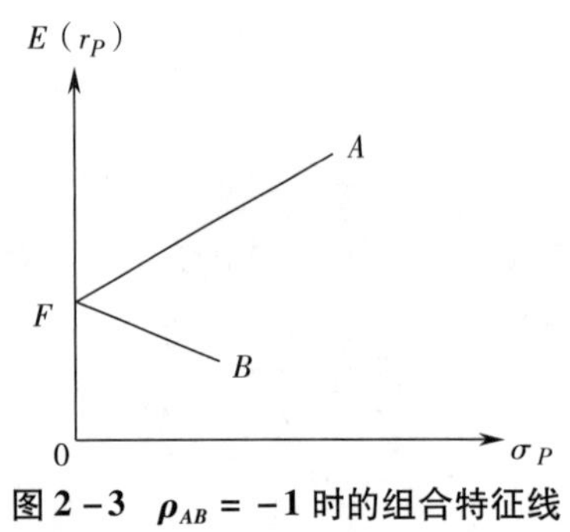

图 2-3　$\rho_{AB}=-1$ 时的组合特征线

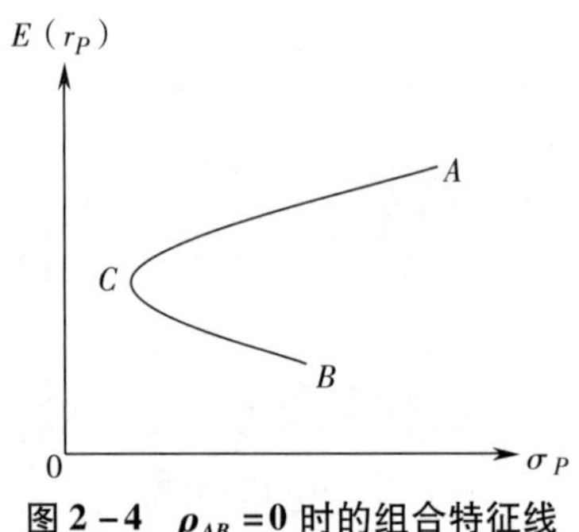

图 2-4　$\rho_{AB}=0$ 时的组合特征线

在一般情况下，通常 $0\leqslant|\rho_{AB}|\leqslant 1$，证券 A 与证券 B 构成的组合特征线大概率是一条双曲线。但曲线的弯曲程度取决于相关系数的大小。随着 ρ_{AB} 的增大，弯曲程度将降低。当 $\rho_{AB}=1$ 时，弯曲程度最小，呈直线；当 $\rho_{AB}=-1$ 时，弯曲程度最大，呈折线；证券 A 与证券 B 的收益率不相关是一种中间状态，比完全正相关的弯曲程度大，比完全负相关的弯曲程度小。一般情形的组合特征线如图 2-5 所示。

从图 2-5 可以看出，在不允许卖空的情形下，相关系数越小，证券组合的风险越小，特别是在完全负相关的情形下，可以获得无风险组合。在不相关的情形下，虽然得不到一个无风险组合，但可以得到一个组合，其风险小于 A、B 中任意一个证券的风险。当证券 A 与证券 B 的收益率不完全负相关时，同样能找到一些组合（不卖空），使得其风险小于证券 A 与证券 B 的风险，比如图 2-5 中 $\rho_{AB}=-0.5$ 的情形。但当 $\rho_{AB}=0.5$ 时，则得到一个不卖空的组合，其风险小于单个证券的风险。可见，在不允许卖空的情形下，组合风险被降低的程度由证券间的相关系数决定。

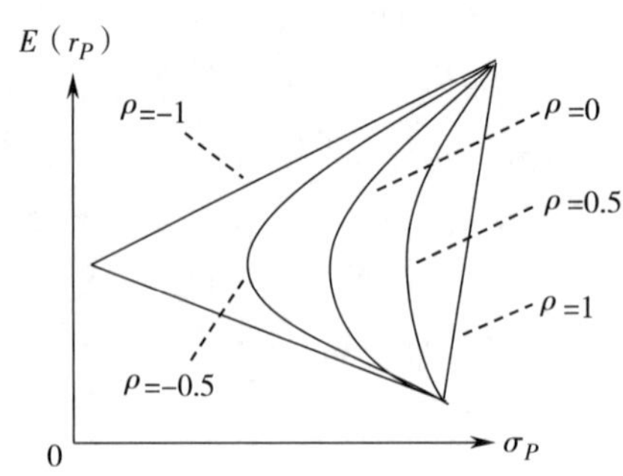

图 2-5　相关系数不同的组合特征线

（二）证券组合的有效边界

通过构造组合，投资者的选择范围大大增加，但是人们应该如何挑选证券组合呢？这取决于投资者的风险偏好。

1. 投资者的共同偏好规则。证券组合的可行域反映了所有可能的证券组合，它为投资者提供了一切可行的投资组合机会，投资者需要做的是在其中选择自己最满意的证券组合进行投资。不同的投资者由于对期望收益率和风险的偏好有所区别，从而所选择的最佳组合也将不同。但投资者的偏好具有某些共性，在这个共性下，某些证券组合或许被所有投资者都视为好的，而某些证券组合则可能被认为是不好的。

大量的事实表明，投资者普遍是偏好期望收益而厌恶风险的，因而人们在进行投资决策时希望期望收益越大越好，风险越小越好。马柯维茨把投资者的这种偏好归纳为以下投资选择规则：（1）如果两种证券组合具有相同的期望收益率和不同的收益率方差，那么他就选择方差较小的那种组合；（2）如果两种证券组合具有相同的收益率方差和不同的期望收益率，那么他就选择期望收益率较高的那种组合；（3）如果一种证券组合比另一种证券组合具有较高的期望收益率和较小的方差，则他会选择前一种组合。

这种选择规则，我们称为投资者的"共同偏好规则"，或"均值—方差准则"。

2. 证券组合的有效边界。人们在所有可行的投资组合中进行选择，如果证券组合的特征由期望收益率和收益率标准差来表示，则投资者需在 $E(r_P)$—σ_P坐标系的可行域中寻找最有利的组合点。按投资者的共同偏好规则，我们可以先排除那些被所有投资者都认为是不好的组合，剩下的便是共同偏好不能区分好坏的组合。我们把这些组合称为有效证券组合，而相应地将那些被排除的坏的组合称为无效组合。从有效组合的定义可以看出，有效组合不止一个，并位于可行域的左上方，如图 2－6 所示。因为它是处在可行域的边界部分，故称为"有效边界"。对于可行域内部及下边界上的任意可行组合，均可以在有效边界上找到一个组合比它更好。但有效边界上的不同组合，比如 B 和 C，按共同偏好规则不能区分好坏。因而，有效组合相当于有可能被某位投资者选作最佳组合的候选组合，不同的投资者可以在有效边界上获得任一位置。一个厌恶风险的理性投资者不会选择有效边界以外的点。值得注意的是，A 点处于一个特别的位置，是上下边界的交汇点，该点代表的组合是所有可行组合中方差最小的组合，因此，被称为"最小方差组合"。

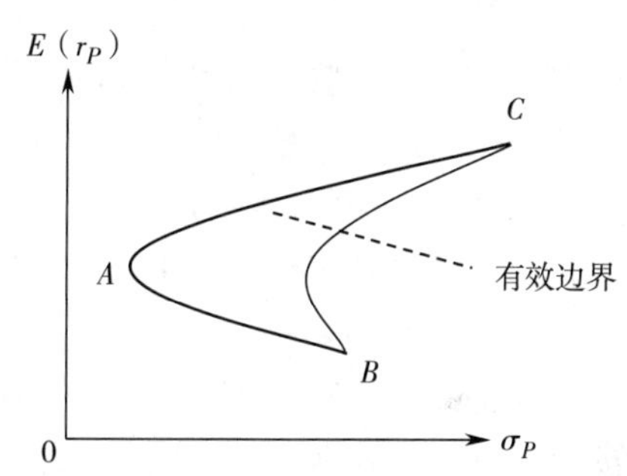

图 2－6　均值—方差准则下的有效边界

四、最佳资产组合

（一）投资者的偏好及其无差异曲线

按照投资者共同偏好规则，有些证券组合之间不能区分好坏，其原因在于投资者个人除遵循共同的偏好规则外，还有其特殊的偏好特点，对那些不能被共同偏好规则区分的组合，不同投资者可能得到完全不同的比较结果。共同偏好规则不能区分的是以下情形中的两种证券组合 A 和 B：$E(r_A) > E(r_B)$，并且 $\sigma_A^2 > \sigma_B^2$。

虽然证券组合 A 比证券组合 B 具有更大的风险，但它同时具有更高的期望收益率，这种期望收益率的增量可认为是对增加的风险的补偿。由于不同的投资者对期望收益率和风险的偏好态度不同，当风险从 B 增加到 A 时，期望收益率将补偿 $E(r_A) - E(r_B)$ 。是否满足投资者个人的风险补偿要求，将因人而异，从而按照他们各自不同的偏好对两种证券得出完全不同的比较结果。

投资者甲（风险中立）认为：增加的期望收益率恰好能补偿增加的风险，所以 A 与 B 两种证券组合满意程度相同，选择哪一种证券组合无所谓，即证券 A 与证券 B 无差异。

投资者乙（风险厌恶）认为：增加的期望收益率不足以补偿增加的风险，所以证券 B 不如证券 A 更令他满意，即证券 B 比证券 A 好。

投资者丙（风险偏好）认为：增加的期望收益率超过对增加风险的补偿，所以证券 B 更令人满意，即证券 A 比证券 B 好。

在同样的风险状态下，要求得到的期望收益率补偿越高，说明该投资者对风险越厌恶。在上述三位投资者中，乙对风险的厌恶程度最高，因而他最保守；甲次之；丙对风险的厌恶程度最低，说明他愿意冒风险。

从上述三位投资者作出选择的依据来看，他们都是根据自己对风险的态度（厌恶风险的程度）衡量期望收益率能否补偿增加的风险，从而作出比较（选择）的。

一个特定的投资者，任意给定一个证券组合，根据他对风险的态度，按照期望收益率对风险补偿的要求，可以得到一系列满意程度相同（无差异）的证券组合。比如，在图 2 –7 中，某投资者认为，尽管证券组合 A、B、C、D 的收益各不相同，但是它们给他带来的满足程度相同，因此，这四个证券组合是无差异的，选择其中任何一种证券组合进行投资都可以。于是，用一条平滑的曲线将证券组合 A、B、C、D 连接起来，就可近似看成一条无差异曲线。当这样的组合很多时，它们在平面上便形成了严格意义上的无差异曲线。

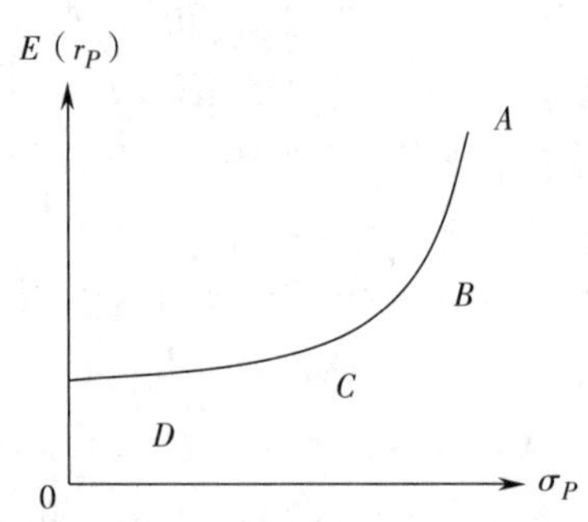

图 2 –7　满足程度相同的证券或组合

不言而喻，偏好不同的投资者，无差异曲线的形状也不同。对于追求收益又厌恶风险的投资者来说，他们的无差异曲线都具有以下六个特点：

（1）无差异曲线是由左至右向上（弯曲）的曲线；

（2）每个投资者的无差异曲线形成了密布整个平面又互不相交的曲线簇；

（3）同一条无差异曲线上的组合给投资者带来的满足程度相同；

（4）不同的无差异曲线上的组合给投资者带来的满足程度不同；

（5）无差异曲线的位置越高，其上的组合给投资者带来的满足程度就越高；

（6）无差异曲线向上弯曲的程度大小反映了投资者风险偏好的强弱。

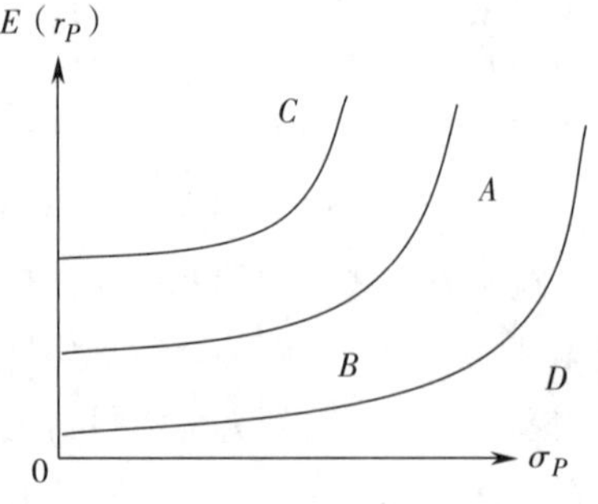

图 2 –8　投资者的无差异曲线

如图2－8所示，某投资者认为他对经过A的那一条曲线上的证券组合的满意程度相同，因而证券组合B与证券组合A无差异；组合C比A、B所在的无差异曲线上的任何组合都好，因为C所在的无差异曲线的位置高于A、B所在的无差异曲线。同理，组合A与B均优于组合D。

（二）不同类型投资者的无差异曲线

虽然无差异曲线有以上共性，但是对于不同类型的投资者，由于伴随一定风险的收益给他们带来的效用是不同的，因此，他们的无差异曲线的形状也是不同的。风险厌恶者的无差异曲线是上凹的，曲线的斜率为正，说明每增加单位风险，投资者所需要的收益补偿增加，见图2－9（a）；风险中立者的无差异曲线是水平的直线，由于他对风险感觉无所谓，因此，风险不同的资产的预期收益相同，给投资者带来的效用是相同的，见图2－9（b）；风险偏好者的无差异曲线是上凸的，曲线的斜率为负，说明每追加单位风险，投资者所需要的收益补偿减少，见图2－9（c）。

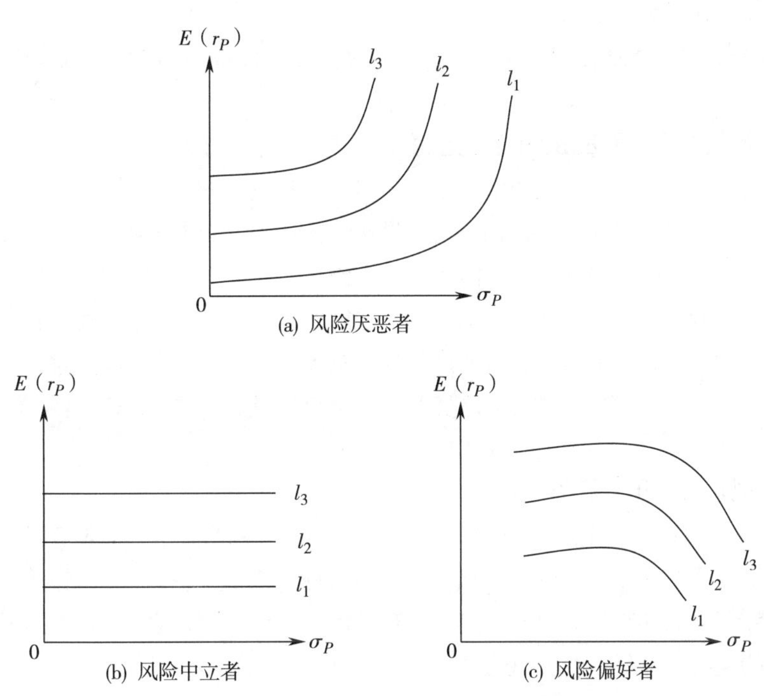

图2－9　不同类型投资者的无差异曲线

需要注意的是，同一类型的投资者的风险厌恶程度也是不同的。在无差异曲线图上，表现为曲线的斜率不同。无差异曲线的斜率表示风险与收益之间的替代率。以风险厌恶者为例，无差异曲线的斜率越大，说明每增加一单位风险，投资者需要较多的收益进行补偿，才能得到与原来风险较小的投资相同的效用，表明其风险厌恶程度较高；无差异曲线的斜率越小，说明每增加一单位风险，投资者需要较少的收益进行补偿，就能得到与原来风险较小的投资相同的效用，表明其风险厌恶程度较低。

（三） 最佳证券组合的确定

投资者的共同偏好规则可以确定哪些组合是有效的（即投资价值相对较高），哪些组合是无效的（即投资价值相对较低）。特定的投资者个人可以在有效组合中选择自己最满意的组合。这种选择取决于他个人的偏好。投资者个人的偏好通过他的无差异曲线来反映，无差异曲线的位置越靠上，其满意程度越高，因而投资者需在可行域中（实际上只要在有效边界上）寻找一个具有下述特征的有效组合：相对其他可行组合而言，该组合所在的无差异曲线的位置应该最高。这样的组合便是使他最满意的有效组合，它恰恰是无差异曲线簇与有效边界的切点所表示的组合。如图2－10所示，投资者按照他的无差异曲线簇将选择有效边界上M点所代表的证券组合作为他的最佳组合，因为M点在所有的有效组合中能获得最大的满意程度，其他有效边界上的点都将落在M下方的无差异曲线上。不同投资者的无差异曲线簇可获得各自的最佳证券组合。

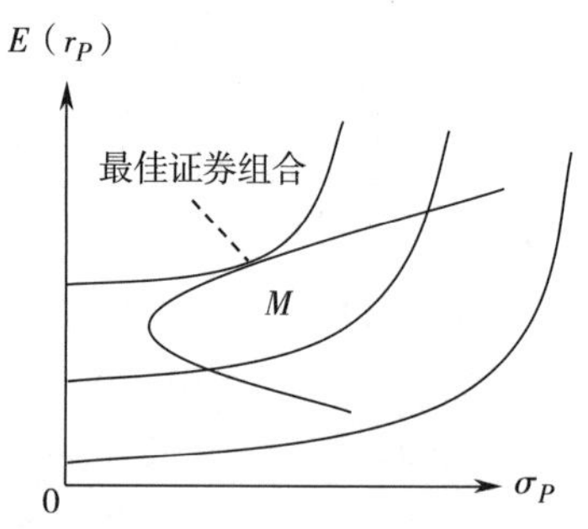

图2－10 投资者的最佳证券组合

五、引入无风险资产时的投资组合选择

在以上内容中，我们讨论了投资组合收益与风险的构成，并介绍了如何确定有效投资组合与最佳投资组合。但到目前为止，投资者的投资范围局限于风险资产或证券。而在现实的金融市场中除风险资产外，还存在无风险资产，如国债、银行存款等。如果将投资范围由风险资产扩大到包含无风险资产，那么可供投资者选择的投资机会就增加了，相应地投资方案就需做出调整。我们首先分析由无风险资产与风险资产所形成的投资组合的收益与风险的构成，然后在此基础上，讨论当存在无风险资产时，组合投资有效边界的变化以及投资者的投资策略。

（一） 无风险资产和风险资产的组合

1. 无风险资产的定义。无风险资产，是指不受外界因素的影响，具有确定收益率的资产。从理论上讲，严格的无风险资产不存在。任何一种股票都存在风险，因为股票的收益率受众多不可预知因素的影响而具有不确定性。对于债券，尽管投资者在购买时就明确知道持有期末收益率的大小，但仍然存在风险。

从实际角度看，如果投资者购买短期国债（或政府债券），一方面，这种债券不存在违约的可能性；另一方面，可视短期内的物价水平保持不变，那么这类短期债券就可看成是无风险资产。

无风险资产具有持有期末收益率为确定值的特性，由于收益率不具有变异性，因此，收益率的方差$\sigma_F^2=0$。同时，无风险资产的收益率不受任何其他风险资产收益率变化的影响，因此，无风险资产收益率与任何风险资产收益率之间不存在相关性，即协方差（或相关系数）也为零。

2. 无风险资产与风险资产的组合。当存在无风险资产时，投资者就可对无风险资产与风险资产进行组配，形成新的投资组合。由于增加了新的投资机会，可供投资者选择的投资组合可行域发生变化，因此，投资组合有效边界及投资者的最佳投资组合也将发生变化。下面我们首先考察对无风险资产与风险资产进行组合时收益与风险的计量及特征。

假设风险资产 A 的未来收益率为 r_A，风险（收益标准差）为 σ_A，无风险资产 F 的未来收益率为 r_F。由前面的分析可知，F 的风险为零，即 $\sigma_F = 0$，且其与风险资产 A 的收益率之间的相关系数也为零，即 $\rho_{AF} = 0$。若投资者将其全部资金按比例 x_A、x_F（$x_A + x_F = 1$）分别投资于风险资产 A 与无风险资产 F，形成一个投资组合 P，则 P 的期望收益率和方差为

$$\begin{aligned} E(r_P) &= x_A E(r_A) + x_F E(r_F) \\ &= x_A E(r_A) + (1 - x_A) r_F \\ &= r_F + x_A [E(r_A) - r_F] \end{aligned}$$

$$\begin{aligned} \sigma_P^2 &= cov(r_P, r_P) = cov(x_A r_A + x_F r_F, x_A r_A + x_F r_F) \\ &= x_A^2 \sigma_A^2 + x_F^2 \sigma_F^2 + 2 x_A x_F \sigma_A \sigma_F \rho_{AF} \end{aligned}$$

因为 $\sigma_F = 0$，$\rho_{AF} = 0$，所以 $\sigma_P^2 = x_A^2 \sigma_A^2$，$\sigma_P = x_A \sigma_A$。

在对无风险资产 F 与风险资产 A 进行组合投资时，随组合权数 x_A、x_F 的不同，可形成许多投资组合，这些投资组合的期望收益率及风险各异。由上述公式还可得到投资组合的期望收益率与方差满足以下关系：

$$E(r_P) = r_F + \frac{E(r_A) - r_F}{\sigma_A} \sigma_P \qquad (2.5)$$

式（2.5）表明，任意一个投资组合 P 的期望收益率 $E(r_P)$ 是其风险 σ_P 的线性函数。由无风险资产与风险资产构成的组合在 $E(r_P) - \sigma_P$ 坐标图上是一条截距为 r_F，斜率为 $\frac{E(r_A) - r_F}{\sigma_A}$ 的直线（见图 2－11）。此直线被称为资本配置线（Capital Allocation Line，CAL），其截距 r_F 是任何投资组合的基本收益率，而斜率代表了投资组合单位风险的报酬。由上述公式可以看出，投资于风险资产 A 的比例 x_A 越大，投资组合 P 的风险就越大，乘以单位风险报酬 $\frac{E(r_A) - r_F}{\sigma_A}$ 后的总风险报酬 $\frac{E(r_A) - r_F}{\sigma_A}\sigma_P$ 就越大。也就是说，投资组合 P 的期望收益率与其所具有的风险大小成正比例关系，P 的风险越大，相应地，期望收益率就越大，反之则相反。

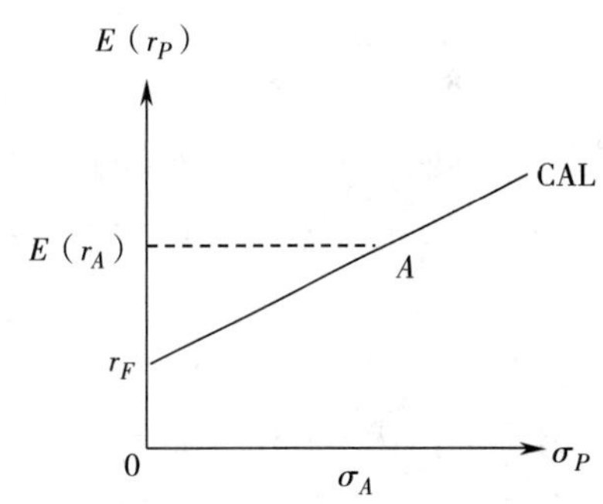

图 2－11　无风险资产与风险资产的资本配置线（CAL）

若允许投资者按利率 r_F 借入资金（相当于卖空无风险资产 F），投资者就可以构造出对风险资产 A 进行超额投资的方案，此时 $x_A > 1$，$x_F = 1 - x_A < 0$，投资者不仅将自有资金全部投资于风险资产 A，而且还将卖空无风险资产所获得的资金对风险资产 A 实行追加投资，这种投资组合的期望收益率将高于风险资产 A 的期望收益率，当然，风险也比风险资产 A 高，在 CAL 上它位于 A 的右上方。

实际中投资者不可能以贷出资金的利率 r_F 借入资金，我们假定借贷利率相等，只是为讨论起来简便。若借入利率 r 高于贷出利率 r'_F，则当投资者对风险资产 A 进行超额投资时，资

本配置线 CAL 的斜率 $\frac{E(r_A)-r'_F}{\sigma_A}$ 将变小，CAL 以 A 为分界点形成了一条折线（见图 2－12）。

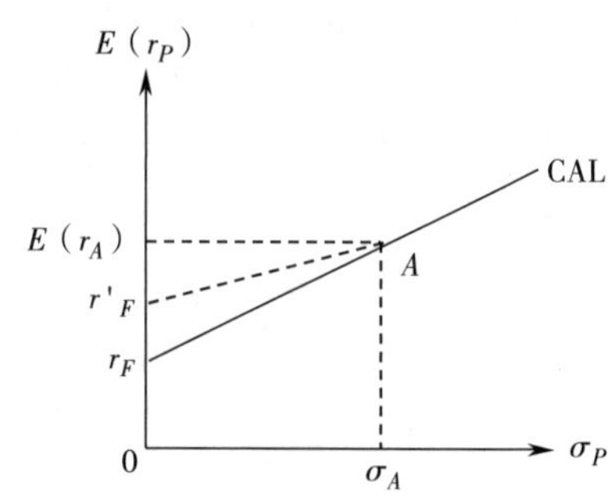

图 2－12　借贷利率不等时的资本配置线（CAL）

（二）引入无风险资产后有效边界的变化

在完全由风险资产形成的投资范围内考察投资组合，有效投资组合构成的有效边界是 $E(r_P)-\sigma_P$ 坐标图上开口向右双曲线的上半支（见图 2－6），投资者的最佳投资组合是无差异曲线与有效边界相切的点所对应的投资组合（见图 2－10）。下面我们分析引入无风险资产后投资组合的有效边界会有什么样的变化。

假设市场上有多种风险资产，同时还存在收益率为 r_F 的无风险资产 F，投资者可按利率 r_F 自由借贷（相当于购买 F 或卖空 F）。由风险资产可构成众多的风险资产组合，无风险资产 F 与这些风险资产组合的再组合就形成了各不相同的资本配置线（CAL），这些资本配置线在纵轴上的截距相同，都为 r_F。而斜率则各异。所有这些资本配置线构成了新的投资组合可行域（见图 2－13）。如果不允许卖空，则新的投资可行域为实线所围区域；如果允许卖空，则可行域扩展到虚线部分，表现为一散射区域。

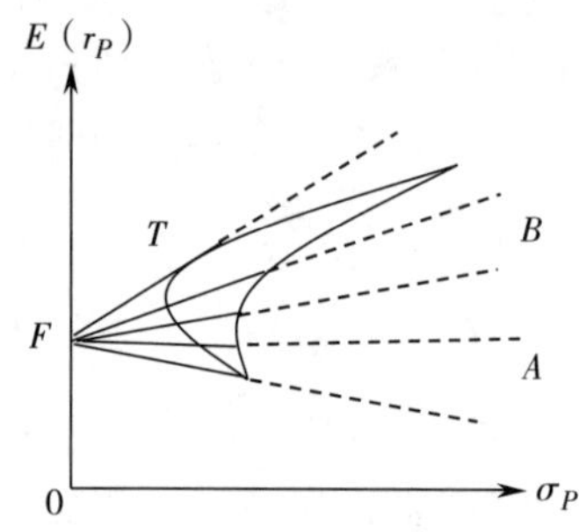

图 2－13　引入无风险资产后的投资可行域

由前面的分析可知，资本配置线的截距 r_F 代表投资组合的基本收益率，斜率则代表单位风险的报酬，位于斜率较大的资本配置线上的投资组合，能带给投资者的总风险报酬就越大，从而期望收益率就越大。如图 2－13 所示，资本配置线 CAL（A）的斜率小于 CAL（B）的斜率，位于 CAL（B）上的投资组合由于能获得更高的风险报酬而优于 CAL（A）上的投资组合。

在所有资本配置线中，由无风险资产 F 与风险资产组合 T 形成的资本配置线 CAL（T）的斜率最大，这一条资本配置线称为最佳资本配置线（Optimal CAL），相应地，风险资产组合 T 称为最佳风险资产组合，位于最佳资本配置线上的每个投资组合都由 F 与 T 构成，而且具有以下特征：

（1）在相同风险水平上，具有最大的期望收益率；

（2）在相同期望收益率水平上，具有最小的风险。

因此，最佳资本配置线就成为引入无风险资产后的有效边界。从图 2－13 可以看出，新的有效边界始于 F 并与原风险资产组合的有效边界相切，切点就是最佳风险资产组合。

在存在无风险资产的情况下，有效边界就是最佳资本配置线，因此，确定有效边界的关键是找到最佳风险资产组合 T。在此，我们仅考察风险资产为两种时有效边界的确定。

第二节　资本资产定价模型

资本资产定价模型是现代金融经济学的重要基石之一，是由威廉·夏普（Willian Sharpe，1964）、约翰·林特（John Lintener，1965）及简·莫森（Jan Mossin，1966）等人先后独立地提出来的。威廉·夏普等人受到马柯维茨理论的影响和启发，根据新古典经济学的一般均衡思想和方法，研究并提出了一套关于资本市场在供求均衡时资产收益与风险所应该具有的内在关系的理论，简称“均衡定价理论”。类似于新古典经济学，资本资产定价模型研究并揭示了在投资者遵循马柯维茨的投资行为规范的前提下，资本市场应该具有的内在规律。资本资产定价模型回答了关于资本市场的基本问题：融资者应该为投资者支付多高的回报？或者，投资者应该要求多高的投资回报率？虽然资本资产定价模型建立在一种理想市场（完美市场）的基础上，与现实市场有一定的距离，但其解决或回答的是所有融资者和投资者都共同面临的基础性问题。

一、资本资产定价模型的基本假设

资本资产定价模型是在现代投资组合理论的基础上，结合新古典经济学的一般均衡思想研究资本市场的均衡问题。因此，资本资产定价模型首先通过以下的一系列假设对资本市场进行了完美化的界定。

1. 投资者遵循均值—方差准则选择投资组合，即在同一风险水平下，他们选择具有较高预期回报率的资产组合；或者在收益率相同的条件下，他们将选择具有较小标准差（风险）的资产组合。

2. 所有投资者关于资产收益和风险的预期相同（一致）并在所考虑的时间段内不变。这条假设意味着所有投资者的信息对等（对称）且理性。

3. 投资者可以按一个无风险利率不受限制地贷款或借款。

4. 所有投资者可任意和不断地获取信息，即信息是完全和免费的。

5. 所有的资产都已市场化，包括人力资本等，即资本市场上包括了所有可投资的资产。

6. 任何一种资产都是无限可分的，投资者可以买入或卖出一分钱的资产。

7. 资本市场无摩擦，即没有税收和交易成本。

8. 市场处于完全竞争状态，即不存在垄断和操纵，所有投资者都是价格接受者。

9. 市场至少存在一种无风险资产，无风险利率对所有投资者来说都相同且在所考虑的时间内不变。

以上假设看上去很复杂，而且与现实市场严重脱节。然而，实际上当我们对现实市场有了深入的了解之后就会发现，以上假设是对现实市场的具有较高近似程度的简化处理。以假设1至假设4为例，大多数机构投资者在实际投资过程中普遍都遵循“收益最大化、风险最小化”的投资准则，在承担风险的同时都要求有额外的回报。机构投资者通常有相当大的投资规模，获取信息的成本被分摊到巨大规模的资金上，单位信息成本微乎其微，甚至可以忽略不计。由于机构投资者拥有相近的信息收集和分析能力，所以并没有理由认为机构投资者之间会有严重的、持续的信息不对称，即信息在机构投资者之间近似对称。至于市场上存在的大量小投资者，虽然人数很多，但是资金规模小而且很分散，在大多数时间里对市场或价格的影响非常小，可以忽略不计。所以，如果我们从总体和长远的角度考察市场，着眼于决定市场供求和价格的根本因素，我们就能发现以上假设的市场并非空中楼阁，而是对现实的近似和简化。

满足以上假设条件的资本市场被称为完美（Perfect）市场。虽然现实市场不同于完美市场，但是正如威廉·夏普在其获奖演说中所描述的那样，现实市场正在向一些简单的、金融理论所假设的条件靠拢。

二、分离定理

分离定理（Separation Theorem）是由 1983 年诺贝尔经济学奖获得者詹姆斯·托宾（James Tobin）于 1958 年提出的，是资本资产定价模型中的一个重要内容。

根据假设条件，投资者一致预期。这样，不同的投资者都选择相同的最佳风险资产组合（切点组合）。不同投资者对风险和收益率的不同偏好表现在其投资组合中无风险资产所占比重的大小，有些投资者比较保守，风险厌恶程度比较高，他们可能会将较大比例的资金投资于无风险资产，而将较小比例的资金投资于切点组合。而有的投资者则比较激进，风险厌恶程度比较低，则将较小比例的资金投资于无风险资产，甚至可能会借入资金，并将所有资金投资于切点组合，使切点组合的投资比例大于 1。但无论风险厌恶程度如何，所有投资者的风险资产组合都是一样的，即切点组合。

这就是说，一个投资者的最佳风险资产组合与其风险偏好无关，投资者选择的投资组合实际上由两种资产所构成：无风险资产和切点组合。风险资产组合相同，其偏好上的差别由无风险资产与风险资产组合的不同投资比例来体现。这就是托宾提出的“分离定理”。

分离定理的核心是：任何有效组合都等价于某个由无风险资产和切点组合构建而成的组合，或者说可以分解为无风险资产和切点组合两种资产。所以，投资者只需要将资金在无风险资产和切点组合之间进行适当配置，就可以实现最优投资组合。这意味着投资者的组合构造工作的彻底简化。

这样，投资者在确定投资组合时，可以分两个步骤进行：

（1）确定切点组合，不用考虑投资者的无差异曲线；

（2）根据投资者的无差异曲线确定切点组合与无风险资产的投资比例。

现在的问题是，如何构造切点组合？为了解决这个问题，我们需要了解切点组合的内部构造，即各风险资产所占的比重是多少。资本资产定价模型为我们解决了这个问题，即当市场达到供求均衡时，切点组合就是市场组合。

三、资本市场线

根据前面的分析，当资本市场达到均衡时，切点的证券组合为市场组合 M。如图 2－14 所示，从点（0，r_f）出发，作一条过点 M 的射线，这条射线被称为资本市场线（Capital Market Line，CML）。这条线上的每个点都代表通过市场组合与无风险借入或贷出的组合得到的一个有效组合。CML 表示资本市场达到均衡时，有效组合的预期收益率与标准差之间的线性关系。

在 M 点，投资者将其资金全部投资于市场组合。保守的投资者可能会贷出一些资金，将其余资金投资于市场组合，其投资组合将位于 CML 线上 M 点的左侧；而较激进的投资者会借入一些资金，并将所有资金投资于市场组合（此时市场组合的投资比例大于 1），其投资组合将位于 CML 线上 M 点的右侧。

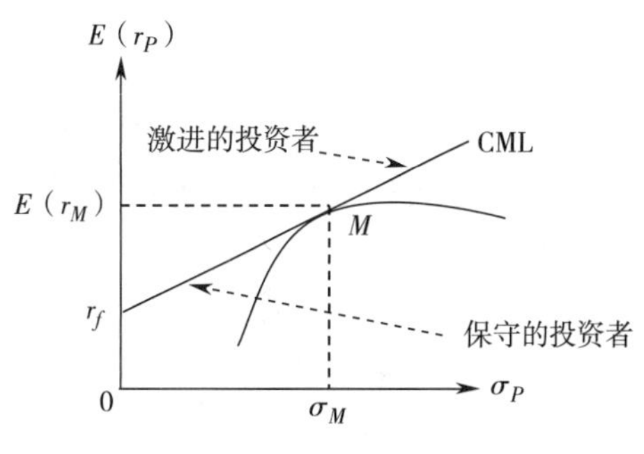

图 2－14　资本市场线

在图 2－14 中，r_f 代表无风险利率，σ_M 代表市场组合的标准差；$E(r_M)$ 代表市场组合的预期收益率；σ_P 代表有效组合的标准差；$E(r_P)$ 代表有效组合的预期收益率。

所有非有效组合都将位于资本市场线的下方。由于假定所有投资者都遵循马柯维茨的均值—方差准则，所以不存在持有非有效组合的投资者，所有投资者的组合都落在资本市场线上。

资本市场线的数学表达式为：

$$\bar{r}_P = r_f + \left(\frac{\bar{r}_M - r_f}{\sigma_M}\right)\sigma_P \tag{2.6}$$

CML 的截距为 r_f，是投资者延迟消费而得到的补偿，是资金的时间价格。CML 的斜率等于市场组合的预期收益率和无风险利率的差（$\bar{r}_M - r_f$）除以它们风险的差（$\sigma_M - 0$），即 $\frac{\bar{r}_M - r_f}{\sigma_M}$，是市场组合的单位风险报酬，即市场（系统）风险的价格。

资本资产定价模型用资本市场线回答了“投资者应该要求多大的回报率”的问题。根据资本市场线，首先，投资者要求的回报率取决于投资者所持组合的风险 σ_P 的大小，$\sigma_P^2 = x_M^2\sigma^2{}_M$，如果投资者投资于市场组合的比例 x_M 比较低，则 σ_P 较小，投资者只能要求较低的投资回报；反之，则可以要求较高的回报。其次，投资者的投资回报水平取决于市场组合的风险价格水平，即 $\frac{\bar{r}_M - r_f}{\sigma_M}$ 的大小。如果整个资本市场的投资者都非常厌恶风险，那么市场组合将会有较高的风险溢价（$\bar{r}_M - r_f$），投资者自然也能获得相对较高的风险收益。反之，如果市场上的投资者都具有很低的风险厌恶度，则市场组合的风险溢价就会比较低，投资者自然不能奢望获得高回报。第三个决定因素就是资本市场上资金的富余（或稀缺）程度，当市场上的资金非常充裕时，r_f 较低，所有投资者的投资回报都不会高，不论投资者的风险偏好如何。

四、证券市场线

就单个资产而言，由于它是一个非有效组合，位于 CML 线的下方，所以，CML 不能反映单个资产的预期收益率与其风险之间的均衡关系，而是以证券市场线（Security Market Line，SML）来反映单个资产在市场实现均衡时的预期收益与其风险之间的关系，这是资本资产定价模型（CAPM）的核心内容之一，并因此提出了新的风险度量参数：贝塔（β）系数。

根据“两基金定理”，在资本市场均衡状态下，投资者手中持有的风险资产是所谓的市场组合，投资者唯一的风险来自市场组合的风险。市场组合的风险用 σ_M^2 或 σ_M 来度量，而

$\sigma_M^2=\sum_{i=1}^{n}x_i\sigma_{iM}$。由此不难看出，市场组合的风险大小取决于各资产与市场组合的收益协方差 σ_{iM}。由于有些证券与市场组合有较低的协方差，对市场组合的风险贡献较小，而有些证券则反之，对市场组合的风险贡献较大。因此，投资者为了规避风险自然喜欢那些与市场组合的协方差较低的资产，并要求较低的收益，而对那些具有较高协方差的资产则要求较高的收益。由此可见，在市场均衡的情况下，各证券的期望收益率应该与对应的协方差有一种正相关关系，即协方差越大的证券应能提供更高的期望收益率。换言之，单个资产（证券）的风险应由 σ_{iM} 表示，而不是 σ_i^2。

依据上述思想，威廉·夏普等人通过严格的数学推证，得出了著名的证券市场线方程，即单个证券期望收益的均衡方程：

$$\bar{r}_i=r_f+\beta_i(\bar{r}_M-r_f) \tag{2.7}$$

这样，在完全资本市场达到均衡时，证券 i 的预期收益率 $E(r_i)$ 可分为两部分：一是无风险利率 r_f，代表资金的时间报酬；二是证券 i 的系统风险的风险溢价，其值为 $\beta_i(\bar{r}_M-r_f)$。

参数 β_i（$=\dfrac{\sigma_{iM}}{\sigma_M^2}$）是证券 i 的收益与市场组合收益的协方差占市场组合方差的比重，度量证券 i 的收益率对市场组合收益率变动的敏感程度，反映了证券 i 面临的与市场相关联的风险，即市场风险①。

假定一个任意投资组合 P 由 n 个证券构成，各证券在组合中的投资比例为 x_i，则有等式：

$$\beta_P=\sum_{i=1}^{n}x_i\beta_i \tag{2.8}$$

即一个组合的 β 值是它的各成分证券 β 值的加权平均，权数为各成分证券的投资比例。市场组合 $\beta_M=1$，无风险资产 $\beta=0$。

综上所述，我们可以看到，投资者投资于风险资产或风险资产组合，由于面临系统风险，要求获得比无风险资产更高的回报率。单个风险资产或风险资产组合的预期收益率取决于三个因素：（1）无风险利率 r_f；（2）市场组合的风险溢价（$\bar{r}_M-r_f$）；（3）单个风险资产或风险资产组合的以 β 值相对度量的系统风险。

在 $\beta_i 0 E(r_i)$ 平面上过点（0，r_f）和点 M（1，$E(r_M)$）作一条直线，这条直线就被称为证券市场线（Security Market Line，SML），具体如图 2－15 所示。

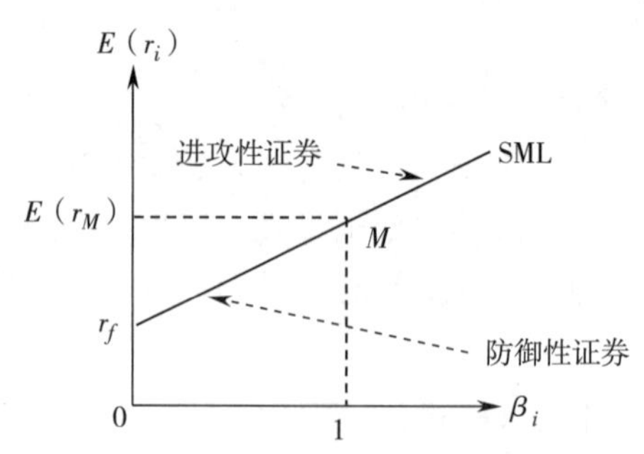

图 2－15　证券市场线

证券市场线（SML）描述了单个证券及任意

① 一个证券面临的总风险包括市场风险与非市场风险，市场风险又称为系统风险、不可分散风险，非市场风险又称为非系统风险、可分散风险。

一个投资组合，包括有效组合和非有效组合，预期收益率与其系统风险的线性关系。SML 的截距为r_f，斜率为（$\bar{r}_M - r_f$），斜率为正（如果$\bar{r}_M < r_f$，则大家都不会投资于风险资产），所以 SML 向右上方倾斜。

$\beta = 0$ 的证券，虽然具有正的标准差，但对市场组合的风险没有任何影响，系统风险为零，其预期收益率 E（r_i）等于无风险收益率 r_f。

$\beta = 1$ 的证券，系统风险与市场组合的风险相同，相应地，其预期收益率 E（r_i）等于市场组合预期收益率 E（r_M）。我们称这类证券为中性证券。

$0 < \beta < 1$ 的证券，系统风险小于市场组合的风险，$\bar{r}_i - r_f < \bar{r}_M - r_f$，当市场组合的预期收益率上升时，其预期收益率上升得比市场组合慢；当市场组合预期收益率下降时，其预期收益率下降得也比市场组合慢。我们称这类证券为防御性证券。

$\beta > 1$ 的证券，系统风险大于市场组合的风险，$\bar{r}_i - r_f > \bar{r}_M - r_f$，当市场组合的预期收益率上升时，其预期收益率上升得比市场组合快；当市场组合预期收益率下降时，其预期收益率下降得也比市场组合快。我们称这类证券为进攻性证券。

五、资本资产定价模型的应用

（一）确定股权投资的合理回报率

在现代股权投资和股份制经济中有一个基础性问题一直困扰着投资者和融资者，即融资者应该支付给投资者多少回报是合理的。在资本资产定价模型出现之前，人们一般认为风险（σ）越大，则回报应该越高。资本资产定价模型的出现矫正了传统观念，并给出了确定合理回报的基本公式：$\bar{r}_i = r_f + \beta_i(\bar{r}_M - r_f)$。自资本资产定价模型出现之后，公司金融领域普遍将其作为确定合理回报的理论基础。

（二）股票估值

股票是当今最为普遍的投资工具，但所有的投资者都面临着一个共同的问题：如何对各种各样的股票确定其合理价格？股利贴现模型等几种股票估值模型都需要已知贴现率 r_i，而不同的贴现率对应于不同的估值结果。因此，股票估值的核心问题转变成如何确定合理的贴现率。而股票的贴现率是公司的股权投资者在相应风险条件下所要求的投资回报率。

资本资产定价模型为确定贴现率提供了一种更为科学的工具和方法。投资者根据上市公司股票的β值和证券市场线，就可以计算出该股票的均衡期望收益率：$\bar{r}_i = r_f + \beta_i(\bar{r}_M - r_f)$，以此作为股票估值中的贴现率。

（三）基金绩效评估

投资者投资于证券投资基金，可以享受专家理财、规模经营降低成本、分散投资回避风险等方面的好处，但同时也产生了委托代理风险。投资者在选择基金产品时，就需要了解投资基金的绩效评估情况。

20 世纪 50 年代以前，主要是根据投资基金的单位净资产和收益率两个指标来进行证券投资基金的绩效评估，由于没有考虑基金投资收益的波动性，即没有将风险纳入业绩评价之中，所以有很大的缺陷。到 20 世纪 60 年代，Treynor（1965）、Sharpe（1966）及 Jensen（1968）在资本资产定价模型的基础上，综合考虑收益与风险，提出了几种评估投资基金整体绩效的指标。这几个指标目前仍广泛应用于发达国家的资本市场中。

1. 特雷纳指标（Treynor，1965）

$$TP = \frac{r_P - r_f}{\beta_P} \tag{2.9}$$

在投资基金的运作过程中，基金经理应该尽力通过投资组合的设定来消除系统风险。特雷纳指标以投资基金单位系统风险的超额收益率来判断投资基金的运作是否合理、良好。该指标越大，基金绩效就越好。

2. 夏普指标（Sharpe，1966）

$$SP = \frac{r_P - r_f}{\sigma_P} \tag{2.10}$$

夏普指标度量了投资基金每单位总风险（系统风险和非系统风险）的超额报酬率。指标越大，基金绩效越好。夏普认为，管理水平不同的投资基金之间的风险差异在于非系统风险。管理水平较高、业绩较好的投资基金，其总风险接近系统风险；而管理水平不好、业绩欠佳的投资基金，由于其非系统风险增加，从而总风险增加。所以，应该采用总风险而非系统风险来度量基金运作业绩的优劣。

3. 詹森指标（Jensen，1968）

$$JP = r_P - [r_f + \beta_P(r_M - r_f)] \tag{2.11}$$

詹森指标度量的是基金的实际收益减去以相同系统风险按事后SML获得的预期收益后得到的超额收益，体现了投资基金的证券选择能力。该指标越大，基金运作效果越好。在对基金绩效进行综合评估的基础上，产生了评估基金证券选择与市场时机选择能力的模型。市场时机的选择是指根据对市场的判断，选择组合的β值，当市场上涨时，选择β值大的组合；当市场下跌时，选择β值小的组合。如果基金运作对市场判断准确，其证券组合的收益将超过同β值的基准组合的收益。

4. T－M模型（Treynor和Mazuy，1966）

Treynor和Mazuy（1966）采用下式进行回归分析：

$$r_P - r_f = \alpha + \beta_1(r_M - r_f) + \beta_2(r_M - r_f)^2 + \varepsilon \tag{2.12}$$

式中，α为证券选择能力指标；β_1为系统风险；β_2为择时能力指标；ε为误差项。

当$\beta_2 > 0$时，则在市场上涨时期，基金的风险溢价会高于基准组合的风险溢价，而在市场下跌时期，基金风险溢价的下跌幅度会低于基准组合的下跌幅度，从而表明该基金具有时机选择能力。

α与市场的走势无关，用于判断基金经理的证券选择能力。若$\alpha > 0$，则表明该基金经理具备证券选择能力。

5. H－M模型（Heriksson和Merton，1981）

Heriksson和Merton（1981）构造了一个随机变量模型：

$$r_P - r_f = \alpha + \beta_1(r_M - r_f) + \beta_2(r_M - r_f)D + \varepsilon \tag{2.13}$$

这里D是一个虚拟变量。当$r_M > r_f$时，$D = 1$；当$r_M < r_f$时，$D = 0$。这样，基金的β值在市场下跌时期为β_1；在市场上涨时期为$\beta_1 + \beta_2$。如果$\beta_2 > 0$，则表示在市场上涨的牛市行情中，基金经理会主动调高β值，在市场下跌的熊市行情中，基金经理会调低β值，说明基金具有时机选择能力。

所有上述评价投资基金绩效的方法都以资本资产定价模型为理论基础，都是资本资产定价模型在实际中的一种应用。由此，我们不难看出资本资产定价模型巨大的理论和实际应用价值。

第三节 套利定价理论

CAPM 模型问世以后取得了巨大的成功，但由于该模型是建立在一系列严格的假设条件之上，并且许多假设与现实经济生活差距太大，因此该模型也受到不少批评和质疑。1976 年，斯蒂芬·罗斯（Stephen Ross）在《收益、风险和套利》一文中系统地提出了套利定价理论。斯蒂芬·罗斯（Steven Ross）从另一个角度出发，导出了证券市场中一种替代性的均衡模型，被称为套利定价理论（Arbitrage Pricing Theory，APT）。这个模型的核心思想是市场不允许套利机会的存在，即市场价格将调整到使投资者无法在市场上通过套利活动获得超额利润。它认为一种因素不能全部解释收益，资本的收益是几种因素共同作用的结果。

一、套利定价模型的理论基础

套利定价模型是以无套利定价为基础的多因素资产定价模型，该模型由一个多因素收益生成函数推导而出，其理论基础为唯一价格定律（The Law of One Price）。所谓的“唯一价格定律”就是说两种具有相同特质的资产，应该以同样的价格出售；而在两个不同的市场进行交易的同一种资产，也应该以同样的价格进行买卖。如果出现不同的价格，就会产生获利的机会，投资人可以卖出价格被高估的资产，买进价格被低估的资产。此时，套利者将可以锁住一笔确定的利润，也就是所谓的“免费的午餐”。“天下没有免费的午餐”只适用于完全竞争市场，不完全竞争市场则给了套利者表演的舞台。

在投资领域，风险与收益是匹配的，也就是说，高风险对应高收益，低风险对应低收益。如果投资者愿意承担高风险，其前提肯定是存在较高的期望收益作为补偿。更进一步，作为“唯一价格定律”在投资领域中的体现，风险特征相同的资产应该有相同的期望收益。在因素模型中，这一点非常清楚。多因素模型预期收益率的方差公式如下：

$$\sigma_i^2 = b_i^2\sigma_F^2 + \sigma_{ei}^2 \tag{2.14}$$

由于投资组合的整体风险中的非因素风险部分可以被分散掉，因此，投资者关心的是资产的因素风险。而因素风险的大小取决于资产的因素敏感系数或者风险特征。于是，具有相同风险特征的资产具有相同的风险，进而具有相同的期望收益。否则，就会违背“唯一价格定律”，出现无风险套利机会。

此外，套利定价模型也有部分假设与资本资产定价模型相同，如：(1) 资本市场是完全竞争和有效的，不存在交易成本；(2) 投资者的目标是实现期望效用最大化；(3) 所有的投资者对于资产的收益分布具有一致的预期等。

但与资本资产定价模型不同的是，套利定价模型并不要求投资者能以无风险的利率借入和贷出资金，也不要求投资者以资产组合的收益和方差为基础进行投资决策。套利定价模型最重要的一点是假设风险资产的收益受到市场上几种不同风险因子的影响，而到底是哪几种风险，这些风险具体是什么则无关紧要。

二、多因素套利定价模型

设市场上风险资产的收益一共受到 k 个风险因素的影响，可表示如下：

$$r_i = E(r_i) + \sum_{j=1}^{k} \beta_{ij} F_j + e_i \tag{2.15}$$

式中，r_i是任意一种风险资产的收益，$E(r_i)$ 是该风险资产的预期收益，$F_j(j = 1,2,\cdots,k)$ 是影响风险资产收益的公共风险因子，$\beta_{ij}(j = 1,2,\cdots,k)$ 是第 i 个风险资产的收益与第 j 个影响因素之间的协方差，表示风险资产对不同公共风险因子的敏感度，e_i 是残差项。

此外模型还满足以下条件：

（1）$E(e_i) = 0$；

（2）$cov(e_i, F_j) = 0$；

（3）$cov(e_i, e_j) = 0$。

这三个条件一方面是为了符合统计学中多元线性回归模型的要求而设定的，另一方面在APT 模型中也有着特殊的解释意义。条件（1）表示残差项的期望为零，从而表明残差项只对资产的风险有贡献，它考虑了公共风险因子未包括进去的风险，但是它对资产的收益没有贡献。条件（2）表示残差项与影响因素 F_j 完全不相关，只代表纯粹的非系统风险。因此，这一模型将系统风险和非系统风险严格地分开。条件（3）表示除了公共风险因子以外，模型中不再存在同时影响两种或两种以上资产收益的共同因素。也就是说，模型已经分离了所有影响资产收益的公共风险因子。

APT 模型是 CAPM 模型的一个推广。但与 CAPM 模型不同的是，该模型表明资产的期望收益率受一组公共风险因子影响，市场组合可能只是其中的一个风险因子，其他风险因子（诸如利率、通货膨胀率、GDP 增长率等）也可能包括在内。简单地说，市场组合在套利定价理论中并没有特殊作用，它只是可能影响资产收益的因素之一。

第四节　有效市场理论

有效市场假说（Efficient Market Hypothesis，EMH）是现代金融市场理论中重要的概念之一。有效市场假说就是说股票价格已经完全反映了所有的相关信息，人们无法通过某种既定的分析模式或操作始终如一地获取超额利润。法玛（Fama）是有效市场理论的集大成者，为该理论的最终形成和完善作出了卓越的贡献。Fama（1970）不仅对有关有效市场假说的研究作了系统的总结，而且提出了一个完整的理论框架。在此之后，有效市场假说蓬勃发展，其内涵不断加深，外延不断扩大，最终成为现代金融经济学的支柱理论之一。

一、有效市场假说的假定

有效市场假说是建立在三个强度渐次减弱的假定之上的：

（1）投资者是理性的，因而可以理性地评估证券的价值。这个假定是最强的假定。如果投资者是理性的，则他们认为每种证券的价值等于其未来的现金流按能反映其风险特征的贴现率贴现后的净现值，即内在价值。当投资者获得有关证券的内在价值的信息时，他们就会立即作出反应，买进价格低于内在价值的证券，卖出价格高于内在价值的证券，从而使证券价格迅速调整到与新的净现值相等的新水平。投资者的理性意味着不可能赚取经过风险调整的超额收益率。因此，完全理性的投资者构成的竞争性市场必然是有效市场。

（2）虽然部分投资者是非理性的，但他们的交易是随机的，这些交易会相互抵消，因此，不会影响价格。这是较弱的假定。有效市场假说的支持者认为，投资者非理性并不能作为否定有效市场的证据。他们认为，即使投资者是非理性的，在很多情况下，市场仍可能是理性的。例如，如果非理性的投资者是随机交易的，这些投资者的数量很多，他们的交易策略是不相关的，那么他们的交易就可能互相抵消，从而不会影响市场效率。

（3）虽然非理性投资者的交易行为具有相关性，但是理性套利者的套利行为可以消除这些非理性投资者对价格的影响。这是最弱的假定。Sharpe 和 Alexander 把套利定义为："在不同市场，按不同的价格同时买卖相同或本质上相似的证券。"例如，由于非理性的投资者连续买进某种证券，该证券的价格高于其内在价值。这时，套利者就可以卖出甚至卖空该证券，同时买进其他本质上相似的证券以对冲风险。如果可以找到这种替代证券，套利者就能对这两种证券进行买卖，就可以赚取无风险利润。由于套利活动无须资本，也没有风险，套利活动将使各种证券价格迅速回到其内在价值水平。

从上述假定可以看出，有效市场需要以下必要条件：

（1）存在大量的证券，以便每种证券都有本质上相似的替代证券，这些替代证券不但在价格上不能与被替代品一样同时被高估或低估，而且在数量上要足以将被替代品的价格拉回到其内在价值的水平。

（2）允许卖空。

（3）存在以利润最大化为目标的理性套利者，他们可以根据现有信息对证券价值形成合理判断。

（4）不存在交易成本和税收。

二、有效市场假说的定义

在资本市场交易的过程中，交易者能够得到多大的回报，资源将朝什么方向流动，在什么条件下实现及如何实现资源的重新配置和重新组合，取决于相应的资产价格。未来是不确定的，大量的经济、政治及社会因素都会直接或间接地、或强或弱地影响到特定资产未来的收益和价格。

并非所有这些信息都会影响特定资产价格，只有市场参与者获知了这些信息，并相信会影响到资本市场的供求时，即能影响市场参与者预期的信息时，才是有意义的。正是在这个基础上，1965 年，美国芝加哥大学尤金·法玛（Eugene Fama）在商业学刊上发表了《股票市场价格行为》一文，提出了著名的有效市场假说。该假说认为，在一个充满信息交流和信息竞争的市场中，一种特定的信息能够在证券市场上迅速被投资者知晓，随后，股票市场的竞争将会驱使证券价格充分且及时地反映该组信息，从而使得投资者根据该组信息所进行的交易不存在非正常报酬，而只能赚取经风险调整后的平均市场报酬率。

法玛基于价格与信息的关系，对资本市场有效性给出了一个颇有影响的描述性定义：如果证券价格充分反映了可得信息，每种证券的价格都永远等于其投资价值，则该证券市场是有效的。

《新帕尔格雷夫经济学大辞典》对市场有效性的解释是："若资本市场在证券价格形成中充分而准确地反映全部相关信息，则称其为有效率。规范言之，若证券价格并不因为向所有证券交易参与者公开了信息集 Φ 而受到影响，那么，就说该市场对信息集 Φ 是有效率的。而且对信息集 Φ 有效率意味着以 Φ 为基础的证券交易不可能获取经济利润。"

在法玛的基础上，Malkiel（1992）从以下三个方面更全面、明确地定义了有效市场：（1）一个有效的市场应该充分准确地反映所有与决定价格相关的信息；（2）就某种特定的信息而言，如果将其披露给所有的市场参与者后，证券价格不会发生变化，则该资本市场是有效的；（3）若市场是有效的，就不可能以某种特定的信息为基础进行交易而获得经济利润。

按照上述定义，如果市场是有效的，就意味着：（1）已有的相关信息得到充分利用，并被完全准确地反映到证券价格上。（2）由于所有决定资产价格的信息都反映在价格中，因此，就不存在能够影响市场参与者预期但不为他们所知的信息。有效市场是均衡市场，在决定证券价格的相关因素稳定的条件下，证券价格不会剧烈波动，利用证券价格的波动的投机也无利可图。（3）市场的均衡是通过市场参与者的选择而实现的。而市场参与者的选择又以信息为基础，人们不可能通过改变自己的选择来获得额外的预期利益。

法玛基于市场价格与信息的关系（或价格是否反映相关信息为标准）定义市场效率，抓住了资本市场最重要的基本特征。但法玛的定义只是对市场运行结果的描述，没有说明在什么条件下信息能够完全反映在证券价格中（或通过什么途径能够提高市场效率），也没有为我们研究形成有效市场的过程提供更多的东西。

有效市场假说的意义体现在以下几个方面：（1）揭示了证券市场的特征，改变了人们认为证券市场是无规律的认识。（2）促进了金融理论的发展。没有有效市场大量的实证检验作后盾，以均衡为基础的资本资产定价模型的推理过程以及期权定价理论等都很难被迅速而全面地接受。（3）实证研究所揭示的有效性、非有效性特征为研究新兴证券市场的发展状况提供了参照。通过比较新兴市场与发达市场的实证结果，可以发现两种市场在投资理性、市场规范、交易规则上的差异，为规范新兴市场提供了参照。

三、有效市场的类型

Harry Roberts 根据股票价格对相关信息反映的范围的不同，将市场分为三类：弱式有效市场、半强式有效市场和强式有效市场。后来，法玛又对这三种有效市场进行了阐述。

根据法玛的定义，有效市场中证券的价格充分反映了全部可以提供的信息 Φ_t。而且他把可提供的信息 Φ_t 分为三类：一是历史信息，通常指股票过去的价格、成交量、公司特性等；二是公开信息，如红利公告等；三是内部信息，指的是非公开的信息。由此根据证券价格所反映的信息的不同，把有效市场假说分为三种不同的类型。

（一）弱式有效市场

在弱式有效市场上，股票价格已经反映了所有的历史信息，如市场价格的历史变化状况，交易量的变化状况，短期利率的变化状况等。就预测而言，研究股价的历史序列没有用。弱式有效市场假说正是著名的随机游走理论。弱式有效市场假说意味着趋势分析等技术分析手段对于了解证券价格的未来变化情况以谋取利润是没有帮助的。由于股票价格变化等历史数据是公开的，也是绝大多数投资者可以免费得到的信息，因此，广大投资者会充分利用这些信息并使之迅速、完全地反映到证券市场价格中去。最终，这些信息由于广为人知而失去了价值。如果购买信息需要付费，那么这些成本将立刻反映在证券价格上。

因此，弱式有效市场是一个不可能通过分析历史价格进行买卖决策获得超额利润（除非靠运气）的市场。

（二）半强式有效市场

在半强式有效市场上，股票的当期价格不仅反映了历史价格中的所有信息，而且反映了被研究公司的所有可以公开获得的信息。金融分析师和投资者们努力搜寻并分析公开信息不会产生持续的超额收益。这种公开信息，如公司年报、公司公告、与公司股利政策相关的信息、即将进行股票拆分等信息，对分析师没有持续价值。

实际上，半强式有效市场假说坚信，一旦信息为公众获得，就立即被反映在股票价格中。尽管这种调整不是立即证明是正确的，但是，不久后市场将正确地分析这一点。因此，分析市场将很难通过基本分析获取利润。

因此，半强式有效市场是一个不可能通过运用公开信息进行买卖决策获得超额利润（除非靠运气）的市场。

（三）强式有效市场

在强式有效市场上，不仅公开信息对分析师和投资者没有用，而且所有信息对分析师和投资者都没有用。无论是公开信息还是“内幕信息”，都不能持续地获取超额收益。图2－16表明，随着投资者获得的信息不断增加，市场有效的程度也不断提高。

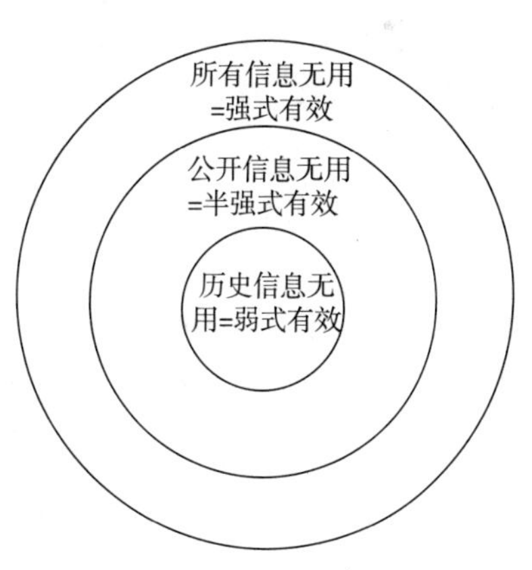

图2－16　市场有效的子集

强式有效市场假说指出两个条件需满足：第一，连续的价格变化或收益变化是独立的；第二，这些连续的价格变化或收益变化服从相同的分布，即这些分布在各个时期重复出现。从实际角度来看，这似乎意味着，在随机游走的世界里，在任何时候，股票价格都充分反映了所有的公开信息，而且，当可以获得新的信息时，股票价格将立即调整，以反映新的信息。

当放松条件时，更一般的有效市场模型认为，市场也许存在某些缺陷，例如，交易成本、信息成本以及信息传递的滞后等。但是，更一般的有效市场假说指出，这些潜在的无效市场原本并不存在，以至于可能开发一种交易系统，它的预期收益或利润将超过证券均衡的预期收益或利润。一般地，我们把均衡利润定义为：通过采取简单的买入并持有策略而不是更加复杂的技术获得的利润。因此，我们发现随机游走模型代表了一个特殊的受限制的有效市场模型。

四、有效市场假说的检验

（一）弱式有效市场的检验

市场的弱式有效是较容易检验的，弱式有效市场也是人们最早进行实证检验的效率市场形式。弱式有效市场强调的是证券价格的随机游走，不存在任何可以识别和利用的规律。因此，对弱式有效市场的检验主要侧重于对证券价格时间序列的相关性研究，具体来讲，这种研究又分别从自相关检验、游程检验和相对强度检验等不同方面进行。

1. 自相关检验。时间序列的自相关是指时间序列的数据前后之间存在着相互影响（相关），如果股票价格的升降对后来的价格变化存在着某种影响，那么在时间序列上应表现出某种自相关关系。但对股票价格的时间序列自相关性的研究表明，价格变化并不存在这种自相关关系，即使少数交易量和交易次数较少的股票价格的自相关系数稍大，仍无法用于价格预测。关于股票价格变化的自相关研究肯定了随机游走理论的正确性。

2. 游程检验。序列相关检验一个很明显的缺点在于相关系数受到极值的影响。也就是说，在序列中，极大值或极小值或极大极小值可能过度地影响相关系数的计算结果。为了克服这个可能的缺陷，可以用非参数的游程检验，它仅考虑相邻两期的股票收益的符号，而不考虑其绝对值的大小。

游程检验是一种非参数统计检验方法，这一方法将股票价格的变化方向用正负号来表示，价格上升为正，价格下降为负。如果股票价格变化的自相关性较强，应能看到一个较长的同号序列，表示价格的连续下降或连续上升。但研究者们并未发现这种序列，因此，这一检验也肯定了随机游走模型。

3. 相对强度检验。相对强度检验是模拟证券投资过程对随机游走理论进行检验的。检验者首先选择一个与股票价格变化有关的指标，然后按照这一指标数值决定买入和卖出某种股票的数额，考察是否能因此获得超额收益率。若能够获得超额收益率，则市场不是弱势有效的。

（二）半强式有效市场的检验

弱式有效检验仅注重股票过去价格的信息。半强式有效检验涉及所有公开可获得的信息，当然，包括股票价格。如果市场是半强式有效的，那么所有公布的信息，如年收入、现金股息、公司管理层的变化，都全部反映在股价上。公开可得的信息很庞杂，所以不可能使用所有的信息源来检验市场效率。在对市场弱式有效的实际检验中，通常是选择对股票有主要影响的信息，比如配股、股票分割、红利发放、财务报告等。

事件研究（Event Study）是研究证券价格的一种经常使用的实证方法。事件研究的目的是判断证券持有人在对特定事件出现的信息作出反应时是否获得了超额收益。一个事件可能与公司发布的特定信息（例如盈利公告）、政府行动（例如税法修改）或其他可能导致证券重新估价的定义良好的信息相关。事件分析将注意力集中在事件期（Event Period），即与事件相关的信息到达市场参与者的时期。超额收益是事件期内观察到的收益与预期收益之差。

超额收益分析实质上是预测误差分析。预期收益是事件期的预测收益，其中，经常使用基期的数据进行预测。选择基期是为了代表事件没有发生时证券的特定收益。基期可能是事件发生之前或事件发生之后或事件发生之前和之后的时期。最基本的是保证基期不受特定事件的信息的干扰。

事件研究的实际操作要比想象的困难得多。因为在任何一天，股票价格往往同时受到多种事件的影响，如通货膨胀率的变化、利率的变化、公司盈利状况的变化等。要想从这诸多事件中寻找出某一事件，分析其对股票价格的单独影响，是相当困难的。因此，在进行事件研究时，必须对样本的选取、数据的处理和模型设计等作出精巧合理的安排，才有可能得出有意义的结论。

（三）强式有效市场的检验

强式有效市场是指假定所有的信息，无论是公开还是私有的信息都反映在现行股票价格上。因为弱式、半强式有效检验涉及的是公开可得的信息，检验强式有效性自然要利用非公开信息。不过，很难完全界定这种信息或者辨别哪些投资者有获取这种信息的渠道。一般认为，公司的知情者是非公开信息的拥有者，包括持有相关公司大量可交易股票的投资者和公司本身的管理层成员。在证券法规比较完善的国家中，一般要求知情者必须公开自己的交易量。如果知情者确实有渠道获取非公开信息，那么我们就期望能观察到知情者在股票价格上升前买入股票并在价格下跌前卖出股票。这种交易策略能给知情者带来超额报酬，而这种超额报酬的取得是这些知情者利用非公开信息的结果。早期的对知情者的超额收益的检验表明，知情者确实能够利用其私有信息赚取超额收益，这一结果表明市场是强式低效率的。

值得说明的是，市场的强式有效一般通过考察共同基金的业绩予以检验，共同基金的经理们有渠道获取一些非公开的信息以及所有公开的信息。如果共同基金显示出超额的收益，那么我们就断定它们具有运用公开信息的卓越才能，或者拥有非公开的信息。如果共同基金的业绩不能超过市场，我们就不能断定市场是否是强式有效，因为共同基金可能没有获取非公开信息的渠道。大量的经验研究表明，共同基金不能赚到超额收益，所以结论是市场强式有效或者共同基金不拥有任何特权信息。因为有研究证实知情者确实能获得超额收益，所以，利用共同基金的收益进行的检验其实就成为对共同基金是否拥有特权信息的检验。对共同基金的检验之所以非常普及，是因为数据资料很容易得到。但是由于其结论的模糊性，这种检验并不是最适用于检验强式市场有效性的方法。

如前所述，强式有效市场是一个极端的假设，对这一假设的检验主要是对内部人员的股票交易和专业投资机构的股票交易的盈利状况进行检验。

总的来看，早期的各项实证研究对弱式有效市场和半强式有效市场的假设给予了较充分的肯定，但对强式有效市场假说的支持明显不足。

第五节　无套利均衡分析方法

无套利均衡分析（No - Arbitrage）方法是现代金融学研究的基本方法。虽然在经济学的研究中早就有所谓“一价定律”的表述，其中含有类似无套利均衡的思想，但金融市场具有有别于其他商品和服务市场的特性，无套利均衡分析方法因此具有特别显著的重要性。

在现代金融学中，这一方法最早体现在莫迪利安尼（Franco Modigliani）和米勒（Robert Miller）研究企业资本结构和企业价值之间的关系的重要成果（即MM理论）中。可以说，这一研究方法标志着现代金融学在方法论上从传统经济学的研究中独立，而且成为取得后续一系列金融研究成果的基本分析手段。因此，这一方法也是金融工程面向产品设计、开发和实施的基本分析技术。我们将从介绍MM理论的内容入手，来介绍这一方法的思路。

一、MM理论

（一）无公司所得税和个人所得税的MM定理

1. 基本假设

（1）市场是无摩擦的，也就是交易成本、代理成本和破产成本均为零，不存在公司所得税和个人所得税。

（2）个人和公司可以按同样的利率进行借贷，同时不论举债多少，个人和公司的负债都不存在风险。

（3）经营条件相似的公司具有相同的经营风险。

（4）不考虑企业增长问题，所有利润全部作为股利分配。

（5）同质性信息，即公司的任何信息都可以无成本地传递给市场的所有参与者。

2. 分析过程

假设有A、B两家公司，其资产性质完全相同，经营风险也一样，两家公司每年的息税前收益都为100万元。在没有所得税的情况下，公司所有的净收益都将以股利形式分配给股东。A、B两家公司的唯一区别就在于公司资本结构的不同。A公司全部采用股权融资，股权资本的市场价值为1 000万元，其股权资本的投资报酬率为10%；B公司存在一部分负债，其负债价值为400万元，负债的利率为5%，假设B公司剩余的股权价值被高估，为800万元，则B公司总的市场价值为1 200万元。上面对A、B公司股权价值的假设是随意的，并不影响分析结果。

莫迪利安尼和米勒认为，由于企业的资产性质、经营风险和每年的息税前收益是一样的，因此B公司价值高于A公司价值的情况并不会长期存在下去，投资者的套利行为将使两家公司的价值趋于相等。

投资者可以通过下面的交易实现这一无风险套利行为：卖空B公司1%的股权和债权，买入A公司1%的股权。下面我们简单解释一下为什么这一交易过程会使投资者在不承担风险的情况下得到额外的收益。

（1）交易发生时。该投资者卖空B公司1%的股权和债权可以获得的收入为1%×800+1%×400=12万元；买入A公司1%的股权所需要付出的资金为-1%×1 000=-10万元。因此在交易完成时，投资者获得的净收益为12-10=2万元。

（2）未来的每年。由于该投资者卖空了B公司1%的股权和债权，相应地，他要承担起偿付部分股权和债权的股利和利息的义务，因此该投资者在未来每一年都要付的现金为(-1%)×(100-400×5%)+(-1%)×20=-1万元。另外，该投者买入的A公司1%的股权使得他每年都可以获得1%×100=1万元的股利。

由此可见，该投资者在当前通过这样一笔交易可以获利2万元；同时在未来的每一年他获得的股利又刚好可以弥补其承担的股利和利息的偿付义务。这名投资者并不需要为他当前的收益承担任何风险。这一交易过程所产生的所有现金流如表 2－1 所示。

表 2－1　无风险套利行为的现金流情况

单位：万元

头寸情况	当前的现金流	未来每年的现金流
卖空 B 公司 1% 的股权	8	－0.8
卖空 B 公司 1% 的债权	4	－0.2
买入 A 公司 1% 的股权	－10	1
净收益	2	0

由于我们在前面作出了市场上所有投资者都可以无成本地获得公司信息的假定，因此可以想象所有的投资者都趋于作出同样的投资决策。投资者竞相卖出 B 公司的股权，从而 B 公司的股权价值下降到 600 万元，最终使得 A、B 两公司的市场价值趋于相等。

如果在前面的假设中，我们设定 B 公司的股权价值被低估，最终也会得到相同的结果，只不过投资者的套利过程将相反而已。

3. 结论

（1）MM 定理Ⅰ：任何公司的市场价值都与其资本结构无关。这一定理同时也意味着杠杆公司的价值等于无杠杆公司的价值。进一步地，无杠杆公司的市场价值等于该公司息税前收益除以股东的期望收益率。在前面的例子中，A 公司的市场价值应该为 100 ÷ 10% ＝1 000 万元。如果 A 公司的市场价值高于 1 000 万元，则公司价值被高估；如果 A 公司的市场价值低于 1 000 万元，则公司价值被低估。设 V_L 为杠杆公司的价值，V_U 等于无杠杆公司的价值，则 $V_L = V_U$。

（2）MM 定理Ⅱ：股东的期望收益率随着公司财务杠杆的上升而增加。由于杠杆公司的股东权益显然比无杠杆公司的风险要大，因此杠杆公司的股东理所当然地会要求更高的期望报酬率。在前面的例子中，A 公司股东的期望报酬率为 10%，而 B 公司股东的期望报酬率则为（100－400×5%）÷（800－200）＝13.33%。下面，我们将对股东期望收益率和公司财务杠杆比率之间的具体关系进行推导。

由基本的公司财务知识，我们可以知道公司的加权平均资本成本 r_{WACC} 可表示为：

$$r_{WACC} = \frac{B}{B+S} \times r_B + \frac{S}{B+S} \times r_S \tag{2.16}$$

式中，B 为债务的价值；S 为股权的价值；r_B 为利息率，即公司的债务资本成本；r_S 为股东的期望收益率，即公司的股权资本成本。

公式（2.16）很直观地告诉我们，公司的加权平均资本成本等于公司的债务资本成本与公司的股权资本成本的加权平均。两者适用的权重分别为债务资本和股权资本在整个资本结构中的比重。我们运用上式可以很容易地计算出 A、B 两公司的加权平均资本成本。

A 公司：

$$r_{WACC} = \frac{0}{1\,000} \times 5\% + \frac{1\,000}{1\,000} \times 10\% = 10\%$$

B 公司：

$$r_{WACC} = \frac{400}{1\,000} \times 5\% + \frac{600}{1\,000} \times 13.33\% = 10\%$$

由此可见，在没有税收的情况下，无杠杆公司和杠杆公司的加权平均资本成本是相等的。这一点毫不为奇，事实上，这种现象的出现也可归因于“无套利”的原因。如果我们把公司想象成一个“套利者”的话，若无杠杆公司的加权平均资本成本高于杠杆公司，那么就会有更多的公司倾向于借入债务资本，这必然使得债务资金的成本（即利息率）上升，进而促使杠杆公司的加权平均资本成本上升到无杠杆公司的水平，反之则相反。

现在我们假设无杠杆公司的 $r_{WACC} = r_0$，那么 r_0 必然就是杠杆公司的加权平均资本成本。对于杠杆公司而言，有

$$\frac{B}{B+S} \times r_B + \frac{S}{B+S} \times r_S = r_0 \Rightarrow r_S = r_0 + \frac{B}{S} \times (r_0 - r_B) \tag{2.17}$$

式（2.17）表明，杠杆公司股东的期望报酬率是公司债权—股权比的线性函数，债权—股权比称为公司的“财务杠杆比率”。在一般情况下，同一公司的股权要比债权承担更多的风险，因此 r_0 是大于 r_B 的。进而，我们可以得出结论，杠杆公司股东的期望报酬率与公司的财务杠杆比率成正比。上式也正是无税条件下 MM 定理Ⅱ的表述公式。

（二）存在公司所得税情况下的 MM 定理

1958 年的 MM 定理完全没有考虑税收的因素，这与现实世界是完全不一样的。到了 1963 年，莫迪利安尼和米勒将公司所得税的因素纳入考虑范围，他们经过一番分析后得出了与无税情况下完全不同的结论。

1. 修正后的 MM 定理Ⅰ。由基本的公司财务知识可知，债务的利息是税前支付的，而股利则是税后支付的。如果杠杆公司的息税前利润为 *EBIT*，公司所得税税率为 T_c，那么无杠杆公司的税收支出是 $EBIT \times T_c$，杠杆公司的税收支出是 $(EBIT - r_B B) \times T_c$。比较一下可以看出，杠杆公司的税收支出比无杠杆公司要少 $T_c r_B B$，这部分价值就是由于利息的“税盾作用”而使杠杆公司价值增加的部分。

设 V_L 为杠杆公司的价值，V_U 等于无杠杆公司的价值，那么 V_L 就必然等于 V_U 加上 $T_c r_B B$ 的折现值，否则市场上必然会出现套利行为。现在我们要考虑的就是为 $T_c r_B B$ 这一税减价值寻找合适的贴现率。

由于公司所获得的税减价值依赖于债务资本的使用，因此我们有理由相信它与债务资本的利息收入具有相同的风险；同时，我们假设 $T_c r_B B$ 这笔现金流是永续的（无限期的现金流），所以我们可用利息率 r_B 对 $T_c r_B B$ 进行折现，从而得到：

$$V_L = V_U + \frac{T_c r_B B}{r_B} = V_U + T_c B \tag{2.18}$$

式（2.18）即为修正后的 MM 定理Ⅰ的公式表述。也就是说，杠杆公司的价值等于无杠杆公司的价值加上负债节税作用的价值。

2. 修正后的 MM 定理Ⅱ。对于杠杆公司的股权和债权持有者而言，其所能获得的价值总量是 $r_S S + r_B B$；从另一角度来看，也等于无杠杆公司股东所获得的价值分配总量加上税减价值，所以

$$r_S S + r_B B = V_U r_0 + T_c r_B B \Rightarrow r_S = \frac{V_U}{S} \times r_0 + (T_c - 1) \times \frac{B}{S} \times r_B \tag{2.19}$$

又有

$$V_U = V_L - T_c B = B + S - T_c B = S + (1 - T_c)B$$

因此

$$r_S = r_0 + \frac{B}{S} \times (1 - T_c)(r_0 - r_B) \tag{2.20}$$

式（2.20）为修正后的MM定理Ⅱ的表述公式，它表明杠杆公司股东的期望报酬率等于无杠杆公司股东的期望报酬率加上一笔风险报酬，这笔风险报酬的多少取决于公司的负债程度和公司所得税的水平。

（三）米勒模型：对MM定理的再次修正

修正后的MM定理在引入公司所得税的因素之后，结论为负债越多的公司价值越大。然而在现实生活中，并没有任何公司能无限度地增加负债。对于这一现象，米勒在其1977年发表的《负债与税收》一文中，通过引入个人所得税因素进行了解释。

按照修正后的MM定理，一家公司要想获得额外的税减价值的话，必须用一部分负债融资代替股权融资。在不存在个人所得税的情况下，公司的这种想法是行得通的，因为总会有一部分投资者愿意投资于风险较低的公司债券，同时获取较低的收益（相对于股权投资而言）。但是，如果考虑个人所得税的因素，那情况就不一样了。在一般情况下，股利收入是不征税的，或者即使征税，其税率比公司债券利息收入的税率要低。因此，公司要想吸引投资者购买公司的债券，就必须相应地提高债券的利息率。在公司增加的利息支出小于公司获得的税减价值之前，公司是乐于这样做的。随着公司使用债务资本的增多，公司的价值随之增加，同时为了吸引越来越多的投资者转换到债券投资上来，公司债券的利息率也会越来越高。当税减价值无法抵补公司利息支出的增加时，它就会停止抬高利息率以增加公司债务融资的做法。此时，公司的资本结构达到了最优水平。

米勒根据无套利原则，通过分析公司可以通过增加负债来提高公司价值和个人投资债券多交所得税之间的矛盾，提出了经过再次修正的MM定理，即米勒模型：

$$V_L = V_U + \left[1 - \frac{(1 - T_c)(1 - T_s)}{1 - T_b}\right]B \tag{2.21}$$

式中，T_s 为股利所得的应税税率；T_b 为债券利息收入的所得税税率。

下面，我们对公式（2.21）进行简单的分析。

（1）$T_c = T_s = T_b = 0$。公司处于无税的环境中，米勒模型相应地转变为不考虑所得税因素的MM定理，此时 $V_L = V_U$。

（2）$T_s = T_b = 0$。个人所得税为零，模型变为考虑公司所得税情况下的MM定理，此时 $V_L = V_U + T_c B$。

（3）$(1 - T_c)(1 - T_s) = 1 - T_b$。在这种情况下，公司增加负债获得的税减价值正好被投资者投资于公司股票和债券所缴纳的所得税支出抵消，类似于公司不能从负债的增加中获得任何公司价值的增加，因而此时的米勒模型类似于无税环境中的MM定理，$V_L = V_U$。

（4）$T_s = T_b$。在这种情况下，投资者对于股票投资或债券投资无倾向性，他们只是根据各自的风险承受能力作出选择。相应地，公司无须为增加债务融资而提高债券利息。此时的米勒模型类似于只存在公司所得税情况下的 MM 定理，$V_L = V_U + T_c B$。

二、状态价格定价方法

状态价格是指一种有价证券在经过一段时间以后，其价值会出现两种可能，一种可能是向上，另一种可能是向下。如何为这种证券确定当前的价格，就是状态价格定价方法所要研究的问题。从本质上说，状态价格定价法运用的是无套利的分析方法。下面，我们将对这方法进行说明。

（一）状态价格定价方法

假如一份（有风险）债券 A，现在的市场价格是 P_A，1 年后市场价格会出现两种可能的情况，价格上升至 uP_A，称为上升状态，出现这种情况的概率是 q；或者价格下跌至 dP_A，称为下跌状态，出现的概率为 $1-q$。也就是说，1 年后会出现两种不同的状态价格，具体如图 2－17 所示。

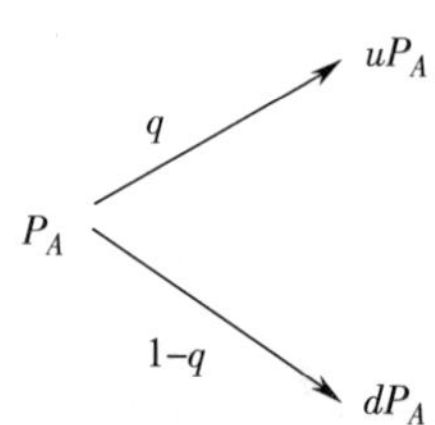

图 2－17　状态价格

以 r_f 记无风险利率，我们假设 $d < 1 + r_f < u$。记 $\bar{r}_f = 1 + r_f$，如果 r_A 是债券 A 的收益率，记 $\bar{r}_A = 1 + r_A$，则预期收益率为

$$E(\bar{r}_A) = \frac{quP_A + (1-q)dP_A}{P_A} = qu + (1-q)d$$

可以算出收益率的方差和标准差是

$$\sigma^2(\bar{r}_A) = q(1-q)(u-d)^2$$

$$\sigma(\bar{r}_A) = \left[q(1-q)\right]^{\frac{1}{2}}(u-d)$$

1 个单位（如 1 元）无风险证券，1 年后不管出现哪种情况，其市场价值（价格）则都应当是 $\bar{r}_f = 1 + r_f$（元）。

现在来定义一类与状态相对应的假想的证券，称之为基本证券。在 1 年后如果市场出现上升状态，基本证券 1 的市场价值为 1 元，如果市场处于下跌状态，则其价值为零。基本证券 2 则反之，1 年后市场处于下跌状态时价值为 1 元，处于上升状态时为零。现在基本证券 1 的市场价格记为 π_u，基本证券 2 的市场价格记为 π_d。

现在我们可以用基本证券来复制上述的有风险债券 A。购买 uP_A 份基本证券 1 和 dP_A 份基本证券 2 构成的证券组合在 1 年后不管发生何种状态，都产生和债券 A 完全同样的现金流，所以是债券 A 的复制品。由无套利原理可知，复制与被复制证券现在的市场价格应该相等：

$$P_A = \pi_u uP_A + \pi_d dP_A$$

即

$$\pi_u u + \pi_d d = 1 \tag{2.22}$$

如果我们同时购买 1 份基本证券 1 和 1 份基本证券 2 构成证券组合，则 1 年后无论出现何种状态，这个证券组合的市场价值都将是 1 元。这是一项无风险投资，其收益率应该是无风险收益率 r_f，于是有

$$\pi_u + \pi_d = \frac{1}{1 + r_f} = \frac{1}{\bar{r}_f} \tag{2.23}$$

把上述两个方程联立到一起，可解出

$$\pi_u = \frac{\bar{r}_f - d}{\bar{r}_f(u - d)}$$
$$\pi_d = \frac{u - \bar{r}_f}{\bar{r}_f(u - d)} \tag{2.24}$$

请注意，基本证券市场价格虽然是由债券 A 的状态价格决定的（上面的 u 和 d 实际上是 u_A 和 d_A），但基本证券除了可以用来复制债券 A 之外，还可以用来复制其他的证券，从而可以用来为别的证券定价。

下面我们用简单的例子来加以说明。

假如债券 A 现在的市场价格是 $P_A = 100$ 元，$r_f = 2\%$，$d = 0.98$，而 $u = 1.07$（见图 2 – 18）。

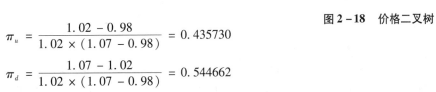

图 2 – 18　价格二叉树

则可算出

$$\pi_u = \frac{1.02 - 0.98}{1.02 \times (1.07 - 0.98)} = 0.435730$$

$$\pi_d = \frac{1.07 - 1.02}{1.02 \times (1.07 - 0.98)} = 0.544662$$

这两个基本证券可以用来作为债券的定价工具。我们先来对债券 A 定价。债券 A 的价格应当是

$$P_A = \pi_u uP_A + \pi_d dP_A = 0.435730 \times 107 + 0.544662 \times 98 = 100$$

这个结果当然是正确的。现在假设一个债券 B，它在 1 年后的状态价格如图 2 – 19 所示。

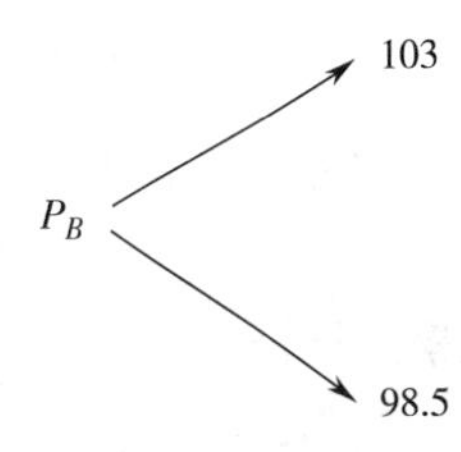

图 2 – 19　状态价格图

债券 B 现在的市场价格应该是

$$P_B = \pi_u uP_B + \pi_d dP_B = 0.435730 \times 103 + 0.544662 \times 98.5 = 98.52941$$

这里，实际上也是用基本证券 1 和基本证券 2 来复制债券 B。做法是购买 uP_B（103）份基本证券 1 和 dP_B（98.5）份基本证券 2 构成证券组合，该组合在 1 年后不管发生何种状态，都产生和债券 B 完全同样的现金流，所以是债券 B 的复制品。由无套利原理可知，复制与被复制证券现在的市场价格应该相等。

此处还是容易产生疑惑。基本证券 1 的市场价格 π_u 和基本证券 2 的市场价格 π_d 是债券 A 的状态价格确定的，为什么还可以用来复制债券 B 呢？因为基本证券 1 和基本证券 2 构成了 1 年后可能出现的 2 个基本状态的“基”，不管是何种证券，它们 1 年后的状态价格都可以用这组“基”来表示。这两个“基”彼此之间保持有某种“独立性”（不能用其中一个来表示另一个）。只要保持有这种“独立性”，不管它们目前的市场价格是多少，都可以被用来复制别的债券。建议读者用债券 B 的状态价格（注意：债券 B 现在的市场价格是 98.52941 元，不是 100 元）再确定一组新的 π_u 和 π_d，检验一下是否可用来复制债券 A。然后，检查一下新的 π_u 和 π_d 和原来的 π_u 和 π_d 是否一样。

但是，基本证券 1 和基本证券 2 是假想的证券，不是市场上实际存在的证券。无套利均衡分析的套作必须是能够在市场上实际实现的（至少在理论上）。下面我们用债券 A 和无风险证券来复制债券 B，检验以上所述的用基本证券对债券 B 的定价是否正确。

我们用 Δ 份债券 A 和现在市场价值为 L 的无风险证券来构筑复制债券 B 的证券组合。Δ（L 也一样）如果为正，表示多头（购买），为负则表示空头（卖空）。复制证券现在的市场价值是

$$I = 100\Delta + L$$

1 年后，无论出现何种市场状态，复制证券的市场价值应该同债券 B 一样。如果出现上升状态，则有

$$I_u = \Delta \times 107 + L \times 1.02 = 103$$

如果出现下跌状态，则有

$$I_d = \Delta \times 98 + L \times 1.02 = 98.5$$

把这两个方程联立到一起，可解出 $\Delta = \frac{1}{2}$ 和 $L = \frac{49.5}{1.02}$，并由此算出债券 B 现在的市场价值 $I = 98.52941$。这说明前面用基本证券 1 和基本证券 2 对债券 B 的定价是正确的，不然的话，显然可以无风险套利。

决定债券 B 的未来状态价格的 u 和 d 和债券 A 的 u 和 d 是不同的，因此债券 B 的收益率和风险也都和债券 A 不同。请注意，在上述的无套利均衡分析中，我们从来没有用到未来各个状态发生的概率 q 和 $1-q$。当讨论证券是否风险中性时需要用到它们。现在我们先假设 $q=0.5$，可以算出

$$r_A = 2.5\%, r_B = 2.2537\%$$

$$\sigma_A = 0.045, \sigma_B = 0.0025$$

显然，债券 B 比债券 A 的风险小，预期收益率也低，它们的收益和风险是互相匹配的。由于债券 A 的风险比较大，用债券 A 和无风险证券的组合来复制债券 B 时，实际上是用一部分无风险证券来“冲淡”债券 A 的风险，所以，在复制证券里无风险证券的成分应该是多头。当然，我们也可以反过来用债券 B 和无风险证券来复制债券 A，这时候，在复制证券里无风险证券的成分应该是空头，来“加浓”债券 B 的风险。

（二） 市场的完全性

在我们以上的讨论中，假设 1 年后只会出现 2 种可能的状况，因此只需要 2 个（“独立的”）基本证券就可以复制其他的证券。如果会出现 3 种或 3 种以上的可能状况呢？显然，只有 2 个基本证券就不够了。对应于可能出现的状况数，需要有同样数目的（“独立的”）基本证券才能复制实际的证券。相应地，在实际市场中，债券 A 再加上无风险证券是不够的，需要有相应数目的“独立的”证券。只有具备足够多的“独立的”证券，才能复制其他的证券或证券组合。而证券或证券组合只有能够被复制，才能通过构筑相反的头寸对冲掉风险，实现完全的套期保值。这就引出了市场的完全性的概念。

市场的完全性可以这样来描述：对于市场可能出现的各种情况，是否具备足够数目的“独立的”金融工具来进行完全的套期保值，从而转移风险。如果具备足够多的此类金融工具，则市场是完全的，否则是不完全的。

金融工程通过创造新型金融工具来“填补”市场的完全性，从而提高金融市场转移和重新配置收益/风险的能力。金融经济学可以证明，这将提高总的社会效用，增强金融系统抵御总体金融

风险的能力。这是创立和发展金融工程的一项基本的意义，具有重要的经济和社会的价值。

本章小结

本章主要介绍了金融工程的一些基本理论，具体包括投资组合理论、资本资产定价模型、套利定价理论、有效市场理论和无套利均衡分析方法。其中，投资组合理论主要是对风险和收益进行量化，建立均值—方差模型，同时提出确定最佳资产组合的基本模型。资本资产定价模型则是在投资组合理论基础上形成发展起来的，主要研究证券市场中资产的预期收益率与风险资产之间的数量关系，以及均衡价格是如何形成的。套利定价理论则是资本资产定价模型的推广，资本资产定价模型认为证券的收益率与唯一的公共因子（市场证券组合）的收益率存在着线性关系，而套利定价模型用多个因素来解释风险资产收益，并根据无套利原则，得到风险资产均衡收益与多个因素之间存在的线性关系。有效市场理论的主要观点认为证券价格已经完全反映了所有的相关信息，人们无法通过某种既定的分析模式或操作始终如一地获取超额利润，根据股票价格对相关信息反映的范围不同，有效市场主要分为三类：弱式有效市场、半强式有效市场和强式有效市场。无套利均衡分析方法是金融工程面向产品设计、开发和实施的基本分析技术，最早体现于 MM 理论，比较典型的应用是状态价格定价方法。

重点概念

投资组合理论　可行域　有效边界　无差异曲线　最佳资产组合　资本配置线　资本资产定价模型　分离定理　市场组合　资本市场线　证券市场线　贝塔（β）系数　套利定价理论　一价定律　多因素套利定价模型　有效市场　理论弱式有效市场　半强式有效市场　强式有效市场　无套利均衡分析　MM 理论　状态价格定价方法　市场的完全性

思考与练习

1. 市场组合的预期收益率是 10%，无风险利率为 3%。某股票今天的售价为 15 元，在年末将支付每股 1 元的红利，β 值为 1.2，预计年末此股票的价格为多少？

2. 如果一个投资组合由 4 种证券组成，β 值与投资比例如下表所示。

证券	β 值	投资比例
A	1.1	0.3
B	0.9	0.2
C	1.2	0.4
D	1.3	0.1

则此投资组合的β值为多少?

3. 基于单因素模型，假设无风险收益率为6%，一个具有单位敏感性的投资组合的期望收益率为8.5%。考虑具有如右表所列特征的两种证券的一个投资组合：

证券	因素敏感性	投资比例
A	4.0	0.3
B	2.6	0.7

根据套利定价理论，该组合的均衡期望收益率是多少?

4. 每年息税前利润（EBIT）是1 000万元，有无风险负债4 000万元，利率是8%，所得税税率是33%，流通在外的股票共100万股，权益资本成本为11.33%。现在公司决定增发股票来减少1 000万元负债，问应增发多少股股票?

5. 阐述复制定价法、风险中性定价法和状态价格定价法的基本思想，并讨论这三者之间的内在联系。

主要参考文献

［1］陈伟忠，陆珩瑱．金融经济学教程（第三版）［M］．北京：中国金融出版社，2021.

［2］宋逢明．金融工程原理——无套利均衡分析［M］．北京：清华大学出版社，1999.

［3］林清泉．金融工程（第五版）［M］．北京：中国人民大学出版社，2022.

［4］叶永刚，彭红枫．金融工程学［M］．大连：东北财经大学出版社，2018.

［5］博迪，莫顿，克利顿．金融学（第二版）［M］．曹辉，曹音，译．北京：中国人民大学出版社，2018.

［6］博迪，凯恩，马库斯．投资学（第10版）［M］．汪昌云，张永骥，译．北京：机械工业出版社，2017.

［7］贾罗，马斯科西莫维，津巴．金融经济学手册［M］．吴文锋，仲黎明，冯芸，译．上海：上海人民出版社，2007.

［8］克特尔．金融经济学［M］．刘利，译．北京：中国金融出版社，2005.

［9］勒罗伊，沃纳．金融经济学原理［M］．汪建雄，何雪飞，译．北京：清华大学出版社，2012.

21世纪高等学校金融学系列教材

第二篇

金融衍生工具

第三章
金融远期

本章学习目标

通过本章的学习，掌握金融远期合约的基本概念、基本定价方式以及相关应用；掌握远期利率合约的交割及交割计算；掌握远期外汇合约的基本类型。

知识结构图

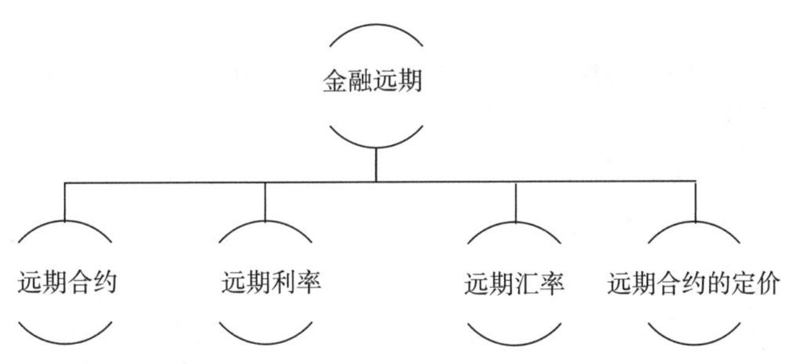

第一节　远期合约

一、远期合约的产生

远期合约很早就已经产生，但人们一般把 1848 年芝加哥期货交易所的成立作为现代远期市场的开端。

在 19 世纪 40 年代，芝加哥成为美国中西部的一个重要的商品集散中心，在这里进行交易的主要是农产品。由于农产品生产具有季节性，因此在每年的夏末和整个秋季，大量的农产品一下子挤满了芝加哥所有的市场，这一方面导致了仓储远远不能满足要求，另一方面又使得农产品价格暴跌，挫伤了农民的生产积极性。为了解决这个难题，由一些商人牵头成立的芝加哥交易所诞生。几年后，该交易所诞生了第一张远期合约，名为“将要到达”（to-arrive），它允许农民在未来某个时间交割事先已经达成协议的一定数量的农产品。该合约的成功很快引起了市场人士的关注，在以后几年，新的远期品种和交易方式不断出现，各个国家的远期市场不断壮大。

自从20世纪70年代初布雷顿森林体系崩溃后，为了转移因汇率或利率变动所带来的风险，80年代后先后出现了远期利率协议、远期交易综合协议等新品种，使传统的远期工具市场再度焕发勃勃生机。

二、远期合约的定义

远期合约是一种双方约定在未来的某一确定的时间，以确定的价格买卖一定数量的某种实物商品或者金融资产的合约。

合约中要规定交易的标的物、有效期和交割时的执行价格等内容。若合约的标的物是商品，则该远期合约被称为商品远期合约；若合约的标的物是金融资产，例如利率、汇率等，则该远期合约被称为金融远期合约。

三、远期合约的要素

1. 多头和空头。当远期合约的一方同意在将来的某个确定的日期以某个确定的价格购买标的资产时，我们称这一方为多头；当另一方同意在同样的日期以同样的价格出售该标的资产时，我们称这一方为空头。

2. 交割价格。交割价格是远期合约签署时所规定的未来买卖某种资产的价格。所选择的交割价格应该使远期合约的价值为零，即远期价格和交割价格是相同的，否则就存在套利机会。

3. 到期日。远期合约在到期日交割。空头的持有者交付标的资产给多头的持有者，多头的持有者支付等于交割价格的现金。

四、主要的金融远期合约种类

根据远期合约标的资产的不同，常见的金融远期合约主要包括远期利率合约、远期汇率合约和股票远期合约等。

1. 远期利率合约（FRA)。远期利率合约是买卖双方同意从未来某一商定的时刻开始，在某一特定的时期内按合约约定的利率借贷一笔数额确定、以特定货币表示的名义本金的合约。

2. 远期汇率合约（FXA)。远期汇率合约是指合约双方约定在将来某一时间按约定的汇率买卖一定数额的某种外汇的合约。

3. 股票远期合约。股票远期合约是指在将来某一特定的日期按特定的价格交付一定数量单只股票或一揽子股票的协议。

五、金融远期合约的优缺点

在签署金融远期合约之前，金融远期合约的空方和多方可以就交割地点、交割时间、交割价格、合约规模等细节进行谈判，以便尽量满足双方的需要，金融远期合约的主要优点就是具有较大的灵活性，双方根据具体需要制定合约条款，也比较容易规避监管。

但金融远期合约又有明显的缺点：首先，金融远期合约没有固定的、集中的交易场所，不利于信息的交流和传递，不利于形成统一的市场价格，市场效率较低；其次，金融远期合约都是非标准化合约，这就给其流通造成了较大的不便，导致其流动性较差；最后，金融远期合约的履行没有相应的保证，存在较大的违约风险。但也正是这些缺陷促进了期货市场的发展。

第二节　远期利率

一、远期利率概述

（一） 远期利率的定义

远期利率，是指现在时刻的将来一定期限的利率，它是与即期利率对应的一个概念，即期利率是指当前时刻起一定期限的利率。

（二） 远期利率的产生

20 世纪 70 年代，世界主要国家都开始实行利率自由化，利率的自由化导致利率市场出现波动，利率上升借款成本上升，利率下降投资收益下降。采用什么技术方法可以对利率波动的风险进行防范，对当时的金融界显得十分迫切，这就促进了远期利率的产生。

（三） 远期利率的案例

✪【例 3.1】客户要求银行提供 100 万美元的贷款，期限为半年，从 6 个月后开始执行，并要求银行确定这笔贷款的固定利率，银行无疑会承担风险。假定此时，银行 6 个月期贷款利率为 1.13%，12 个月期贷款利率为 1.42%，但这种利率是即期利率，表示贷款从现在开始执行，而不是从将来某个时点开始执行。

银行现在以 1.42% 的利率借入 12 个月期的款项，并以 1.13% 的利率进行一笔6 个月期的贷款，6 个月后，再将收回的 100 万美元贷款以 1.7004% 的利率进行 6 个月的贷款。一年之后，客户偿还的 6 个月期的借款加利息恰好等于原先 12 个月期的借款，现金流量如表 3 - 1 所示。

表 3 - 1　　现金流量

	-994 382	+994 382
t_0	贷出 6 个月	
	$r=1.13\%$	
	+1 000 000	借入 12 个月期资金
t_{180}	-1 000 000	
	贷出 6 个月	
	$r=1.7004\%$	
t_{360}	+1 008 502	-1 008 502

可以从中发现只有对未来 6 个月期的远期利率定价为 1.7004%，银行才不会亏损，客户的贷款成本才会最低。

如果远期利率低于 1.7004%，则银行就将会亏损，也就是借款者借款成本较低，需求量将会上升，导致利率上升；

如果远期利率高于 1.7004%，则银行就将会盈利，也就是借款者借款成本较高，需求量将会下降，导致利率下降。

二、远期利率合约概述

（一） 远期利率合约的产生

远期利率协议是由伦敦的银行在 1984 年最先引入的一种远期合约，它为资金的借贷者提供了一种规避利率风险的手段，允许借贷双方锁定将来某一时点借贷一定期限的资金的利率，并规定以何种市场利率为参考利率以及协议的名义面额。

远期利率协议属于金融创新工具，是在国际金融市场新的环境条件下，国际银行业在传统经营方式和传统金融工具以外所创造的新的融资方式和工具。它基于动荡的金融市场，追求安全性、盈利性和流动性的统一。

（二） 远期利率合约的定义

远期利率合约即远期利率协议（FRA）是买卖双方同意从未来某一商定的时刻开始的一定时期内按照协议利率借贷一笔数额确定、以特定货币表示的名义本金的合约。

远期利率合约的买方是根据合同在交割日时形式上收入本金的交易方；卖方则是在交割日时形式上支出本金的交易方；协议利率为买方向卖方在未来协议期限内支付的利率。

（三） 远期利率合约的发展概况

国际市场上远期利率合约的参照利率通常为Libor，即伦敦同业拆借利率。利率远期合约的交易金额可以为500万～1亿美元。通常，利率远期合约的名义金额为1 000万～2 000万美元。

远期利率合约所涉及的货币主要为美元，美元约占整个利率远期合约市场的90%以上，其他货币包括英镑、欧元、日元等。

世界上最主要的远期利率合约市场在伦敦，伦敦金融市场上进行的利率远期合约交易占整个交易量的40%左右；第二大交易场所在纽约，约占整个交易量的25%。主要的交易商为美国和英国的大型商业银行。

2007年，我国银行间债券市场正式推出FRA。2007年9月29日中国人民银行正式发布了《远期利率协议业务管理规定》，自2007年11月1日起即可开展远期利率协议业务。中信银行股份有限公司与汇丰银行达成了第一笔人民币远期利率协议，该交易的本金为2亿元人民币，参考利率是3个月上海银行间同业拆放利率（Shibor）。

目前，商业银行是我国FRA的绝对交易主体，股份制商业银行交易活跃，中外商业银行基本持平；目前我国FRA的参考利率是3个月Shibor；主要的远期利率协议的交易品种为：1×4、2×5、3×6、4×7、5×8、6×9等。

（四） 远期利率合约的相关要素

合同金额：名义借贷款本金数额；合同货币：合约金额的标价货币；交易日：远期利率协议交易的执行日；结算日：名义贷款或存款开始日；确定日：参考利率确定日；到期日：名义贷款或存款到期日；合同期：结算日至到期日的天数；合同利率：协议利率，在利率远期合约中协商确定的利率；参照利率：确定日用来结算金额的市场基准利率，即实际利率；结算金：在结算日根据合同利率与参照利率的差额计算出来的，由一方支付给另一方的金额。

（五） 远期利率合约的期限

远期利率合约的期限通常是3个月期和6个月期，但也出现了1个月期及1年期的利率远期合约。此外，为适应不同客户的需求，市场上还出现了非整数月份的利率远期合约。

专栏3－1

我国首笔人民币远期利率协议

2007年9月底中国人民银行颁布了《远期利率协议业务管理规定》，于2007年11月起施行。

这是继中国2006年启动人民币利率互换交易试点以来推出的第二种利率风险管理衍生品，远期利率协议业务的开展将丰富衍生品品种，增加管理手段，有助于提高市场参与者的利率风险管理能力，对商业银行来说则多了一种利率风险管理的工具。

根据《远期利率协议业务管理规定》，自2007年11月1日起，银行间债券市场正式推出FRA。该规定明确了FRA的业务规程、市场准入条件、风险管理和监管。商业银行作为银行性金融机构，可以与所有金融机构进行FRA；若交易对手为非金融机构，商业银行只能与之进行以套期保值为目的的FRA交易。商业银行在开展FRA交易前，必须签署《中国银行间市场金融衍生产品主协议》，同时制定FRA内部操作规程和风险管理制度，送全国银行间同业拆借中心（简称交易中心）和中国银行间市场交易商协会（简称交易商协会）备案。

香港上海汇丰银行以上海银行间同业拆放利率（Shibor）作为参考利率，在我国首次达成人民币远期利率协议（FRAs）。根据交易条款，汇丰银行支付4.25%的固定利率，以期在6个月内得到其他金融机构的3个月期浮动借贷利率。在第二项交易中，以同样的资金量，汇丰银行将支付一个3个月期的浮动利率，从而在4个月内换取4.2%的固定利率。

三、远期利率合约的交割

（一）交割过程

假设交易日是2017年6月12日，星期一，协议双方买卖五份1×4FRA，每份面额20万美元，协议货币是美元，协议数额是100万美元，协议利率是6.25%。

“1×4”是指名义上的即期日与交割日之间为1个月，从即期日至贷款的最后到期日为4个月。即期日通常是交易日后两天。在本例中即6月14日，星期三，这意味着名义上的贷款或存款将从2017年7月14日星期五开始（即期日一个月后），于2017年10月16日星期一到期（由于2017年10月14日是一个星期六，这三个月期限的远期协议顺延到下一个工作日）。

（二）交割金额

为了对交割额交付日期与额外利息支付日期的时差进行调整，交割总额应该减去交割额在支付时间差上所得的利息额。则计算交割额的标准公式为

$$ss=\frac{(i_r-i_c)\times A\times \dfrac{D}{B}}{1+i_r\times \dfrac{D}{B}} \tag{3.1}$$

公式（3.1）中，ss为利率远期合约交割额；i_r为参考利率；i_c为合同利率；A为合同金额；D为合同天数；B为天数计算惯例（通常是指360天）。

✪【例3.2】某公司买入一份3×6FRA，合约金额1 000万美元，合约利率为10.5%，确定日确定的结算时参考利率为12.25%，则FRA的卖方向买方支付的结算金额为

$$\frac{10\ 000\ 000\times(12.5\%-10.5\%)\times\dfrac{90}{360}}{1+12.25\%\times\dfrac{90}{360}}=\frac{43\ 750}{1.030625}=42\ 449.97(\text{美元})$$

四、远期利率合约的作用

远期利率协议主要被用来对远期利率头寸进行套期保值。远期利率协议给银行提供了一

种管理利率风险而无须改变银行资产负债表的有效工具，银行能够在不改变资产负债表的流动性的情况下调整其利率风险。

远期利率协议被非金融机构客户用来规避借款利率上升的风险，远期利率协议的交易一方为避免利率上升的风险，交易的另一方则希望防范利率下跌的风险，双方就未来的某个期限的一笔资金的使用事先商定一个利率。

远期利率协议还可以用来短期防范长期债务的利率风险。此外，如果一家公司或银行对短期利率趋势有正确的预测，他们也可以用远期利率协议来开立一个头寸，以获取利润为目的，来使用远期利率协议。

第三节　远期汇率

一、远期汇率概述

（一） 远期汇率的定义

远期汇率是指两种货币在未来某一日期交割的买卖价格，即在远期外汇合同中规定的买卖有关货币所使用的汇率。

远期汇率不是远期外汇交割日当天的即期汇率，两者很少一致，远期汇率是预先确定的，而远期外汇交易交割日当天的即期汇率在签约时是未知的。远期汇率与签订远期外汇交易合同当天的即期汇率也是两回事。

（二） 远期汇率的升水和贴水

远期贬值的货币对另一种相对的货币（升值的货币）叫作贴水；反之，远期升值的货币叫作升水，即在间接标价法下，若某种货币对美元的远期汇率小于即期汇率，则该货币对美元远期升水（本币升值）；若某种货币对美元的远期汇率大于即期汇率，则该货币对美元远期贴水（本币贬值）。

（三） 远期汇率的报价方法

远期汇率的报价方法主要有直接报价法和远期差价报价法两种。直接报价法就是直接报出远期汇率，又称买断或卖断远期汇率，银行对顾客的远期外汇报价通常采用这一形式。例如，1 美元兑日元的 1 个月远期汇率为 118. 55/73。远期差价报价法就是以即期汇率和远期汇水报出远期汇率的方法。例如，1 美元兑日元的即期汇率是 138. 30/40，1 个月的汇水是 26/28，2 个月的汇水是 44/47，即可表示 1 个月和 2 个月的远期汇率。

（四） 远期汇率的案例

✪【例 3. 3】若某日美元对瑞士法郎即期汇率为 USD/CHF：1. 2200/10，若 1 个月的美元对瑞士法郎远期汇率点数为 20/30，请问 1 个月美元对瑞士法郎的远期汇率是多少？若 1 个月的美元对瑞士法郎远期汇率点数为 30/20，请问 1 个月美元对瑞士法郎的远期汇率又是多少？

若 1 个月的美元对瑞士法郎远期汇率点数为 20/30，则表明 1 个月美元升水，或者说 1 个月瑞士法郎贴水，所以 1 个月美元对瑞士法郎远期汇率为 USD/CHF：1. 2220/40。

若1个月的美元对瑞士法郎远期汇率点数为30/20，则表明1个月美元贴水，或者说1个月瑞士法郎升水，所以1个月美元对瑞士法郎远期汇率为USD/CHF：1.2170/90。

二、远期汇率合约概述

（一）远期汇率合约的定义

远期汇率合约即远期外汇协议（FXA），是指合约双方约定在将来某一时间按约定的汇率买卖一定数额的某种外汇的合约。

（二）我国远期结售汇的发展状况

我国境内银行远期结售汇业务开始于1997年4月中国银行获准试点办理远期结售汇业务，当时的远期结售汇业务仅有美元一个交易币种，最长交易期限不得超过4个月。直到2003年4月，四大国有商业银行均获准开办远期结售汇业务，标志着境内商业银行在全国范围内正式开展该项业务。

在之后的推广阶段，为进一步完善人民币汇率形成机制，满足企业规避汇率风险的市场需求，中国人民银行和国家外汇管理局分别下发了一系列规范性文件。2005年中国人民银行下发了《关于扩大外汇指定银行对客户远期结售汇业务和开办人民币与外币掉期业务有关问题的通知》和《关于进一步改善银行间外汇市场交易汇价和外汇指定银行挂牌汇价管理的通知》，明确实行备案制的市场准入方式；放开交易期限限制；允许银行在规定价差幅度内自行调整当日美元挂牌价格；取消银行对客户的非美元货币挂牌汇价的价差幅度限制。2006年国家外汇管理局下发了《国家外汇管理局关于外汇指定银行对客户远期结售汇业务和人民币与外币掉期业务有关外汇管理问题的通知》进一步明确了“可办理即期结售汇的外汇收支，均可办理远期结售汇业务”“远期结售汇业务实行履约审核”等内容。2010年国家外汇管理局发布《关于合作办理远期结售汇业务有关问题的通知》，允许境内不具备经营远期结售汇业务资格的银行及其分支机构与具备经营远期结售汇业务资格的银行及其分支机构合作为客户办理远期结售汇相关业务。2018年国家外汇管理局发布《关于完善远期结售汇业务有关外汇管理问题的通知》，允许远期售汇到期交割方式选择全额或差额结算，将继续深化外汇市场开放，保障贸易和投资自由化便利化。

2022年国家外汇管理局发布《关于进一步促进外汇市场服务实体经济有关措施的通知》，对客户外汇市场新增人民币对外汇普通美式期权、亚式期权及其组合产品。中国外汇交易中心可根据市场需求扩大银行间人民币对外汇衍生品的币种覆盖范围，上海清算所可根据市场需求拓展人民币外汇中央对手清算业务的期限和币种覆盖范围。已具备对客户期权业务资格的金融机构，可自行开展上述新产品业务。金融机构为客户办理人民币对外汇衍生品业务，可根据客户外汇风险管理的实际需要，灵活选择反向平仓、全额或差额结算等交易机制。用于确定结算金额使用的参考价应是境内真实、有效的市场汇率。

这些举措进一步打破了远期结售汇业务的准入限制和交易限制，赋予银行更强的自主性和灵活性。

目前远期结售汇业务的交易币种逐步扩大，包括美元、日元、港元、欧元、瑞士法郎、澳大利亚元、英镑和加拿大元等。远期结售汇期限分为固定期限和择期。固定期限包括7天、20天、1个月、2个月、3个月、4个月、5个月、6个月、7个月、8个月、9个月、10

个月、11 个月和12 个月。择期交易期限由择期交易的起始日和终止日决定。起始日和终止日的确定应以上述远期期限为标准并与远期期限的任何一档相吻合。

（三） 远期外汇交易概述

1. 远期外汇交易的定义。远期外汇交易，又称期汇交易，是指外汇买卖双方预先签订远期外汇买卖合同，规定买卖的币种、数额、汇率以及未来交割的时间，在约定到期日由买卖双方按照约定的汇率办理交割的外汇业务。

期汇交易和现汇交易的主要区别在于起息日不同。凡是起息日在两个营业日以后的外汇交易均属于期汇交易，期汇交易的交割期限通常是 1 个月、2 个月、3 个月、6 个月，有时也有长至 1 年，短至几天的，其中最常见的是 3 个月。期汇交易所适用的汇率是各种不同交割期限的远期汇率。

2. 远期外汇交易的特点。远期外汇合约中的条款一般由交易双方自行协商确定，买卖双方可以根据自身的要求签订合约；远期外汇交易一般是在场外进行，具有很大的自由性；远期外汇交易的自由性导致了远期外汇交易的信用风险较大，很难规避违约风险。

3. 远期外汇交易的类型。

（1）固定交割日类型的远期外汇交易，即交易双方成交时约定交割日期，一般是按照成交日期加上相应月数确定交割日，但若交割日在月底且正好是交割银行的休息日，则交割日提前一天，不跨入下一个月份。

例如，假定 5 月 28 日成交的一个月固定交割日的远期外汇交易，交割日应该是 6 月 30 日，若恰逢 6 月 30 日是星期六为银行的休息日，则交割日不能顺延至 7 月 2 日，而应该在 6 月29 日进行交割。

（2）非固定交割日类型的远期外汇交易，是在约定的期限内任意选择一个营业日作为交割日，也叫作择期外汇交易。择期外汇交易可以分为两种：部分择期，确定交割月份但未确定交割日；完全择期，客户可以选择双方成交后的第三个营业日到合约到期前的任何一天作为交割日。

就部分择期和完全择期举例如下。部分择期，6 月 21 日，A 公司与 B 银行达成一笔 3 个月的择期外汇交易，约定 9 月进行交割，则 A 公司可以在 9 月 1 日至 9 月 23 日的任何一个营业日内向 B 银行提出交割；完全择期，上例中，A 公司可以选择从 6 月 24 日至 9 月 23 日这一段时间的任何一个营业日向 B 银行提出交割。

专栏 3－2

怡亚通公司对远期外汇合约的运用

深圳市怡亚通供应链股份有限公司（以下简称怡亚通）成立于 1997 年，以承接全球整合企业的非核心业务外包为核心，提供物流外包、商务外包、结算外包和信息系统及信息处理外包等一站式供应链管理外包服务。作为我国供应链管理的“龙头老大”，怡亚通近几年依托自身业务的特点，运用远期外汇合约这一衍生金融工具，利用人民币升值的契机，获得了较高的收益，但同时也存在着制度和财务上的风险。

在2007年至2010年，怡亚通利用衍生金融工具获取的收益特别高，其自身的主营业务综合毛利率并不理想。通过分析怡亚通美元借款汇兑损益与远期外汇合约损益变化情况得出，怡亚通每年的美元借款有几十亿元，2008年1月1日人民币对美元汇率为7.3086，到了2008年12月31日人民币对美元汇率为6.8275，2009年12月31日人民币对美元汇率为6.8305，2010年12月31日人民币对美元汇率为6.6227。怡亚通正是抓住了人民币对美元的汇率差这一契机，巧妙地运用了远期外汇合约本身这一并不复杂的衍生金融工具，实现了股东权益的稳步增长。

怡亚通之所以能够运用远期外汇合约作为其利润的一个稳定增长点，与它本身的业务特点是密不可分的。怡亚通作为一家供应链管理公司，除为客户代付款项外，代收账款也是其业务的主要内容。预收款项是一种代怡亚通的客户供应商向客户所收取而未转交的部分货款。怡亚通充分利用了现金流的时间差，利用部分客户预收款项在账面上的停留时间，运用银行的信贷条款和政策，借助这部分款项在银行以人民币来质押美元贷款，同时签订远期外汇合约，利用人民币升值进行套利。

尽管怡亚通公司通过运用远期外汇合约获得了可观的利润，但同时也面临着相应的风险。例如管控制度风险和财务风险。从怡亚通2007年至2009年的年报中可以看出，公司没有披露对远期外汇合约的授信额度问题，导致风险敞口数额巨大，也未提到对这笔交易的风险控制措施，例如逐日盯市、聘请专业机构审核等。因此，怡亚通应紧盯外汇市场，同时运用其他衍生金融工具来对冲人民币一旦贬值所带来的财务风险。如果人民币继续升值，怡亚通将继续获得高额的收益，但同时也应该警惕如果现金过少，发生大额客户退款或需要替客户垫付高额费用而无充足现金可用而带来的财务风险。

（四） 远期外汇合约的运用

1. 远期外汇交易的保值作用。进出口商、国际投资者以及外币借贷者卖出（或买入）金额等于所持有（或所承担的）一笔外币资产（或负债）的远期外汇，交割期限一般与资产变现（或负债偿付）的日期相匹配，使这笔外币资产（或外币负债）以本币表示的价值免受汇率变动的影响，从而达到保值的目的的外汇交易，通常又称为“套期保值”或“抵补保值”。

【例3.4】某美国商人向英国出口了一批商品，100万英镑的货款要到3个月后才能收到，为避免3个月后英镑汇率出现下跌，美国出口商决定做一笔3个月的远期外汇交易。假设成交时，纽约外汇市场英镑/美元的即期汇率为1.6750/60，英镑3个月的远期差价为30/20，若收款日市场的即期汇率为1.6250/60，那么美国出口商做远期交易和不做远期交易有什么不同（不考虑交易费用）?

做远期交易：美国出口商卖出100万3个月期的英镑，到期可收进：

$$1\ 000\ 000 \times (1.6750 - 0.0030) = 1\ 672\ 000\text{USD}$$

不做远期交易：若等到收款日卖出100万即期的英镑，可收进：

$$1\ 000\ 000 \times 1.6250 = 1\ 625\ 000\text{USD}$$

做远期交易比不做远期交易多收进：

$$1\ 672\ 000 - 1\ 625\ 000 = 47\ 000\text{USD}$$

✪【例 3.5】某澳大利亚进口商从日本进口一批商品，日本厂商要求澳方在 3 个月内支付 10 亿日元的货款，当时外汇市场的行情是：澳元对日元的即期汇率为 100.00/12，3 月期远期汇水数为 2.00～1.90，故 3 个月期的远期汇率为 98.00/22，如果该澳大利亚进口商在签订合同的同时预测 3 个月后澳元对日元的即期汇率将会升值到 80.00/10。

问：(1) 若澳大利亚进口商不采取避免汇率风险的保值措施，现在就支付 10 亿日元，则需要多少澳元？(2) 若现在不采取保值措施，而是延迟到 3 个月后支付 10 亿日元，则到时需要支付多少澳元？(3) 若该澳大利亚进口商现在采取套期保值措施，应该如何进行？3 个月后他实际支付多少澳元？

解答：(1) 现在就支付 10 亿日元需要 10 亿/100.00＝0.1 亿澳元。(2) 3 个月后即期汇率 1 澳元＝80.00 日元，须向银行支付 10 亿/80＝0.125 亿澳元，此时，支付货款多支付了 0.025 亿澳元。(3) 若采取套期保值措施，即期向银行购买 3 个月期远期日元 10 亿，使用汇率为 1 澳元＝98 日元。3 个月后只需向银行支付 10 亿/98≈0.102 亿澳元，此时，支付货款多支付了 0.002 亿澳元。

不采取套期保值措施多支付 0.025 亿澳元，而采取套期保值措施只多支付了约 0.002 亿澳元。

2. 外汇远期交易的投机作用。投机性外汇远期交易是基于投机者预期未来某一时点市场上的即期汇率与目前市场上的远期汇率不一致而进行的远期外汇交易。由于投机者在签订远期合约时只需要缴纳一定比例的保证金，无须付现，一般都是到期轧抵，计算盈亏，支付差额，所以利用外汇远期合约进行投机，投机者并不需要雄厚的资金，可以“以小博大”，炒作成倍于投机本金的外汇资金，进行大规模的投机。

投机性远期外汇交易主要包括买空和卖空两种。买空是指投机者预测某种货币的汇率将会上涨时，投机者先买进这种货币的远期外汇，然后到期时再卖出这种货币的即期外汇的投机交易。若远期外汇合约交割日市场即期汇率果然如投机者所料上涨而且高于远期外汇合约所协定的利率，投机者即可获利。卖空是指投机者预测某种货币的汇率将会下跌时，投机者先卖出这种货币的远期外汇，然后等远期外汇合约的交割日再买进这种货币的即期外汇进行冲抵的一种投机活动。

✪【例 3.6】在德国法兰克福外汇市场上，如果某德国外汇投机商预测英镑对美元的汇率将会大幅度上升，他就可以做买空交易，先以当时的 1 英镑＝1.5550 美元的 3 个月远期汇率买进 100 万 3 个月英镑远期；然后，3 个月以后，当英镑对美元的即期汇率猛涨到 1 英镑＝1.7550 美元时，他就在即期市场上卖出 100 万英镑。轧差后能够获得 100 万×(1.7550－1.5550) ＝20 万美元的投机利润。但若交割日市场的即期汇率变动与投机者预测相反，投机者将会遭受损失，若 3 个月后市场即期汇率不升反降为 1 英镑＝1.4550 美元。则该投机者将遭受 10 万美元的损失。

✪【例 3.7】在东京外汇市场上，某年 3 月 1 日，某日本投机者判断美元在 1 个月后将贬值，于是他立即在外汇市场上以 1 美元＝110.03 日元的价格抛售 1 个月期 1 000 万美元，交割日是 4 月 1 日。到 4 月 1 日时，即期美元的汇率不跌反升，为 1 美元＝115.03 日元。

此时，该日本投机商将会遭受损失 1 000 万×(115.03－110.03) ＝5 000 万日元。

3. 远期外汇市场上的套利操作。远期外汇市场上的套利又称为利息套汇或时间套汇，是指利用在不同国家或地区进行短期投资的利率差异，将资金由低利率地区转移至高利率地区，以赚取利率差额的外汇交易。套利分为两种形式：不抛补套利，投资者单纯根据两国市场利率的差异，将资金由低利率地区转移至高利率地区，对所面临的汇率风险不加以抵补；抛补套利，投资者在即期外汇市场上，将A国货币兑换为B国货币并投资于B国市场，同时在远期外汇市场上卖出B国货币，买进A国货币，以防止汇率波动的风险。

✪【例3.8】假设日本市场上年利率为3%，美国市场年利率为6%，美元/日元的即期汇率为109.50/00，为谋取利差收益，一日本投资者欲将1.1亿日元转到美国投资一年，如果一年后美元/日元的市场汇率为105.00/50，请比较该投资者进行套利和不进行套利的收益情况。

进行套利的情况：

1.1亿日元折合成美元=11 000万÷110=100万美元

1年后美元投资本利和=100万×（1+6%）=106万美元

106万美元折合成日元=106万×105.00=11 130万日元

不进行套利的情况：

1年后日元投资本利和=1.1亿×（1+3%）=11 330万日元

进行套利比不套利少收入11 330万-11 130万=200万日元

✪【例3.9】假定美国金融市场上1年期国库券的利率是6%，而英国市场上相同期限的国库券利率是10%。伦敦即期外汇市场上GBP/USD=1.9220/30，1年期的远期汇水为300/260。一个美国投资者将手中闲置的1 923 000美元在即期外汇市场上购买100万英镑，然后购买1年期的英国国库券，同时卖出1年期英镑期汇，购回美元。

在此情况下：

直接在美国投资，美元本利和=1 923 000×（1+6%）=2 038 380美元

投资英镑本利和=1 000 000×（1+10%）=1 100 000英镑

套利到期后，英镑本利转换为1 100 000×1.8920=2 081 200美元

投资套利所得=2 081 200-2 038 380=42 820美元

投资者开始就确切知道可以无风险获得42 820美元，即76 920美元的利息差异与34 100美元的远期贴水。

专栏3-3

NDF——无本金交割远期外汇交易

无本金交割远期外汇交易（Non-Deliverable Forwards，NDF）主要用于实行外汇管制国家的货币，人民币无本金交割远期常用于衡量海外市场对人民币升值或贬值的预期。无本金交割远期外汇交易由银行充当中介机构，供求双方基于对汇率看法（或目的）的不同，签订非交割远期交易合约，该合约确定远期汇率，合约到期时只需将该汇率与实际汇率差额进行交割清算，结算的货币是自由兑换货币（一般为美元），无须对NDF的本金（受限制货币）进行交割。NDF的期

限一般在数月至数年，主要交易品种是一年期和一年以下的品种，超过一年的合约一般交易不够活跃。其做法是交易双方在签订买卖契约时不需交付资金凭证或保证金，合约到期时亦不需交割本金，只需就双方议定的汇率与到期时即期汇率间的差额进行清算并收付。

人民币无本金交割远期常用于衡量海外市场对人民币升值或贬值的预期。人民币 NDF 市场是存在于中国境外的银行与客户间的远期市场，主要的目的是帮未来有人民币支出或人民币收入的客户对冲风险。但是到期时，只计算差价，不真正交割。结算货币是美元。由于中国实行资本项目管制，对冲基金能够流入中国直接炒作人民币的，只是极少一部分。人民币 NDF 合约在离岸柜台交易市场交易，包括 1 个月期、3 个月期、6 个月期、9 个月期、12 个月期五种合约。一般来讲，公司的财政年度（Fiscal Year）就是一年，超过一年的套期保值需求不大，因此也就没有开设。所以，人民币无本金交割远期（NDF）市场可以用于外贸和跨国企业规避人民币汇率风险，也可以用于人民币升值的预期。

第四节　远期合约的定价

一、无收益资产远期合约的定价

（一）公式推导

无收益资产是指在到期日之前不产生现金流的资产，比如贴现债券。

假定两个组合，组合 A：一份远期多头（可在到期日按照交割价格 K 购买一单位标的资产）加上一笔数额为 $Ke^{-r(T-t)}$ 的现金；组合 B：一单位的标的资产。在组合 A 中，在远期合约到期日 T，$Ke^{-r(T-t)}$ 的现金在到期日的终值为 K，正好可用来执行远期合约多头，即可用于支付交割价格 K 而获得一单位的标的资产，从而使得组合 A 和组合 B 在 T 时刻的价值都等于一单位标的资产。根据无套利原理，终值相等的两种组合在 t 时刻的价值一定相等，即 $f+Ke^{-r(T-t)}=S$，从而可以得到远期合约的价值

$$f = S - Ke^{-r(T-t)} \tag{3.2}$$

在公式（3.2）中，T 为远期合约的到期时间，通常单位为年；t 为现在的时间，通常单位时间为年；S 为标的资产在 t 时刻的价格；S_T 为标的资产在 T 时刻的价格；K 为远期合约中约定的交割价格；f 为远期合约多头在 t 时刻的价值；F 为远期合约中标的资产在 t 时刻的远期理论价格；r 为 T 时刻到期的以连续复利计算的 t 时刻的无风险利率（年利率）。

（二）公式含义及理解

公式（3.2）就是无收益资产远期合约的定价公式，其经济学的含义就是：无收益资产远期合约多头在 t 时刻的价值等于标的资产在 t 时刻的现货价格与其交割价格按照无风险连续复利贴现到 t 时刻的现值的差额，也就是一单位无收益资产远期合约多头可由一单位标的资产多头和 $Ke^{-r(T-t)}$ 单位无风险负债组成。

从公式（3.2）中可以看出，决定和影响无收益资产远期合约在 t 时刻的价值的因素有四个：标的资产在 t 时刻的现货价格 S，无风险利率 r，交割价格 K，以及远期合约的剩余期

限$(T-t)$。若其他因素不变，远期合约的价值与标的资产现货价格同方向平行变化，即标的资产的现货价格越大，则远期合约价值越大；交割价格越低，则远期合约多头执行后获利越大，远期合约的价值就越大；无风险利率越高，距离合约到期日越远，则远期合约的价值越大。

（三） 标的资产的远期价格

无收益标的资产的远期价格 F 就是使远期合约价值 f 为零时的标的资产的交割价格 K。为此，令 $f=0$，由公式（3.2）可得

$$F = Se^{r(T-t)} \tag{3.3}$$

公式（3.3）的经济学含义即，对于无收益标的资产而言，其远期价格等于其现货价格在 T 时刻的终值。

如果 $F > Se^{r(T-t)}$，即交割价格大于现货价格的终值，在这种情况下，套利者可以按无风险利率 r 借入 S 现金，期限为 $T-t$，然后用 S 购买一单位标的资产，同时卖出一份该资产的远期合约，交割价格为 F。在 T 时刻，该套利者就可将一单位标的资产用于交割换来 F 现金，并归还借款本息 $Se^{r(T-t)}$，这就实现了 $F-Se^{r(T-t)}$ 的无风险利润。

如果 $F < Se^{r(T-t)}$，即交割价格小于现货价格的终值。在这种情况下，套利者就可以进行反向操作，即卖空标的资产，并将所得收入以无风险利率进行投资，期限为 $T-t$，同时买进一份该标的资产的远期合约，交割价为 F。在 T 时刻，套利者收到的资本息 $Se^{r(T-t)}$，并以 F 现金购买一单位标的资产，用于归还卖空时借入的标的资产，从而实现 $Se^{r(T-t)}-F$ 的无风险利润。

✪【**例 3.10**】假设标的资产是一年期的贴现债券，远期合约的剩余期限是 6 个月，合约交割价格是 9 500 美元，6 个月的无风险连续复利年利率为 6%，该债券的现价为 9 300 美元，求该合约的远期价值。

从题目中已知 S，K，r 以及 $T-t$ 的具体数值，则根据公式（3.2）$f=S-Ke^{-r(T-t)}$ 可得该合约的远期价值为

$$f = 9\,300 - 9\,500e^{-0.06\times0.5} = 80.8 \text{ 美元}$$

✪【**例 3.11**】假设标的资产是一年期的贴现债券，其现价为 960 美元，3 个月期的无风险利率为 5%，求 3 个月期远期合约中该债券的远期价格。

从题目中已知 S，r 和 $T-t$ 的具体数值，则根据公式（3.3）$F=Se^{r(T-t)}$ 可得该标的债券的远期价格为

$$F = 960e^{0.05\times0.25} = 972 \text{ 美元}$$

二、支付已知现金收益资产远期合约的定价

（一） 公式推导

支付已知现金收益资产是指在到期日之前会产生完全可预测的现值为 I 的现金流的资产，比如附息债券，支付已知现金红利的股票等。

假定两个组合，组合 A：一份远期合约多头（可在到期日按照交割价格 K 购买一单位标的资产）加上一笔数额为 $Ke^{-r(T-t)}$ 的现金；组合 B：一单位标的证券加上利率为无风险利率，期限为从现在到现金收益派发日，本金为 I 的负债。在组合 A 中，在到期日 T 时刻，组合 A

的价值等于一单位已经支付了现金收益的标的资产；在组合 B 中，由于标的资产在到期日之前会获得现金收益，该现金收益正好可以用于偿还本金为 I 的负债，因此，在到期日 T 时刻，组合 B 的价值也等于一单位已经支付了现金收益的标的资产。由于终值相等的两种组合，其在 t 时刻的现值也一定相等，则有

$$f + Ke^{-r(T-t)} = S - I$$

由此，可得支付已知现金收益资产远期合约的价值为

$$f = (S - I) - Ke^{-r(T-t)} \tag{3.4}$$

（二） 公式含义与理解

公式（3.4）就是支付已知现金收益资产的远期合约的定价公式，其经济学含义就是：支付已知现金收益资产远期合约多头在 t 时刻的价值等于标的资产在 t 时刻的现货价格扣除标的资产已知现金收益在 t 时刻的现值后的余额与其交割价格按无风险连续复利贴现到 t 时刻的现值的差额。也就是一单位支付现金收益资产远期合约多头可由一单位标的资产多头和 $I + Ke^{-r(T-t)}$ 单位无风险负债组成。

从公式（3.4）中可以看出决定和影响支付已知现金收益资产远期合约在 t 时刻的价值的因素有五个：标的资产在 t 时刻的现货价格 S，支付已知现金收益资产远期合约标的资产在到期日之前所产生完全可预测的现金流折现现值 I，无风险利率 r，交割价格 K，以及远期合约的剩余期限（$T - t$）。若其他因素不变，远期合约的价值与标的资产现货价格同方向变化，即标的资产的现货价格越大，则远期合约的价值越大；现金流折现现值 I 越大，远期合约的价值越小；交割价格越低，则远期合约多头执行后获利越大，远期合约的价值就越大；无风险利率越高，距离合约到期日越远，则远期合约的价值越大。

（三） 标的资产的远期价格

由于标的资产的远期价格 F 就是使远期合约价值 f 为零时的标的资产的交割价格 K。为此，令 $f=0$，由公式（3.4）可得

$$F = (S - I)e^{r(T-t)} \tag{3.5}$$

公式（3.5）就是支付已知现金收益资产的现货—远期平价公式。它表示支付已知现金收益标的资产的远期价格等于标的资产的现货价格扣掉已知现金收益的现值后的余额在远期合约到期日按照无风险利率连续复利后的终值。

✪【例 3.12】假设 6 个月期和 12 个月期的无风险利率分别为 9% 和 10%，而一种 10 年期附息债券的现货价格为 990 美元，该债券 1 年期远期合约的交割价格为 1 001 美元，假设该债券在 6 个月和 12 个月后都将收到 60 美元的利息，且第二次付息日在远期合约交割日之前，求该远期合约的价值。

从已知条件中可以求出该债券在到期日之前已获得支付的现金流（利息）在 t 时刻的现值：

$$I = 60e^{-0.09\times0.5} + 60e^{-0.10\times1} = 111.65 \text{ 美元}$$

将其他已知条件代入到公式（3.4）中，可以计算出该远期合约的价值：

$$f = 990 - 111.65 - 1\,001 \times e^{-0.10\times1} = -27.39 \text{ 美元}$$

远期合约的价值为负说明该合约应该是一个空头合约，该空头合约的价值为 27.39

美元。

黄金、白银等贵金属本身不产生收益，但需要花费一定的存储成本，存储成本可看成负收益。令已知现金收益的现值为 I，对黄金、白银来说，I 为负值。

✪【例 3.13】假设黄金现价为每盎司 450 美元，其存储成本为每年每盎司 2 美元，在年底支付，无风险利率 7%，求一年期黄金的远期价格。

先求 $I=-2e^{-0.07\times 1}=-1.865$ 美元；

由公式（3.5）可得一年期黄金远期价格：$F=(450+1.865)\times e^{0.07\times 1}=484.6$ 美元。

三、支付已知收益率资产远期合约的定价

（一） 公式推导

支付已知收益率资产是指在远期合约到期日前将产生与该合约的标的资产的现货价格成一定比率的收益的资产。外汇就是典型的支付已知收益率的资产，其收益率等于该外汇发行国的无风险利率；股价指数也可以近似地看成是这种资产；FRA 也可以看成是支付已知收益率资产的远期合约。

假定两个组合：

组合 A：一份远期合约多头（可在到期日按交割价格 K 购买一单位的标的资产）加上一笔数额为 $Ke^{-r(T-t)}$ 的现金；组合 B：$e^{-q(T-t)}$ 单位证券并且将所有收入都再投资于该证券，其中 q 为该标的证券按连续复利计算的已知收益率。在组合 A 中，在到期日 T 时刻，组合 A 的价值等于一单位标的资产；在组合 B 中，由于标的资产在到期日前会获得收益并再投资于该标的资产，因此组合 B 中拥有的标的资产的数量会随着收益的增加而增加，在到期日 T 时刻，组合 B 的价值也正好等于一单位标的资产（$e^{-q(T-t)}\times e^{q(T-t)}=e^{0}=1$）。由于终值相等的两种组合，其在 t 时刻的现值也一定相等，则有

$$f+Ke^{-r(T-t)}=Se^{-q(T-t)}$$

由此，可得支付已知收益率资产远期合约的价值为

$$f=Se^{-q(T-t)}-Ke^{-r(T-t)} \tag{3.6}$$

（二） 公式含义与理解

公式（3.6）就是支付已知收益率资产的远期合约的定价公式，其经济学含义就是支付已知收益率资产远期合约多头在 t 时刻的价值等于 $e^{-q(T-t)}$ 单位标的资产在 t 时刻的现货价格与其交割价格按无风险连续复利贴现到 t 时刻的现值的差额，或者说一单位已知收益率资产远期合约多头可由 $e^{-q(T-t)}$ 单位标的资产多头和 $Ke^{-r(T-t)}$ 单位无风险负债组成。

（三） 标的资产的远期价格

由于标的资产的远期价格 F 就是远期合约价值 f 为零时的标的资产的交割价格 K。为此，令 $f=0$，由公式（3.6）可得

$$F=Se^{(r-q)(T-t)} \tag{3.7}$$

公式（3.7）就是支付已知收益率资产的现货—远期平价公式。即表示支付已知收益率标的资产的远期价格等于标的资产的现货价格在远期合约到期日按照无风险利率与已知收益率的利差连续复利后的终值。

（四）远期利率协议的定价

由于 FRA 是空方承诺在未来的某个时刻（T 时刻），将一定数量的名义本金 A 按照约定的合同利率 r_K 在一定期限（$T^* - T$）借贷给多方的远期协议，本金 A 在借贷期间会产生固定的收益率 r，因此 FRA 也属于支付已知收益率资产的远期合约（见图 3－1）。

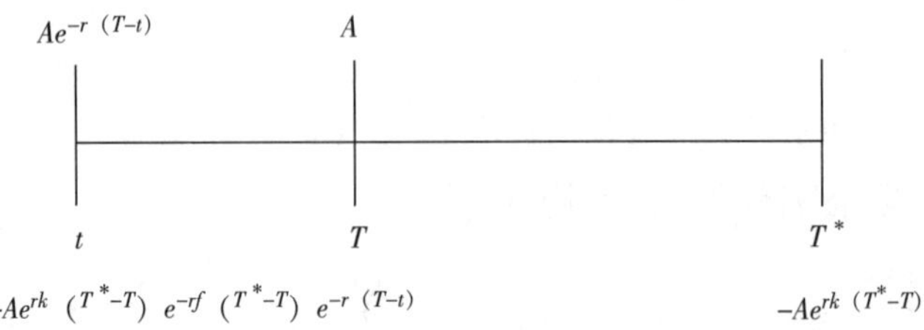

图 3－1　远期利率协议的定价

在 T 时刻：多方借入名义本金 A（现金流入）。

在 T^* 时刻：多方需要偿还名义本金及其利息（现金流出）：$-Ae^{rk(T^*-T)}$。

将上述现金流都贴现到 t 时刻所得到的现值净额就是远期利率协议多头的价值：

$$f = Ae^{-r(T^*-T)} - Ae^{rk(T^*-T)}e^{-rf(T^*-T)}e^{-r(T-t)} = Ae^{-r(T-t)}\left[1 - e^{(rk-rf)(T^*-T)}\right]$$

（五）FRA 中的远期利率

FRA 标的资产的远期价格就是合同利率（即远期利率）。根据远期价格的定义（即远期价格就是使 FRA 远期合约价值为 0 的协议价格），可得到 $r_K = r_f$。

因此理论上的远期利率（r_F）应该等于无风险利率，即 $r_F = r_f$。

根据远期利率的公式 $r_f = \dfrac{r^*(T^* - t) - r(T - t)}{T^* - T}$，可以得到 FRA 的远期利率为 $r_F = \dfrac{r^*(T^* - t) - r(T - t)}{T^* - T}$。

（六）外汇远期的定价

外汇属于支付已知收益率的资产，其收益率是该外汇发行国连续复利的无风险利率 r_f，S 是用直接标价法表示的单位外汇的本币即期价格，K 表示远期合约中约定的以本币表示的单位外汇的交割价格，根据公式（3.6），外汇远期合约的价值为

$$f = Se^{-rf(T-t)} - Ke^{-r(T-t)} \tag{3.8}$$

根据公式（3.7），外汇的远期价格（远期汇率）为

$$F = Se^{(r-rf)(T-t)} \tag{3.9}$$

此公式即表示利率平价关系。它表明：若外汇利率大于本币利率，则该外汇的远期利率应小于即期利率；若外汇利率小于本币利率，则该外汇的远期利率应大于即期利率。

✪【例 3.14】A 股票现在的市场价格为 25 美元/股，年平均红利率为 4%，无风险利率为 10%，若该股票 6 个月的远期合约的交割价格为 27 美元/股，求该远期合约的价值及标的股票的远期价格。

根据公式（3.8）可得该远期合约的价值：

$$f = 25e^{-0.04\times0.5} - 27e^{-0.10\times0.5} = -1.18 \text{ 美元}$$

根据公式（3.9）可得该远期合约标的股票的远期价格：

$$F = 25e^{0.06\times0.5} = 25.76 \text{ 美元}$$

本章小结

金融远期合约是指双方约定在未来的某一确定时间，按照确定的价格买卖一定数量的某项金融资产的合约，主要包括利率远期合约和远期外汇合约。

远期利率协议是买卖双方同意从未来某一商定的时刻开始的一定时期内按照协议利率借贷一笔数额确定、以特定货币表示的名义本金的合约。

远期利率协议的交割金额 $ss = \dfrac{(i_r - i_c)\times A\times\dfrac{D}{B}}{1 + i_r\times\dfrac{D}{B}}$。

远期外汇协议是指合约双方约定在将来某一时间按约定的汇率买卖一定数额的某种外汇的合约。

远期外汇交易的类型主要包括固定交割日类型的远期外汇交易和非固定交割日类型的远期外汇交易。

远期外汇合约的作用主要是可以发挥保值作用、投机作用以及用来进行套利交易。

无收益资产远期合约的定价：远期合约的价值 $f = S - Ke^{-r(T-t)}$，无收益标的资产的远期价格 $F = Se^{r(T-t)}$。

支付已知收益资产远期合约的定价：远期合约的价值 $f = (S - I) - Ke^{-r(T-t)}$，标的资产的远期价格 $F = (S - I)e^{r(T-t)}$。

支付已知收益率资产远期合约的定价：远期合约的价值 $f = Se^{-q(T-t)} - Ke^{-r(T-t)}$，标的资产的远期价格 $F = Se^{(r-q)(T-t)}$。

关键概念

远期合约　FRA　FXA　远期合约的定价

思考与练习

一、名词解释

远期利率协议　远期汇率　远期外汇协议　远期交易

二、选择题

1. 远期利率协议用（　　）来进行结算。

A. 合同利率　　B. 合约利率与参考利率的差额

C. 参考利率　　D. 参考利率与合约利率的差额

2. "1×4" 的远期利率协议表示（　　）。

A. 1 个月后的 4 个月的远期利率协议

B. 3 个月后开始的 1 个月期 FRA

C. 为期 3 个月的借款协议

D. 1 个月后开始的 3 个月期 FRA

3. 远期合约的多头是（　　）。

A. 合约的买方　　B. 合约的卖方

C. 交割资产的人　　D. 经纪人

4. 远期合约中规定的未来买卖标的物的价格称为（　　）。

A. 远期价格　　B. 交割价格

C. 理论价格　　D. 实际价格

5. 下列不属于金融远期合约的是（　　）。

A. 远期利率协议　　B. 远期外汇合约

C. 远期股票合约　　D. 远期货币合约

三、判断题

1. FRA 合约在到期日前可以进行交易。（　　）

2. FRA 合约的结算金采取现金方式进行交割。（　　）

3. 无收益资产远期合约多头的价值等于标的资产现货价格与价格现值的差额。（　　）

4. 如果一种货币相对于另一种货币贬值，则人们将会买更多的外币。（　　）

5. 远期汇率反映了国家间的利率差。（　　）

四、简答题

1. 远期合约的要素包括哪些？

2. 常见的期货合约有哪几种？

3. 远期外汇交易主要有哪几种类型？

4. 简述远期利率协议与远期外汇协议是如何定价的？

五、计算题

1. 假设一种无红利支付的股票目前的市价为 20 元，无风险连续复利年利率为 10%，市场上该股票的 3 个月期远期价格为 23 元，请问有无套利机会？有的话应如何进行套利？

2. 1992 年 11 月 18 日，一家德国公司预计在 1993 年 5 月需要 500 万德国马克资金，由于担心未来利率上升，于是当天签订了一份名义本金为 500 万德国马克的 FRA，合约利率为 7.23%，合约期限为 186 天。在确定日 1993 年 5 月 18 日，德国马克的 Libor 固定在 7.63% 的水平上。假定公司能以 7% 的利率水平投资。在 5 月 18 日，公司可以按当时的市场利率加上 30 个基本点借入 500 万的德国马克，这一协议是 5 月 20 日签订的，并与 186 天后在 11 月 22 日进行偿付。计算净借款成本及相应的实际借款利率。

3. 某交易商拥有 1 亿日元远期空头，远期汇率为 0.008 美元/日元，如果合约到期时汇率分别为0.0074美元/日元和0.0090美元/日元，请计算交易商的盈亏情况。

4. 假设6个月期美元利率为4.5%，6个月期欧元利率为2.0%，欧元对美元即期汇价为EUR/USD = 1.5800，那么6个月期欧元对美元的远期价格是多少？

主要参考文献

[1] 叶永刚. 金融工程 [M]. 北京：高等教育出版社，2020.

[2] 史树中. 金融经济学十讲（纪念版）[M]. 上海：格致出版社，2020.

[3] 范龙振，胡畏. 金融工程学 [M]. 上海：上海人民出版社，2003.

[4] 吴冲锋，刘海龙，冯芸，等. 金融工程学（第三版）[M]. 北京：高等教育出版社，2021.

[5] 郑振龙，陈蓉. 金融工程（第五版）[M]. 北京：高等教育出版社，2020.

[6] 薛萌萌，汤谷良. 怡亚通公司运用远期外汇合约的案例分析 [J]. 财务与会计，2011（10）：21－22.

[7] 张莉. 运用远期利率协议管理我国商业银行利率风险 [J]. 财政与金融，2008（20）：32－34.

[8] 格利茨. 金融工程：运用衍生工具管理风险（第三版）[M]. 彭红枫，译. 武汉：武汉大学出版社，2016.

[9] 赫尔. 期权、期货及其他衍生产品（原书第11版）[M]. 王勇，索吾林，张翔，译. 北京：机械工业出版社，2023.

第四章 金融期货

本章学习目标

通过本章的学习，掌握利率期货、外汇期货和股指期货的基本概念以及定价方式；了解相关的利率期货合约；了解外汇期货交易的市场结构和基本规则；了解相关的股指期货合约；掌握股指期货的交易制度。

知识结构图

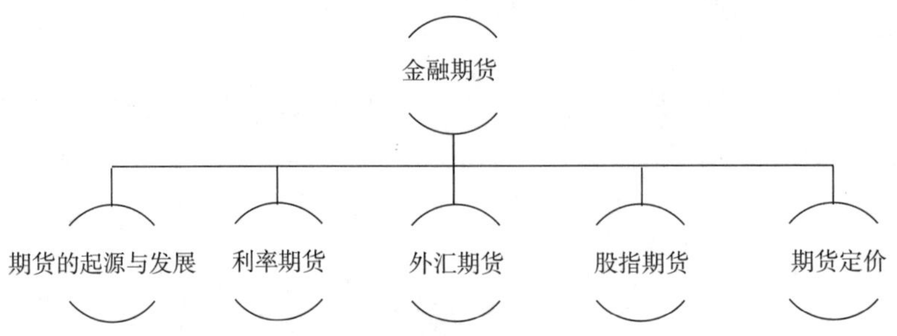

第一节 期货的起源与发展

一、期货及期货合约

（一） 期货及期货合约的定义

期货是指以合约形式确定下来的在将来某一特定日期交割（购买或出售）某种实物商品或金融资产。

期货合约指由期货交易所统一制定的，规定在将来某一特定的时间和地点交割一定数量和质量实物商品或金融商品的标准化合约。

（二） 期货的特征及功能

期货的特征主要包括：(1) 合约标准化：期货合约是指由期货交易所制定的在交易所内进行交易的标准化的、受法律约束的并规定在未来某一特定时间和地点交收某一商品和金融资产的合约，交易双方不需要对交易的具体条款进行协商，节约了交易时间，减少了交易纠纷。(2) 杠杆机制：期货交易实行保证金制度，交易者在进行交易时只需要付成交合约价值的5%～10%，就可以让使用资金进行几倍、几十倍的放大。(3) 双向交易和对冲机制：投资者可以通过“买空卖空”，在合约到期前通过对冲来解除履约责任，通过低买高卖、高卖低买获利。(4) 当日无负债结算制度：每日交易结束后，交易所对当天的盈亏状况进行结算，根据情况进行资金划转，期货经纪公司根据期货交易所的结算结果对客户进行结算并将结算结果及时通知客户，若保证金不够，则必须追加保证金，保证下个交易日的正常运转。(5) 交易集中化：期货交易必须在期货交易所内进行，场外的客户想参与期货交易，只能委托期货公司代理。

期货的功能主要包括：(1) 价格发现：是指在市场条件下，买卖双方通过交易活动，使某一时间和地点上某一特定质量和数量的产品的交易价格接近其均衡价格的过程，期货市场特有的机制使其比其他市场具有更高的价格发现效率。(2) 回避风险：期货的产生为现货市场提供了一个回避风险的场所和手段，其主要原理是利用期货现货两个市场进行套期保值交易。

（三） 国际期货市场的产生和发展

国际期货市场的发展，大致经历了由商品期货到金融期货，交易品种不断增加、交易规模不断扩大的过程。

商品期货是指标的物为实物商品的期货合约。商品期货历史悠久，种类繁多，主要包括农产品期货、金属期货和能源期货等。(1) 农产品期货。1848 年芝加哥期货交易所（CBOT）的诞生以及 1865 年标准化合约被推出后，随着现货生产和流通的扩大，不断有新的期货品种出现。除小麦、玉米、大豆等谷物期货外，从 19 世纪后期到 20 世纪初，随着新的交易所在芝加哥、纽约、堪萨斯等地出现，棉花、咖啡、可可等经济作物，黄油、鸡蛋以及后来的生猪、活牛、猪腩等畜禽产品，木材、天然橡胶等林产品期货也陆续上市。(2) 金属期货。最早的金属期货交易诞生于英国。1876 年成立的伦敦金属交易所（LME），开金属期货交易之先河。当时的名称是伦敦金属交易公司，主要从事铜和锡的期货交易。1899 年，伦敦金属交易所将每天上下午进行两轮交易的做法引入到铜、锡交易中。1920 年，铅、锌两种金属也在伦敦金属交易所正式上市交易。工业革命之前的英国原本是一个铜出口国，但工业革命却成为其转折点。由于从国外大量进口铜作为生产资料，因此需要通过期货交易转移铜价波动带来的风险。伦敦金属交易所自创建以来，一直生意兴隆，至今伦敦金属交易所的期货价格依然是国际有色金属市场的“晴雨表”。目前主要交易品种有铜、锡、铅、锌、铝、镍、白银等。美国的金属期货的出现晚于英国。19 世纪后期到 20 世纪初以来，美国经济从以农业为主转向建立现代工业生产体系，期货合约的种类逐渐从传统的农产品扩大到金属、贵金属、制成品、加工品等。纽约商品交易所（COMEX）成立于 1933 年，由经营皮革、生丝、橡胶和金属的交易所合并而成，交易品种有黄金、白银、铜、铝等，其中 1974 年推出的黄金期货合约，在 20 世纪 70—80 年代的国际期货市场上具有较大影响。(3) 能源期货。20 世纪 70 年代初发生的石油危机，给世界石油市场带来巨大冲击，石油等能源产品价格剧烈波动，直接导致了石油等能源期货的产生。目前，纽约商业交易所（NYMEX）和伦敦国际石油交易所（IPE）是世界上最具影响力的能源产品交易所，上市的品种有原油、汽油、取暖油、天然气、丙烷等。

现代期货交易产生于19世纪中期的美国。1848年芝加哥的82位商人发起并组建了芝加哥期货交易所（CBOT），旨在弥补原有远期交易存在的流动性差、信息不对称、违约风险高等缺陷，给交易者提供了一个集中见面寻找未来交易对手的场所，以事先确定销售价格，确保利润。1865年，芝加哥期货交易所又推出了标准化的协议，将除价格以外的所有合同要素标准化，同时实行保证金制度，交易所向立约双方收取保证金，作为履约保证，至此，远期交易发展为现代期货交易。

金融期货是指标的物为特定金融工具的期货合约，是在现代商品期货交易的基础上发展起来的。20世纪70年代初，世界经济环境发生了巨大变化，布雷顿森林体系崩溃，世界各国开始实行浮动汇率制，金融市场上的利率、汇率和证券价格开始发生急剧波动，整个经济体系风险增大。人们日益增长的金融避险需求推动了金融期货交易的产生；1972年，芝加哥商业交易所（CME）设立国际货币市场（IMM）分部，推出了世界上的第一张外汇期货合约，从而成功将金融期货引入期货市场；1975年10月，芝加哥期货交易所（CBOT）推出了第一张利率期货合约——政府国民抵押贷款协会（GNMA）的抵押凭证期货交易；1982年2月，美国堪萨斯期货交易所（KCBT）开办价值线综合指数期货交易，由此奠定了金融期货三大类别的主要架构。20世纪90年代后，在欧洲和亚洲的期货市场，金融期货交易占了市场的大部分份额。在国际期货市场上，金融期货也成为交易的主要产品。金融期货的出现，使期货市场发生了翻天覆地的变化，彻底改变了期货市场的发展格局。世界上的大部分期货交易所都是在20世纪最后20年诞生的。目前，在国际期货市场上，金融期货已经占据了主导地位，并且对整个世界经济产生了深远的影响。

（四）我国期货市场的产生与发展

我国的期货市场的产生起因于20世纪80年代的改革开放，1988年3月七届全国人大一次会议上的《政府工作报告》中指出："加快商业体制改革，积极发展各类批发市场贸易，探索期货交易"，从而确定了在中国开展期货市场研究的课题。

中国的期货市场发展大致分为四个阶段。

第一阶段：1990—1995年。遍布全国各地的交易所数目一度超过50家，年交易量达6.4亿手，交易额逾10万亿元，期货品种近百种，交易非常活跃。但是，当时的法规监管较为滞后，发生了不少问题。因此，国务院决定全面清理整顿期货市场，建立适用于期货市场的监管法规，将交易所数目减少至15家，大幅缩减期货经纪公司数目，并限制了境外期货交易。

第二阶段：1996—2000年。国家继续对期货市场进行清理整顿，加上中国证券市场迅速发展，期货市场步入低潮。1996年6月，长春联合商品交易所因交易混乱，在停业6个月之后被并入北京商品交易所。1998年，国家把14家交易所进一步削减至3家，即上海期货交易所、大连商品交易所和郑州商品交易所。2000年，期货交易量萎缩至5 400万手，交易额为1.6万亿元人民币。

第三阶段：2001—2009年。期货市场逐渐复苏，期货法规与风险监控逐步规范和完善。2004年，国内新增棉花、黄大豆2号、燃料油与玉米4个品种。2005年交易量恢复增长到

3.23 亿手，交易额达 13.45 万亿元。白糖、棉花交易平稳，小麦品种较为成熟，价格发现和套期保值功能逐步发挥。

第四阶段：2010 年至今。从 2010 年至今，我国陆续上市了金融期货品种，分别是沪深 300 股指期货、中证 500 股指期货、中证 1000 股指期货、上证 50 股指期货，以及随着市场的不断发展，又重新出现在市场上的国债期货，分别是 2 年期国债期货、5 年期国债期货、10 年期国债期货和 30 年期国债期货。

广州期货交易所（以下简称广期所）于 2021 年 4 月 19 日挂牌成立，是经国务院同意，由中国证监会批准设立的第五家期货交易所。广期所由上海期货交易所、郑州商品交易所、大连商品交易所、中国金融期货交易所股份有限公司、中国平安保险（集团）股份有限公司、广州金融控股集团有限公司、广东珠江投资控股集团有限公司、香港交易及结算所有限公司共同发起设立，是国内首家混合所有制交易所。

我国商品期货交易所期货品种见表 4－1。

表 4－1　　我国商品期货交易所期货品种

交易所	类别	品种
大连商品交易所	农产品	玉米、玉米淀粉、黄大豆 1 号、黄大豆 2 号、豆粕、豆油、棕榈油、纤维板、胶合板、鸡蛋、粳米、生猪
	工业品	聚乙烯、聚氯乙烯、聚丙烯、焦炭、焦煤、铁矿石、乙二醇、苯乙烯、液化石油气
郑州商品交易所	农产品	白糖、棉花、普麦、强麦、早籼稻、晚籼稻、粳稻、菜籽粕、油菜籽、菜籽油、棉纱、苹果、红枣、花生
	非农产品	动力煤、PTA、甲醇、玻璃、硅铁、锰硅、尿素、纯碱、短纤
上海期货交易所	金属	铜、铜（BC）、铝、锌、铅、镍、锡、氧化铝、黄金、白银、螺纹钢、线材、热轧卷板、不锈钢
	能源化工	原油、低硫燃料油、燃料油、石油沥青、丁二烯橡胶、天然橡胶、20 号胶、纸浆
广州期货交易所		碳酸锂、工业硅

专栏 4－1

“327” 国债期货事件

“327” 品种是对 1992 年发行的 3 年期国债期货合约的代称，是颇为活跃的炒作题材。“327” 是一个国债的产品，兑付办法是票面利率 8% 加保值贴补。由于保值贴补率的不确定性，决定了该产品在期货市场上有一定的投机价值，成为了当年最为热门的炒作素材，而由此引发的 “327” 案，也成为中国证券史上的巴林事件。

中国国债期货交易始于 1992 年 12 月 28 日。“327” 是国债期货合约的代号，对应 1992 年发行 1995 年 6 月到期兑付的 3 年期国库券，该券发行总量是 240 亿元人民币。1994 年 10 月以后，中国人民银行提高了3年期以上储蓄存款利率，恢复了存款保值贴补，国库券利率也同样保值贴补，保值贴补率的不确定性为炒作国债期货提供了空间，国债期货市场日渐火爆，与当时低迷的股票市场形成鲜明对照。

1995年2月，“327”合约的价格一直在147.80元至148.30元徘徊。2月23日，财政部发布公告称，“327”国债将按148.50元兑付。2月23日，中经开公司率领多方借利好“掩杀”过来，一直攻到151.98元。随后万国证券的“同盟军”辽宁国发（集团）股份有限公司突然改做多头，“327”国债在1分钟内涨了2元，10分钟后涨了3.77元！“327”国债每涨1元，万国证券就要赔进十几亿元！下午4时22分，空方万国证券突然发难，先以50万手把价位从151.30元轰到150元，然后把价位打到148元，最后一个730万手的巨大卖单把价位打到147.40元。这笔730万手卖单面值1.46万亿元，接近中国1994年国民生产总值的1/3！

夜里11点，上交所正式下令宣布23日16时22分13秒之后的所有“327”品种的交易异常，是无效的，该部分不计入当日结算价、成交量和持仓量的范围，经过此调整当日国债成交额为5 400亿元，当日“327”品种的收盘价为违规前最后签订的一笔交易价格151.30元。这意味着万国证券的损失高达60亿元人民币。

鉴于“327”国债违规事件的恶劣影响，1995年5月17日，中国证监会发出《关于暂停全国范围内国债期货交易试点的紧急通知》，开市仅两年零六个月的国债期货结束。中国第一个金融期货品种宣告夭折。

二、期货交易

（一） 期货交易市场结构

期货交易市场即是期货交易的场所，一般包括期货交易所、清算机构、经纪公司以及市场参与者。

1. 期货交易所。期货交易所是一个有形市场，所有的期货交易都必须在规定的交易所内进行。期货交易所实行会员制，会员资格的取得，是通过向有关部门申请，经过其批准，会员每年需要缴纳会费。在交易所内会员可以进行两类交易：一是代客买卖，充当经纪人，收取佣金；二是作为交易商，进行自营，赚取利润。不少场内交易者往往身具两种职能。

期货交易所是从事期货交易的当事人依照法律所组成的一种自主管理的非营利性的会员制团体组织。期货交易所的主要功能包括：为交易提供交易场所以及各种交易措施；收集和转播最新的市场行情和影响市场行情的重要信息；制定并监督执行有关的交易规则；仲裁交易活动中发生的争执和纠纷。

2. 清算机构。交易所下设清算机构，又称清算所、清算公司、结算公司等，是负责期货合约清算的盈利性机构，拥有法人地位。它可以是一个独立的组织，也可以是交易所的附属公司。

清算所往往是大型金融机构，要求有充足的资本金作为保证。由清算所作为每笔期货交易买者的卖者和卖者的买者，交易双方就无须担心对方违约。清算所充当交易双方的最后结算者，交易所会员想要成为结算会员必须单独申请，非结算会员的交易所会员要通过结算会员清算，并缴纳佣金。

如果买卖双方的报告中关于交易数量与价格不相符合，清算所则有权拒绝清算，并责成场内会员调查和纠正不符之处，如场内经纪人不能解决，则由仲裁机构裁决。当一天营业结束时，清算所给每个清算会员提供交易情况报表，以及全部可接受合约的细节，清算会员在规定时间内核对交易记录，不实之处，立即告知清算所。

3. 经纪公司。经纪公司也称期货佣金商，是期货交易所中起中介作用的法人实体，是代表金融商业机构或一般公众进行期货交易的公司。其基本职能包括：代表不具有会员资格的客户利益，代表客户下达交易指令，征收客户履约的保证金，处理账户，管理资金，为客户传递市场信息和市场研究报告，充当交易顾问，为客户提供设施和人员，并收取一定比例的佣金作为其基本收入。

4. 市场参与者。参与期货的交易者，主要是企业、银行和个人。任何单位和个人只要缴纳保证金都可以参与期货交易。

期货的交易者主要分为套期保值者、套利者和投机者。

（二） 期货交易的基本规则

1. 保证金制度。客户进行交易时，必须存入一定数额的履约保证金，开立保证金账户，经纪商再按规定的比例将客户的保证金存入清算所。

保证金又可以分为初始保证金和维持保证金：初始保证金是指客户在每一笔交易开始时缴纳的保证金，对于期货而言，初始保证金通常仅为标的资产价值的5% ~10%；维持保证金则是保证金允许下降的最低水平，为初始保证金的2/3或3/4，若保证金数额下降到维持保证金，客户必须追加保证金至初始水平，否则经纪公司和清算所将立即代替客户对冲合约。

例如，在外汇期货的交易中，IMM英镑期货的初始保证金为每份合约2 800美元，维持保证金为每份合约2 100美元。日元期货合约的初始保证金为每份合约2 700美元，维持保证金为每份合约2 000美元。

2. 每日清算制度。每日清算制度又称逐日盯市制度。清算公司负责清算交易双方每日的盈亏，凡未平仓的每笔期汇交易均得按当日市场的结算价逐日清算。结算价的确定由交易所规定，可能是当天的加权平均价，也可能是收盘价。

当天的结算价高于昨天，高出部分就是多头的浮动盈利或空头的浮动亏损。盈余时，客户可把超过初始保证金的部分提走；亏损时，从保证金账户扣除。若保证金低于维持保证金水平，经纪商则通知客户补足，使之回升至初始保证金水平。

3. 交易指令。交易指令是指客户在期货交易时向期货经纪商下达的买进或卖出某种期货合约的指令或订单。通常分为在价格方面的限制和在有效期限方面的限制。

第二节　利率期货

一、利率期货概述

（一） 利率期货的定义与产生

利率期货是以利率或附息债券为标的的金融期货，是为规避利率风险而使用的一种期货。利率期货合约的买卖称为利率期货交易，投资者可以利用利率期货管理和对冲利率波动所引起的风险。

20世纪70年代以来，利率逐步成为调节经济的主要货币政策手段之一。在西方国家的经济生活中，利率经常发生较大的波动。利率的波动给企业和金融机构带来了极大的风险。利率期货的出现，实现了投资者规避利率波动风险的客观要求。美国芝加哥商品交易所于1975年10月，首先推出了国民抵押协会的抵押存款凭证（GNMA）的利率期货交易，这是第一个利率期货。此后，美国其他期货交易所也随即推出了利率期货合约的其他品种，利率期货交易量增长迅速。1984年，利率期货交易量已经占美国整个期货交易量的28%，在各类期货交易中首屈一指。此期间，其他国家的交易所也开展了利率期货交易。目前，在期货交易比较发达的国家和地区，利率期货早已超过农产品期货而成为成交量最大的一个类别。

（二）利率期货的分类

根据利率期货合约标的期限的不同，利率期货分为短期利率期货和中长期利率期货两种。短期利率期货合约的标的主要有利率、短期政府债券、存单等，期限不超过一年。如3个月欧元银行间拆放利率，3个月英镑利率，28天期银行间利率（墨西哥衍生品交易所），3个月欧洲美元存单，13周美国国债（T－Bills）等。中长期利率期货合约的标的主要为各国政府发行的中长期债券，期限在1年以上。如2年期、3年期、5年期、10年期的美国中期国债（T－Notes），美国长期国债（T－Bonds），德国国债（Euro－Schatz，Euro－Bobl，Euro－Bond），英国国债（Gilts）等。

目前，世界上主要的利率期货品种见表4－2。

表4－2　　世界主要的利率期货交易品种

合约种类	交易所	最小变动价位（最小变动值）	合约规模	合约月份
长期国债期货合约	CBOT	1/32点（31.25美元）	100 000美元	3、6、9、12
10年期中期国债期货合约	CBOT	0.5/32点（15.625美元）	100 000美元	3、6、9、12
5年期中期国债期货合约	CBOT	0.5/32点（15.625美元）	100 000美元	3、6、9、12
2年期中期国债期货合约	CBOT	0.25/32点（15.625美元）	200 000美元	3、6、9、12
90天国库券期货合约	CME	0.01点（25美元）	1 000 000美元	3、6、9、12
3个月欧洲美元期货合约	CME	0.01点（25美元）	1 000 000美元	3、6、9、12
1个月Libor期货合约	CME	0.005点（12.5美元）	3 000 000美元	连续12个月
3个月欧洲美元期货合约	SIMEX	0.01点（25美元）	1 000 000美元	3、6、9、12
3个月欧洲日元期货合约	SIMEX	0.005点（12.5日元）	1 000 000日元	3、6、9、12
3个月欧洲美元期货合约	LIFFE	0.01点（25美元）	1 000 000美元	3、6、9、12
3个月英镑利率期货合约	LIFFE	0.01点（12.5英镑）	500 000英镑	3、6、9、12

资料来源：根据各交易所网站资料整理而得。

二、利率期货合约

（一）美国短期国库券期货合约

美国短期国库券期货合约是美国最先推出的金融期货合约之一。它是芝加哥商品交易所

（CME）的国际货币市场分部（IMM）于1976年1月2日首先创立的。该合约要求交割13周即91天到期的美国短期国库券。

以IMM交易的13周（91天）的美国短期国库券期货合约为例，该标准化合约的各项具体规定见表4－3。

表4－3　　IMM 13周国库券期货合约

交易单位	1 000 000美元面值的3个月期美国政府短期国库券
最小变动价位	0.005点
最小变动值	12.5美元
每日波动限价	无限制
合约月份	3月、6月、9月、12月
交易时间	芝加哥时间上午7：20至下午2：00
最后交易日	交割日前一天
交割日	交割月份中1年期国库券尚余13周期限的第一天
交割等级	还剩余90天、91天或92天期限，面值1 000 000美元的短期国库券

资料来源：CME网站，http：//www.cme.com。

1. 报价。在短期国库券期货合约的报价中，期货合约的价格是按市场的价格指数来计算的，具体计算时是用1减去年贴现率再乘上100，即

$$\text{报价指数} = (1 - \text{年贴现率}) \times 100$$

在短期国库券期货价格的报价表中，通常列有最高价、最低价、开盘价、清算价、每日变动幅度、清算的贴现率、未平仓数以及每天的交易数量等。

式中，$\text{年贴现率} = \frac{(\text{面值} - \text{价格})}{\text{面值}} \times \frac{360}{\text{到期天数}}$，所以如果以100为面值，可以得到公式：$\text{价格} = 100 - 100 \times \text{年贴现率} \times \frac{\text{到期天数}}{360}$。

一张91天到期交割的短期国库券的实际价格应为：$100 - \text{年贴现率} \times \frac{91}{360} \times 100$ 或者 $100 - (100 - \text{报价指数}) \times \frac{91}{360}$。

✪【例4.1】*若短期国库券期货收盘报价为95.05，则对应的每张面值为100美元的90天期国库券期货价格就为100－0.25×（100－95.05）＝98.7625美元，即合约的总价值为987 625美元。*

2. 交割方式。短期国库券期货合约是允许实际交割的期货合约，按照芝加哥商品交易所的规定，通知日为交割月份第三次拍卖短期国库券之后的第二个营业日（第三个拍卖日就是交割月份的第三个星期二，通知日也就是交割月份的第三个星期三），这一天也是短期国库券期货合约的最后交易日。在通知日这天，愿意进行实际交割的持有空头或多头的交易者要通知清算所准备进行实际交割。这些多头交易部位由清算所来配对，然后由清算所通知多头者或者空头者的银行，第二天再进行付款或交货。短期国库券期货合约的交割方式是金融期

货中最简单和方便的。

（二）欧洲美元期货

所谓欧洲美元，是指存放于美国境外的非美国银行或美国银行设立在境外的分支机构的美元存款。大多数的欧洲美元活跃于欧洲，所以欧洲美元的利率通常是以 3 个月的伦敦同业拆借利率，即 Libor 为基础。

以 IMM 交易的 3 个月欧洲美元期货合约为例，该标准化合约的各项具体规定见表 4－4。

表 4－4　　IMM 3 个月欧洲美元期货合约

项目	规定
交易单位	本金为 1 000 000 美元，期限为 3 个月的欧洲美元定期存款
最小变动单位	0.01 点
最小变动值	25 美元
每日波动限价	无限制
合约月份	3 月、6 月、9 月、12 月
交易时间	芝加哥时间上午 7：20 至下午 2：00
最后交易日	从合约月份的第三个星期三往回数的第三个伦敦银行工作日，若该日为纽约或芝加哥银行的假日，则最后交易日为合约月份的第三个星期三往回数的第一个伦敦银行工作日
交割方式	现金结算

资料来源：CBOT 网站，http：//www. cbot. com。

1. 欧洲美元期货的报价与期货合约的现金价格。与短期国库券期货的报价方式相类似，IMM 交易的 3 个月欧洲美元期货也采用指数报价法。但不同的是，此处用于计算期货报价的"指数"等于 100 与收益率的分子的差，而非贴现率。

如果 Z 是欧洲美元期货的报价，则对于合约规模为 1 000 000 美元的 3 个月期欧洲美元期货合约而言，其现金价格就等于 $10\,000 \times [100 - 0.25 \times (100 - Z)]$。

✪【例 4.2】2003 年 9 月欧洲美元期货收盘报价为 98.85，则对应的每份合约的价格就为 $10\,000 \times [100 - 0.25 \times (100 - 98.85)] = 997\,125$ 美元。

此外，对于短期国库券期货合约而言，存在实物交割的可能，合约的价格在到期会收敛于 90 天期面值为 1 000 000 美元的短期国库券的价格。而欧洲美元期货合约在到期时是通过现金来结算的，因此，最后的交割价格等于 100 减去合约最后交易日的 3 个月伦敦同业拆借利率分子的差。到期日每份合约的价格就等于 $10\,000 \times (100 - 0.25R)$。其中 R 为当时报出的欧洲美元的利率，即按季度复利的 90 天期欧洲美元存款的实际利率。因此，可以说欧洲美元期货合约是基于利率的期货合约，而短期国库券期货合约是基于短期国库券期货价格的合约。

✪【例 4.3】如果到期确定日的欧洲美元利率为 6%，则最终的合约价格就等于 $10\,000 \times (100 - 0.25 \times 6) = 985\,000$ 美元。

2. 交割方式。由于欧洲美元定期存款无法转让，也不能作为贷款的抵押品或担保物，因此欧洲美元期货合约在到期时无法进行实物的交割，而采用现金结算的方式来结清头寸。即期货合约到期时不进行实物交割，而是根据最后交易日的结算价格计算交易双方的盈亏，并直接划转双方的保证金以结清头寸。

（三）长期国债期货合约

以 CBOT 交易的长期国债期货为例。CBOT 长期国债期货合约标的资产为 1 000 000 美元等值的美国长期政府债券。由于长期国债的信用等级高，流动性强，对利率的敏感度高。因此，自 1977 年 CBOT 首次推出长期国债期货合约以来，其成为世界上交易量最大的一个合约。

以 CBOT 30 年期国债期货合约为例，其标准化合约的各项具体规定见表 4 - 5。

表 4 - 5　　CBOT 30 年期国债期货合约

交易单位	面值为 100 000 美元的美国政府长期国债
最小变动价位	1/32 点
最小变动值	31.25 美元
每日波动限价	无限制
合约月份	3 月、6 月、9 月、12 月
交易时间	芝加哥时间周一至周五上午 7：20 至下午 2：20 到期合约最后交易日交易截止时间为当日中午
最后交易日	从交割月最后营业日往回数的第七个营业日

资料来源：CBOT 网站，http：//www.cbot.com。

1. 长期国债现货与期货的报价与现金价格的关系。长期国债期货的报价与现货一样，都以美元和 1/32 美元报出，所报价格是 100 元面值债券的价格，由于合约规模为面值100 000 美元，因此若报价为 96 - 22，也就是 96 687.5 美元（1 000 × 96 + 31.25 × 22）。

但是，报价与购买者所支付的现金价格是不同的，两者之间的关系为

现金价格 = 报价 + 上一个付息日以来的累计利息

✪【例 4.4】假设现在是 1999 年 11 月 5 日，2016 年 8 月 15 日到期，息票利率为 12% 的长期国债的报价为 94 - 28（即 94.875）。由于美国政府债券均为半年付一次利息，从到期日可以判断，上次付息日是 1999 年 8 月 15 日，下一次付息日是 2000 年 2 月 15 日。由于 1999 年 8 月 15 日到 11 月 5 日之间的天数为 82 天，1999 年 11 月 5 日到 2000 年 2 月 15 日之间的天数为 102 天，因此累计的利息为 $6 \times \frac{82}{184} = 2.674$ 美元，则该国债的现金价格为 94.875 + 2.674 = 97.549 美元。

2. 交割方式。芝加哥期货交易所所有中长期期货的交割都是通过联邦记账电子转账系统进行，而不是通过实物券的交收来完成到期期货合约的实物交割。

（四）中金所 5 年期国债期货

在中金所交易的 5 年期国债期货的标的资产是面值 100 万元、票面利率为 3% 的名义中期国债，可交割国债为合约到期月份首日剩余期限为 4 ~ 5.25 年的记账式附息国债，其合约月份为最近三个季月。其标准化合约的各项具体规定见表 4 - 6。

表 4-6　　中金所交易的 5 年期国债期货合约

合约标的	面值为 100 万元人民币，票面利率为 3% 的名义中期国债
最小变动价位	0.005 元
合约月份	3 月、6 月、9 月、12 月中的最近三个月循环
交易时间	北京时间上午 9：15 至 11：30，下午 13：00 至 15：15 最后交易日交易时间为上午 9：15 至 11：30
每日价格最大波动限制	上一交易日结算价的 ±1.2%
最后交易日	合约到期月份的第二个星期五
最后交割日	最后交易日后的第三个交易日
交割方式	实物交割

资料来源：中国金融期货交易所，http：//www.cffex.com.cn。

1. 中期国债现货和期货的净价和全价。中期国债期货的报价和现货一样，所报价格是 100 元面值债券的价格，由于合约规模为面值 100 万元，因此如果是 98.555 元的报价，意味着面值 100 万元的报价是 985 550 元。

无论是现货还是期货，附息债报价与交割时多方实际支付（或卖方实际收到）的现金是不同的。附息票债券现货或期货交割时多方实际支付和空方实际收到的价格是债券的真实价格，称为全价；而报价时则只报出净价。净价（报价）和全价之间的关系为

全价 = 净价（报价） + 上一个付息日以来的应计利息

✪【例 4.5】2015 年 9 月 28 日，将于 2020 年 5 月 28 日到期，息票利率为 3.1%、一年支付一次利息的 2015 年记账式附息（十一期）国债（银行间市场代码为 150 011.IB）收盘报价为 99.9894 元。从到期日和付息频率可以判断，该债券的上一个付息日是 2015 年 5 月 28 日，下一个付息日是 2016 年 5 月 28 日。由于 2015 年 5 月 28 日到 2016 年 9 月 27 日之间的天数为 123 天，2015 年 5 月 28 日到 2016 年 5 月 27 日之间的天数是 366 天，因此，2015 年 9 月 28 日，该债券每 100 元面值的应计利息等于：$3.1 \times \frac{123}{366} = 1.0418$ 元。因此，该国债现货进行交割时交收的全价为：$99.9894 + 1.0418 = 101.0312$ 元。

2. 交割方。中金所规定，空方可以选择在合约到期月份首日剩余期限为 4～5.25 年的任何附息国债用于交割。引入多种可交割国债之后，由于各种债券的息票率和期限各不相同，为使不同的可交割券价值具有可比性，交易所引入了标准券和转换因子概念。

名义标准券是采用现实中可能不存在的、剩余期限固定的“虚拟标准债券”作为交易标的，现实中的国债可以用转换因子折算成虚拟券进行交割。转换因子实际上就是一种折算比率，通过折算比率将交割债券的价值调整为接近于期货标准券的价值，其反映的是普通可交割债券与合约中标准国债之间的折算关系。

对于中金所 5 年期国债期货合约来说，转换因子实际上是面值 1 元的可交割国债在其剩余期限内的现金流，用 3% 的国债期货名义标准券票面利率贴现至最后交易日的净价。如果债券的票面利率高于标准券的 3%，转换因子大于 1，剩余期限越长，转换因子越大；反之，转换因子小于 1，剩余期限越长，转换因子越小；当剩余期限越小，转换因子越接

近于1。

考虑到付息日和到期日，可交割债券之间的区别是很大的，尽管使用了转换因子，在交割时，各可交割债券之间还是有差异的，有的会相对贵一些，有的相对便宜些，合约卖方可以选择最便宜的，对他最为有利的债券进行交割，该债券则被称为最便宜可交割债券。

（五）中金所10年期国债期货

在中金所交易的10年期国债期货的标的资产是面值100万元、票面利率为3%的名义长期国债。10年期国债期货是中金所在2015年3月20日推出的国债期货合约。其标准化合约的各项具体规定见表4－7。

表4－7　　中金所交易的10年期国债期货合约

合约标的	面值为100万元人民币，票面利率为3%的名义长期国债
最小变动价位	0.005元
合约月份	3月、6月、9月、12月
交易时间	北京时间上午9：15至11：30，下午13：00至15：15， 最后交易日交易时间为上午9：15至11：30
每日价格最大波动限制	上一交易日结算价的±2%
最后交易日	合约到期月份的第二个星期五
最后交割日	最后交易日后的第三个交易日
交割方式	实物交割

资料来源：中国金融期货交易所，http：//www.cffex.com.cn。

1. 转换因子的计算。国债期货可交割国债的转换因子计算公式如下：

$$CF = \frac{1}{\left(1+\frac{r}{f}\right)^{\frac{xf}{12}}} \times \left[\frac{c}{f} + \frac{c}{r} + \left(1-\frac{c}{r}\right) \times \frac{1}{\left(1+\frac{r}{f}\right)^{n-1}}\right] - \frac{c}{f} \times \left(1-\frac{xf}{12}\right) \qquad (4.1)$$

公式（4.1）中，CF为转换因子；r为10年期国债期货合约票面利率3%；x为交割月到下个付息月的月份数；n为剩余付息次数；c为可交割国债的票面利率；f为可交割国债每年的付息次数。

2. 应计利息的计算。应计利息的日计数基准为“实际天数/实际天数”，每100元可交割国债的应计利息计算公式如下：

$$应计利息 = \frac{可交割国债票面利率 \times 100}{每年付息次数} \times \frac{配对缴款日 - 上一付息日}{当前付息周期实际天数} \qquad (4.2)$$

第三节　外汇期货

一、外汇期货概述

外汇期货交易也称货币期货交易，是指交易双方在期货交易所内，通过公开叫价的方式，买卖在未来某一标准清算日期交割一定数量外汇的标准化期货合约的外汇交易。

外汇期货合约随固定汇率制度崩溃、浮动汇率制的兴起而产生。世界各国政治、经济形势的不断变化使得外汇市场上汇率变动比较频繁，外汇期货也成为国际外汇市场上比较重要的一种保值和投机工具。

1972 年 5 月 16 日，CME 鉴于固定汇率制崩溃，国际金融市场上汇率巨幅波动的现实，认为可以将已有多年历史的商品期货技术应用于金融领域。因此，专门设立了一个金融期货的交易部门，即国际货币市场（IMM），推出了包括英镑、马克、日元、加拿大元、瑞士法郎等在内的七种外汇期货合约，在世界上首先创立了能够转移汇率风险的集中交易场所。

外汇期货自从 20 世纪 70 年代问世以来，交易量迅速扩大，并很快扩大到其他国家。国际货币市场（IMM）是全球最具代表性的外汇期货交易所。其他的外汇期货交易所还有美国纽约期货交易所（NYFE）、美国费城股票交易所的分部（PSE）、伦敦国际金融期货交易所（LIFFE）等。

二、外汇期货合约

（一） 外汇期货合约的特点

1. 外汇期货合约是标准化的合约，包括货币币种、数量、交割时间、汇率都是标准化的。

2. 外汇期货只能在交易所内通过公开竞价的方式进行交易，交易双方各自向交易所的清算公司负责合约关系，清算公司是所有外汇期货买方的卖方，又是所有卖方的买方，交易双方无须担心对方违约。

3. 缴纳保证金，交易者无须实际付出买入合约面值所代表的外汇，并实行每日结算制度。

4. 期货交易所还实行限价制度。

（二） 外汇期货的规格

以芝加哥国际货币市场（IMM）为例（见表 4 - 8）。

1. 交易币种：英镑、欧元、瑞士法郎、加拿大元、澳元、日元、墨西哥比索。

2. 交易单位：每一份外汇期货合约都由期货交易所规定标准交易单位，由交易所根据各种标的货币同结算货币之间的某一正常汇率确定。

3. 交割月份和交割日期：国际货币市场所有外汇期货合约的交割月份都是一样的，为每年的 3 月、6 月、9 月和 12 月。具体交割日期为每个交割月份的第三个星期三。

4. 最后交易日：合约月份的第三个星期三前的第二个营业日的上午 9：16。

5. 最小变动价位：通常以一定的“点”表示（“点”指外汇汇率中小数点之后的最后一位数字，注意日元含义不同）。每一单位标的的货币的汇率变动一次的最小幅度与交易单位的乘积即为每份外汇期货合约的最小变动单位。

6. 每日涨跌停板：每日涨跌停板是一项期货合约价格在一天之内比前一个营业日的结算价格高出或低过的最大波动幅度。按照各期货交易所规则的规定，当交易所内买卖双方出价或叫价超过每日停板额时，则成交无效，因此，当价格升到或降到停板额时，交易所宣布停止交易。

表 4-8　　IMM 外汇期货合约交易单位、最小变动价位以及每日涨跌停板

种类	交易单位	最小变动价位	每日涨跌停板
欧元期货合约	125 000 欧元	0.0001	1 250 美元
加拿大元期货合约	100 000 加拿大元	0.0001	750 美元
日元期货合约	12 500 000 日元	0.0000001	1 250 美元
瑞士法郎期货合约	125 000 瑞士法郎	0.0001	1 875 美元
澳元期货合约	125 000 澳元	0.0001	1 250 美元
英镑期货合约	62 500 英镑	0.0005	1 250 美元
墨西哥比索期货合约	1 000 000 墨西哥比索	0.00001	1 500 美元

资料来源：芝加哥商品期货交易所，http：//cmegroup. com。

第四节　股指期货

一、股指期货概述

（一）股指期货的定义与产生

股指期货，即股票指数期货，是指以股票指数为标的物的期货合约。它是以股票市场的股价指数为交易标的物的期货，是由交易双方订立的、约定在未来某一特定时间按成交时约定的价格进行股价指数交易的一种标准化合约。

股指期货最早出现于美国市场。20 世纪 70 年代，西方各国出现了经济滞胀，经济增长缓慢，物价飞涨，政治局势动荡，当时股票市场经历了第二次世界大战后最严重的一次危机，在 1973—1974 年的股市下跌中道琼斯指数跌幅达到了 45%，投资者意识到在股市下跌中没有适当的管理金融风险的手段，开始研究用于规避股票市场系统性风险的工具。1982 年 2 月，美国商品期货交易委员会（CFTC）批准推出股指期货。同年 2 月 24 日，美国堪萨斯期货交易所（KCBT）推出了全球第一只股指期货合约——价值线综合指数期货合约；4 月 21 日，芝加哥商业交易所（CME）推出了标准普尔（S&P）500 指数期货合约。股指期货一经诞生就受到了市场的广泛关注，价值线指数期货推出的当年就成交了 35 万张，S&P 500 指数期货的成交量更达到了 150 万张。股指期货的成功，不仅扩大了美国期货市场的规模，也引发了世界性的股指期货交易热潮。成熟市场及新兴市场纷纷推出股指期货交易。目前，全部成熟市场以及绝大多数的新兴市场都有股指期货交易，股指期货成为股票市场最为常见、应用最为广泛的风险管理工具。

（二）股指期货的特点

1. 跨期性。股指期货是交易双方通过对股票指数变动趋势的预测，约定在未来某一时间按照一定条件进行交易的合约。因此，股指期货的交易是建立在对未来预期的基础上，预期的准确与否直接决定了投资者的盈亏。

2. 杠杆性。股指期货交易不需要全额支付合约价值的资金，只需要支付一定比例的保证金就可以进行交易。假设股指期货交易的保证金为 10%，投资者只需支付合约价值 10% 的资金就

可以进行交易。在收益可能成倍放大的同时，投资者可能承担的损失也是成倍放大的。

3. 联动性。股指期货的价格与其标的资产及股票指数的变动联系极为紧密。股票指数是股指期货的基础资产，对股指期货价格的变动具有很大影响。同时，股指期货是对未来价格的预期，因而对股票指数也有一定的引导作用。

4. 风险性。股指期货的杠杆性决定了它可能具有比股票市场更高的风险性。

（三）股指期货的功能

1. 价格发现功能。股指期货具有价格发现的功能，通过在公开、高效的期货市场中众多投资者的竞价，有利于形成更能反映股票真实价值的股票价格。

期货市场之所以具有价格发现的功能，一方面在于股指期货交易的参与者众多，价格形成中包含了来自各方的对价格预期的信息；另一方面在于股指期货具有交易成本低、杠杆倍数高、指令执行速度快等优点，投资者更倾向于在收到市场新信息后，优先在期货市场上调整持仓，也使得股指期货价格对信息的反应更快。

2. 资产配置功能。股指期货由于采用保证金制度，交易成本很低，因此被机构投资者广泛用来作为资产配置的手段。

股指期货的资产配置功能具体表现在：一是引入做空机制使得投资者的投资策略从等待股票价格上升的单一模式转变为双向投资模式；二是有利于发展机构投资者，促进组合投资，加强风险管理；三是通过买卖股指期货能够调整投资组合中各类资产的比重，增加市场流动性，提高资金使用效率。

3. 风险规避功能。股指期货的风险规避功能主要是通过套期保值规避系统性风险。股指期货提供了规避股票市场系统性风险的途径，通过对现货市场和期货市场上的对冲操作，使现货市场和期货市场上的损益相互抵消，达到锁定成本和确保利润的目的，这就是股指期货的套期保值，股指期货将套期保值者的股票的系统性风险转移给了投机者。

二、股指期货合约介绍

（一）沪深300指数期货合约

沪深300指数（证券代码000300）于2005年4月8日推出，由沪深两市流动性强的、规模最大的300只股票编制而成，计算基期为2004年12月31日，基点为1 000点。其合约的规格如表4－9所示。

表4－9　　沪深300指数期货合约规格

交易单位	300元人民币×沪深300股票价格指数的点数
最小变动价位	0.2点
每日价格波动限制	上一个交易日结算价的±10%
合约月份	合约月份当月、下月以及随后两个季月
最后交易日	合约到期月份的第三个星期五，遇到法定节假日顺延
交割方式	现金交割
交易时间	北京时间上午9：15至11：30，下午13：00至15：15

资料来源：中证指数有限公司，http：//www.csindex.com。

（二）上证 50 指数期货合约

上证 50 股指期货是以上证 50 指数作为标的物的期货品种，在 2015 年 4 月 16 日由中国金融期货交易所推出，买卖双方交易的是一定期限后的股市指数价格水平，通过现金结算差价进行交割。其合约的规格如表 4－10 所示。

表 4－10　　上证 50 指数期货合约规格

交易单位	300 元人民币 × 上证 50 指数的点数
最小变动价位	0.2 点
每日价格波动限制	上一个交易日结算价的 ±10%
合约月份	合约月份当月、下月以及随后两个季月
最后交易日	合约到期月份的第三个星期五，遇到法定节假日顺延
交割方式	现金交割
交易时间	北京时间上午 9：15 至 11：30，下午 13：00 至 15：15

资料来源：中证指数有限公司，http：//www.csindex.com。

（三）中证 500 指数期货合约

中证 500 指数期货合约是以中证 500 指数作为标的物的期货品种，在 2015 年 4 月 16 日由中国金融期货交易所推出。中证 500 指数是根据科学客观的方法，挑选沪深证券市场内具有代表性的中小市值公司组成样本股。其合约的规格如表 4－11 所示。

表 4－11　　中证 500 指数期货合约规格

交易单位	200 元人民币 × 上证 50 指数的点数
最小变动价位	0.2 点
每日价格波动限制	上一个交易日结算价的 ±10%
合约月份	合约月份当月、下月以及随后两个季月
最后交易日	合约到期月份的第三个星期五，遇到法定节假日顺延
交割方式	现金交割
交易时间	北京时间上午 9：15 至 11：30，下午 13：00 至 15：15

资料来源：中证指数有限公司，http：//www.csindex.com。

（四）香港恒生指数期货合约

香港恒生指数期货合约的规格如表 4－12 所示。

表 4－12　　香港恒生指数期货合约规格

交易单位	50 港元 × 恒生指数
最小变动价位	1 点
每日价格波动限制	不高于或低于前日收市指数 500 点，现货月份除外
合约月份	现货月份、3 月、6 月、9 月、12 月
最后交易日	交割月最后第二个营业日
交割方式	在最后交易日之后的第一个营业日开始以现金进行结算
交易时间	周一至周五香港时间上午 10：00 至 12：30，下午 14：30 至 15：45

（五）标准普尔500综合股票指数期货

1982年，芝加哥商品交易所指数与期权市场分部推出了标准普尔500综合股票指数期货，简称S&P 500期货，其合约的规格如表4－13所示。

表4－13　　标准普尔500综合股票指数期货合约规格

交易单位	500美元×标准普尔500综合股票指数
最小变动价位	0.05点
每日价格波动限制	不得高于或低于前一交易日结算价5个指数点
合约月份	3月、6月、9月、12月
最后交易日	最终结算价格确定日的前一个工作日
交割方式	根据主要市场指数期货的收盘价实行逐日结算，并于最后交易日根据主要市场指数的收盘价实现现金结算
最后结算价格	由合约月份的第三个星期五的标准普尔500综合股票指数的构成股票的市场收盘价所决定

三、股指期货的交易制度

为了确保市场的稳妥运行，股指期货一般会采取有针对性的严控措施和风险防范制度安排，这里以沪深300股指期货为例，作简要介绍。

（一）保证金制度

投资者在进行期货交易时，必须按照其买卖期货合约价值的一定比例来缴纳资金，作为履行期货合约的财力保证，然后才能参与期货合约的买卖，这笔资金就是保证金。

例如，如果沪深300股指期货合约的面值为100万元，保证金比例为8%，那么一手合约的交易保证金需要8万元。

（二）每日无负债结算制度

每日无负债结算制度也称逐日盯市制度，即期货交易所要根据每日市场的价格波动对投资者所持有的合约计算盈亏并划转保证金账户中相应的资金。

期货交易所实行分级结算，交易所首先对其结算会员进行结算，结算会员再对非结算会员及其客户进行结算。交易所在每日交易结束后，按当日结算价格结算所有未平仓合约的盈亏、交易保证金及手续费、税金等费用，对应收应付的款项同时划转，相应增加或减少会员的结算准备金。

（三）持仓限额制度

股指期货实行严格的持仓限额制度，即交易所对其会员和客户可以持有的某一期货合约单边持仓量设置一定的额度限制，防止会员或客户的持仓量过大或者持仓过度集中，从而防范股指期货交易中出现交易风险或者操纵价格风险，保证股指期货交易的平稳运行。

（四）强行平仓制度

当交易所会员或客户的交易保证金不足并未在规定时间内补足，或当会员或客户的持仓量超出规定的限额，或当会员或客户违约时，交易所为了防止风险进一步扩大，将对其持有的未平仓合约进行强制性平仓处理，这就是强行平仓制度。

（五）大户持仓报告制度

交易所根据市场风险情况设定并公布大户报告标准，要求达到报告标准的会员和客户报告其交易情况、实际控制人等信息，交易所据此及时、全面了解客户交易情况，进一步挖掘关联账户及实际控制人等信息，分析和评估市场风险，实施有效的风险控制管理。

交易所提供有大户持仓报告表，内容包括会员名称、会员号、客户名称和客户号、合约代码、持仓量、交易保证金、可用资金等信息。

（六）涨跌停板制度

涨跌停板即交易所规定的股指期货合约的每日最大价格波动幅度。涨跌停板的设置，能够有效地减缓或抑制一些影响股指期货市场的突发事件和过度投机行为对股指期货价格的巨大冲击，减缓每一交易日的价格波动。在市场面临剧烈波动时，涨跌停板的实施可以给交易者一个理性思考判断的机会，避免市场的过度反应。

沪深300指数期货的最大涨跌幅为10%，最后交易日不设熔断机制，涨跌停板幅度为上一交易日结算价的±20%。

（七）熔断机制

熔断机制是指对某一合约在达到涨跌停板之前，设置一个熔断价格，使合约买卖报价在一段时间内只能在这一价格范围内交易。

沪深300指数期货合约的熔断价格为前一交易日结算价格的±6%，当市场价格触及6%并持续一分钟时熔断机制启动，在随后的10分钟内，买卖申报只能在6%之内，并继续成交，超过6%的申报会被拒绝。10分钟后，价格限制放大到10%。

为维护市场平稳运行，经中国证监会批准，中国金融期货交易所决定自2016年1月8日起，暂停实施沪深300、上证50、中证500股指期货熔断机制。

专栏4－2

“8·16”光大证券乌龙指事件

光大证券股份有限公司创建于1996年，是由中国光大（集团）总公司投资控股的全中国性综合类股份制证券公司，是中国证监会批准的首批三家创新试点公司之一。2013年8月16日11时05分上证指数出现大幅拉升，大盘一分钟内涨超5%，最高涨幅5.62%，指数最高报2 198.85点，盘中逼近2 200点。11时44分上交所称系统运行正常。2013年8月16日14点23分左右，光大证券发布公告，承认套利系统出现问题，公司正在进行相关核查和处置工作。有传闻称光大证券方面，下单230亿元，成交72亿元，涉及150多只股票。当日下午为了对冲股票持仓风险，将损失减到最少，光大证券采取申购ETF卖出和卖空股指期货合约的措施。对此，上海证监局对其采取行政监管措施，责令公司整改，暂停相关业务，依法追究内部责任。同时，中国证监会也决定对光大证券正式立案调查。有媒体将此次事件称为“光大证券乌龙指事件”。

光大乌龙指的触发原因是系统缺陷。策略投资部使用的套利策略系统出现了问题，该系统包含订单生成系统和订单执行系统两个部分。核查中发现，订单执行系统针对高频交易在市价委托时，对可用资金额度未能进行有效校验控制，而订单生成系统存在的缺陷，会导致特定情况下生成预期外的订单。由于订单生成系统存在的缺陷，导致在11时05分08秒之后的2秒内，瞬间重复生成26 082笔预期外的市价委托订单；由于订单执行系统存在的缺陷，上述预期外的巨量市价委托订单被直接发送至交易所。问题出自系统的订单重下功能，具体错误是：11 点 2 分时，第三次 180ETF 套利下单，交易员发现有 24 只个股申报不成功，就想使用“重下”的新功能，于是程序员在旁边指导着操作了一番，没想到这个功能没实盘验证过，程序把买入 24 只成分股，写成了买入 24 组 180ETF 成分股，结果生成巨量订单。而其深层次的原因是该策略投资部门系统完全独立于公司其他系统，甚至未置于公司风控系统监控下，多级风控体系都未发挥作用。

2013 年 8 月 16 日上午的乌龙事件中共下单 230 亿元，成交 72 亿元，涉及 150 多只股票。按照 8 月 16 日的收盘价，上述交易的当日盯市损失约为 1. 94 亿元。此次乌龙事件对光大证券 8 月业绩产生巨大影响。光大证券 18 日发布公告，详细披露“8 · 16”事件过程及原因，称当日盯市损失约为 1. 94 亿元人民币。

第五节 期货定价

一、利率期货的定价

利率期货的定价是相对比较复杂的，在这里我们对短期利率期货和中长期利率期货的定价作简要的介绍。

（一） 短期利率期货定价

常见的短期利率期货的标的资产为 90 天的国库券，以贴现方式发行。

面值为 100 的标的债券现值为：$S = 100\, e^{-r^* T^*}$

假设现在为 0 时刻，合约期限为 T 年，作为标的资产的短期国债到期期限为 T^* 年（$T^* - T = 90$ 天）。T 和 T^* 时无风险复利率分别为 r 和 r^*，无收益期货定价公式为：

$$F = S\, e^{r(T-t)}$$

这里 $t = 0$。

远期利率计算公式如下：

$$r_F = \frac{r^* T^* - rT}{T^* - T}$$

则短期国债期货价格为：

$$F = S\, e^{rT} = 100\, e^{rT - r^* T^*} = 100\, e^{-r_F (T^* - T)} \tag{4.3}$$

短期国债期货的报价是以面值 100 的国库券报价。

若 Z 为短期国债期货报价，Y 为期货合约的现金价格，则

$$Z = 100 - 4(100 - Y)$$

✪【例 4.6】假设 140 天期国债期货的年利率为 8%，230 天国债期货年利率为 8.25%，则远期利率为 8.64%。90 天的期限折算为一年的 0.2466。

则 140 天后交割的面值100 的 90 天期短期国债期货价格为：

$$100\, e^{-0.0864 \times 0.2466} = 97.89$$

报价为：100 − 4 （100 − 97.89） = 91.56

（二） 中长期利率期货的定价

中长期国债期货合约中，由于空方既拥有选择交割时间的权利，也有选择所交割债券的权利，因此准确确定长期国债期货的理论价格是困难的。但如果假定最便宜可交割债券及交割日期均为已知，长期国债期货就等价于一个为持有人提供中间收入的证券上的期货合约。

假定最便宜可交割国债和交割日期已知，国债期货每日的理论价格计算可以分为四步：

第一，根据当日最便宜可交割国债现货的净价，加上当日该券的应计利息，算出当日该交割国债全价。

第二，运用期货持有成本定价公式，算出最便宜可交割国债的期货价格：

$$F = (S - I)\ e^{r(T-t)}$$

其中，S 为最便宜券的全价，I 为期货期限内券息的贴现值，r 为无风险利率，$T-t$ 为从当前至交割日的年化时间。

第三，将最便宜可交割券的期货价格减去交割日该券的应计利息，得到最便宜可交割券期货的理论报价。

第四，将最便宜可交割券期货的理论报价除以转换因子，得到合约对应名义券的期货理论报价。

✪【例 4.7】假定对于某一国债期货已知最便宜可交割债券的息票利率为 12%，转换因子为 1.6。假定期货交割时间为 270 天以后。券息的支付每半年一次。上一次券息支付为 60 天以前，下一次券息支付为 122 天以后，再下一次券息支付为 305 天以后。利率期限结构为水平，利率为年率 10%（连续复利）。

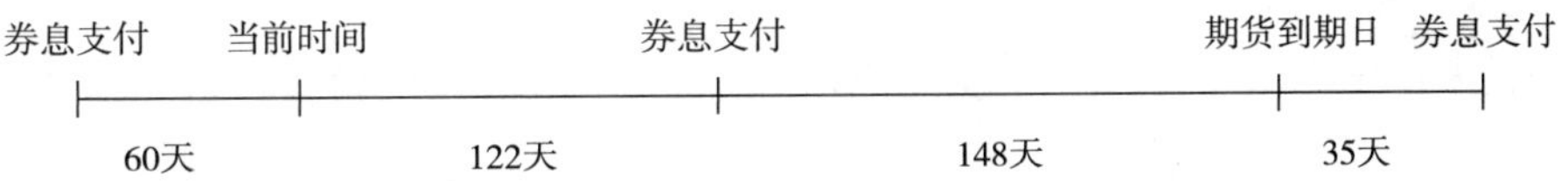

假定债券的当前报价为 115 美元。债券的现金价格等于报价加上从上次付息至今的应计利息，债券全价为：

$$115 + [60/(60+122)] \times 6 = 116.978$$

在 122 天（0.3342 年）后，债券持有者将收到 6 美元的利息，该利息的贴现值为：

$$6\ e^{-0.1 \times 0.3342} = 5.803$$

期货合约将持续 270 天（0.7397 年）。该期货合约是最便宜可交割债券的，则期货价格为：

$$(116.978 - 5.803)\ e^{0.1 \times 0.7397} = 119.711$$

债券交割时，会产生 148 天应计利息。则最便宜可交割债券的期货合约的报价为：

$$119.711 - 6 \times 148/(148+35) = 114.859\ (\text{美元})$$

最后计算标准券期货合约报价为：

$$114.859/1.6 = 71.79\ (\text{美元})$$

二、外汇期货的定价

在确定外汇期货价格时，可以先将外汇看作是已知收益率的资产，这里的收益率即为外汇的无风险利率，我们可以得到

$$F_0 = S_0 e_f^{(r-r_f)T} \tag{4.4}$$

假设我们从美国投资者的角度来看待外汇期货的定价，这里的标的资产是一单位的外币，S_0定义为一单位外币的美元价格，F_0定义为一单位外币的期货价格，相应的r_f为期限为T的外币无风险利率，r为对应同样期限的美元无风险利率。

三、股指期货的定价

（一）定价原理

股指期货的定价原理为一价定律，即：任意两份相同的资产在两个市场上的报价必然相同，否则，一个市场的参与者可以进行无风险套利，最终，原来定价低的市场中因为对该资产的需求增加，而使其价格上升；与此相对，原来定价高的市场中，由于该资产的供给增加，而使其价格下跌，最终，两个市场的报价趋于相同。

（二）持有成本模型

通过持有成本定价模型对股指期货进行定价。其基本假设的条件为：（1）资本市场是完美的；（2）投资者可以以无风险利率借入及贷出资金；（3）股利的支付是已知的，且为固定的常数。

持有成本模型的推导过程为：在t时刻，投资者进行一次投资决策，支付$S(t)$买入股票，$S(t)$代表此时，也就是t时刻股票的价值。

在到期日T时刻，他的现金流为：$S(T)+D(t,T)$，其中$S(T)$为股票在T时的价值，$D(t,T)$为从t到T期间的股利。

在t时刻，投资者还进行了一次投资决策，持有一单位股指期货合约，并投资$S(t)$于无风险债券。

在到期日T，现金流为$S(t)e^{r(T-t)}+S(T)-F(S,t)$。

由于股利支付是常数，两种策略所面临的风险相同。根据无套利原理，在T时刻，两种投资策略有相同的现金流，可以推出：

$$S(T)+D(t,T) = S(t)e^{r(T-t)}+S(T)-F(S,t)$$

$$F(S,t) = S(t)e^{r(T-t)}-D(t,T)$$

若是存在固定股利支付率d，且连续复利，则可以推出：

$$F(S,t) = S(t)e^{(r-d)(T-t)} \tag{4.5}$$

支付红利的情况下，股指期货价格 = 现货价格 + 融资成本 = 现货价格 + 持有成本。

不支付红利的情况下，股指期货价格 = 现货价格 + 融资成本 − 股息收益 = 现货价格 +（融资成本 − 股息收益） = 现货价格 + 持有成本。

✪【例4.8】在某年8月28日买入该年9月28日交割的沪深300指数期货合约，当天的沪深300指数为3 000点，假设年利率为6%，在该年的9月13日，该投资者能够获得60×300元的现金股利，期货合约的乘数为300元人民币，那么该沪深300指数期货的当日价格应该为多少？

$$F(t,T) = 3\ 000 \times 300 \times e^{6\%(1/12)} - 18\ 000 \times e^{6\%(0.5/12)} = 886\ 455\ 元$$

因此，该日，沪深300指数期货的当日价格为886 455元。

四、期货定价小结

在大多数情况下，具有确定交割日期的期货合约可以被看作具有相同交割日期的远期合约。理论上可以证明，当利率在完全可以预测的情况下，两种合约的价格应该完全一致。

对于投资资产，我们主要考虑了三种不同的情形：（1）资产不提供收入；（2）资产提供已知的现金收入；（3）资产提供已知的收益率。

结果如表4－14所示，由此我们可以得到利率、股指期货的期货价格。

在表4－14中，S_0表示资产的价格，T表示期限，r表示无风险利率。

持有成本等于标的资产储存成本加上融资成本再减去资本收益。对于投资资产，期货价格大于即期价格的数量反映了持有成本。

表4－14　投资资产的期货/远期价格总结

资产	期货/远期价格
不提供中间收入	S_0e^{rT}
提供贴现值为I的中间收入	$(S_0-I)\ e^{rT}$
提供连续收益率q	$S_0e^{(r-q)T}$

本章小结

期货是指以合约形式确定下来的在将来某一特定日期进行交割（购买或出售）某种实物商品或金融资产。期货有发现价格和规避风险的功能。

利率期货是以利率或附息债券为标的的金融期货，是为规避利率风险而使用的一种期货。根据合约标的期限的不同，可以分为短期期货合约和中长期期货合约。

外汇期货交易也称货币期货交易，是指交易双方在期货交易所内，通过公开叫价的方式，买卖在未来某一标准清算日期交割一定数量外汇的标准化期货合约的外汇交易。

股指期货，即股票指数期货，是指以股票指数为标的物的期货合约。它是以股票市场的股价指数为交易标的物的期货，是由交易双方订立的、约定在未来某一特定时间按成交时约定的价格进行股价指数交易的一种标准化合约。股指期货合约具有跨期性、杠杆性、联动性、风险性，同时具有价格发现、资产配置和风险规避的功能。

期货的定价基本公式为：$F_0 = S_0e^{rT}$。

关键概念

利率期货　转换因子　外汇期货　股指期货

思考与练习

一、名词解释

利率期货　外汇期货　股指期货

二、选择题

1. 通过利率期货价格而获得某种未来的利率信息，这是利率期货市场的主要功能之一，被称为（　　）功能。

A. 风险转移　　B. 商品交换

C. 价格发现　　D. 锁定利润

2. 以下关于利率期货的说法错误的是（　　）。

A. 按所指向的基础资产的期限，利率期货可分为短期利率期货和长期利率期货

B. 短期利率期货就是短期国债期货和欧洲美元期货

C. 长期利率期货包括中期国债期货和长期国债期货

D. 利率期货的标的资产都是固定收益证券

3. 最早产生的金融期货品种是（　　）。

A. 利率期货　　B. 股指期货

C. 国债期货　　D. 外汇期货

4. 外汇期货交易的成交单位与交割时间由（　　）原则来进行的。

A. 交易所确定的标准化　　B. 买卖双方共同确定的

C. 买方确定的　　D. 卖方确定的

5. 沪深300股指期货限价指令每次最大的下单数量为（　　）。

A. 50　　B. 100　　C. 200　　D. 500

三、判断题

1. 利率期货的理论定价的基本方法是无套利均衡定价。(　　)

2. 当前无论是场外柜台市场的交易还是交易所的交易，利率衍生品交易已成为全球衍生品交易市场的主体。(　　)

3. 沪深300股指期货合约的最小变动价位为0.01点。(　　)

4. 股指期货交易导致的亏损有可能不限于初始投入的保证金。(　　)

5. 投资者持有某股指期货合约，可以在该合约到期前平仓，也可以选择持有到期交割。(　　)

四、简答题

1. 简述欧洲美元期货的特性。

2. 简述远期与期货的异同。

3. 简述外汇期货与远期外汇交易的关系。

4. 股指期货交易的交易规则有哪些?

5. 股指期货交易的主要功能是什么?

五、计算题

1. 假设道琼斯工业平均指数2005年3月15日收市为10 745点，道琼斯指数在将来3个月内平均红利收益为0.005，无风险连续利率为0.03，你认为3个月以后交割的道琼斯指数的股指期货合约的价格应该是多少？

2. 假设投资者买入距离交割日还有91天的短期国债期货价值200万元，借款利率为5%，求该投资者的持有成本以及期货合约的理论价格。

主要参考文献

［1］李健元，李刚．金融工程学［M］．大连：东北财经大学出版社，2016.

［2］郑振龙，陈蓉．金融工程（第五版）［M］．北京：高等教育出版社，2020.

［3］杨迈军．利率期货交易［M］．北京：中国物价出版社，2001.

［4］赫尔．期权、期货及其他衍生产品（原书第11版）［M］．王勇，索吾林，张翔，译．北京：机械工业出版社，2023.

［5］陈松男．金融工程学［M］．北京：中国财政经济出版社，2018.

［6］林清泉．金融工程（第五版）［M］．北京：中国人民大学出版社，2022.

第五章
金融互换

本章学习目标

通过本章的学习，了解互换的基本概念、种类；掌握互换交易的核心工具，包括利率互换及货币互换；掌握利率互换、货币互换的应用及定价方式；了解相关的其他互换。

知识结构图

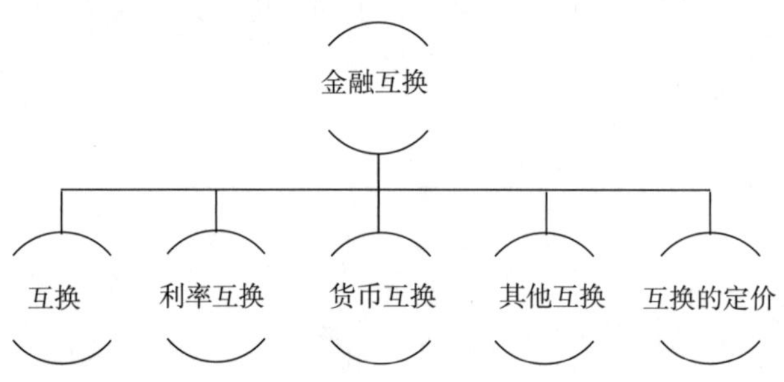

第一节　互换

一、互换的定义与产生

（一） 互换的定义

所谓互换，是指两个或两个以上当事人按照商定的条件，在约定的期限内，交换一系列现金流的合约。也可以说是交易双方达成协议，在一定的期限内转换彼此的货币种类、利率基础或其他资产的一种交易行为。

（二） 国际市场互换的产生和发展

互换起源于20世纪70年代英国的“平行贷款”。平行贷款是指两个国家的母公司，各自在国内向对方在境内的子公司提供“等值”的本币贷款。20世纪70年代，由于英国国际收支恶化，便采取了外汇管制，包括对向外国的投资征税等措施，一些企业为了逃避对应的外汇管制措施，便采取了“平行贷款”的方法。这样，英国公司解决了因政府管制而难以对外投资的问题，美国公司也利用英国公司筹措英镑的便利得到了英镑借款。

平行贷款包括两个独立的贷款协议：贷款协议一是美国母公司对英国母公司在美国的子公司的贷款，贷款协议二是英国母公司对美国母公司在英国子公司的贷款。其具体流程如图 5－1 所示。两个贷款协议分别具有法律效力，一方违约，另一方不能解除履约义务。由于权利义务没有相互联系，违约风险缺乏相应的约束机制。为了降低风险，“背对背贷款”就产生了。

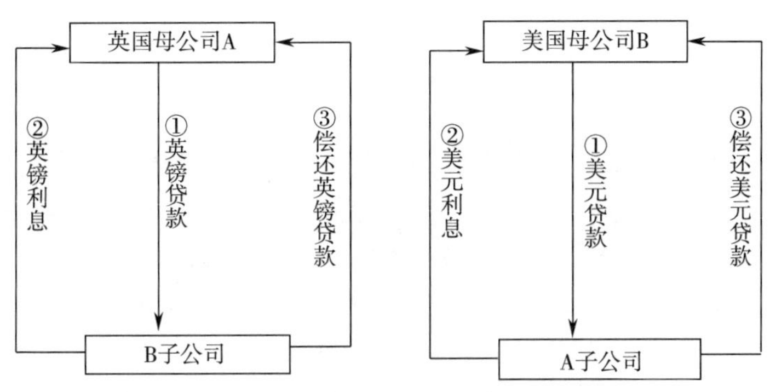

图 5－1　平行贷款流程

“背对背贷款”是为了解决平行贷款中的违约风险问题而产生的。它是指两个国家的母公司相互直接贷款，贷款币种不同但币值相等，贷款到期日相同，各自支付利息，到期各自偿还原借款货币。其具体流程如图 5－2 所示。

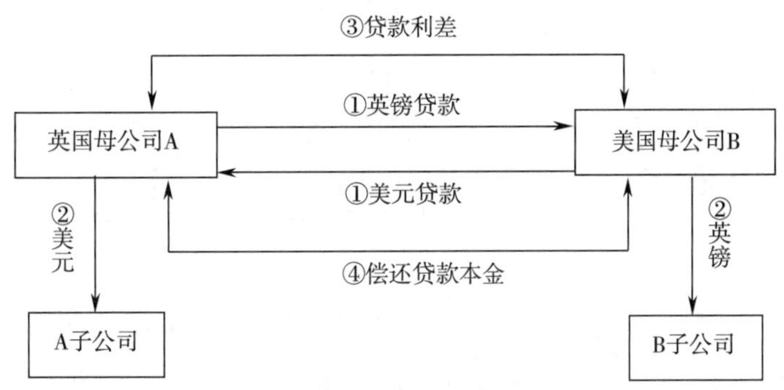

图 5－2　背对背贷款流程

1. 国际互换市场的产生与发展。互换市场可以追溯到 20 世纪 70 年代末，当时的货币交易商为了逃避英国的外汇管制而开发了货币互换。1981 年，所罗门兄弟公司促成了国际商业机器公司（IBM）与世界银行之间基于固定利率的一项货币互换，这被认为是互换市场发展的里程碑。

第一笔利率互换也发生在 1981 年，交易双方是美国的花旗银行和大陆伊利诺斯公司。1986 年，大通曼哈顿银行又率先组织了商品互换。

自此以后，互换市场发展迅速，全球利率互换和货币互换名义本金金额从 1987 年底的 8 656亿美元猛增长到 2006 年底的 285. 73 万亿美元，20 年间增长了约 330 倍。到 2014 年底，全球利率互换和货币互换名义本金金额进一步增长到405.286万亿美元。可以说，互换市场是增长速度最快的金融产品市场之一。

国际互换市场之所以发展得如此迅速，主要原因有三：第一，互换交易在风险管理、降低交易成本、规避管制和创造新产品等方面都有着重要的运用；第二，在其发展过程中，互换市场形成的一些运作机制也在很大程度上促进了该市场的发展；第三，监管当局的态度也为互换交易提供了合法发展的空间。

 专栏5－1

IBM与世界银行的首笔货币互换

19世纪80年代初，IBM正需要巨额美元资金，但由于市场规模的限制，它无法直接筹到那么多美元资金，只能从瑞士法郎市场和德国马克市场筹集以瑞士法郎和德国马克表示的资金，然后再将这些资金转换成美元加以运用。与此同时，世界银行正需要筹集瑞士法郎和德国马克，但同样由于市场规模的限制，它无法从市场上筹集到所需的瑞士法郎和德国马克。不过，世界银行可凭借其高度的信用等级而筹集比较优惠的美元资金。

世界银行通过发行欧洲美元债券筹资，其成本要低于IBM公司筹措美元资金的成本；IBM公司通过发行瑞士法郎债券筹资，其成本也低于世界银行筹措瑞士法郎的成本。

1981年8月，美国所罗门兄弟公司为IBM公司和世界银行安排了一次货币互换。世界银行将其发行的29亿欧洲美元债券与IBM公司等值的西德马克、瑞士法郎进行互换，各自达到了降低筹资成本的目的。

据《欧洲货币》杂志1983年4月测算，通过这次互换，IBM公司将10%利率的西德马克债务转换成8.15%利率（两年为基础）的美元债务；世界银行将16%利率的美元债务转换成10.13%利率的西德马克债务。

---

2. 我国市场互换的产生和发展。2006年1月24日，中国人民银行发布《中国人民银行关于开展人民币利率互换交易试点有关事宜的通知》后，国家开发银行与中国光大银行完成了首笔人民币利率互换，标志着我国人民币利率互换市场的创立。2008年1月18日，中国人民银行发布了《中国人民银行关于开展人民币利率互换业务有关事宜的通知》，标志着人民币互换业务的正式开展。2009年3月，中国人民银行授权中国银行间市场交易商协会制定并发布《中国银行间市场金融衍生产品交易主协议》（以下简称《NAFMII主协议》），同时要求市场参与者开展利率互换交易时必须签署该协议。《NAFMII主协议》为我国场外金融衍生品交易提供了统一、规范的法律文本，是我国金融市场制度建设的一项重要成果，其发布进一步规范了人民币利率互换交易流程。

2014年1月，中国人民银行发布《关于建立场外金融衍生产品集中清算机制及开展人民币利率互换集中清算业务有关事宜的通知》，宣布将对银行间市场成交的场外金融衍生品实施集中清算。同年3月，中国外汇交易中心宣布推出利率互换的最新交易机制，这是我国金融市场机制的又一大创新。从2014年7月1日起，人民币利率互换交易被要求在上海清算所进行强制集中清算，非清算会员通过代理实现集中清算。

二、互换的理论基础

绝对优势理论。亚当·斯密《国富论》提出，绝对优势理论是指在某种商品的生产上，一国在劳动生产率上占有绝对优势，各国专门生产本国具有绝对优势的商品，继而进行交换，最终使双方受益。

比较优势理论。大卫·李嘉图《政治经济学及赋税原理》提出，比较优势理论是指在两国之间，劳动生产率的差距并不是在任何产品上都是相等的，每个国家都应该集中生产并出口具有比较优势的产品，进口比较劣势的产品，双方可以节约劳动力，获得专业化分工提高劳动生产率的好处。处于绝对优势的国家，不必生产全部产品，而应集中力量生产本国具有最大优势的产品；而处于劣势的国家，也不必停产所有的产品，而只停止生产本国国内具有最大劣势的产品，集中力量生产劣势较小的产品，然后通过国际贸易，互相交换，彼此都节省了劳动，都得到了益处。

互换就是以比较优势理论作为理论基础的。当比较优势理论应用于金融领域时，只需满足两个条件，就可以进行互换：一是双方对对方的资产或负债均有需求，二是双方分别在两种资产或负债上具有比较优势。

三、互换的作用

1. 互换双方可以利用各自的比较优势，降低筹资成本，并防范互换各方面面临的汇率、利率变动风险。

2. 互换交易可以使互换各方方便地筹集到所希望的期限、币种及利率结构的资金。并可使互换方资产负债相匹配，以适应其资产负债管理要求。通过互换业务，还可以将流动性较差的债务加以转换，并使互换方财务状况得以改善。通过互换，还可以使跨国公司避免外汇管制及税收政策方面的限制，以充分利用跨国公司的独特优势。

四、互换的风险

互换的风险主要包括市场风险和信用风险。

（一）互换的市场风险

与互换相联系的市场风险，包括利率风险和汇率风险。对利率互换来说，市场风险即为利率风险；对货币互换来说，市场风险包括利率风险和汇率风险。

对于利率风险的管理，通常运用久期、凸性等工具进行分析，使用市场上的固定收益产品如欧洲美元期货等对冲互换的利率风险；对于汇率风险的管理，通常运用远期外汇协议来锁定将来买卖外汇的汇率。

（二）互换的信用风险

由于互换是交易对手之间私下达成的场外协议，因此包含着信用风险，也就是交易对手违约的风险。当利率或汇率等市场价格的变动使得互换对交易对手而言价值为正时，互换实际上就是该交易者的一项资产，同时是协议另一方的负债，该交易者就面临着协议另一方不履行互换协议的信用风险。当互换对交易者而言价值为负且协议的另一方即将破产时，理论上该交易者面临一个意外收益，因为对方的违约将导致一项负债的消失。

对利率互换的交易双方来说，由于交换的仅是利息差额，其真正面临的信用风险暴露远比互换的名义本金要少得多。货币互换则有所不同，由于进行本金的交换，其交易双方面临的信用风险显然比利率互换要大一些。

一般来看，互换交易中的信用风险是很难估计的，交易者通常通过信用增强来管理和消除信用风险。总的来看，由于国际市场上的互换协议通常涉及资本雄厚、信用等级高的大型机构，互换违约造成的总损失历来是较低的。

五、互换的种类

互换可以分为利率互换、货币互换、商品互换、股权互换以及信用违约互换。

1. 利率互换。利率互换是指双方同意在未来的一定期限内根据同种货币的相同名义本金交换现金流。

2. 货币互换。货币互换是指持有不同种类货币的交易双方，以商定的筹资本金和利率为基础，进行货币本金的交换并结算计息。

3. 商品互换。商品互换是指交易双方中，一方为一定数量的某种商品，按照每单位的固定价格定期向交易的另一方支付款项，另一方也为特定数量的某种商品按照每单位的浮动价格向前一方付款，这里的浮动价格是以定期观察到的即期价格为基础计算的年平均数。

4. 股权互换。股权互换是将某个股票指数所实现的红利及资本利得交换为固定利率或浮动利率的协议。

5. 信用违约互换。信用违约互换，是一种与特定违约风险相挂钩的信用衍生品。在信用违约互换交易中，希望规避信用风险的一方称为信用保障购买方，向风险规避方提供信用保护的一方称为信用保障出售方。信用保障购买方定期向信用保障出售方支付一定的费用，被称为信用违约互换点差。当参照资产出现合约双方约定的信用事件时，信用保障购买方有权从信用保障出售方获得一定的补偿。

具体各类互换内容，我们会在后面的章节中逐一介绍。

第二节　利率互换

一、利率互换概述

（一）利率互换的定义与内容

利率互换是指双方同意在未来的一定期限内根据同种货币的相同名义本金交换现金流。最基本的是其中一方的现金流根据事先选定的某一浮动利率计算，而另一方的现金流则根据固定利率计算。

标准的利率互换的主要内容包括：

1. 利率互换由双方签订一份协议。
2. 根据协议，双方各向对方定期支付利息，并预先确定支付日期。
3. 付息金额由相同的名义本金确定，以同种货币支付利息。
4. 互换一方是固定利率支付者，固定利率在互换之初商定。
5. 互换的另一方是浮动利率的支付者，浮动利率参照互换期内某种特定的市场利率加以确定，双方互换利息，不涉及本金的互换。

（二）利率互换的功能

1. 降低融资成本，出于各种原因，对于同种货币，不同投资者在不同的金融市场的资信等级不同，因此融资的利率也不同，存在着相对的比较优势。利率互换可以利用这种相对比较优势进行互换以降低融资成本。

2. 资产负债管理，利率互换可以将固定利率债权债务换成浮动利率债权债务。

3. 对利率风险进行保值，对于一种货币来说，无论是固定利率还是浮动利率的持有者，都面临着利率变化的影响。对固定利率的债务人来说，如果利率的走势下降，其债务负担相对较高；对于浮动利率的债务人来说，如果利率走势上升，则成本会增大。

（三）利率互换的优点

1. 风险较小，因为利率互换不涉及本金，双方仅仅是互换利息，风险也就只限于应付利息这一部分，所以风险较小。

2. 对公司财务影响小，因为利率互换对双方的财务报表没什么影响，现行的会计规则也未要求将利率互换列在报表的附注当中。

3. 成本较低，双方通过互换，都实现了自己的要求同时也降低了筹资成本。

4. 手续简便，交易能够迅速达成。

（四）利率互换的种类

按期限分类，通常包括 1 年、2 年、3 年、4 年、5 年、7 年与 10 年，30 年与 50 年的互换也有时发生。

按互换利率标的的不同进行分类，分为息票互换、基差互换以及交叉货币利率互换。息票互换是指固定利率与浮动利率的互换；基差互换则是指两种以不同种类的基准利率为基础的浮动利率之间的互换；交叉货币利率互换是指不同货币之间利率的交换。

（五）有关利率互换的时间概念

交易日（t_0）：互换双方达成互换协议当日。

定息日（t_s）：确定下一期浮动利率的日期，互换的频率决定互换的期次，即有多少个定息日（$t_{s_1}-t_{s_n}$），浮动利率通常以 Libor 为参照利率。

生效日（t_e）：也就是起息日。

支付日（t_p）：互换一方向另一方支付利息净差额，同样有 n 个支付日。

到期日（t_m）：互换交易的到期日。

二、利率互换的交易机制

利率互换是受合同约束的双方在一定时间内按一定金额的本金彼此交换现金流量的协议。在利率互换中，若现有头寸为负债，则互换的第一步是与债务利息相配对的利息收入；通过与现有受险部位配对后，借款人通过互换交易的第二步创造所需头寸。

对固定利率支付者来说，在利率互换交易中支付固定利率并接受浮动利率，买进互换，属于是互换交易的多头，我们称之为支付方，又是债券市场的空头，他对长期固定利率负债与浮动利率资产价格敏感。

对浮动利率支付者来说，在利率互换交易中支付浮动利率并接受固定利率，出售互换，属于是互换交易的空头，我们称之为接收方，又是债券市场的多头，他对长期浮动利率负债与固定利率资产价格敏感。

三、利率互换的应用分析

利率互换的应用，主要是固定利率和浮动利率之间交换的应用。具体过程通常是：互换双方利用各自的比较优势，在相对条件比较优惠的资本市场或货币市场各自筹集债务；之后，互换双方直接或间接将所筹集的债务互相交换，以满足互换方各自的筹资要求。

专栏5－2

光大银行与国家开发银行的首笔人民币利率互换交易

2006年1月24日，中国人民银行下发《关于开展人民币利率互换交易试点有关事宜的通知》，光大银行与国家开发银行（以下简称国开行）于2006年2月9日完成了首笔人民币利率互换交易，协议的名义本金为50亿元人民币，期限10年，光大银行支付固定利率，国开行支付浮动利率。这标志着人民币利率衍生工具在中国金融市场正式登场，利率市场化和金融市场建设进入了一个新阶段。在这笔业务中，光大银行支付2.95%的固定利率，国开行支付浮动利率，浮动端为一年期定期存款利率（2006年支付的浮动利率为2.25%），每一年交换一次现金流。

从光大银行的角度，光大银行旨在利用利率互换工具进行资产负债结构的调整，新产品使消费者在基本可以享受浮动利率的优惠之外，还可以抵御利率变动带来的风险。

从国开行角度，此次利率互换由固息债变成了浮息债，增加了债务的利率风险，实际上其真正用意在于这种互换能让它以更低的成本发行金融债。当时国开行发行的10年期固定利率金融债券，发行利率为3.01%。结合该笔利率互换来看，国开行相当于每年支付3.01%和1年期存款利率（类似Libor），却得到了2.95%的利率，这样综合成本即为“1年期存款利率+0.06%”。作为政策性银行，国开行每年要发行数量可观的金融债，也因此积聚了相当量的风险，这使得它存在着利率互换的客观需求和能力。除了降低发行成本以外，国开行更有长远打算，如果利率互换市场做大，那除了可以获得市场良好反应之外，还可以进一步从“试点者”摇身变成“规则的制定者”，这将对国开行今后的金融地位有极大帮助。

（一）息票互换

息票互换是最基本的固定利率与浮动利率之间的互换。

【例5.1】假设甲、乙公司都想借入5年期的1 000万美元的款项，对于未来的利率趋势变动有各自的判断，甲想借入与6个月相关的浮动利率的借款，乙想借入固定利率贷款，但是两家公司信用等级不同，因此市场向他们提供的利率不同，如下表所示。

利率类别	甲公司	乙公司	优势差异
固定利率	10%	12%	2%
浮动利率	6个月Libor+0.25%	6个月Libor+0.75%	0.50%

分析如下：

（1）在没有中介的情况下。如果两个公司按照各自比较优势分工，甲公司借入固定利率资金，乙公司借入浮动利率资金，两公司的借入资金总成本为：Libor + 10.75%。如果两个公司按照各自真实需求，甲公司借入浮动利率资金，乙公司借入固定利率资金，两公司的借入资金总成本为：Libor + 12.25%。

由此可知，第一种筹资方式比第二种筹资方式节约了（Libor + 12.25%）－（Libor + 10.75%）= 1.5% 的利率成本。所以互换过程为：甲公司借入固定利率资金，乙公司借入浮动利率资金，并进行利率互换，甲公司替乙公司支付浮动利率，乙公司替甲公司支付固定利率。

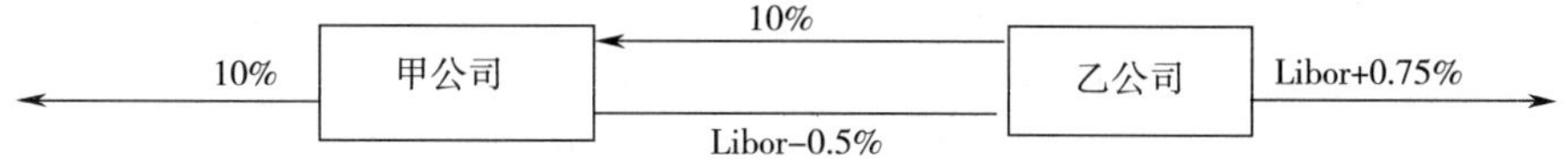

假定两家公司共享 1.5% 的节约成本，即每家公司获得 0.75%。利率互换结果如上图所示，在这一过程中，甲公司需要向固定利率的债权人支付 10% 的固定利率，向乙公司支付 Libor − 0.5% 的浮动利率（直接借入浮动利率资金需要支付 Libor + 0.25%，因为获得 0.75% 的成本节约，需向乙公司支付 Libor − 0.5%），并且从乙公司收到 10% 的固定利率，因此，甲公司所需要支付的融资成本 = 10% + Libor − 0.5% − 10% = Libor − 0.5%，比以浮动利率方式直接筹资节约了 0.75%。

而乙公司需要向浮动利率债权人支付 Libor + 0.75% 的浮动利率，向甲公司支付 10% 的固定利率，并且从甲公司收到 Libor − 0.5% 的浮动利率，因此乙公司的所需支付的融资总成本 = Libor + 0.75% + 10% －（Libor − 0.5%）= 11.25%，比以固定利率的方式直接筹资节约 0.75%。

乙公司应该向甲公司净支付 = 10% －（Libor − 0.5%）= 10.5% − Libor。

（2）在有中介的情况下。互换中寻找互换对方通常需要花费很长的一段时间，还需要承担彼此不认识的风险。因为金融机构与互换双方的业务往来较多，更容易找到潜在的互换者，金融机构可以凭借其信用降低双方的信用风险。

互换交易的金融中介与互换双方分别签订互换协议，互换中介不需要额外资金，只是从中赚取服务费用或差价。如果金融中介无法找到两个完全匹配的互换方，可能会自己担任另一方的互换者，先行承担利率风险头寸，等找到另一互换对方后，再将头寸轧平。

首先，假定中介收取的手续费为 0.5%。在这一过程中，甲公司需要向固定利率债权人支付 10% 的固定利率，向中介机构支付 Libor − 0.25% 的浮动利率（直接借入浮动利率资金需要支付 Libor + 0.25%，因为获得 0.5% 的成本节约，因此需要向乙公司支付 Libor − 0.25%），并从中介机构收到 10% 的固定利率，因此，甲公司所需支付的融资总成本 = 10% + Libor − 0.25% − 10% = Libor − 0.25%，比以浮动利率方式直接筹资节约了 0.5%。

乙公司需要向浮动利率债权人支付 Libor + 0.75% 的浮动利率，向中介机构支付 10.25% 的固定利率，并从中介机构收到 Libor − 0.5% 的浮动利率，因此乙公司所需支付的融资总成本 = Libor + 0.75% + 10.25% − (Libor − 0.5%) = 11.5%，比以固定利率方式直接筹资节约了 0.5%。

中介机构从甲公司收到 Libor − 0.25%，从乙公司收到 10.25%，向乙公司支付 Libor − 0.5%，向甲公司支付 10%，因此，中介机构实现收入 = Libor − 0.25% + 10.25% − (Libor − 0.5%) − 10% = 0.5%。

（二）基差互换

基差互换则是指两种以不同种类的基准利率为基础的浮动利率之间的互换。当互换双方对自己所持有的债券有比较优势，同时还需要对方的利率负债时，双方才可以进行基差互换。例如一个是基于 Libor 的浮动利率，而另一个是基于美国短期国库券市场利率。

四、利率互换的现实意义

（一）满足投资主体规避风险的要求

随着我国对外开放程度的不断扩大，利率市场化进程也必将越来越快。国内企业面临市场化乃至于国际化的竞争与冲击，必须要树立防范金融风险的意识，学会运用利率互换等金融衍生产品对自身的债务资本进行合理运作，防止给企业带来金融损失，同时可提高企业的管理和运作水平。

（二）促使金融市场的国际化，拓宽金融机构的业务范围

多种形式的利率互换业务发展，必然伴随着大量金融衍生工具的推出。在丰富投资主体资产组合的同时，也拓展了金融机构的业务范围，提升其在国际市场上的竞争力。作为有实力、有头脑的公司、银行，绝不能仅仅满足于债务保值，而是要能通过积极主动的互换业务等市场运作，拓宽业务范围、增加自身的资本保有量。

（三）深化金融体制改革，加快利率市场化进程

中国的存贷款利率市场化程度还不高，缺乏有效的竞争，不利于形成反映人民币供求状况的市场利率。互换业务在中国的推广的主要障碍就是没有形成权威性的基础收益率曲线。因此，加大开展互换业务的力度，有助于推进利率市场化的进程。

（四）有利于发展债券市场，丰富债券市场的品种结构

中国目前的债券市场期限结构和品种结构都不利于开发相关的衍生产品，所以，要重视国债市场在调节供求关系中的重要作用，同时积极发展利率互换等衍生品市场。

第三节　货币互换

一、货币互换概述

（一）货币互换的定义及其内容

货币互换是指持有不同种类货币的交易双方，以商定的筹资本金和利率为基础，进行货币本金的交换并结算计息。

定义包含的内容有：

1. 双方达成一种协议。

2. 协议双方同意按照以下条件向对方定期支付利息：双方事先确定未来的支付时点，利息按照两种货币名义本金额计算，双方所付款项为不同货币。

3. 互换双方利息支付可以是：均为固定利率、均为浮动利率、一方固定利率另一方为浮动利率。

4. 互换初期可以没有本金交换，期末有本金交换。

（二） 货币互换的功能

货币互换是一种常用的债务保值工具，主要用来控制中长期汇率风险，把以一种外汇计价的债务或资产转换为以另一种外汇计价的债务或资产，以达到规避风险的目的。同时，由于不同的筹资者信用等方面的原因在不同的货币市场上的筹资成本具有比较优势，因此，货币互换又具有降低筹资成本的功能。同时，不同于“平行贷款”和“背对背贷款”的是，货币互换是一项资产负债表表外业务，能够在不对资产负债表造成影响的情况下达到既定的目的。

（三） 货币互换的原因和步骤

货币互换的主要原因是双方在各自的国家中的金融市场上具有比较优势。

货币互换一般有三个交易步骤。

1. 本金的期初互换。互换交易之初，双方按照商定的汇率交换两种不同货币的本金，以便将来计算应支付的利息再换回本金。

2. 利息的互换。交易双方按照商定的利率、以未偿还的本金为基础，定期交换不同货币的利息。

3. 到期日本金的再次互换。在合约到期日，交易双方通过互换，换回期初交换的本金。

✪【例5.2】某公司由于计划到欧洲拓展业务，需要借入1 000万欧元，假设当时的汇率是0.9804美元/欧元。该公司因此借入2年期的980.4万美元借款，利率为6.5%，并需要将其转换为欧元。但由于其业务拓展所产生的现金流是欧元现金流，它希望用欧元支付利息，因此该公司转向其开户行的一家分支机构进行货币互换交易。图5-3为该笔货币互换的主要流程。

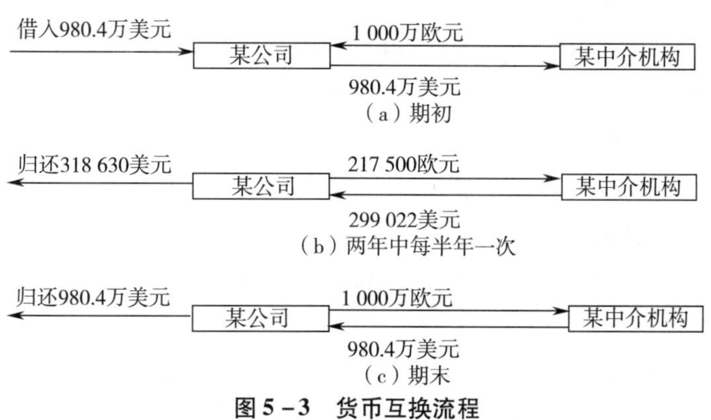

图5-3 货币互换流程

从图5－3中可以看到，该公司通过货币互换将其原先的美元借款转换成了欧元借款。在美国市场上，它按照6.5%的利率支付利息。同时在货币互换中，收到6.1%的美元利息，共计299 022美元，支付4.35%的欧元利息，共计217 500欧元。假设汇率不变，其每年的利息水平大约为4.35%＋（6.5%－6.1%）＝4.75%，节约了其筹资成本。

专栏5－3

中国人民银行在《清迈倡议》框架下签署货币互换协议

2000年5月6日，在泰国清迈召开的ASEAN＋3（东盟国家与中国、日本、韩国）财长会议上通过了关于建立双边货币互换机制的倡议——《清迈倡议》，决定扩大东盟原有货币互换网络，号召东盟国家及中、日、韩三国在自愿的基础上，根据共同达成的基本原则建立双边货币互换网络，以便在一国发生流动性短缺或出现国际收支问题时，由其他成员集体提供应急外汇资金，以稳定地区金融市场。

《清迈倡议》下的双边货币互换机制有其自身的特点。一是扩展了之前的《东盟互换协议》规模，将成员国由东盟5国扩展为10国，总体规模由2亿美元增加到10亿美元，后来进一步增加到20亿美元。二是建立东盟成员国与中、日、韩之间的双边货币互换网络。互换额度由双方逐一磋商，共同出资确定。三是货币互换动用资金与国际货币基金组织（IMF）贷款条件挂钩。互换额度内的小部分资金可以自动拨付，该比例最初为10%，后调整为20%；剩余额度资金使用与IMF贷款条件挂钩。四是强调集体决策，货币互换国家要动用换来的货币必须征得与其签有货币互换协议的其他国家的同意。《清迈倡议》下的货币互换协议虽然是双边签署，但实质上是一种多边网络。五是该机制下的双边网络中，货币互换的主要形式是流动性使用国以本币换取流动性提供国的美元。但有些国家开始使用双边本币进行互换。如中日、中韩和中菲之间的本币互换。

2001年，人民银行在《清迈倡议》框架下同泰国银行签署了金额为20亿美元货币互换协议，这是人民银行第一次对外签署中央银行间的货币互换协议。随后，又同日本、韩国、印度尼西亚、马来西亚、菲律宾国家中央银行签署了货币互换协议。由于《清迈倡议》下动用货币互换的条件比较严格，相关货币互换至今没有实际动用。

（四）货币互换的风险

货币互换交易风险主要包括信用风险和汇率风险。

信用风险。由于互换一方违约时，另一方所遭受的损失，由于货币互换涉及本金的互换，因此双方面临的信用风险要比利率互换大。

汇率风险。货币互换中，如果互换币种的汇率发生变化，可能给交易双方带来的损失。

二、货币互换的交易机制

第一步是识别现存的现金流量，互换交易的宗旨是转换风险，因此首要的是准确界定已经存在的风险。

第二步是匹配现有头寸，只有明确现有头寸的地位，才可能进行第二步来匹配现有头寸。基本上所有保值者都遵循相同的原则，即保值创造与现有头寸相同但方向相反的风险，这就是互换交易中所发生的。现有头寸被另一数量相等但方向相反的头寸相抵消，因而通过配对或保值消除了现有风险。

第三步是创造所需的现金流量，保值者要想通过互换交易转换风险，在互换的前两步中先抵消后创造就可以达到目的。与现有头寸配对并创造所需的现金流量是互换交易本身，识别现有头寸不属于互换交易，而只是保值过程的一部分。

三、货币互换的应用

（一）利用货币互换为负债避险

假设投资者有一笔固定利率外币负债，若预测外币将升值，本币利率将下跌，则可进行一笔固定利率与浮动利率的货币与利率交叉互换；反之，若预测本币利率将会上涨，则可以进行一笔固定利率对固定利率的货币与利率互换。

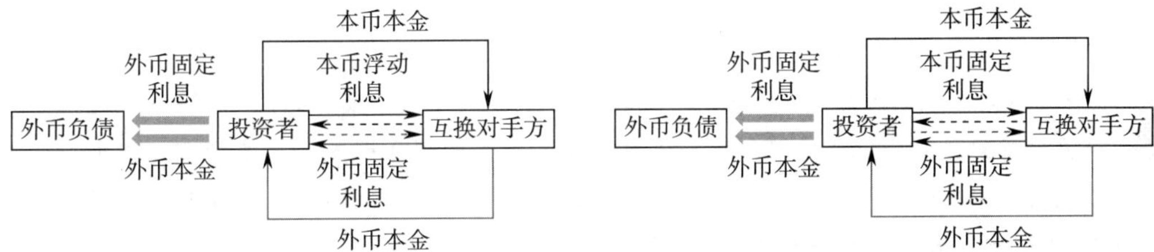

但若假设投资者有一笔浮动利率外币负债，若预测外币将会升值，且本币利率将下跌，则可进行一笔浮动利率对浮动利率的货币与利率的交叉互换；反之，若预测本币利率将会上涨，则可以进行一笔浮动利率对固定利率的货币与利率互换。

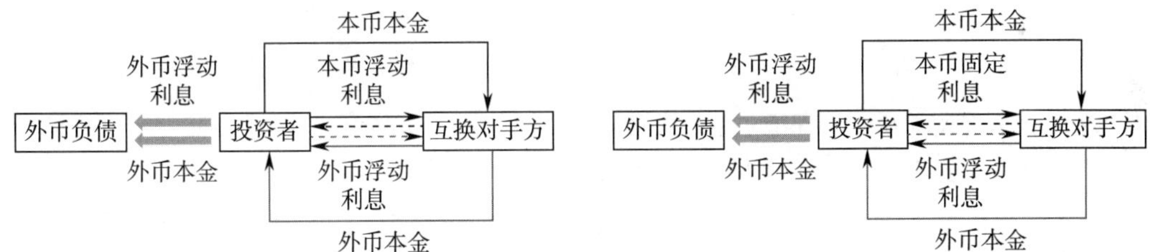

（二）利用货币互换为资产避险

假设投资者有一笔未避险的固定利率外币资产，若预测外币将贬值，且本币利率将下跌，则可进行一笔固定利率与固定利率的货币与利率交叉互换；反之，若预测本币利率将会上升，则可进行一笔固定利率与浮动利率的货币与利率交叉互换。

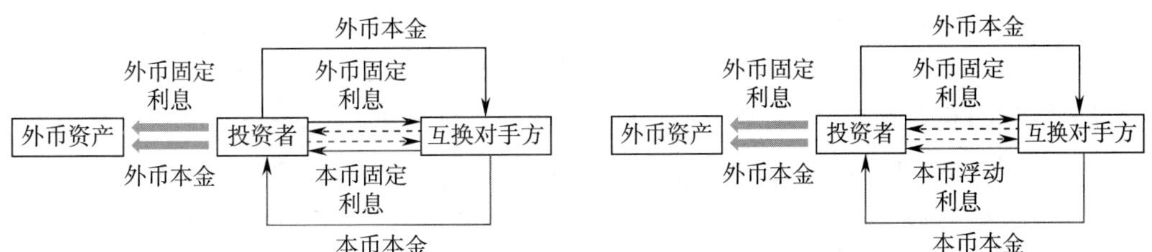

但若假设投资者有一笔浮动利率外币资产，若预测外币将贬值，且本币利率将下跌，则可进行一笔浮动利率与固定利率的货币与利率的交叉互换；反之，若预测本币利率将会上升，则可以进行一笔浮动利率与浮动利率的货币与利率交叉互换。

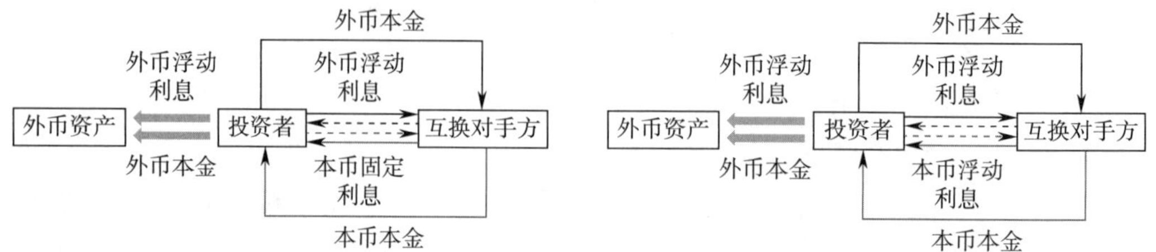

（三）案例

✪【例 5.3】与负债相关的货币互换：一家英国公司打算进行五年期 100 万英镑融资，得到的市场信息是 10.5% 的固定利率和 Libor + 0.9% 的浮动利率，而欧元市场同期限的融资利率为 8.7% 的固定利率和 Libor + 0.2% 的浮动利率，假设目前市场的汇率为 1 英镑对 1.222 欧元，该公司想借欧元但又怕承担欧元汇率风险，于是想到货币互换。某货币互换中介的报价是欧元 8.7% 对英镑 Libor + 0.5%，或欧元 Libor + 0.2% 对英镑 9.1%，且到期汇价为 1 英镑对 1.22 欧元，问该公司能借助于互换降低融资成本吗？其最后英镑的融资成本为多少？

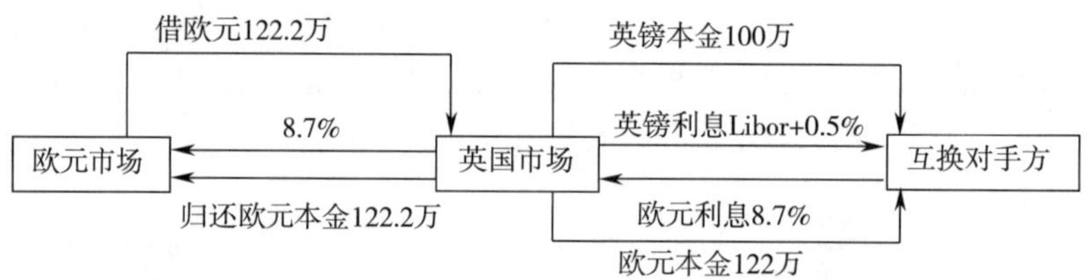

期初：英国公司在欧元市场以 8.7% 的利息借入欧元 100 万 × 1.2220，然后全部给货币互换中介，并从互换中介处拿到 100 万英镑。

期中：英国公司向货币中介每年支付英镑利息 Libor + 0.5%，而货币互换中介每年向英国公司支付 8.7% 的欧元利息。

期末：英国公司把 100 万英镑本金还给货币互换中介，并从货币互换中介处拿到 122 万欧元，少收入欧元 0.2 万，按期末汇价相当于多付了 1 639.34 英镑，相当于每年 327.87 英镑。

英国公司每年支付英镑利息 Libor + 0.5%，比自己 Libor + 0.9% 少支付了 0.4%，对于 100 万英镑本金而言，相当于每年节约利息 4 000 英镑，扣除每年自己垫付的约 327.87 英镑，每年少支付约 3 672 英镑，成本实际降低约 0.37%。

✪【例 5.4】与资产相关的负债：一家美国保险公司持有 1 000 万美元资产，希望提高其美元资产的 10 年期固定投资收益率，假定目前 10 年期美国国债的年收益率为 8.14%，而同样的 10 年期的澳元国债的年收益率为 8.45%，即期汇率为 1 美元对 1.3888 澳元，某货币互换中介的 10 年期货币互换的报价是澳元 8.45% 对美元 8.13%，到期汇率为 1 美元对 1.3918 澳元。请问该美国保险公司能否通过货币互换来提高美元资产的固定投资收益率？其最后的投资收益率大概是多少？

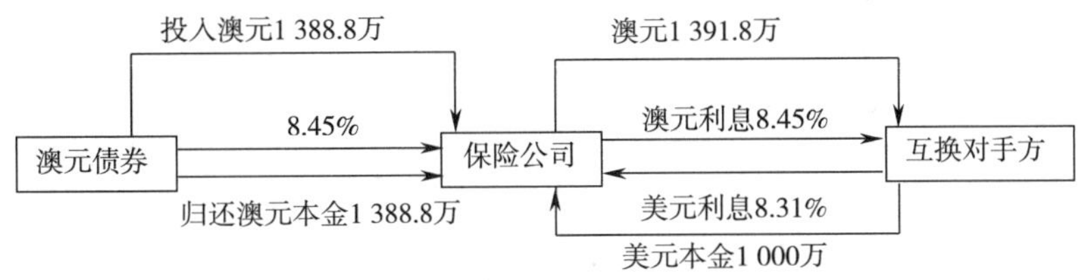

期初：该美国保险公司给货币互换中介 1 000 万美元，然后换到 1 388. 8 万澳元，全部投资到国债中。

期中：该保险公司每年以澳元 8. 45% 的利息支付给互换中介，并拿到 8. 31% 的美元利息。

期末：该保险公司从中介处拿回 1 000 万美元，并支付给中介 1 391. 8 万澳元。

到期该公司多支付 1 391. 8 − 1 388. 8 = 3 万澳元，折合成美元约为 21 554. 82 美元，相当于每年 2 155. 48 美元。互换后每年美元利息 8. 31%，比不互换利息 8. 14% 多 0. 17%，相当于每年多收利息 17 000 美元，扣除汇率损失 2 155. 48 美元，实际多收入利息 14 844. 52 美元，每年提高约 0. 148%，实际收益率为 8. 29% 左右。

✪【例 5. 5】假设通用电气及快达航空公司分别借入 5 年期固定利率的美元及澳元。表中显示澳元利率比美元利率高，并且通用电气在两种货币所对应的信用等级都比快达航空公司更好，所以通用电气借入两种货币的利率都要更低。从互换角度看，快达航空公司在美元上的利率比通用电气高 2%，在澳元利率上高 0. 4%。

项目	通用电气	快达航空公司	优势差异
美元利率	5. 0%	7. 0%	2%
澳元利率	7. 6%	8. 0%	0. 4%

通用电气在美元市场有比较优势，快达航空公司在澳元市场有比较优势。

假设通用电气想借入 2 000 万澳元，快达航空公司想借入 1 500 万美元，当前澳元/美元汇率为 0. 75。这是产生货币互换的完美情况。通用电气及快达航空公司在各自具有比较优势的市场借入资金。货币互换可以将通用电气的美元贷款转化为澳元贷款，同时将快达航空公司的澳元贷款转化为美元贷款。

两家公司以美元借入的资金的差价为 2%，同时以澳元借入的资金的差价为 0. 4%，互换期待的整体收益为 2% − 0. 4% = 1. 6% 年利率。

互换有很多形式。假设有金融机构的介入。第一种设计，通用电气借入美元，快达航空公司借入澳元。对通用电气而言，互换的效应是将美元 5% 的利率转化为澳元年率 6. 9% 的利率，这比通用电气直接在澳元市场的贷款要好 0. 7%，同时，快达航空公司的美元贷款也节约了 0. 7% 的利率成本。金融机构在美元中收入 1. 3%，而在澳元中亏损 1. 1%。如果忽略货币差别，金融机构净收益为 0. 2%。所有参与方的总收益为 1. 6%。

金融机构的美元年收益为 195 000 美元（即 1 500 万美元的 1. 3%），同时金融机构的澳元亏损为 220 000 澳元（即 2 000 万澳元的 1. 1%）。金融机构可以在远期市场互换期限内每

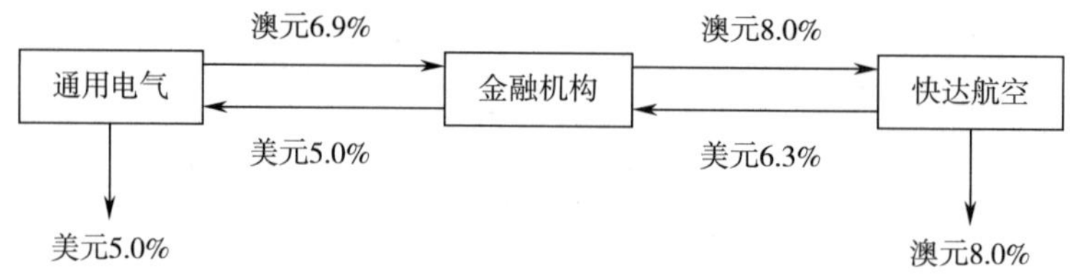

年买入 220 000 美元以避免外汇风险，这样做可以使金融机构锁定美元盈利。

另一种设计可以使得金融机构锁定美元盈利的差价等于0.2%。下图是互换的两种变形，这两种变形在实际中采用的可能性不大，原因在于两种做法不能使通用电气及快达航空公司避免外汇风险（通常金融机构承担外汇风险比较合理，因为金融机构所处的位置比较利于对冲）。

图中快达航空承担外汇风险，它要支付澳元的利率为每年1.1%，同时要支付美元年率5.2%。

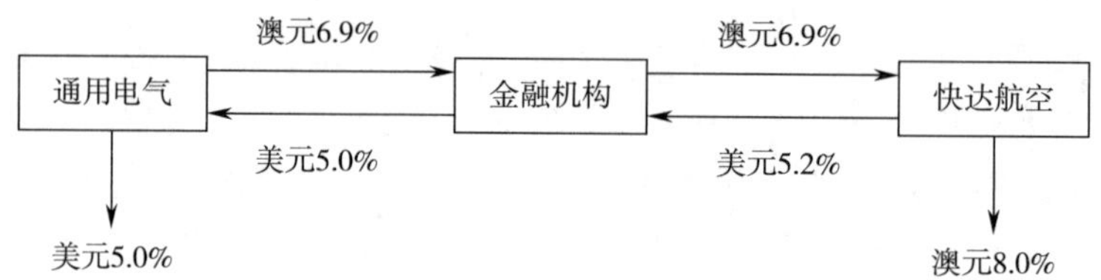

下图中通用电气承担外汇风险，它要收入美元的年率为1.1%，同时要支付澳元年率8.0%。

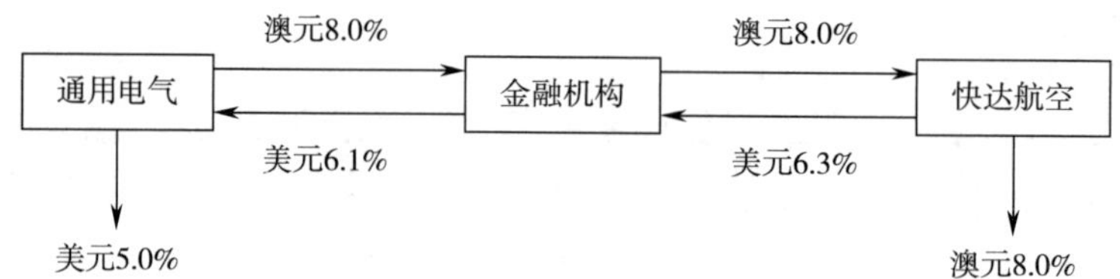

第四节　其他互换

除了典型的利率互换和货币互换以外，互换还存在很多其他的种类。这些互换包括商品互换、股权互换、信用违约互换、基于利率互换的衍生非标准互换以及基于货币互换的衍生非标准互换，我们就其中几类作简要的介绍。

一、商品互换

商品互换是指交易双方中，一方为一定数量的某种商品，按照每单位的固定价格定期向交易的另一方支付款项，另一方也为特定数量的某种商品，按照每单位的浮动价格向前一方付款，这里的浮动价格是以定期观察到的即期价格为基础计算的年平均数。

虽然说是“商品”交换，但本质上是一系列现金流的互换，这种现金流的互换基于商品的交易。这里涉及的商品，通常是指同一种商品，但有时也指不同的商品。若是同一种商品，则不需要交换名义本金；反之，就要求交换名义本金。但实际上，现金市场上所有交易都是交换实际本金的，所以名义本金的交换并不常常发生。

这里我们以原油互换为例具体说明商品互换的过程。假定某石油公司希望在未来5年时间都能以稳定的价格出售原油，每月产量1万桶；而以原油为原料的某化工公司则希望在未来5年内能以稳定的价格购买原油，它每月的需求量也是1万桶，为达到各自的目的，它们分别与互换中介进行互换交易。

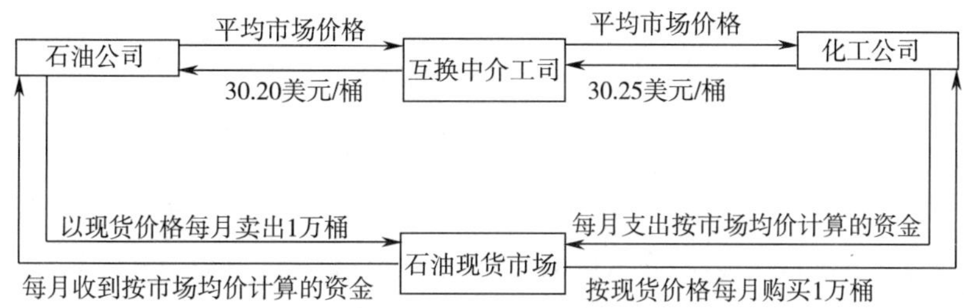

在进行互换交易时，即期市场上该原油交易价为30美元/桶。化工公司同意按照30.25美元/桶的价格每月向互换中介付款，互换中介则按前一个月的原油日平均价向化工公司付款。同时，石油公司与互换中介达成互换交易，约定石油公司每月按照前一个月原油市价的平均值向互换中介付款，互换中介则按30.20美元/桶的价格向石油公司付款。

如此，通过互换中介公司，石油公司可按照稳定的价格长期出售原油，而化工公司也可按照稳定的价格长期购买原油。

二、股权互换

股权互换是将某个股票指数所实现的红利及资本利得交换为固定利率或浮动利率的协议。在股权互换中，一方以一定名义本金作为基础定期向互换的另一方支付固定利率利息，另一方则以与股票指数收益相联系的固定利率或浮动利率向对方支付利息。

股权互换是1989年开始进入市场的。股权互换属于是一种合成互换，类似于资产互换，即可将所持资产的现金流加以转换。

✪【例5.6】假设某基金公司的证券组合收益率与S&P 500指数高度相关。基金经理担心利率敞口风险，决定利用股权互换避险。在这个股权互换中，基金经理同意在一定名义本金基础上支付给互换做市商S&P指数所带来的收益率，同时向互换做市商收取每年8.75%的固定利率。现金支付每季度进行一次，名义本金1亿美元。股票指数的收益率可正可负，如果为正，基金经理将向互换做市商支付一定金额；如果为负，基金经理将从互换做市商那里收取一定金额。

股权互换还可以被设计为交易方收取以某种股票指数为基础的现金流，同时支付以另一种股票指数为基础的现金流结构。而且，单个股票的互换已经出现，在这种结构安排中，现金流的一方可以用单只股票的收益率来交换股票指数收益率。

三、信用违约互换

信用违约互换是一种与特定违约风险相挂钩的信用衍生品。在信用违约互换交易中，希望规避信用风险的一方称为信用保障购买方，向风险规避方提供信用保护的一方称为信用保障出售方。信用保障购买方定期向信用保障出售方支付一定的费用，称为信用违约互换点差。当参照资产出现合约双方约定的信用事件时，信用保障购买方有权从信用保障出售方获得一定的补偿。

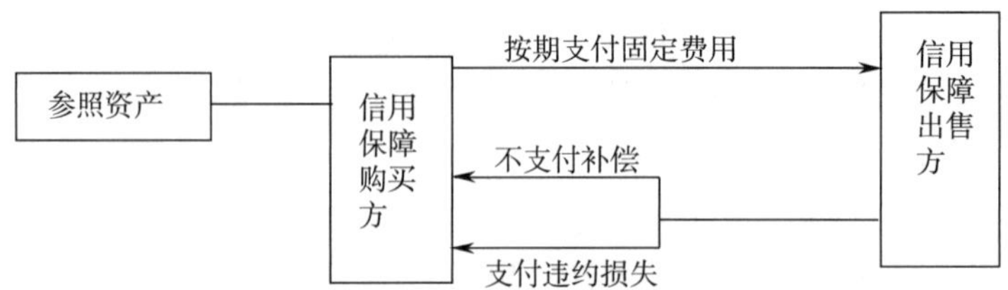

信用违约互换产生于1993年。1998年，国际互换和衍生品协会（ISDA）创立了标准化的信用违约互换。此后CDS交易，即信用违约互换，得到了快速的发展。美国的市场规模巨大，覆盖的债券和贷款市场高达62万亿美元。

信用违约互换的交易报价通常用BP表示，价格越高，表示双方认为违约的可能性越大。例如，1 000个BP相当于1标准合同为针对1 000万美元的债券，每年要支付保险费100万美元。

专栏5－4

希腊主权债务危机与高盛CDS做空

2000年前后，希腊要加入欧盟，由于债务过重，条件不够，高盛出来与希腊做衍生品交易，即货币掉期，由高盛给希腊美元、日元等外汇，希腊则给高盛欧元。当时，希腊还没有加入欧盟，也就没有欧元，高盛要求希腊发行欧元债券给高盛。高盛深知希腊国家的财务状况，很清楚希腊国债有很高的风险，于是要求希腊政府出面请第三方为希腊发行CDS，德国银行成为希腊CDS的出售方。于是，希腊顺利加入欧盟，这时候希腊债刚上市，还不存在债务危机，债券价格还很坚挺，其附属的CDS也很便宜，高盛悄悄地在市场上卖出希腊债券，低价买进CDS。自2009年10月起，希腊国债大跌而同时CDS大涨，高盛大发危机财。

四、基于利率与货币互换的衍生非标准互换

（一）基于利率互换的衍生非标准互换

一般意义上的利率互换是指固定利率对浮动利率的互换。除了一般互换，利率互换还可以有不同形式的名义本金及不同形式的票息支付互换。

本金变化的互换是指互换的名义本金在整个互换期间内发生变化，即不同于一般的利率互换在整个互换期间内名义本金保持不变。本金变化的互换包括本金递减互换、本金累加互换及季节性互换等。

利率互换还可以有多种的票息变化形式，即不同于一般的固定利率对浮动利率的普通利

率互换。票息变化型利率互换主要包括零息利率对浮动利率互换、浮动利率对浮动利率互换（基差互换）、反转互换、收益曲线互换、合成互换、离市互换、参与互换及非平价互换等。

互换也可以与期货或期权结合在一起，或者使互换附带期货及期权特征。与一般的利率期货及债务工具的期权相比，区别只在于前者可以对未来一段期间内（互换期）的利率变动风险加以防范，而后者只能处理在未来某个时间点现金流的变动。带有期货及期权特性的互换主要包括：延期确定利率的互换、利差锁定互换、远期互换、可延期互换、附看涨期权互换、附看跌期权互换及互换期权和美式互换期权。

除上述之外，还存在议价互换、零息互换与后期确定互换、异币种基础利率互换等。

（二） 基于货币互换的衍生非标准互换

货币互换除了典型的定息对定息不同货币互换外，还包括定息对浮息不同货币互换、欧洲货币单位互换、三角互换及多角互换。

第五节　互换的定价

一、利率互换的定价

（一） 贴现率的选择

利率互换的定价通常选择 Libor 零息票利率作为贴现率来对未来现金流进行贴现，这是因为 Libor 反映了金融机构的资金成本。其隐含的假设为：（1）不存在违约风险；（2）被定价的衍生工具的现金流风险和银行同业拆借市场的风险相同。

Libor 利率在国际债务融资中具有独特的地位，绝大部分的浮动利率债券、利率互换、FRA 以及多期利率期权都是以 Libor 利率作为基准利率。Libor 利率采用“实际天数/360”的报价方式。

（二） 定价思路

假设在无违约风险的情况下，我们可以对利率互换进行分解：

（1）分解成一份债券的多头和一份债券的空头。

（2）分解成一系列远期利率协议的组合来定价。

因此，利率互换的定价方法通常有两种：（1）利用债券组合进行定价；（2）运用远期利率协议组合进行定价。

（三） 利率互换的定价

1. 利用债券组合进行定价。假设一个 2022 年 7 月 1 日生效的三年期的利率互换，名义本金是 10 亿美元。乙公司同意支付给甲公司年利率 6% 的利息，同时甲公司同意支付给乙公司 6 个月期 Libor 的利息，利息每半年支付一次。

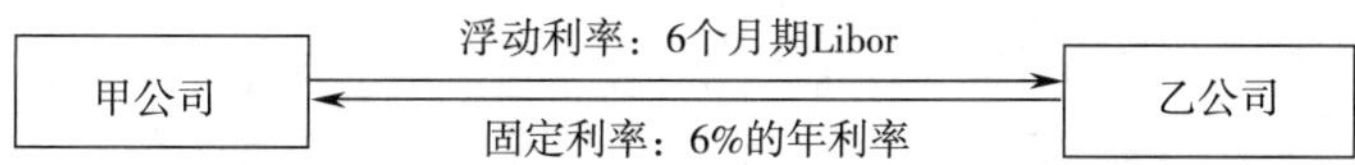

利率互换可以看成是两份债券头寸的组合，这样，利率互换可以分解成：

（1）乙公司按6个月期Libor的利率借给甲公司10亿美元；

（2）甲公司按6%的年利率借给乙公司10亿美元。

换个角度看，就是乙公司向甲公司购买一份10亿美元的浮动利率（Libor）债券，同时向甲公司出售了一份10亿美元的固定利率（6%的年利率，每半年付息一次）债券。

对于乙公司来说，该利率互换的价值就等于浮动利率债券与固定利率债券价值的差额。因此，为了对利率互换定价，就需要先计算出浮动利率债券和固定利率债券的价值。

固定利率债券的价值。把固定利率债券在未来的所有现金流都贴现到当前时刻，则该债券的价值为

$$B_{fix} = \sum_{i=1}^{n} k\mathrm{e}^{-r_i t_i} + L\mathrm{e}^{-r_n t_n}$$

浮动利率债券的价值。在每一个付息日，浮动利率债券的价值等于其面值 L，假设下一个支付日应支付利息额为 K^*（这是已知的），则在下一次付息前的一刻，浮动利率债券的价值为 $B_{fl} = L + K^*$，则今天浮动利率债券的价值为

$$B_{fl} = (L + K^*)\mathrm{e}^{-r_1 t_1}$$

对于乙公司来说，该利率互换的价值为

$$V_{互换} = B_{fl} - B_{fix} \tag{5.1}$$

式中，t_i表示固定利率债券距第 i 次现金流交换的时间；L 表示利率互换合约中的名义本金额；r_i表示到期日 t_i的 Libor 零息票利率；K 表示支付日支付的固定利息额；K^* 表示浮动利率债券下一个支付日应支付的浮动利息额；t_1 表示浮动利率债券距下一次利息支付日还有的时间；r_1 表示到期日 t_1的 Libor 零息票利率。

利率互换中固定利率一般选择使互换初始价值为0的那个利率，在利率互换的有效期内，它的价值有可能是负的，也有可能是正的。这和远期合约十分相似，因此利率互换也可以看成远期合约的组合。

2. 利用远期利率协议组合进行定价。远期利率协议，即FRA，事先确定将来某一时间一笔借款的利率。如果市场利率高于协定利率，贷款人支付给借款人利差；反之，如果协定利率高于市场利率，由借款人支付给贷款人利差。

FRA可以看成一个用事先确定的利率也就是固定利率交换市场利率的合约。很明显，利率互换可以看成是一系列用固定利率交换浮动利率的FRA的组合。

FRA的定价公式为 $[A\mathrm{e}^{r_K(T^*-T)} - A\mathrm{e}^{r_F(T^*-T)}]\mathrm{e}^{-r^*(T^*-t)}$，更确切地理解，$t$ 时刻FRA的价值等于约定利率 r_K与 T 至 T^* 时刻远期利率 r_F差异导致的息差现值，其中，r^* 表示从 T^* 时刻贴现至 t 时刻的贴现利率。只要知道利率的期限结构，就可以计算出FRA对应的远期利率和FRA的价值，进而计算出利率互换的价值。具体步骤为：（1）计算远期利率；（2）确定现金流；（3）将现金流贴现。

✪【**例5.7**】假设在一笔利率互换合约中，某一金融机构支付6个月期的Libor，同时收取8%的年利率（半年计一次复利），名义本金为1亿美元，互换还有1.25年的期限。3个月、9个月和15个月的Libor（连续复利率）分别为10%、10.5%和11%。上次利息支付日

的 6 个月期 Libor 为 10.2% （半年计一次复利），如表 5－1 所示。

表 5－1　　　　　　　利用债券价格计算利率互换价格计算表　　　　　　　单位：百万

时间	B_{fix}现金流	B_{fl}现金流	贴现因子	B_{fix}现金流贴现值	B_{fl}现金流贴现值
0.25	4.0	105.1	0.9753	3.901	102.505
0.75	4.0		0.9243	3.697	
1.25	104.0		0.8715	90.640	
总计				98.238	102.505

利用债券组合进行定价时，在这个案例中，$K=4$ 百万，$K^*=1.5$ 百万，因此

$$B_{fix}=4e^{-0.1\times0.25}+4e^{-0.105\times0.75}+104e^{-0.11\times1.25}$$

$$=98.24(\text{百万})$$

$$B_{fl}=(100+5.1)e^{-0.1\times0.25}=102.51(\text{百万})$$

因此，利率互换的价值为

$$V_{\text{互换}}=98.24\text{ 百万}-102.51\text{ 百万}=-427(\text{万})$$

表 5－2　　　　　　利用远期利率协议计算利率互换价格计算表　　　　　　单位：百万

时间	固定现金流	浮动现金流	净现金流	贴现因子	净现金流贴现值
0.25	4.0	－5.100	－1.100	0.9753	－1.073
0.75	4.0	－5.522	－1.522	0.9243	－1.407
1.25	4.0	－6.051	－2.051	0.8715	－1.787
总计					－4.267

利用远期利率协议组合进行定价时，在案例中，3 个月后要交换的现金流是已知的，金融机构是用 10.2% 的年利率换入 8% 年利率。所以，这笔交换对金融机构的价值是：

$$0.5\times100\times(0.08-0.102)\times e^{-0.1\times0.25}=-107(\text{万})$$

为了计算 9 个月后那笔现金流交换的价值，我们必须先计算从现在开始 3 个月到 9 个月的远期利率。根据远期利率的计算公式，3 个月到 9 个月的远期利率为

$$\frac{0.105\times0.75-0.10\times0.25}{0.5}=0.1075$$

10.75% 的连续复利率对应的每半年计一次复利的利率为

$$2\times(e^{0.1075/2}-1)=0.110442$$

9 个月后现金流交换对金融机构的价值是：

$$0.5\times100\times(0.08-0.110442)\times e^{-0.105\times0.75}=-141(\text{万});$$

根据远期利率的计算公式，9 个月到 15 个月的远期利率为

$$\frac{0.11\times1.25-0.105\times0.75}{0.5}=0.1175$$

11.75% 的连续复利率对应的每半年计一次复利的利率为

$$2\times(e^{0.1175/2}-1)=0.12102$$

所以，15 个月后那笔现金流交换的价值为

$$0.5 \times 100 \times (0.8 - 0.12102) \times e^{-0.11 \times 1.25} = -179(万)$$

作为远期利率协议的组合，这笔利率互换的价值为：$-107-141-179=-427$（万），这个结果与利用债券组合计算的利率互换价值一致，如表5－2所示。

二、货币互换的定价

（一）利用债券组合进行定价

在没有违约风险的条件下，货币互换一样也可以分解成债券组合，不过不是浮动利率债券与固定利率债券的组合，而是一份外币债券和一份本币债券的组合。

如果我们定义 $V_{互换}$ 为货币互换的价值，那么对收入本币、付出外币的那一方：

$$V_{互换} = B_D - S_0 B_F \tag{5.2}$$

式中，B_F是用外币表示的从互换中分解出来的外币债券的价值，B_D是从互换中分解出来的本币债券的价值，S_0是直接标价法下的即期汇率。

对于付出本币、收入外币的那一方：

$$V_{互换} = S_0 B_F - B_D \tag{5.3}$$

（二）利用远期合约组合进行定价

货币互换还可以分解成一系列远期合约的组合，货币互换中的每一次支付都可以用一笔远期外汇协议的现金流来代替。因此，只要能够计算货币互换中分解出来的每笔远期外汇协议的价值，就可以知道对应的货币互换的价值。

✪【例5.8】假设在美国和日本Libor利率的期限结构是平的，在日本是4%而在美国是9%（都是连续复利），某一金融机构在一笔货币互换中每年收入日元，利率为5%，同时付出美元，利率为8%。两种货币的本金分别为1 000万美元和120 000万日元。这笔互换还有3年的期限，即期汇率为1美元对110日元，如表5－3所示。

表5－3　利用债券价格计算货币互换价格计算表　单位：百万

时间	美元债券现金流	美元债券现金流贴现值	日元债券现金流	日元债券现金流贴现值
1	0.8	0.7311	60	57.63
2	0.8	0.6682	60	55.39
3	0.8	0.6107	60	53.22
3	10.0	7.6338	1 200	1 064.30
总计		9.6439		1 230.55

利用债券组合进行定价时，如果以美元为本币，则

$$B_D = 0.8 \times e^{-0.09 \times 1} + 0.8 \times e^{-0.09 \times 2} + 10.8 \times e^{-0.09 \times 3} = 964.4(万美元)$$

$$B_F = 60 \times e^{-0.04 \times 1} + 60 \times e^{-0.04 \times 2} + 1\,260 \times e^{-0.04 \times 3} = 123\,055(万日元)$$

互换的价值为

$$\frac{123\,055}{110} - 964.4 = 154.3(万美元)$$

表 5 – 4　　利用远期合约计算货币互换价格计算表　　单位：百万

时间	美元现金流	日元现金流	远期汇率	日元现金流的美元价值	净现金流的美元价值	贴现值
1	–0. 8	60	0. 009557	0. 5734	–0. 2266	–0. 2071
2	–0. 8	60	0. 010047	0. 6028	–0. 1972	–0. 1647
3	–0. 8	60	0. 010562	0. 6337	–0. 1663	–0. 1269
3	–10. 0	1 200	0. 010562	12. 6746	+2. 6746	+2. 0417
总计						1. 5430

利用远期合约进行定价时，即期汇率为 1 美元 = 110 日元，或者是 1 日元 = 0. 009091 美元。因为美元和日元的年利差为 5%，根据 $F = Se^{(r_f - r)(T-t)}$，一年期、两年期和三年期的远期汇率每日元分别为

$$一年期：0.009091e^{0.05\times1} = 0.009557\ （美元）$$
$$两年期：0.009091e^{0.05\times2} = 0.010047\ （美元）$$
$$三年期：0.009091e^{0.05\times3} = 0.010562\ （美元）$$

与利息交换等价的三份远期合约的价值为

$$(-0.8 + 60 \times 0.009557)e^{-0.09\times1} = -20.71(万美元)$$
$$(-0.8 + 60 \times 0.010047)e^{-0.09\times2} = -16.47(万美元)$$
$$(-0.8 + 60 \times 0.010562)e^{-0.09\times3} = -12.69(万美元)$$

与最终的本金交换等价的远期合约的价值为

$$(-10 + 1\,200 \times 0.010562)e^{-0.09\times3} = 204.16(万美元)$$

所以这笔互换的价值为

$$204.16 - 20.71 - 16.47 - 12.69 = 154.3\ （万美元）$$

这和利用债券组合定价的结果是一致的，如表 5 – 4 所示。

三、小结

当利率互换和货币互换利用债券组合进行定价时，有具体的定价公式，定价公式如表 5 – 5所示。

表 5 – 5　　互换定价公式

利率互换	$V_{互换} = B_{fl} - B_{fix}$，其中 $B_{fix} = \sum_{i=1}^{n} ke^{-r_i t_i} + Le^{-r_n t_n}$； $B_{fl} = (L + K^*)e^{-r_1 t_1}$
货币互换	对收入本币，付出外币一方：$V_{互换} = B_D - S_0 B_F$； 对收入外币，付出本币一方：$V_{互换} = S_0 B_F - B_D$

表 5 – 5 中，B_{fl}表示浮动利率债券价值，B_{fix}表示固定利率债券价值，t_i表示固定利率债券距第 i 次现金流交换的时间，L 表示利率互换合约中的名义本金额，r_i表示到期日 t_i的 Libor 零息票利率，K 表示支付日支付的固定利息额，K^* 表示浮动利率债券下一个支付日应支付的浮动利息额，t_1表示浮动利率债券距下一次利息支付日还有的时间，r_1表示到期日 t_1的 Libor 零息票利率，B_F是用外币表示的从互换中分解出来的外币债券的价值，B_D是从互换中分解出

来的本币债券的价值，S_0是直接标价法下的即期汇率。

本章小结

互换是指两个或两个以上当事人按照商定的条件，在约定的期限内，交换一系列的现金流的合约。

利率互换是指双方同意在未来的一定期限内根据同种货币的相同名义本金交换现金流。最基本的是其中一方的现金流根据事先选定的某一浮动利率计算，而另一方的现金流则根据固定利率计算。

基差互换则是指两种以不同种类的基准利率为基础的浮动利率之间的互换。当互换双方对自己所持有的债券有比较优势，同时还需要对方的利率负债时，双方才可以进行基差互换。

货币互换是指持有不同种类货币的交易双方，以商定的筹资本金和利率为基础，进行货币本金的交换并结算计息。

货币互换一般有三个步骤：本金的期初互换、利息的互换、本金的期末互换。

商品互换是指交易双方中，一方为一定数量的某种商品，按照每单位的固定价格定期向交易的另一方支付款项，另一方也为特定数量的某种商品按照每单位的浮动价格向前一方付款，这里的浮动价格是以定期观察到的即期价格为基础计算的年平均数。

股权互换是将某只股票指数所实现的红利及资本利得交换为固定利率或浮动利率的协议。

利率互换的定价。利用债券组合进行定价，$V_{互换} = B_{fl} - B_{fix}$，其中，$B_{fix} = \sum_{i=1}^{n} ke^{-r_i t_i} + Le^{-r_n t_n}$，$B_{fl} = (L + K^*)e^{-r_1 t_1}$；利用远期利率协议组合进行定价，利率互换可以看成是一系列用固定利率交换浮动利率的 FRA 的组合，具体步骤为：（1）计算远期利率；（2）确定现金流；（3）将现金流贴现。

货币互换的定价。利用债券组合进行定价，对收入本币、付出外币的那一方，$V_{互换} = B_D - S_0 B_F$，对于付出本币、收入外币的那一方，$V_{互换} = S_0 B_F - B_D$；利用远期合约组合进行定价，货币互换还可以分解成一系列远期合约的组合，货币互换中的每一次支付都可以用一笔远期外汇协议的现金流来代替。因此，只要能够计算货币互换中分解出来的每笔远期外汇协议的价值，就可以知道对应的货币互换的价值。

重点概念

互换　利率互换　货币互换　互换的定价

思考与练习

一、名词解释

利率互换　货币互换　股权互换　商品互换

二、选择题

1. 利率互换的价格是指（　　）。

A. 名义本金　　B. 每个重置日期的净现金流

C. 固定利率　　D. 浮动利率

2. 互换交割是指（　　）。

A. 选择行权而执行互换合约

B. 选择行权而进行净现金结算

C. 期权互换合约利率与市场固定利率之间的正收付

D. 持有方拥有权利执行互换，以支付固定利率，换取收入浮动利率

3. （　　）是一项将原有债券产生的现金流转换成另一种类型现金流的交易。

A. 资产互换　　B. 利率互换

C. 期货互换　　D. 期权互换

4. 以下说法正确的是（　　）。

A. 在货币互换中，本金通常没有交换

B. 在货币互换开始时，本金的流动方向通常与利息的流动方向相反，而在互换结束时，两者的流动方则是相同的

C. 在货币互换开始时，本金的流动方向通常与利息的流动方向相同，而在互换结束时，两者的流动方向则是相反的

D. 在货币互换中，本金通常是不确定的

三、判断题

1. 货币互换主要是用来规避短期汇率风险。(　　)

2. 互换的风险主要包括利率风险、信用风险和汇率风险。(　　)

3. 基差互换则是指两种不同以不同种类的基准利率为基础的浮动利率之间的互换。(　　)

四、简答题

1. 阐述互换的主要种类。

2. 简述互换的作用与功能。

3. 阐述货币互换的程序。

五、计算题

已知：A 公司想借入浮动利率贷款，B 公司想借入固定利率贷款。金融市场上，A 公司借入固定利率贷款的利率为6%，借入浮动利率贷款的利率为 libor + 0.1%；B 公司借入固定利率贷款的利率为 7.4%，借入浮动利率贷款的利率为 libor + 0.6%，互换银行中介费为0.1%。

求：两家公司各自发挥自己的优势，经过互换交易后各自的筹资成本为多少？

主要参考文献

[1] 郑振龙，陈蓉. 金融工程（第五版）[M]. 北京：高等教育出版社，2020.

[2] 李健元，李刚. 金融工程学 [M]. 大连：东北财经大学出版社，2016.

[3] 赫尔. 期权、期货及其他衍生产品（原书第 11 版）[M]. 王勇，索吾林，张翔，译. 北京：机械工业出版社，2023.

[4] 科伯. 利率互换及其他衍生品 [M]. 申艳涛，译. 北京：中国人民大学出版社，2018.

[5] 林清泉. 金融工程（第五版）[M]. 北京：中国人民大学出版社，2022.

第六章
金融期权

本章学习目标

掌握期权的定义、特点和分类；了解期权的起源、发展以及我国期权市场的发展现状；掌握期权的回报与盈亏分析；理解并掌握期权价格的构成、影响因素、上下限和平价关系；掌握期权的定价方法；掌握期权价格的敏感性指标。

知识结构图

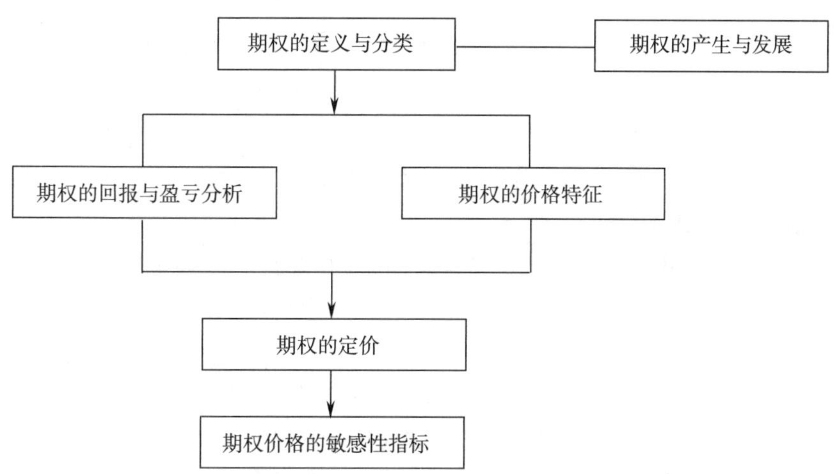

第一节　期权的定义与分类

一、期权的定义与特点

（一）期权的定义

期权（Option）又称为选择权，是指买方向卖方支付一定数额的期权费（权利金）后，拥有在一定时间内（行使时限）以约定的价格（简称执行价格）购买或出售一定数量的标的资产的权利。期权交易实质上是一种权利的交易，期权的买方拥有选择是否行使买入或者卖出的权利，期权的卖方都必须无条件地服从买方的选择。

（二）期权的要素

1. 期权的买方和期权的卖方。期权的买方和卖方是期权交易的主体。期权的买方是指期权的购买者，是支付期权费以获得期权合约所赋予的权利的一方；期权的卖方是指期权的出售者，是指收取期权费而履行期权合约所规定的义务的一方。在期权交易中，期权的买方向期权的卖方支付一定的期权费后，就获得了期权合约所赋予的权利，其可以在期权合约所规定的时间，以事先约定的价格（执行价格）向期权出售者买进或者卖出一定数量的某种金融产品或金融衍生产品。在期权合约所规定的时间内，期权的买方既可以行使这一权利，也可以放弃这一权利，也就是说，对期权的买方而言，期权合约赋予他的只有权利，没有必须履行的义务。不过，无论期权的买方是否行使其权利，他所支付的期权费（权利金）均不退还。

期权的卖方在收取了期权买方的期权费后，就必须在规定的时间内履行该合约所规定的义务。也就是说，在期权合约规定的时间内，只要期权买方执行期权，期权的卖方就必须无条件履行合约所规定的义务。也就是说，对于期权的卖方而言，期权合约赋予他的只有义务，没有任何权利。

2. 期权费。期权费又称为权利金，是指期权买方为获得期权合约所赋予的权利而向期权卖方支付的费用。一经支付，无论期权的买方是否执行该期权，期权费均不退还。它是期权合约中唯一的变量，其大小取决于期权合约的性质、到期月份及执行价格等各种因素。

3. 执行价格（Strike Price 或 Exercise Price）。执行价格又称为“敲定价格”或“协定价格”，是期权合约中所规定的期权买方在执行期权时买进或卖出标的物的价格。这一价格一经确定，则在期权合约的有效期内，无论期权合约的标的物的价格如何变化，只要期权买方执行期权，都必须以此价格进行买卖。

4. 标的资产（Underlying Assets）。标的资产是指期权合约中规定的买卖的资产。每一期权合约都有一标的资产，标的资产可以是众多的金融产品中的任何一种，如普通股票、股价指数、期货合约、债券、外汇等。

5. 数量。期权合约中明确规定了合约买方有权买入或卖出标的资产的数量。例如，一张标准的期权合约所买卖股票的数量为100股，但在一些交易所亦有例外，如在香港交易所交易的期权合约，其标的股票的数量等于该股票每手的买卖数量。

6. 行使时限（Expiration Date 或 Expiry Date）。每一期权合约具有有效的行使期限，如果超过这一期限，期权合约即失效。一般来说，期权的行使时限为一至三个月、六个月、九个月不等，单只股票的期权合约的有效期限至多为九个月。场外交易期权的到期日根据买卖双方的需要量身定制。

（三）期权的特点

期权和期货都是关于未来交易的合约，但两者在很多方面存在着差异。

1. 买卖双方的权利和义务不同。期货合约的双方权利和义务对等，除非期货合约被提前对冲，否则期货合约在到期日必须行使，且期货的空方常常还拥有在交割月选择具体交割日的权利。而在期权合约中，买卖双方的权利和义务是不对称的，期权的买方只有权利没有义务，期权的卖方只有义务没有权利。

2. 标准化程度不同。期货合约都是标准化的合约，都在交易所中交易，而期权合约不一定，既有场内交易，也有场外交易。

3. 履约保证不同。在期权交易中，买方最大的风险限于已经支付的期权费，故不需要支付履约保证金。而卖方面临较大风险，因而必须缴纳保证金作为履约担保。而在期货交易中，期货合约的买卖双方都要交纳一定比例的保证金。

4. 盈亏的特点不同。期权交易是非线性盈亏状态，买方的收益随市场价格的波动而波动，其最大亏损只限于购买期权的期权费；卖方的亏损随着市场价格的波动而波动，最大收益（即买方的最大损失）是期权费。期货的交易是线性的盈亏状态，交易双方则都面临着无限的盈利和亏损的可能性。

5. 套期保值的效果不同。运用期货进行套期保值时，在把不利风险转移出去的同时，有利的风险也被转移了出去。而期权买方在运用期权进行套期保值时，把不利风险转移出去的同时，也保留了有利的风险。

二、期权的种类

根据期权购买者权利的不同、行使时限不同、标准化程度和标的资产的不同，期权又有多种不同的分类。

（一） 看涨期权和看跌期权

根据期权购买者的权利分类，期权可以分为看涨期权和看跌期权。

看涨期权（Call Option），又称买权、买入选择权、认购期权、多头期权，是指期权的买方向期权的卖方支付一定数额的权利金后，即拥有在期权合约的有效期内，按事先约定的价格向期权卖方买入一定数量的期权合约规定的特定商品的权利，但不负有必须买进的义务。而期权卖方有义务在期权规定的有效期内，应期权买方的要求，以期权合约事先规定的价格卖出期权合约规定的特定商品。

看跌期权（Put Option），又称卖权、卖出选择权、认沽期权、空头期权，是指期权的买方享有在规定的有效期内按事先约定的价格向期权卖方卖出一定数量的期权合约规定的特定商品的权利，但不负有必须卖出的义务。而期权卖方有义务在期权规定的有效期内，应期权买方的要求，以期权合约事先约定的价格买进期权合约规定的特定商品。

需要指出的是，这里所谓的“看涨”与“看跌”，都是就期权的购买者而言的。也就是说，期权购买者之所以买进看涨期权，是因为他们对市场行情“看涨”。买进看涨期权后，他们可在市场价格上涨，且涨至执行价格以上时，以较低的价格买进标的物，从而避免市场价格上涨所造成的损失。而期权购买者之所以买进看跌期权，则是因为他们对市场行情“看跌”，买进看跌期权后，他们可在市场价格下跌，且跌至执行价格以下时，以较高的执行价格卖出他们所持有的标的物，从而避免市场价格下跌所造成的损失。

（二） 欧式期权和美式期权

按期权的交割时间划分，有欧式期权、美式期权和百慕大式期权三种类型。

欧式期权是指期权的购买者只有在期权到期日才能执行期权，既不能提前也不能推迟。而美式期权则允许期权购买者在期权到期前的任何交易日执行期权，即美式期权的购买者既可以在期权到期日这一天执行期权，也可以在期权到期日前的任何一个营业日执行期权。

百慕大式期权是一种可以在到期前所规定的一系列时间行权的期权。比如，期权可以有3年的到期时间，但只有在3年中每一年的最后一个月才能被执行。百慕大式期权是一种介于欧式期权和美式期权之间的期权。

对期权的购买者来说，在其他条件一定时，美式期权价格最高，欧式期权价格最低，百慕大式期权价格居中。因为买进美式期权后，他可以在期权有效期内根据市场价格的变化和自己的实际需要灵活而主动地选择履约时间。相反对于美式期权的出售者而言，美式期权比欧式期权和百慕大式期权使他承担着更大的风险，他必须随时为履约做好准备。因此在其他条件一定时，美式期权的期权费比百慕大式的期权费要高，百慕大式期权的期权费比欧式期权的期权费要高。

国际上大部分的期权交易都是欧式期权，我国推出的上证50ETF期权、沪深300ETF期权、中证500ETF期权、华夏科创50ETF期权和易方达科创50ETF期权均属于欧式期权。

（三）场内期权和场外期权

与金融期货不同，期权未必是集中性的场内交易形式，也未必是标准化的期权合约的交易形式。根据交易场所是否集中以及期权合约是否标准化，期权分场内期权和场外期权。

场内期权（Exchange - Traded Options），又称为“交易所交易期权”或“交易所上市期权”。它是指在集中性的期货市场或期权市场进行交易的期权合约，它是一种标准化的期权合约，其交易数量、执行价格、到期日以及履约时间等均由交易所统一规定。

场外期权（Over - The - Counter Options，OTC Option），又称为“店头市场期权”或“柜台式期权”，是指在非集中性的交易场所进行的非标准化的金融期权合约的交易。其性质基本上与交易所内进行的期权交易无异，两者不同之处主要在于场外期权合约的条款没有任何限制或规范，例如执行价格及到期日，均可由交易双方自由厘定，而交易所内的期权合约则是以标准化的条款来交易。

（四）按照标的资产划分，期权可分为股权类期权、利率期权、外汇期权、金融期货合约期权和互换期权

1. 股权类期权与股权类期货相似，股权类期权也包括三种类型：单只股票期权、股指期权和股票组合期权。

（1）单只股票期权简称股票期权，指买方在交付期权费后，即取得在合约规定的到期日或到期日以前按执行价格买入或卖出一定数量相关股票的权利。

（2）股指期权指以股票指数为基础变量，买方在支付期权费后，即取得在合约有效期内以协定指数与市场指数进行盈亏结算的权利。

（3）股票组合期权是以一揽子股票为基础资产的期权，代表性品种是交易所交易基金的期权。

2. 利率期权是一种与利率挂钩的期权产品。买方在支付一定金额的期权费之后，就可以获得这项权利。在到期日按预先约定的利率，按一定的期限借入或贷出一定金额的货币。当市场利率向不利方向变动时，买方可固定其利率水平；当市场利率向有利方向变化时，买方可获得利率变化的好处。利率期权的卖方向买方收取期权费的同时承担相应的责任。利率期

权合约通常以政府短期、中期、长期债券，欧洲美元债券、大额可转让定期存单等为基础资产。

3. 外汇期权又称为货币期权，指合约购买方在向出售方支付一定期权费后所获得的在未来约定日期或一定时间内，按照规定汇率买进或者卖出一定数量外汇资产的选择权。外汇期权是期权的一种，相对于股票期权、指数期权等其他种类的期权来说，外汇期权买卖的是外汇。即期权买方在支付一定数额的期权费后，有权在约定的到期日按照双方事先约定的协定汇率和金额与期权卖方买卖约定的货币，同时期权的买方也有权不执行上述买卖合约。

4. 金融期货合约期权是相对于以上金融现货期权而言的，是一种以金融期货合约为交易对象的选择权，它赋予其持有者在有效期内以执行价格买卖特定金融期货合约的权利。具体又可分为利率期货期权、外汇期货期权、股指期货期权等。

5. 金融互换期权是以金融互换合约为交易标的的选择权，赋予其持有者在规定的有效期内以规定条件与交易对手进行互换的权利。

（五）奇异期权

伴随着上证50ETF股票期权的上市交易，“期权”再也不是专业机构的特权。欧式期权、美式期权应该是投资者耳熟能详的名称，但我国目前无论是美式棉花期权，还是欧式上证50ETF股票期权，均是在交易所挂牌交易的场内标准期权（也称香草期权，Vanilla Options），并没有涉及奇异期权（Exotic Options）。在海外市场，奇异期权种类多样，由于能够满足投资者个性化的需求，交易更加便利，广受机构和个人投资者的偏爱。

奇异期权也称“新型期权”，是场外市场最为活跃的交易工具，并为期权交易商提供了大多数利润。其通过在常规期权的基础上加入了条件约束或者增加新的变量等方式，形成比先前所学习的常规期权更复杂的衍生证券。奇异期权是世界上最具生命力的金融工具之一，其内涵和外延无时无处不在变化和拓展中。由于奇异期权的多样性，要对它们进行完全的描述是不可能的。接下来我们将介绍其中一些常见的新型期权。

1. 打包期权（Packages），是指将标准化的欧式看涨期权、欧式看跌期权、远期合约及现货标的资产作适当的组合，从而形成一种新的组合型的合约。打包期权的经济意义在于可以利用这些金融工具之间的关系，组合成符合需要的投资工具。

2. 复合期权（Compound Options），是指一种期权合约以另一种期权合约作为标的物的期权，它实际上是期权的期权。复合期权主要有看涨期权的看涨期权，看涨期权的看跌期权，看跌期权的看涨期权，看跌期权的看跌期权四种类型。复合期权有两个执行价格和两个到期日。

3. 任选期权，是指其持有者可在期权有效期内的某一时点选择该期权为看涨期权或看跌期权，与传统期权相比，任选期权的购买者具有更大的选择权，而其出售者将承担更大的风险，故任选期权的期权费一般较高。

4. 障碍期权（Barrier Options），是指期权的回报（Payoff）依赖于标的资产的价格在一段特定时间内是否达到了某个特定的水平（临界值），这个特定水平（临界值）就叫作“障碍”水平。其与标准期权不同的是，在期权有效期内，当标的资产的价格达到某一水平时，期权就生效或失效。

障碍期权一般分为两类，即敲出期权（Knock - out Option）和敲入期权（Knock - in Option）。敲出期权是指当标的资产价格达到一个特定的障碍水平时，该期权作废（即被“敲出”）；如果在规定时间内资产价格并未触及障碍水平，则仍然是一个常规期权。敲入障碍期权正好与敲出期权相反，只有资产价格在规定时间内达到障碍水平，该期权才得以存在（即“敲入”），其回报与相应的常规期权相同；反之该期权作废。

5. 回顾期权（Lookback Options），实质是一种特殊的欧式期权，它的收益取决于期权有效期内标的资产曾经达到过的最高价格或最低价格。对于欧式回顾看涨期权而言，其收益是标的资产在到期日的最终价格高于期权有效期内曾经到过的最低价格的那部分金额；而对于欧式回顾看跌期权而言，其收益则是期权有效期曾经达到过的最高价格高于标的资产在到期日的最终价格的那部分金额。

假设 S_{max} 为期权有效期内曾经达到过的最高价格，S_{min} 为期权有效期内曾经达到过的最低价格，S_T 为期权到期日标的资产的市场价格，则回顾看涨期权的收益为 $\max(S_T - S_{min}, 0)$，回顾看跌期权的收益为 $\max(S_{max} - S_T, 0)$。因此，对于回顾看涨期权，执行价格就是 S_{min}，对于回顾看跌期权，其执行价格就是 S_{max}。

6. 呼叫期权（Shout Options），是一种特殊的欧式期权。对于一般的欧式期权持有者而言，其盈亏将决定于期权到期日标的资产的价格与执行价格之间的关系。而在到期日之前，即使标的资产有过较有利的变动，从而使该期权具有较大的内在价值，期权持有者也因不能提前执行而错失良机。而呼叫期权赋予其持有者在整个期权有效期内，可以向空头方“呼叫”一次，在期权到期日，该期权的持有者既可能获得普通欧式期权的盈利，也可能获得呼叫时该期权的内在价值，从而锁定一个最小盈利。

假设 S_{shout} 为期权的呼叫价格，X 为期权的执行价格，S_T 为期权到期日的最终价格，则看涨呼叫期权的收益为 $\max(S_T - X, S_{shout} - X)$，看跌呼叫期权的收益为 $\max(X - S_T, X - S_{shout})$。

✪【例 6.1】某看涨期权的执行价格为 50 元，而该期权的持有者在标的资产价格为 60 元时呼叫。在期权到期日，若标的资产的价格低于 60 元，则期权持有者就获得 10 元的收益，若标的资产的价格高于 60 元，则期权持有者可获得标的资产价格高于 50 元的部分收益。所以，该看涨期权锁定了一个最小盈利 10 元。

7. 亚式期权（Asian Options），是指收益取决于期权有效期内至少某一段时期之平均价格的期权。这类期权又可以分为两种具体的类型，一种是根据预先确定的平均时期计算标的资产的平均价格，并以此决定期权的收益；另一种则是根据预先确定的平均时期计算平均的执行价格，并以此决定期权的收益。

为了说明问题的方便，假设 S_{ave} 为根据预先确定的时期计算的标的资产的平均价格，X 为期权的执行价格，S_T 为期权到期日标的资产的市场价格。对于平均标的资产价格的亚式期权，其看涨期权和看跌期权的收益分别为

$$C = \max(S_{ave} - X, 0), \quad P = \max(X - S_{ave}, 0)$$

对于平均协定价格的亚式期权，假设 X_{ave} 为根据预先确定的日期计算的平均执行价格，其看涨期权和看跌期权的收益分别为

$$C = \max(S_T - X_{ave}, 0), \quad P = \max(X_{ave} - S_T, 0)$$

8. 两值期权（Binary Options），是具有不连续收益的期权。在到期日标的资产的价格若是低于执行价格则该期权一文不值，而当标的资产价格超过执行价格时该期权支付一个固定数额。

在进行期权交易时，交易双方约定一个价格水平，在期权到期日或到期日之前，如果标的资产市场价格达到这个事先约定的价格水平，期权卖方将支付一笔事先约定的金额给期权买方；如果标的资产市场价格未能达到约定的价格，期权买方将一无所获。这种期权交易具有类似赌博的性质，期权买方要么获得全部收益，要么一无所获。

9. 远期开始期权（Forward Start Options），指预先支付权利金，在未来某个特定时间开始的期权，其执行价格即为期权启动时刻标的资产的价格。通常选择合适的期权条款以便该期权在启动时刻处于平价状态。

10. 比特币期权是指期权购买者通过支付一笔期权费给期权出售方，换取在未来某个时间以某种价格买进或卖出基于比特币指数的标的物的权利。

第二节　期权的产生与发展

一、期权的产生

众所周知，郁金香是荷兰的国花。在 17 世纪的荷兰，郁金香更是贵族身份的象征，这使得批发商普遍出售远期交割的郁金香以获取利润。为了减少风险，确保利润，许多批发商从郁金香的种植者那里购买期权，即在一个特定的时期内，按照一个事先约定的价格，从种植者那里购买郁金香。而当郁金香的需求不断扩大时，又出现了一个郁金香球茎期权的二级市场。1635 年，那些珍贵品种的郁金香球茎供不应求，加上投机炒作，致使其价格飞涨，官方报告说一株花球在 1637 年 2 月被卖到 6 700 荷兰盾，就像阿姆斯特丹运河边带走廊、带花园的漂亮房子一样贵，而当时荷兰人的平均年收入只有 150 荷兰盾。为了规避价格风险，种植者采用买入看跌期权的方式以保证他们能以较好的价格卖出郁金香花球；分销商则通过买入看涨期权的方式来保护他们避免受到价格上涨带来的损失，以保证当有需求的时候他们能够以一个合理的价格收购郁金香。

随后荷兰经济开始衰退，郁金香市场也在 1637 年 2 月 4 日突然崩溃。一夜之间，郁金香球茎的价格一泻千里。许多出售看跌期权的投机者没有能力为他们要买的球茎付款，虽然荷兰政府发出紧急声明，认为郁金香的价格无理由下跌，劝告市民停止抛售，但这些努力都毫无用处。一个星期后，郁金香的价格已平均下跌 90%，大量合约无法履约又进一步加剧了经济的衰退。绝望之中，人们纷纷涌向法院，希望能够借助法律的力量挽回损失。但在 1637 年 4 月，荷兰政府决定终止所有合同，禁止投机式的郁金香交易，从而彻底击破了这次历史上空前的经济泡沫。毫无疑问，这样的事情损害了期权在人们心目中的形象。直至 100 多年后，伦敦期权交易也依然被认为是不合法的。

18 世纪，期权交易以农产品为主。18 世纪末，美国出现了股票期权，期权被引入金融市场，但早期的股票期权交易属于场外交易，比较分散。市场依靠那些为买方和卖方寻求对手的经纪商才得以运行。20 世纪初，美国出现了一种较为有序的期权交易市场，被称为“看跌期权和看涨期权经纪商和自营商协会”（Put and Call Broker and Dealers Association），该协会的成员公司负责对期权的买方和卖方进行撮合成交。这是对原来分散化期权市场的一大改进，但由于仍未具有集中性的交易场所和完善的标准化期权合约，其 OTC 市场的基本性质并未从根本上得到改变，期权交易的效率仍然较低，期权市场的发展比较缓慢。直到 1968 年，在美国成交的股票期权合约所代表的标的股票数量只有纽约证券交易所（New York Stock Exchange，NYSE）成交股票数量的 1%。

20 世纪 60 年代末，当商品期货的交易量开始萎缩的时候，芝加哥商品交易所（CBOT）抓住机会开始发展各种期权市场。在投入大量研发费并历经 5 年后，全世界第一个期权交易所——芝加哥期权交易所（Chicago Board Exchange，CBOE）终于在 1973 年 4 月 26 日成立。这标志着真正有组织的期权交易时代的开始。交易所建立当天，标准化的期权合约第一次出现，即有以 16 只股票为标的的看涨期权合约在交易所交易，当天的成交量达到 911 手。到了第一个月月底，CBOE 的日交易量已经超过了场外交易市场。1977 年 6 月 3 日，CBOE 开始了看跌期权的交易。然而，4 个月后，美国证券交易委员会（Security and Exchange Commission，SEC）宣布暂停所有交易所新的期权合约的上市，场内期权市场迅猛发展的势头戛然而止。不过，这并没有减缓已经上市期权交易量的增长。3 年后，SEC 取消暂停令，CBOE 随即增加了 25 种可进行期权交易的股票。

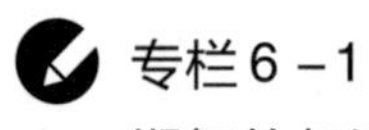

专栏 6－1

期权的起源

期权的思想古已有之，据《圣经·创世记》第 29 章记载，大约在公元前 1700 年，雅克布为了同村长拉班的女儿瑞切尔结婚，而签订了同意为拉班工作 7 年的协议，以获得与瑞切尔结婚的许可。在这里，雅克布 7 年的劳作就是“权利金”，以此换来结婚的“权利”，而非义务。但是后来，拉班违约了，他强迫雅克布与自己的大女儿利亚结婚。雅克布照办了，但是他深爱的仍然是瑞切尔。于是他购买了另一个期权，即再用 7 年的劳动以换得与瑞切尔结婚的权利。这一次拉班没有食言。最后，雅克布娶了 2 个老婆，有了 12 个孩子。

公元前 7 世纪，亚里士多德的著作《政治学》中提到了古希腊哲学家泰勒斯的故事。据说，他是第一个利用期权交易致富的人。泰勒斯生活在公元前 580 年前后古希腊的米利塔斯市，位于今天土耳其的西南海岸。泰勒斯运用自己的天文知识在冬季就预测到明年将迎来橄榄的丰收年，要想榨取橄榄油，不得不需要橄榄榨油器。于是泰勒斯找到了榨油器的拥有者，支付了一小笔费用“权利金”用于锁定明年的榨油器使用费。一年后，橄榄丰收，每个人都想找到压榨器。这时泰勒斯靠高价卖出榨油器使用权获利丰厚。最终，他向世界证明只要哲学家愿意，他们都可以很容易地成为富人。显然，衍生品交易在公元前就已经是平常的事情了。

二、期权的发展

就在芝加哥期权交易所（CBOE）建立的当年，布莱克、舒尔斯和默顿在期权定价方面的经典论文正式发表，得州仪器公司也推出了具有期权价值计算功能的计算器。交易制度方面的创新和理论技术方面的发展共同促进了 CBOE 的迅速发展。顺应市场发展的内在要求，美国商品期货交易委员会放松了对期权交易的限制，有意识地推出多种不同的商品期权交易和金融期权交易，由此促使越来越多的交易所竞相开办期权交易，新的期权品种也不断推出。

1982 年，作为试验计划的一部分，芝加哥期货交易所推出了以长期国债期货为标的的期权交易。1983 年 1 月，芝加哥商业交易所推出了 S&P 500 股价指数期权，纽约期货交易所也推出了纽约股票交易所股票指数期货期权交易。随着股价指数期权交易的成功，各交易所将期权交易迅速扩展至其他金融品种，如利率、外汇等。1984 年到 1986 年，芝加哥期货交易所还先后推出了大豆、玉米和小麦等品种的期货期权。目前场内期权类的成交品种已包括股票期权（包括个股和 ETF 期权）、股指期权、利率期权、商品期权、外汇期权等多个品种。期权产品的普及为发达国家金融市场的成熟完善作出了突出贡献。各国对期权的重视程度有目共睹。2017 年全球场内期货及期权成交量达 251.9 亿手，其中期权成交量为 103.5 亿手，比 2016 年上升 11%。

美国期权交易的示范效应带动了世界各国期权市场的发展。自期权出现至今，期权交易所已经遍布全世界。目前，全球有影响力的期权市场有芝加哥期权交易所（CBOE）、芝加哥商业交易所集团（CME Group），洲际交易所（ICE）、欧洲期货交易所（Eurex）等。我国的上海证券交易所也于 2015 年 2 月 9 日推出了上证 50ETF 期权。

20 世纪 80—90 年代，期权柜台交易市场（或称场外交易）也得到了长足的发展。柜台期权交易是指在交易所外进行的期权交易。期权柜台交易中的期权卖方一般是银行，而期权买方一般是银行的客户。银行根据客户的需要，设计出相关品种，因而柜台交易的品种在到期期限、执行价格、合约数量等方面具有较大的灵活性。

外汇期权出现的时间较晚，现在最主要的货币期权交易所是费城股票交易所（PHLX），它提供澳元、英镑、加拿大元、欧元、日元、瑞士法郎这几种货币的欧式期权和美式期权合约。目前外汇期权交易中大部分的交易是柜台交易，中国银行部分分行已经开办的“期权宝”业务采用的是期权柜台交易方式。

总之，期权交易虽然早已有之，但真正意义上的期权市场的形成和发展只有近 40 年的时间。实际上大多数市场和产品都是在近 20 年出现的，却呈现出迅猛发展的态势，具有巨大的发展潜力。

三、我国期权市场的发展现状

自 2005 年 7 月人民币汇率形成机制改革以来，我国外汇市场加快发展，交易品种日趋丰富，银行对客户市场和银行间外汇市场相继推出远期、外汇掉期和货币掉期等人民币外汇衍生产品。2011 年 4 月 1 日，我国银行间外汇市场正式开展人民币对外汇的期权交易。交易首日，交易系统运行顺畅，银行报价和询价积极，报价涵盖全部 13 个标准期限。全天共达成人民币对美元期权交易 10 笔，期限覆盖一至六个月，名义本金合计 4 900 万美元。人民币对外汇期权交易的推出，标志着我国外汇市场已初步形成完整的基础类汇率衍生产品体系，为今后外汇市场的创新发展奠定了基础。

2015 年 1 月 26 日，上海黄金交易所出台了《上海黄金交易所询价期权业务管理办法（试行）》，2015 年 2 月 2 日，上海黄金交易所黄金实物询价期权正式上线。黄金询价期权合约主要包括“OAu99.99”“OAu99.95”等。表 6－1 和表 6－2 分别给出了 OAu99.99 合约和 OAu99.95 合约的参数。

表 6－1　　　　OAu99.99 合约的参数

合约代码	OAu99.99	
行权方式	欧式期权、美式期权	
交易类型	看涨期权、看跌期权	
标的合约代码	PAu99.99	
标的合约期限（T+N）	T+0	
交易单位	100 克/手	
权利金与行权价格报价单位	元/克	
权利金最小变动价位	0.000001 元/克	
行权价格最小变动价位	0.01 元/克	
最小单笔成交量	1 手	
最大单笔成交量	50 000 手	
交易时间	每交易日 9：00－17：00	
平仓时间	每交易日 9：00－14：00	
行权时间	每交易日 9：00－14：00	
结算方式	实物交割	现金结算
参考价格	不适用	开盘价、基准价、前一交易日收盘价、前一交易日结算价
期权开仓手续费	2 元/手	
期权平仓手续费	2 元/手	
行权交易手续费	成交金额的万分之一	

表 6－2　　　　OAu99.95 合约的参数

合约代码	OAu99.95
行权方式	欧式期权、美式期权
交易类型	看涨期权、看跌期权
标的合约代码	PAu99.95
标的合约期限（T+N）	T+0
交易单位	1 000 克/手
权利金与行权价格报价单位	元/克
权利金最小变动价位	0.000001 元/克
行权价格最小变动价位	0.01 元/克
最小单笔成交量	1 手

续表

最大单笔成交量	5 000 手	
交易时间	每交易日 9：00－17：00	
平仓时间	每交易日 9：00－14：00	
行权时间	每交易日 9：00－14：00	
结算方式	实物交割	现金结算
参考价格	不适用	开盘价、基准价、前一交易日收盘价、前一交易日结算价
期权开仓手续费	20 元/手	
期权平仓手续费	20 元/手	
行权交易手续费	成交金额的万分之一	

黄金现货期权产品的出现意味着黄金现货交易的突破，也反映了国内黄金衍生品市场的进一步扩张态势。

2010 年 4 月 16 日，沪深 300 股指期货在中国金融期货交易所成功上市，为此后的沪深 300 股指期权打下坚实的基础。2013 年 11 月 7 日中国金融期货交易所发布公告，宣布于 11 月 8 日全面启动沪深 300 股指期权合约仿真交易，公告同时公布了仿真交易合约条款及相关业务规则。沪深 300 股指期权仿真交易首批交易的合约月份为 2013 年 12 月、2014 年 1 月、2014 年 2 月、2014 年 3 月和 2014 年 6 月。2015 年 1 月 9 日，上海证券交易所发布了《上海证券交易所股票期权试点交易规则》，并于 2015 年 2 月 9 日进行上证 50ETF 试点，标志着中国大陆场内期权市场的诞生。该规则包括合约简称、合约编码、交易代码、合约标的、合约类型、到期月份、合约单位、行权价格、行权方式、交割方式等。表 6－3 是上证 50ETF 期权合约的基本条款。

表 6－3　　上证 50ETF 期权合约的基本条款

合约标的	上证 50 交易型开放式指数证券投资基金（“50ETF”）
合约类型	认购期权和认沽期权
合约单位	10 000 份
合约到期月份	当月、下月及随后两个季月
行权价格	5 个（1 个平值合约、2 个虚值合约、2 个实值合约）
行权价格间距	3 元或以下为 0.05 元，3 元至 5 元（含）为 0.1 元，5 元至 10 元（含）为 0.25 元，10 元至 20 元（含）为 0.5 元，20 元至 50 元（含）为 1 元，50 元至 100 元（含）为 2.5 元，100 元以上为 5 元
行权方式	到期日行权（欧式）
交割方式	实物交割（业务规则另有规定的除外）
到期日	到期月份的第四个星期三（遇法定节假日顺延）
行权日	同合约到期日，行权指令提交时间为 9：15－9：25，9：30－11：30，13：00－15：30
交收日	行权日次一交易日

续表

交易时间	上午9：15－9：25，9：30－11：30（9：15－9：25为开盘集合竞价时间） 下午13：00－15：00（14：57－15：00为收盘集合竞价时间）
委托类型	普通限价委托、市价剩余转限价委托、市价剩余撤销委托、全额即时限价委托、全额即时市价委托以及业务规则规定的其他委托类型
买卖类型	买入开仓、买入平仓、卖出开仓、卖出平仓、备兑开仓、备兑平仓以及业务规则规定的其他买卖类型
最小报价单位	0.0001元
申报单位	1张或其整数倍
涨跌幅限制	认购期权最大涨幅＝max｛合约标的前收盘价×0.5%，min［（2×合约标的前收盘价－行权价格），合约标的前收盘价］×10%｝ 认购期权最大跌幅＝合约标的前收盘价×10% 认沽期权最大涨幅＝max｛行权价格×0.5%，min［（2×行权价格－合约标的前收盘价），合约标的前收盘价］×10%｝ 认沽期权最大跌幅＝合约标的前收盘价×10%
熔断机制	连续竞价期间，期权合约盘中交易价格较最近参考价格涨跌幅度达到或者超过50%且价格涨跌绝对值达到或者超过5个最小报价单位时，期权合约进入3分钟的集合竞价交易阶段
开仓保证金最低标准	认购期权义务仓开仓保证金＝［合约前结算价＋max（12%×合约标的前收盘价－认购期权虚值，7%×合约标的前收盘价）］×合约单位 认沽期权义务仓开仓保证金＝min［合约前结算价＋max（12%×合约标的前收盘价－认沽期权虚值，7%×行权价格），行权价格］×合约单位
维持保证金最低标准	认购期权义务仓维持保证金＝［合约结算价＋max（12%×合约标的收盘价－认购期权虚值，7%×合约标的收盘价）］×合约单位 认沽期权义务仓维持保证金＝min［合约结算价＋max（12%×合标的收盘价－认沽期权虚值，7%×行权价格），行权价格］×合约单位

截至2016年9月，上证50ETF期权已推出20个月，从推出当月成交23.25万张到2016年8月单月成交量达819.35万张，期权交易总趋势稳步上升。此后我国又推出了沪深300ETF期权、中证500ETF期权、华夏科创50ETF期权、易方达科创50ETF期权、上证50股指期权、沪深300股指期权和中证1000股指期权等金融期权，可见我国期权市场发展非常迅猛。

第三节　期权的回报与盈亏分析

作为投资者，期权交易中最关注的就是未来可能获得的收益、承担的风险和期权价格的变化情形。本节将分析期权到期日多空双方的回报（Payoff）与盈亏（Gain or Loss）分布。这两个概念的区别在于，回报未考虑期权费，盈亏则考虑了期权费对交易双方最终收益的影响。

为了后面叙述的统一，我们对相关变量的标记如右表所示。

符号	说　　明
S	标的资产的现价
X	期权的执行价格
T	期权的到期日
t	期权到期日前的某一时刻
$T-t$	期权距离到期的剩余时间
S_T	标的资产在期权到期日的价格
r	以连续复利计算的 t 时刻的无风险利率
C/c	欧式/美式看涨期权的价格
P/p	欧式/美式看跌期权的价格

一、看涨期权的回报与盈亏分布

以一个执行价格为40元的欧式股票看涨期权和执行价格为40元的欧式股票看跌期权为例，假设看涨期权和看跌期权的期权费都为5元。

期权到期时，标的股票价格若是高于执行价格40元，多头必然会执行期权，按40元买入股票获利，股票价格比40元高多少，多头就获得多少回报；若股票价格低于40元，多头必然放弃权利，回报为零。在计算盈亏时，就要考虑付出的期权费成本。因此在同等价格条件下，多头的盈利要比回报减少所支付的期权费5元。所以可以得到，当期权到期股价变动时，看涨期权多头到期回报与盈亏分布如表6－4所示。

表6－4　　　**看涨期权多头到期回报与盈亏分布**　　　单位：元

到期股价	30	35	40	45	50	55	60	65	70
到期回报	0	0	0	5	10	15	20	25	30
到期盈亏	－5	－5	－5	0	5	10	15	20	25

从而得到回报与盈亏的分布图（见图6－1）。

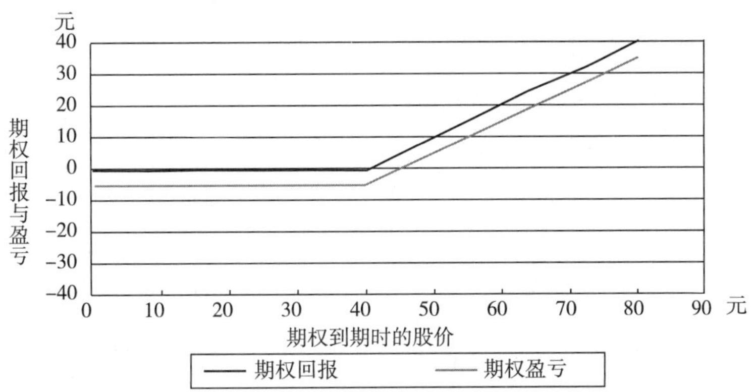

图6－1　看涨期权多头到期回报与盈亏分布

由于期权合约是零和游戏，期权多头和空头的回报和盈亏情况正好相反，故对于看涨期权空头来说，到期时其回报与盈亏分布情况见表6－5。

表6－5　　看涨期权空头到期回报与盈亏分布　　单位：元

到期股价	30	35	40	45	50	55	60	65	70
到期回报	0	0	0	－5	－10	－15	－20	－25	－30
到期盈亏	5	5	5	0	－5	－10	－15	－20	－25

从而得到回报与盈亏的分布图（见图6－2）。

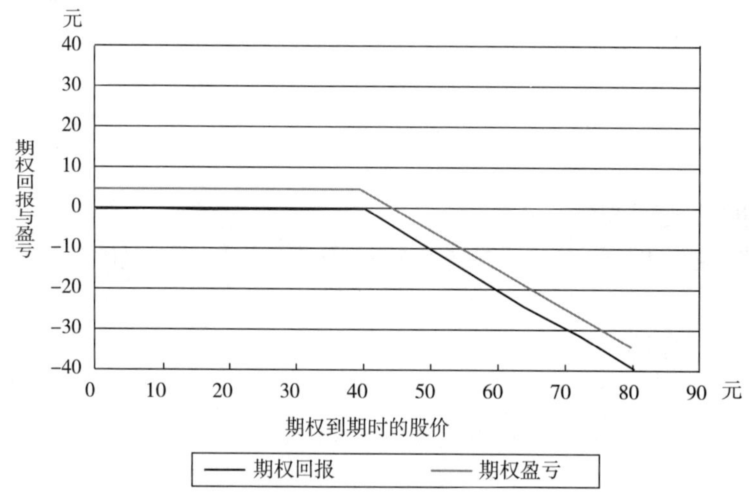

图6－2　看涨期权空头到期回报与盈亏分布

二、看跌期权的回报与盈亏分布

显然，期权到期日，若标的股票价格低于行权价格40元，多头必然执行期权，按40元卖出股票获利，股票价格比40元低多少，多头就获得多少回报；若股票价格高于40元，多头必然放弃权利，回报为零。在计算盈亏时，就要考虑付出的期权费成本。因此在同等价格条件下，多头的盈利要比回报减少所支付的期权费5元。当期权到期股价变动时，看跌期权多头的回报与盈亏分布情况见表6－6。

表6－6　　看跌期权多头到期回报与盈亏分布　　单位：元

到期股价	30	35	40	45	50	55	60	65	70
到期回报	10	5	0	0	0	0	0	0	0
到期盈亏	5	0	－5	－5	－5	－5	－5	－5	－5

从而得到回报与盈亏的分布图（见图6－3）。

由于期权合约是零和游戏，期权多头和空头的回报和盈亏情况正好相反，故对于看跌期权空头来说，到期时其回报与盈亏分布情况见表6－7。

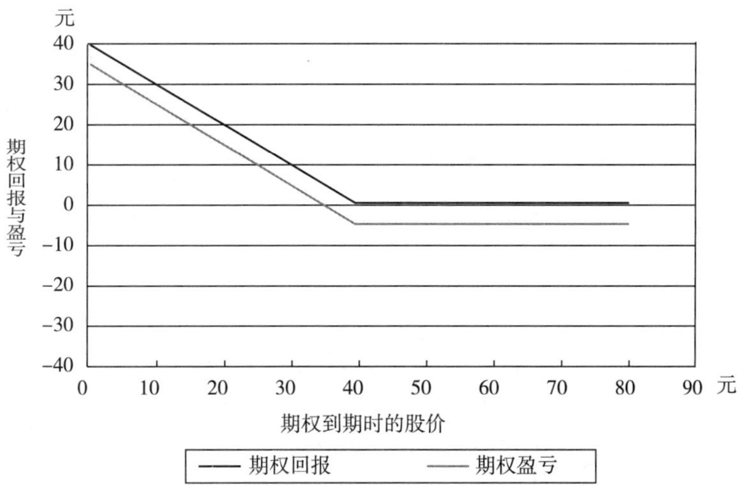

图6－3　看跌期权多头到期回报与盈亏分布

表6－7　看跌期权空头到期回报与盈亏分布　单位：元

到期股价	30	35	40	45	50	55	60	65	70
到期回报	－10	－5	0	0	0	0	0	0	0
到期盈亏	－5	0	5	5	5	5	5	5	5

从而得到回报与盈亏的分布图（见图6－4）。

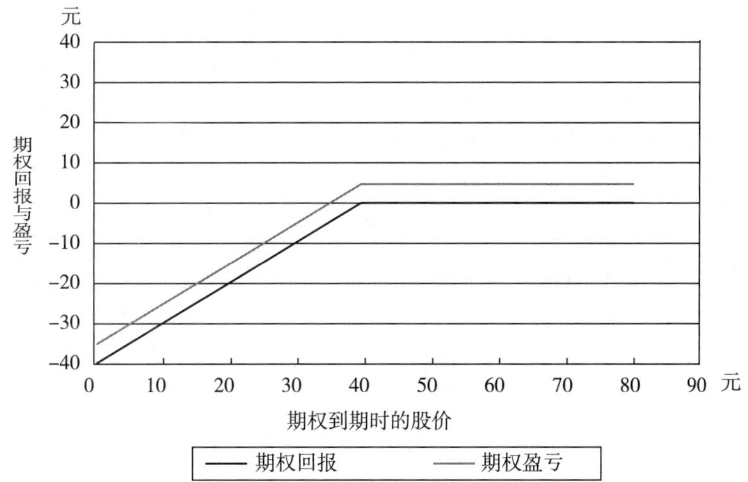

图6－4　看跌期权空头到期回报与盈亏分布

三、期权到期日的回报与盈亏公式

除了回报与盈亏分布表和分布图以外，还可以用公式来描述期权到期的回报与盈亏状况。表6－8给出了欧式期权多空到期回报和盈亏的计算公式。

表 6－8　　欧式期权多空到期时的回报与盈亏

头寸	到期回报	到期盈亏
看涨期权多头	$\max(S_T - X, 0)$	$\max(S_T - X, 0) - C$
看涨期权空头	$-\max(S_T - X, 0)$	$-[\max(S_T - X, 0) - C]$
看跌期权多头	$\max(X - S_T, 0)$	$\max(X - S_T, 0) - P$
看跌期权空头	$-\max(X - S_T, 0)$	$-[\max(X - S_T, 0) - P]$

第四节　期权的价格特征

一、期权的内在价值与时间价值

有期权的买卖就会有期权的价格，通常将期权的价格称为“权利金”或者“期权费”。权利金是期权合约中的唯一变量，期权合约中的其他要素，如执行价格、合约到期日、交易品种、交易金额、交易时间、交易地点等要素都是在合约中事先规定好的，是标准化的，而期权的价格是由交易者在交易所里竞价得出的。期权的价格主要由内在价值和时间价值两部分组成。

（一） 内在价值

期权的内在价值（Intrinsic Value），又称为内涵价值、履约价值，是指期权的买方立即执行期权能获得的收益。由于期权的买方在执行期权收益为负或为零时，可以放弃执行期权，即此时期权的内在价值应为零，也就是说期权的内在价值不会小于零。根据内在价值，期权可分为实值期权（in the Money）、虚值期权（out of the Money）和平值期权（at the Money）三种。

1. 实值期权。当看涨期权的执行价格低于当时的实际价格时，或者当看跌期权的执行价格高于当时的实际价格时，该期权为实值期权。

2. 虚值期权。当看涨期权的执行价格高于当时的实际价格时，或者当看跌期权的执行价格低于当时实际价格时，该期权为虚值期权。当期权为虚值期权时，内在价值为零。

3. 平值期权。当看涨期权的执行价格等于当时的实际价格时，或者当看跌期权的执行价格等于当时的实际价格时，该期权为两平期权。当期权为两平期权时，内在价值为零。

（二） 时间价值

期权的时间价值（Time Value）是基于期权多头权利义务不对称这一特性，在期权到期日前，标的资产价格的变化可能给期权多头带来收益的一种反应。期权时间价值的计算公式如下：

$$\text{期权的时间价值} = \text{期权价格} - \text{内在价值}$$

一般来说，期权距到期日时间越长，大幅度价格变动的可能性越大，期权买方执行期权获利的机会也越大。也就是说，期限越长的期权，基础资产价格发生变动的可能性越大，因而期权的时间价值也越大。期权越临近到期日，时间价值就越小，这种现象被称作时间价值衰减。值得注意的是，期权的时间价值与到期时间的关系，是一种非线性的关系，而不是简单的倍数关系。当期权临近到期日时，在其他条件不变的情况下，其时间价值下降速度加快，并逐渐趋向于零，在到期日，期权的时间价值为零。图 6－5 能帮助我们很好地理解期权的时间价值与到期日之间的关系。

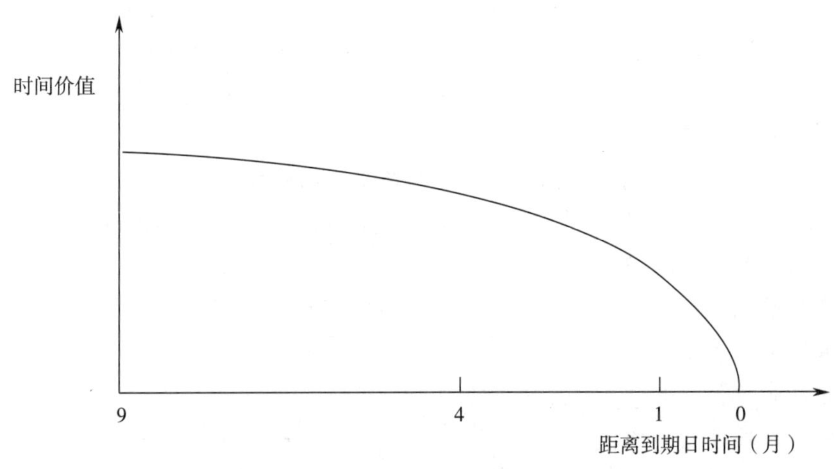

图 6－5　期权时间价值与到期日的关系

二、期权价格的影响因素

期权的价格由内在价值和时间价值两部分组成，凡是影响内在价值和时间价值的因素，就是影响期权价格的因素。其影响因素主要包括标的资产的市场价格、期权的执行价格、期权的到期期限、标的资产价格的波动率、无风险利率和标的资产的收益。

（一）标的资产的市场价格

在其他条件一定的情形下，看涨期权的价值随着标的资产市场价格的上升而上升；看跌期权的价值随着标的资产市场价格的上升而下降。

（二）期权的执行价格

在其他条件一定的情形下，看涨期权的执行价格越高，期权的价值越小；看跌期权的执行价格越高，期权的价值越大。

（三）期权的到期期限

对于美式期权而言，无论是看跌期权还是看涨期权，在其他条件一定的情形下，到期时间越长，期权的到期日价值就越高。但注意该结论对于欧式期权而言未必成立。一是期限较长的期权并不会比期限较短的期权增加执行的机会；二是期限较长的买入期权，可能会由于标的股票派发现金股利，形成价值扣减。

（四）标的资产的价格波动率

标的资产价格波动率越大，期权价值越大。对于购入看涨期权的投资者来说，标的资产价格上升可以获利，标的资产价格下降最大损失以期权费为限，两者不会抵消。因此，标的资产价格波动率越大，期权价值越大。对于购入看跌期权的投资者来说，标的资产价格下降可以获利，标的资产价格上升最大损失以期权费为限，两者不会抵消。因此，标的资产价格波动率越大，期权价值越大。

（五）无风险利率

如果考虑货币的时间价值，则投资者购买看涨期权未来履约价格的现值随利率的提高而降低，即投资成本的现值降低，此时在未来时期内按固定履行价格购买股票的成本降低，看涨期权的价值增大。因此，看涨期权的价值与利率正相关变动。而投资者购买看跌期权未来履约价格的现值随利率的提高而降低，此时在未来时期内按固定履行价格销售股票的现值收入越小，看跌期权的价值就越小。因此，看跌期权的价值与利率负相关变动。

（六）标的资产的收益

在除息日后，现金股利的发放引起资产价格降低，看涨期权的价值降低，而看跌期权的价值上升。因此，看涨期权的价值与期权有效期内的收益呈负相关变动，而看跌期权的价值与期权有效期内的收益呈正相关变动。

由以上的分析可知，影响期权价格的因素有很多，而且各因素对期权价格的影响也很复杂。同时，影响期权价格的各因素之间既有互补关系，又有抵消关系。因此，期权价格的决定是非常复杂的。表 6－9 是对这些主要因素的一个基本总结。

表 6－9　各主要因素对期权价格的影响

影响因素	欧式看涨	欧式看跌	美式看涨	美式看跌
标的资产的市场价格	+	−	+	−
期权的执行价格	−	+	−	+
期权的到期期限	?	?	+	+
标的资产的价格波动率	+	+	+	+
无风险利率	+	−	+	−
标的资产的收益	−	+	−	+

注：“+”表示呈正相关关系，“－”表示呈负相关关系，“?”表示影响方向不一定。

三、期权价格的上下限

（一）期权价格的上限

看涨期权的持有者有权以某一确定的价格购买标的资产。所以在任何情况下，期权的价值都不会超过标的资产的价值。否则的话，套利者就可以通过买入标的资产并卖出期权来获得无风险收益。因此对于欧式和美式看涨期权而言，其价格的上限都是标的资产的价格，即

$$C \leqslant S,\ c \leqslant S \tag{6.1}$$

看跌期权的持有者在执行期权时的最大收益为执行价格 X，此时标的资产的价格为 0。因此看跌期权的价格上限为执行价格 X。由于欧式看跌期权只能在到期日 T 时刻执行，在 T 时刻，其最高价值为 X，因此欧式看跌期权价格不能超过 X 的现值，即

$$P \leqslant Xe^{-r(T-t)},\quad p \leqslant X \tag{6.2}$$

（二）期权价格的下限

1. 欧式看涨期权价格的下限。对于无收益欧式看涨期权价格下限的讨论，我们通过构造以下两个组合加以分析。组合 A：一份欧式看涨期权加上金额为 $Xe^{-r(T-t)}$ 的现金；组合 B：一单位标的资产。

在 T 时刻，组合 A 的价值为 $\max(S_T - X, 0) + X = \max(S_T, X)$，组合 B 的价值为 S_T。也就是说，在 T 时刻，组合 A 的价值肯定大于等于组合 B 的价值，所以根据无套利定价原则，在 t 时刻，组合 A 的价值也大于等于组合 B 的价值，所以有

$$C + Xe^{-r(T-t)} \geqslant S$$

$$C \geqslant S - Xe^{-r(T-t)}$$

由于期权的价值肯定为正，所以无收益欧式看涨期权的价格下限为

$$C \geqslant \max\{S - Xe^{-r(T-t)}, 0\} \tag{6.3}$$

对于有收益欧式看涨期权的价格下限，设 D 为有效期内资产收益的现值，只要将上述 A 组合中的现金改为 $D + Xe^{-r(T-t)}$，经过类似的推导就可得到有收益资产欧式看涨期权价格的下限为

$$C \geqslant \max\{S - D - Xe^{-r(T-t)}, 0\} \tag{6.4}$$

2. 欧式看跌期权价格的下限。对于无收益欧式看跌期权价格下限的讨论，我们通过构造以下两个组合加以分析。组合 A：一份欧式看跌期权加上一单位标的资产；组合 B：金额为 $Xe^{-r(T-t)}$ 的现金。

在 T 时刻，组合 A 的价值为 $\max(X - S_T, 0) + S_T = \max(S_T, X)$，组合 B 的价值为 X，组合 A 的价值肯定大于等于组合 B 的价值。根据无套利定价原则，在 t 时刻，组合 A 的价值肯定大于等于组合 B 的价值，所以有

$$P + S \geqslant Xe^{-r(T-t)}$$

$$P \geqslant Xe^{-r(T-t)} - S$$

由于期权的价值肯定为正，所以无收益欧式看跌期权的价格下限为

$$P \geqslant \max\{Xe^{-r(T-t)} - S, 0\} \tag{6.5}$$

对于有收益欧式看跌期权的价格下限，设 D 为有效期内资产收益的现值，只要将上述组合 B 中的现金改为 $D + Xe^{-r(T-t)}$，经过类似的推导就可得到有收益资产欧式看跌期权价格的下限为

$$P \geqslant \max\{D + Xe^{-r(T-t)} - S, 0\} \tag{6.6}$$

3. 美式看涨期权价格的下限。美式期权和欧式期权的主要区别是美式期权可以提前执行，若可以证明提前执行美式期权是不明智的行为，则可将美式期权“看作”是欧式期权。

对于无收益美式看涨期权，由于现金会产生收益，而提前执行看涨期权得到的标的资产无收益，再加上美式期权的时间价值总为正，因此我们可以直观地判断提前执行无收益资产的美式看涨期权是不明智的。我们可以通过构造以下两个组合来证明这一结论。组合 A：一份美式看涨期权加金额为 $Xe^{-r(T-t)}$ 的现金；组合 B：一单位标的资产。

若不提前执行美式看涨期权，在 T 时刻，组合 A 的价值为 $\max\{S_T, X\}$，组合 B 的价值为 S_T，组合 A 的价值肯定大于等于组合 B 的价值。若在 t 时刻提前执行美式看涨期权（此时 $S_t \geqslant X$），组合 A 的价值为 $S_t - X + Xe^{-r(T-t)}$，组合 B 的价值为 S_t，组合 A 的价值小于等于组合 B 的价值。所以可以得出结论：提前执行无收益资产美式看涨期权是不明智的。所以对于无收益资产美式看涨期权而言，其价格的下限与欧式期权无异：

$$c = C \geqslant \max\{S - Xe^{-r(T-t)}, 0\} \tag{6.7}$$

4. 美式看跌期权价格的下限。对于无收益资产美式看跌期权下限的分析，首先要明确美式期权的价格不低于欧式期权，因为美式期权可在到期前的任何时刻行权，因此可以得到公式：

$$p \geqslant P \geqslant \max\{Xe^{-r(T-t)} - S, 0\}$$

其次，考虑到美式期权可在到期日前以执行价格 X 行权，若 $p \leqslant X - S$，则会出现套利机会，套利者可以以 p 的价格买进期权，然后立即执行，获得 $X - S$ 的收益。所以对于美式看跌期权而言，还应满足公式：

$$p \geqslant \max\{X - S, 0\}$$

因为 $X - S \geqslant Xe^{-r(T-t)} - S$，所以无收益资产美式看跌期权的价格下限为

$$p \geqslant \max\{X - S, 0\} \tag{6.8}$$

四、期权的平价关系

前面我们得到了期权价格的上下限，对于标的物相同、执行价格相同、到期时间相同的看涨和看跌期权的价格是否存在一定的联系？为了回答这个问题，接下来我们学习期权的看涨—看跌平价关系（Put - call Parity）。

（一）欧式期权的看涨—看跌平价关系

对于无收益欧式期权，为了推导 C 和 P 的关系，这里我们构造两个组合：

组合 A：一份欧式看涨期权加上金额为 $Xe^{-r(T-t)}$ 的现金，组合 B：一份看跌期权加上一单位标的资产。

由于金额为 $Xe^{-r(T-t)}$ 的现金以无风险利率投资，期权到期时正好获得执行价格 X 的现金，因此在期权到期日 T，组合 A 和组合 B 的价值均为 $\max\{S_T, X\}$。根据无套利定价原则，在时刻 t，两组合的价值相等，即

$$C + Xe^{-r(T-t)} = P + S \tag{6.9}$$

这就是无收益资产欧式看涨期权和看跌期权之间的平价关系。它表明欧式看涨期权的价值可以通过相同到期日和执行价格的欧式看跌期权的价值推导出来，反之则相反。

对于有收益资产的欧式期权，只要把组合 A 中的现金改为 $D + Xe^{-r(T-t)}$，因为组合 B 中的标的资产能够获得现金收益，D 就是这笔现金收益的现值，同样的原理就可推导出有收益资产欧式看涨和欧式看跌期权价格的平价关系：

$$C + D + Xe^{-r(T-t)} = P + S \tag{6.10}$$

如果平价关系不成立，则会出现套利机会。交易者的套利活动将会使平价关系成立。

（二）美式看涨和看跌期权价格的关系

由上面的推导可知，对于无收益美式看涨期权而言，其提前执行是不明智的，故 $c = C$。由无收益欧式看涨期权和看跌期权平价公式 $C + Xe^{-r(T-t)} = P + S$，可得

$$P = C + Xe^{-r(T-t)} - S$$

由于 $p \geqslant P$，$c = C$，可得

$$p \geqslant P = C + Xe^{-r(T-t)} - S = c + Xe^{-r(T-t)} - S$$

从而得到

$$c - p \leqslant S - Xe^{-r(T-t)} \tag{6.11}$$

为了推导出 C 和 P 更严密的关系，构造以下两个组合加以证明：

组合 A：一份欧式看涨期权加上金额为 X 的现金；

组合 B：一份美式看跌期权加上一单位标的资产。

如果美式期权没有提前执行，则在T时刻组合A的价值为$\max\{S_T - X,0\} + Xe^{r(T-t)}$，即$\max\{S_T,X\} + Xe^{r(T-t)} - X$；组合B的价值为$\max\{S_T,X\}$，可见组合A的价值大于组合B的价值。

如果美式期权在t时刻提前执行，则在t时刻，组合A的价值肯定大于X，组合B的价值等于X。因此组合A的价值也大于组合B。

综上所述，无论美式看跌期权是否提前执行，组合A的价值大于组合B的价值，所以有

$$C + X \geqslant p + S$$

由于$c = C$，可得$c + X \geqslant p + S$，即

$$c - p \geqslant S - X \tag{6.12}$$

结合式（6.11）和式（6.12），可得

$$S - X \leqslant c - p \leqslant S - Xe^{-r(T-t)} \tag{6.13}$$

由于美式期权可能提前执行，因此得不到美式看涨期权和看跌期权的精确的平价关系，但对于无收益美式看涨和看跌期权而言，其必须符合式（6.13）不等式。

对于有收益美式看涨期权和看跌期权，只要把上述组合A中的现金改为$D+X$，就可以得到有收益资产美式期权必须遵循的不等式：

$$S - D - X \leqslant c - p \leqslant S - D - Xe^{-r(T-t)} \tag{6.14}$$

第五节　期权的定价

一、期权定价的布莱克—斯科尔斯模型

自从期权交易产生以来，尤其是股票期权交易产生以来，人们就一直致力于对期权定价问题的探讨。1973年，美国芝加哥大学教授费雪·布莱克（Fischer Black）和迈伦·斯科尔斯（Myron Scholes）发表了《期权定价与公司债务》一文，提出了有史以来的第一个期权定价模型，在学术界和实务界引起了强烈的反响。

专栏6－2

费雪·布莱克（Fisher Black）

费雪·布莱克1938年生于华盛顿州，是美国著名的经济学家和数学家。少年时，布莱克就喜欢玩类似将火药放入石头中那些看上去危险的游戏，后来开始好好读书，什么书都看。他有个习惯，就是书上介绍的很多东西，他都会去实践。在经过了躁动的少年之后，布莱克选择了哈佛大学。当时布莱克只向哈佛大学提出了申请，因为他听说哈佛大学有个最有名的合唱团，他对此非常感兴趣。在大学里，他的专业是物理学，但是他对数学、社会学、心理学都有浓厚的兴趣。1959年哈佛大学毕业后，他继续在哈佛大学进行博士深造，1964年，获得了哈佛大学应用数学博士学位。

毕业后，他的研究涉及运筹学、伦理学、计算机设计、人工智能的开发等各种学科。在这当中，为了让自己的成果有突破性的发展，他将很大的精力投入计算信息处理，所以他最初的工作单位是计算机软件开发公司。之后，他辞去工作，进入了一个咨询公司。在此阶段，他并没有进入金融的研究中，使他的人生发生转折的是他在咨询公司遇到一个叫杰克·特雷诺（Jack Treynor）的同事，杰克向布莱克介绍了马柯维茨、夏普的理论，布莱克对这些理论非常感兴趣，他很快了解了当时金融方面的前沿课题，他们两个经常利用周末时间到各自的办公室讨论金融理论。

接下来，布莱克不满足于论文的研究，开始去参加金融方面的学术会议。正是在参加这些学术会议时，布莱克见到了后来一起创立布莱克—斯科尔斯模型的迈伦·斯科尔斯。当时在布莱克与斯科尔斯的谈话中，他的很多想法都对斯科尔斯有很大的启发，而且两人性格比较契合，一个热情，一个比较冷静内向，因而两人很快走到了一起。布莱克不断向斯科尔斯论文中的假设提出疑问，很多时候常常搞得斯科尔斯很难堪。此后，他们共同发表了很多论文。1973 年，他们共同发表的《期权定价与公司债务》一文中，提出了著名的期权定价方法。在得出的期权定价中，布莱克早年对于物理学的学习发挥了作用，他用热传导的方程式解出了期权定价公式。由于他们的杰出贡献，理论界都认为他们获得诺贝尔经济学奖是迟早的事。不过当时，布莱克得了癌症，身体情况已经不是很好。1995 年 8 月 30 日，57 岁的布莱克带着没有获得诺贝尔奖的遗憾离开了人世。两年后，默顿和斯科尔斯由于对期权定价模型的贡献而获得诺贝尔经济学奖。如果布莱克在世的话，他肯定也能获得诺贝尔奖。

资料来源：孙立坚．金融经济学［M］．北京：高等教育出版社，2004.

（一） Black - Scholes 模型的假设条件

Black - Scholes 模型有以下 7 个假设条件。

1. 标的资产价格的变动遵循几何布朗运动（Geometric Brownian Motion），即

$$dS = \mu S dt + \sigma S dz$$

式中，μ 为标的资产在单位时间内的期望收益率；σ 是标的资产价格的波动率；z 服从维纳过程；S 是标的物的市场价格。

相应地，标的资产的价格服从对数正态分布，这保证了标的资产的资产价格不可能取负值。

2. 投资者可以无限制卖空标的资产，且所有证券都是完全可分的。

3. 市场无摩擦，没有交易费用和税收，不考虑保证金问题。

4. 在欧式期权到期前，标的资产无任何收益（如利息、红利等）的支付。于是，标的资产价格的变化是连续均匀的，既无跳空上涨，也无跳空下跌。

5. 不存在无风险的套利机会。

6. 标的资产的交易是连续的。

7. 存在着一个固定的无风险收益，投资者可以此利率无限制地借贷。

（二） Black – Scholes 公式

1. 现货期权的定价公式。在上述假设条件的基础上，Black 和 Scholes 得到了如下适用于无收益资产欧式看涨期权的一个偏微分方程：

$$\frac{\partial f}{\partial t}+rS\frac{\partial f}{\partial S}+\frac{1}{2}\sigma^2S^2\frac{\partial^2 f}{\partial S^2}=rf \tag{6.15}$$

式中，f 为衍生证券价格，其他符号与前面一致。

通过解偏微分方程，Black 和 Scholes 得到了如下适用于无收益资产欧式看涨期权的定价公式，被称为 Black – Scholes 公式：

$$C=SN(d_1)-Xe^{-r(T-t)}N(d_2) \tag{6.16}$$

式中：

$$d_1=\frac{\ln(S/X)+(r+\sigma^2/2)(T-t)}{\sigma\sqrt{T-t}}$$

$$d_2=\frac{\ln(S/X)+(r-\sigma^2/2)(T-t)}{\sigma\sqrt{T-t}}=d_1-\sigma\sqrt{T-t}$$

C 为无收益资产欧式看涨期权价格；$N(x)$ 为标准正态分布变量的累计概率分布函数（即这个变量小于 x 的概率），根据标准正态分布函数特性，$N(-x)=1-N(x)$ 。

Black – Scholes 期权定价模型给出的是无收益资产欧式看涨期权的定价公式，根据欧式看涨与看跌期权之间的平价关系，可以推导出无收益资产欧式看跌期权的定价公式：

$$P=C+Xe^{-r(T-t)}-S=Xe^{-r(T-t)}N(-d_2)-SN(-d_1) \tag{6.17}$$

当标的证券已知收益的现值为 D 时，只要用（$S-D$）代替式中的 S 即可求出固定收益证券欧式看涨和看跌期权的价格。

当标的证券的收益为按连续复利计算的固定收益率 q（单位为年）时，只要用 $Se^{-q(T-t)}$ 代替式中的 S 就可求出支付连续复利收益率证券的欧式看涨和看跌期权的价格。

对于有收益资产的美式期权，由于其有提前执行的可能，无法得到精确的解析解。

✪【例 6.2】股票的当前价格为 40 美元，该股票在第二月和第五月末将支付 0.5 美元的股利，6 个月期的欧式看涨期权的执行价格为 40 美元，无风险年利率为 9%（连续复利），股票价格的波动率为 30%。求该欧式看涨期权的价格。

该期权为有固定收益股票的看涨期权。首先须计算出 $S-D$ 的值：

$$S-D=40-0.5e^{-9\%\times2/12}-0.5e^{-9\%\times5/12}=39.03$$

$$d_1=\frac{\ln[(S-I)/X]+(r+\sigma^2/2)T}{\sigma\sqrt{T}}=\frac{\ln(39.03/40)+(0.09+0.3^2/2)\times0.5}{0.3\sqrt{0.5}}=0.2017$$

$$d_2=\frac{\ln[(S-I)/X]+(r-\sigma^2/2)T}{\sigma\sqrt{T}}=\frac{\ln(39.03/40)+(0.09-0.3^2/2)\times0.5}{0.3\sqrt{0.5}}=-0.0104$$

$$N(d_1)=0.5800$$

$$N(d_2)=0.4959$$

所以 $$C=(S-D)N(d_1)-Xe^{-rT}N(d_2)=3.67$$

2. 期货期权的定价公式。上述定价模型只能适用于以现货金融工具为标的的期权，而不适用于以期货为标的的期权。因为两者在交易规则等方面有着显著的差异。为了说明期货期权的定价，Black（1976）将现货期权的定价公式进行了修正，只要将 $Fe^{-r(T-t)}$ 代替现货期权公式中的 S，就可以得到期货和期权到期时间均为 T 的欧式期货期权价值：

$$C = [FN(d_1) - XN(d_2)]e^{-rT} \tag{6.18}$$

$$P = [XN(-d_2) - FN(-d_1)]e^{-rT} \tag{6.19}$$

式中，F 为期货的价格；$d_1 = \dfrac{\ln(F/X) + (\sigma^2/2)T}{\sigma\sqrt{T}}$，$d_2 = \dfrac{\ln(F/X) - (\sigma^2/2)T}{\sigma\sqrt{T}} = d_1 - \sigma\sqrt{T}$。

二、期权定价的二项式模型

1973 年 Black - Scholes 模型的提出，对期权定价的研究而言是一个开创性的成就。但该模型涉及比较复杂的数学运算，对大多数人而言较难理解和操作，因而在实务运用中受到了很大的限制。鉴于此，考克斯、罗斯和鲁宾斯坦（J. Cox、S. Ross 和 M. Rubinstein）于 1979 年发表了《期权定价：一种被简化的方法》，用一种比较浅显的方法导出了期权定价模型，这一模型被称为二项式模型（the Binomial Model），是期权数值定价方法的一种。二项式模型的优点在于比较简单直观，不需要太多的数学知识就可以加以应用。同时，它不仅可以为欧式期权定价，而且可以为美式期权定价；不仅可以为无收益资产定价，而且还可以为有收益资产定价，应用相当广泛，目前已经成为金融界最基本的期权定价方法之一。

（一）一期二项式模型

考虑一个无红利支付的股票，当前价格为 S，基于该股票的某个衍生证券的当前价格为 f。在时间段 Δt 内无风险利率为 r，定义 $R = e^{r\Delta t}$（连续情形）。在衍生证券有效期内，股票价格从 S 向上运动到 uS，或者从 S 向下运动到 dS，$u > R > d$。如果股票价格运动到 uS，记衍生证券的收益为 f_u；如果股票价格运动到 dS，记衍生证券的收益为 f_d。股票和期权的价格变化过程如下图所示。

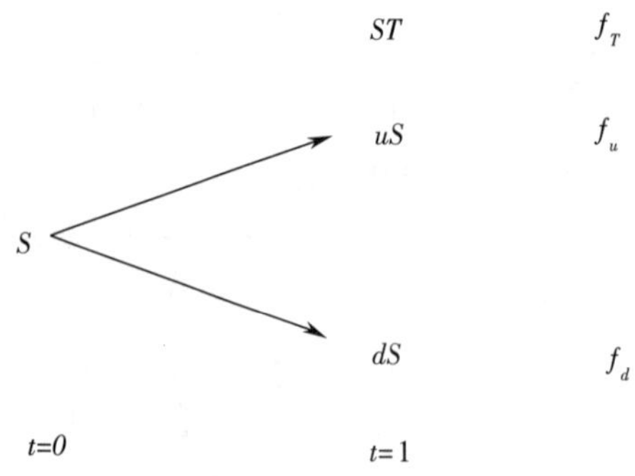

考虑由 Δ 股的股票多头和一个衍生证券空头构成的组合，计算该组合为无风险状态时的 Δ 值。

如果股票价格上升，在衍生证券有效期末该组合的价值为：$uS\Delta - f_u$。

如果股票价格下降，组合的价值为：$dS\Delta - f_d$。

投资组合处于无风险状态，即无论市场处于何种状态组合的价值相等，即

$$uS\Delta - f_u = dS\Delta - f_d$$

得到

$$\Delta = \frac{f_u - f_d}{uS - dS} \tag{6.20}$$

在这种情况下，该组合是无风险的，收益率必为无风险收益，即

$$R(\Delta S - f) = uS\Delta - f_u$$

由 $\Delta = \frac{f_u - f_d}{uS - dS}$ 得到

$$f = \frac{1}{R}\left(\frac{R - d}{u - d}f_u + \frac{u - R}{u - d}f_d\right) \tag{6.21}$$

定义 $q = \frac{R - d}{u - d}$，得到

$$f = \frac{1}{R}[qf_u + (1 - q)f_d] \tag{6.22}$$

将一期二项式模型中的变量 q 解释为股票价格上升的概率；$1 - q$ 就是股票价格下降的概率。表达式 $[qf_u + (1 - q)f_d]$ 则是衍生证券的预期收益。上式意味着今天衍生证券价值是其未来预期值按照无风险利率贴现的值。在风险中性世界中，设定上升运动的概率等于 q，股票收益等于无风险利率 r，证券现在的价格是未来期望值以无风险利率折现的现值，这就是风险中性定价。

在风险中性的条件下，标的证券的预期收益率应等于无风险收益率，因此若期初的证券价格为 S，则在很短的时间间隔 Δt 末的证券价格期望值应为 SR。因此，参数 q、u 和 d 值必须满足这个要求，即

$$RS = qSu + (1 - q)Sd$$

即 $R = qu + (1 - q)d$，得到 $q = \frac{R - d}{u - d}$。

✪【例 6.3】一只股票当前价格为 20 美元，3 个月后股价有可能涨至 22 美元，也可能跌至 18 美元。其 3 个月后到期的看涨期权的执行价格为 21 美元，无风险利率为 12%。问：该看涨期权的当前价格应为多少？

(1) 利用该股票和其 3 个月期、执行价格为 21 美元的看涨期权复制无风险证券。

假设 Δ 股的股票多头和 1 份该股票的看涨期权空头可以复制无风险证券，那么有

$$22\Delta - 1 = 18\Delta - 0$$

得到 $\Delta = 0.25$，因此 0.25 股股票多头和 1 份该股票的看涨期权空头可以复制无风险证券。

(2) 求该股票 3 个月期、执行价格为 21 美元的欧式看涨期权的价格。

上述组合的终值为 $22 \times 0.25 - 1 = 4.5$，现值为 $4.5e^{-0.12 \times 3/12} = 4.367$。

看涨期权的价值为 $20 \times 0.25 - 4.367 = 0.633$。

以上我们采用无套利的方法对期权进行定价，虽然原理简单，但是计算过程比较复杂，难以

将结果一般化。于是我们在这里引入风险中性定价法，其和无套利定价法在本质上是相同的。

风险中性定价法主要有三个步骤：

（1）求出风险中性概率 q；

（2）利用风险中性概率，求出两种状态下期权价值的期望值；

（3）将求出的期望值贴现到当前。

结合例题，首先求出风险中性概率 q，该概率使得未来股票价格期望值的贴现等于当前股票价格，于是可得

$$[22q + 18(1 - q)]e^{-0.12\times3/12} = 20$$

从而可以求出风险中性概率 $q = 65.23\%$。

接下来，利用风险中性概率，求出两种状态下看涨期权价值的期望值。

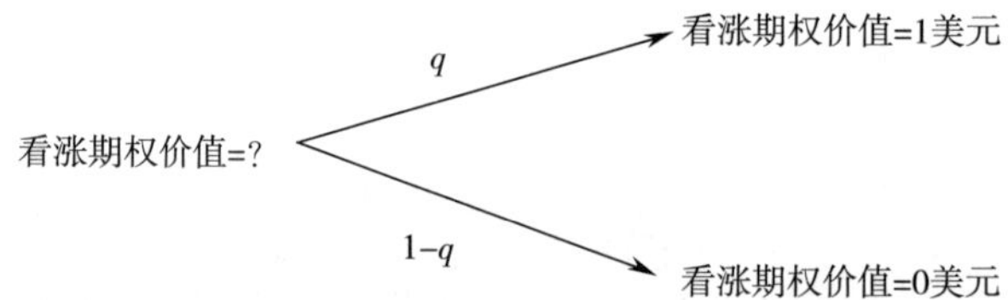

看涨期权的价值为 $1 \times q + 0 \times (1 - q) = 0.6523$。

最后，对求出的数值进行贴现，可得

$$C = 0.6523e^{-0.12\times3/12} = 0.633$$

（二）多期二项式模型的定价

要使二项式模型所得结果尽可能符合或接近实际，我们要将标的物价格变动的这一期间增加到两个或两个以上，从而使单期间模型变为多期间模型。

现在考虑在到期前有两个期间的看涨期权，假设标的股票的当前价格为 S，每期的时间跨度为 t，未来每期结束时，价格有两种可能的变化：要么上涨至原来的 u 倍（$u > 1$），要么下跌至原来的 d 倍（$0 < d < 1$）。根据这一假设，我们可以画出该股票的二叉树。

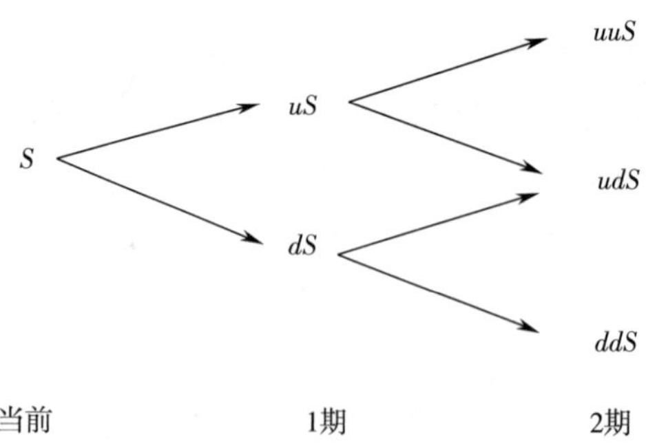

我们假设股价上涨的风险中性概率为 q，相应的下跌的风险为 $1 - q$，则

$$[q \times uS + (1 - q) \times dS]e^{-rt} = S$$

可得

$$q = \frac{e^{rt} - d}{u - d} \tag{6.23}$$

最后得到的风险中性概率与股票的价格 S 无关，只与无风险收益 r、上涨 u 和下降 d 的倍数，以及每期的时间跨度 t 有关。因此这里的风险中性概率可以应用于整个二叉树的各分支。

为了说明如何使用多期二项式模型对期权进行定价，我们通过【例 6.4】加以阐述。

✪【例 6.4】假设标的股票的当前价格为 100 美元，每期的时间跨度为 1 年。未来每期结束时，价格有两种可能的变化：要么上涨至原来的 1.1 倍，要么下跌至原来的 0.9 倍。当前距离期权到期还有两期，已知每期的无风险利率均为 5%。求：执行价格为 105 美元的欧式看涨期权的当前价格。

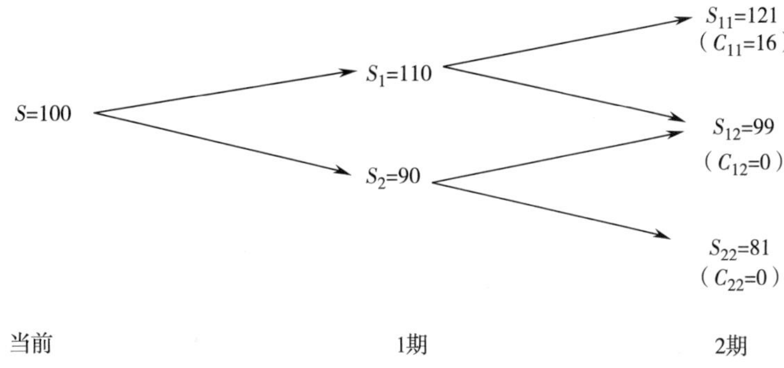

已知：$u=1.1$，$d=0.9$，$X=105$，$r=5\%$。可以计算出风险中性概率 q：

$$q=\frac{e^{rt}-d}{u-d}=\frac{e^{5\%\times 1}-0.9}{1.1-0.9}=0.756$$

接下来使用风险中性概率，结合第 2 期看涨期权的可能价值，计算第 1 期期权的价值：

$$C_1=[0.756\times 16+(1-0.756)\times 0]e^{-5\%\times 1}=11.51$$

$$C_2=0$$

最后使用第一期期权的价值 C_1 和 C_2，计算当前期权的价格：

$$C=[0.756\times 11.51+(1-0.756)\times 0]e^{-5\%\times 1}=8.27$$

我们通过【例 6.4】说明了如何对多期二项式模型进行求解，求解采用的方式是从期权的到期日开始，逐级往前递推，直到求解当前期权的价格为止。

第六节　期权价格的敏感性指标

在期权的交易中，特别是期权的套期保值交易中，我们不仅要知道各种影响因素的影响方向，更要知道它们的影响程度。为了解决这一问题，我们就需要对期权价格的敏感性作出分析。本节主要介绍期权价格对标的资产市场价格、波动率、到期时间和无风险利率的敏感程度，分别用 Delta/Gamma、Vega、Theta、Rho 五个常用希腊字母表示（见表 6－10）。所以期权价格的敏感性，也称为期权的希腊字母（Greeks），是指期权价格对其决定因素变动的敏感程度或反应程度。

表 6－10　期权的希腊字母

希腊字母	符号	风险因素	量化公式
Delta	Δ	标的证券价格变化	权利金变化/标的证券价格变化
Gamma	Γ	标的证券价格变化	Delta 变化/标的证券价格变化
Vega	v	波动率变化	权利金变化/波动率变化
Theta	Θ	到期时间变化	权利金变化/到期时间变化
Rho	ρ	利率变化	权利金变化/利率变化

一、Delta（Δ）

Delta，通常以希腊字母 Δ 表示，衡量的是标的证券价格变化对权利金的影响，即标的证券价格变化一个单位，权利金相应产生的变化。比如期权标的资产价格上升 1 美元，看涨期权价格上升 0.5 美元，则称该期权的 Delta 为 0.5。从理论上，Delta 准确的定义为期权价值对于标的证券价格的一阶偏导。

$$\Delta = \frac{\partial \text{期权价值}}{\partial S} \tag{6.24}$$

根据 Black－Scholes 期权定价公式 $C = SN(d_1) - Xe^{-r(T-t)}N(d_2)$，可得欧式看涨期权的 Delta 公式为

$$\Delta = N(d_1) \tag{6.25}$$

根据 Black－Scholes 期权定价公式 $P = Xe^{-r(T-t)}N(-d_2) - SN(-d_1)$，可得欧式看跌期权的 Delta 公式为

$$\Delta = N(d_1) - 1 \tag{6.26}$$

式中，$d_1 = \frac{\ln(S/X) + (r + \sigma^2/2)(T-t)}{\sigma\sqrt{T-t}}$，$N(\ )$ 为标准正态分布的累积密度函数。

由式（6.25）和式（6.26）可以得到：（1）期权的 Delta 取值介于－1 到 1 之间。也就是说标的证券价格变化的速度快于期权价值变化的速度；（2）看涨期权的 Delta 是正的，看跌期权的 Delta 是负的。即对于看涨期权，标的证券价格上升使得期权价值上升。对于看跌期权，标的证券价格上升使得期权价值下降。

二、Gamma（Γ）

我们用 Delta 度量了标的证券价格变化对权利金的影响，当标的证券价格变化不大时，这种估计是有效的。然而当标的证券价格变化较大时，仅仅使用 Delta 会产生较大的估计误差，此时需要引入另一个希腊字母 Gamma。Gamma 衡量的是标的证券价格变化对 Delta 的影响，即标的证券价格变化一个单位，期权 Delta 相应产生的变化。从数学的角度，Gamma 可以看作是期权标的物价格变动对期权价格的二阶偏导数，其数学表达式为

$$\Gamma = \frac{\partial^2 f}{\partial S^2} = \frac{\partial(\partial f/\partial S)}{\partial S} = \frac{\partial \Delta}{\partial S} \tag{6.27}$$

根据 Black－Scholes 公式 $C = SN(d_1) - Xe^{-r(T-t)}N(d_2)$，可得欧式看涨期权的 Gamma 公式

$$\Gamma = \frac{\partial^2 C}{\partial S^2} = \frac{\partial \Delta}{\partial S} = N'(d_1)\frac{\partial d_1}{\partial S} = \frac{N'(d_1)}{S\sigma\sqrt{T-t}} \tag{6.28}$$

类似地，可以得到欧式看跌期权的 Gamma 公式

$$\Gamma = \frac{\partial^2 P}{\partial S^2} = \frac{\partial \Delta}{\partial S} = N'(d_1)\frac{\partial d_1}{\partial S} = \frac{N'(d_1)}{S\sigma\sqrt{T-t}} \tag{6.29}$$

可见，所有属性均相等的欧式看涨期权和看跌期权，其 Gamma 值是相等的。

三、Vega（υ）

Vega 衡量的是标的证券波动率变化对权利金的影响，即波动率变化一个单位，权利金应该产生的变化（见图 6-6）。从理论上，Vega 准确的定义为期权价值对于标的证券波动率的一阶偏导。

$$\nu = \frac{\partial \text{期权价值}}{\partial \sigma} \tag{6.30}$$

根据 Black-Scholes 模型，可得欧式看涨期权和看跌期权的 Vega 是

$$\upsilon = \frac{\partial C}{\partial \sigma} = \frac{\partial P}{\partial \sigma} = S\sqrt{T-t}N'(d_1) \tag{6.31}$$

式中，$d_1 = \dfrac{\ln(S/X) + (r + \sigma^2/2)(T-t)}{\sigma\sqrt{T-t}}$，$N'(\ )$ 为正态分布的密度函数。

可见，所有属性均相同的看涨期权和看跌期权的 Vega 是相同的。

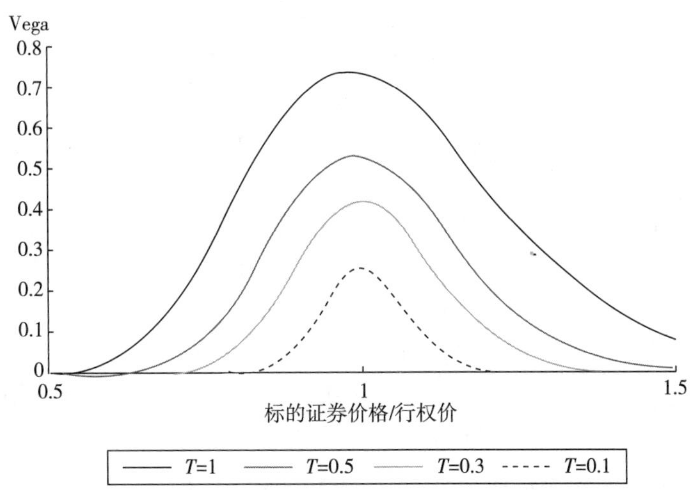

图 6-6　期权 Vega 与标的物价格变动、到期时间的关系曲线

如前所述，标的物价格的波动率对时间价值，从而对整个期权价格产生较大的影响。在其他因素不变时，波动率越大，期权价格越高；波动率越小，期权价格越低。所以如果就单一期权的多头而言，无论是看涨期权还是看跌期权，其 Vega 总是正的。但是，如就某一投资组合而言，其中既有期权的多头，又有期权的空头，相应组合的 Vega 既可能为正，也可能为负。

在期权的套期保值中，Vega 也是一个重要的敏感性指标。在 Black-Scholes 模型中，标的物价格的波动率被假设为一个已知的常数。但是这一假设并不符合实际。在实际生活中，人们通常是根据历史资料来对未来的波动率做出估计（历史波动率），或者通过求某种期权定价模型的反函数的方法来对未来的波动率做出估计（隐含波动率法），这些估计难免与实

际不符。于是，在期权交易中，人们将面临波动率发生不确定变动的风险，为回避这一风险，人们就必须通过各种途径来缩小整个期权头寸的 Vega，以使波动率变动可能造成的损失减到最小的程度。

四、Theta（Θ）

Theta 衡量的是到期时间变化对权利金的影响，即到期时间过去一个单位，权利金应该产生的变化。在一般情况下，期权价格将随着权利期间的缩短而下降，说明期权价格与权利期间呈同方向的变动关系。但是，根据惯例，Theta 一般表现为负值。这是因为，Theta 所代表的是期权价值随时间的推移而逐渐减少的程度。时间价值与期权之剩余期限的长短并不呈现线性关系。随着剩余期限的缩短，尤其是到期日的临近，时间价值将以越来越快的速度消减。根据这一特性可知，一般情况下，期权的剩余期限（$T-t$）越长，其 Theta 的绝对值越小；剩余期限越短，其 Theta 的绝对值越大。从理论上，Theta 的定义为期权价值对于到期时间变化的一阶偏导。

$$\Theta = \frac{\partial \text{期权价值}}{\partial T} \tag{6.32}$$

根据 Black – Sholes 定价公式，可以得到欧式看涨期权和看跌期权的 Theta 值分别为

$$\Theta_C = \frac{\partial C}{\partial \mathrm{t}} = -\frac{SN'(d_1)\sigma}{2\sqrt{T-t}} - rX\mathrm{e}^{-r(T-t)}N(d_2) \tag{6.33}$$

$$\Theta_P = \frac{\partial P}{\partial t} = -\frac{SN'(d_1)\sigma}{2\sqrt{T-t}} + rX\mathrm{e}^{-r(T-t)}N(-d_2) \tag{6.34}$$

式中，$d_1 = \frac{\ln(S/X) + (r+\sigma^2/2)(T-t)}{\sigma\sqrt{T-t}}$，$d_2 = \frac{\ln(S/X) + (r-\sigma^2/2)(T-t)}{\sigma\sqrt{T-t}}$，$N(\ )$ 为标准正态分布的累积密度函数，$N'(\ )$ 为标准正态分布的密度函数。

由公式可知，Theta 的大小不仅取决于期权剩余期限的长短，还取决于标的物价格、执行价格以及标的物价格的波动率。在其他条件一定的情况下，当期权为平值期权时，其Theta 的绝对值最大。之所以这样，主要是因为期权处于平值时时间价值最大。在其他条件一定的情况下，波动率越小，Theta 的绝对值越小；波动率越大，Theta 的绝对值越大。

五、Rho（ρ）

Rho 衡量的是利率变化对权利金的影响，即利率变化一个单位，权利金相应产生的变化。从理论上，Rho 定义为期权价值对于利率的一阶偏导，其表达式为

$$\rho = \frac{\partial \text{期权价值}}{\partial r} = \frac{\partial f}{\partial r} \tag{6.35}$$

如前所述，在一般情况下，无风险利率与看涨期权呈正相关关系，与看跌期权呈负相关关系。所以看涨期权的 Rho 一般为正值，看跌期权的 Rho 一般为负值。

根据 Black – Scholes 定价公式，可得欧式看涨期权和看跌期权的 Rho 分别为

$$\rho_C = XT\mathrm{e}^{-r(T-t)}N(d_2) \tag{6.36}$$

$$\rho_P = -XT\mathrm{e}^{-r(T-t)}N(-d_2) \tag{6.37}$$

式中，$d_2 = \frac{\ln(S/X) + (r-\sigma^2/2)(T-t)}{\sigma\sqrt{T-t}}$，$N(\ )$ 为标准正态分布的累积密度函数。

由于 Rho 反映了期权价格对无风险利率的敏感程度，因而在利率变化比较频繁的条件下，Rho 是一个比较重要的敏感性指标，在期权的套利和投机中，是尤为重要的。

六、希腊字母的应用

每一个希腊值刻画了某个特定风险，如果期权价格对某一参数的敏感性为零，则该参数变化时给期权带来的价格风险就为零。实际上，当我们运用期权给其标的资产或其他期权进行套期保值时，一种较常用的方法就是分别算出保值工具与保值对象两者的价值对一些共同的变量（如标的资产价格、时间、标的资产价格的波动率、无风险利率等）的敏感性，然后建立适当数量的证券头寸，组成套期保值组合，使组合中的保值工具与保值对象的价格变动能相互抵消，也就是说让套期保值组合对该参数变化的敏感性变为零，这样就能起到消除相应风险的套期保值的目的。

一个同标的资产组合的希腊字母为其各个部分的希腊字母之和。当一个资产组合的希腊字母为0，组合将不受相应市场因素的影响，损益是被锁定的，可以认为组合在这个因素上是无风险的。

✪【例 6.5】上证 50ETF 现价为 1.800 元，行权价为 1.900 元，6 个月后到期的看涨期权，权利金为 0.073 元。行权价格为 1.900 元，6 个月后到期的看跌期权，权利金为 0.140 元。无风险利率为 3.5%，上证 50ETF 波动率为 20%。

构建资产组合 A：买入一手看跌期权，卖空一手看涨期权，买入 10 000 股上证 50ETF。则组合 A 的希腊字母如下：

希腊字母	组合 A	一手看涨期权	一手看跌期权	10 000 股 ETF
Delta	0	-4 255	-5 745	10 000
Gamma	0	-15 398	15 398	0
Vega	0	-4 989	4 989	0
Theta	653	1 240	-587	0
Rho	-9 335	-3 463	-5 872	0

组合 A 的成本由看涨期权空头、看跌期权多头、上证 50ETF 构成

$$成本 = 10\,000 \times [-0.073 + 0.140 + 1.8] = 18\,670\ (元)$$

组合 A 的到期收益由看涨期权多头、看跌期权空头、ETF 构成

$$到期收益 = 10\,000 \times [-\max(S_T - X, 0) + \max(X - S_T) + S_T]$$

$$= 10\,000 \times X = 19\,000(元)$$

组合 A 的价值为到期收益现值

$$组合收益的现值 = 19\,000 \times e^{-3.5\% \times 0.5} = 18\,670(元)$$

本章小结

本章主要介绍了期权的基本概念、种类、盈亏分析、价格特征、期权的定价以及期权价格的敏感性指标。期权因赋予持有人的权利不同、执行权利的时间不同、交易场所不同、标的资产不同等可以分为多种类型。所有的期权和期权组合都能画

出盈亏分布图。期权价值等于内在价值和时间价值之和，影响期权价值的因素主要包括：标的资产当前市场价格，期权的执行价格，期权合约的有效期限，标的资产价格的波动性，无风险利率与标的资产的收益等。欧式看涨期权和看跌期权价格之间满足 Put - call Parity 平价关系。期权可以采用 Black - Scholes 模型和二项式模型进行定价。期权价格的敏感性反映了期权价格随影响因素的变化关系，主要包括Delta、Gamma、Vega、Theta 和 Rho。

重点概念

期权（Option） 期权费 看涨期权（Call Option） 看跌期权（Put Option） 欧式期权 美式期权 场内期权（Exchange - Traded Options） 场外期权（Over - The - Counter Options，OTC Option） 期权的内在价值（Intrinsic Value） 期权的时间价值（Time Value） 实值期权 虚值期权 平值期权 期权价格的敏感性 Delta（Δ） Gamma（Γ） Vega（ν） Theta（Θ） Rho（ρ）

思考与练习

一、选择题

1. 期权合约中约定买方有权买入或卖出标的资产的价格称为（ ）。

A. 期权价格　　B. 行权价

C. 交易价格　　D. 成本价格

2. 下列关于看涨期权的说法，不正确的是（ ）。

A. 看涨期权是一种买权

B. 当到期时，买方才可以行权

C. 期权如果过期未被执行，则不再具有价值

D. 看涨期权买方到期日价值 = max（标的资产价格 - 行权价，0）

3. 欧式期权和美式期权的主要区别在于（ ）。

A. 两者的行权时间不同　　B. 两者的交易场所不同

C. 两者的保证金制度不同　　D. 两者的合约月份不同

4. 对期权的行权时间而言，能够在到期日之前行权的是（ ）。

A. 实值期权　　B. 欧式期权

C. 美式期权　　D. 虚值期权

5. 在期货与期权交易中，哪一方不需要缴纳保证金？（ ）。

A. 期货买方　　B. 期货卖方

C. 期权买方　　D. 期权卖方

6. 下列关于期权到期日价值的表达式中，不正确的是（ ）。

A. 多头看涨期权到期日价值 = max（标的资产价格 - 行权价，0）

B. 空头看涨期权到期日价值 = －max（行权价－标的资产价格，0）

C. 多头看跌期权到期日价值 = max（行权价－标的资产价格，0）

D. 空头看跌期权到期日价值 = －max（行权价－标的资产价格，0）

7. 下列期权中，时间价值最大是（　　）。（假设无风险利率为0）

A. 行权价为12的看涨期权，其权利金为2，标的资产的价格为13.5

B. 行权价为23的看涨期权，其权利金为3，标的资产的价格为23

C. 行权价为15的看跌期权，其权利金为2，标的资产的价格为14

D. 行权价为7的看跌期权，其权利金为2，标的资产的价格为8

8. 其他条件不变，看涨期权理论价值随行权价格的上升而（　　）、看跌期权理论价值随行权价格的上升而（　　）。

A. 下降、上升　　B. 下降、下降

C. 上升、下降　　D. 上升、上升

9. 股票看跌期权的Delta值通常介于（　　）。

A. －1与1之间　　B. －1与0之间

C. －0.5与0.5之间　　D. 0与1之间

10. 股票看跌期权的Delta为－0.3，在其他条件一定的情况下，股票价格若下跌1元，看跌期权价格会（　　）。

A. 上涨0.7元　　B. 下跌0.7元

C. 上涨0.3元　　D. 下跌0.3元

二、简答题

1. 比较期权与期货的联系与区别。

2. 什么是实值期权与虚值期权？

3. 简要说明影响期权价格的各个因素以及影响方向，并说明其原因。

4. Black－Scholes模型的假设条件有哪些？

5. 二项式定价模型的定价原理是什么？

三、计算题

1. 假设市场上股票价格 $S=20$ 元，执行价格 $X=18$ 元，$r=10\%$，$T=1$ 年。如果市场报价欧式看涨期权的价格是3元，试问存在无风险的套利机会吗？如果有，如何套利？

2. 股票价格为50美元，无风险年利率为10%，一个基于这个股票、执行价格都为40美元的欧式看涨期权和欧式看跌期权价格相差7美元，都将于6个月后到期。这其中是否存在套利机会？如果有，应该如何进行套利？

3. 某不支付红利的股票的当前价格为20美元，3个月后的价格可能是25美元或者是16美元，无风险年利率为12%，请计算这只股票执行价格 $X=20$ 美元、有效期 $T-t=3$ 个月的欧式看跌期权的当前价格 P。

4. 股票现价100美元。有2个连续时间步，每个时间步的步长为6个月，每个单步二叉树预期上涨10%或者下跌10%。无风险年利率为8%（按连续复利计）。则执行价格为100美元、1年期的欧式看涨期权的价值是多少？

四、证明题

1. 假设 C_1、C_2和 C_3分别是三个到期时间相同、协议价格分别是 K_1、K_2和 K_3的欧式看涨期权价格，且满足$K_3 > K_2 > K_1$ 和$K_3 - K_2 = K_2 - K_1$，试证明：

$$c_2 \leqslant \frac{1}{2} \times (c_1 + c_3)$$

2. 试证明有收益资产美式期权满足如下公式：

$$S - D - X \leqslant c - p \leqslant S - D - Xe^{-r(T-t)}$$

五、案例分析

案例一

假设一家美国出口商向德国出口商品，并将于 3 个月后收入一笔欧元。目前美元兑欧元的市场汇率是 0.82，如果在 3 个月后美元兑欧元的汇率大幅上升，那么到时收入的欧元折成美元将无法弥补其出口成本，会给出口商造成损失。因此，出口商要对这一汇率风险进行控制。根据出口商对外汇市场的分析，他认为在 3 个月内美元汇率很可能上升。

请问这家公司可以采取哪些金融工程的工具进行风险规避？对比分析这些工具的优缺点。

案例二

珍尼是某公司的经理，其获得了 10 000 股公司股票作为退休补偿金。股票现价为 40 美元/股，珍尼想在下一纳税年度才出售该股票。但在 10 月，他需要将其所持有的股票全部售出以支付其新居费用。珍尼很担心到 10 月时股票价格会下跌。按现价，他可以获得400 000 美元。但如果其所持股票跌至 350 000 美元以下，他就会面临无法支付住宅款项的困境。如果股票上升至 450 000 美元，他就可以在付清房款后仍结余一小笔现金。珍尼考虑以下三种投资策略。

策略 A：按执行价格 45 美元卖出计算机科学公司股票 10 月的看涨期权（100 份，每份 100 股股票，下同）。这类看涨期权现售价为 3 美元。

策略 B：按执行价格 35 美元买入计算机科学公司股票 10 月的看跌期权。这类看跌期权现售价 3 美元。

策略 C：构建一零成本的期权组合策略，卖出 10 月的看涨期权（执行价格 45 美元），买入 10 月的看跌期权（执行价格 35 美元）。

根据珍尼的投资目标，分别评价三种策略各自的利弊是什么？你会建议选哪一种？

主要参考文献

[1] 赫尔．期权、期货及其他衍生产品（原书第 11 版）［M］．王勇，索吾林，张翔，译．北京：机械工业出版社，2023.

[2] 郑振龙，陈蓉．金融工程（第五版）［M］．北京：高等教育出版社，2020.

[3] 张金林，李志生．金融工程学［M］．北京：高等教育出版社，2015.

[4] 方杰．金融工程学［M］．厦门：厦门大学出版社，2015.

［5］李健元，李刚．金融工程学（第二版）［M］．大连：东北财经大学出版社，2016.

［6］王明涛．金融工程学［M］．上海：上海财经大学出版社，2015.

［7］林清泉．金融工程（第五版）［M］．北京：中国人民大学出版社，2022.

［8］王楚天．美国发展期权产品的经验借鉴及政策启示［J］．全国流通经济，2021（34）：138－140.

第七章
期权的组合策略

本章学习目标

通过本章的学习，了解期权的组合策略，并掌握其具体交易策略、适用情形以及损益状况。主要的期权组合策略包括分跨期权组合策略、宽跨期权组合策略、日历差价期权组合策略、倒置日历差价期权组合策略、牛市差价期权组合策略、熊市差价期权组合策略、对角进出差价期权组合策略以及叠做（粘连）差价期权组合策略、逆叠做（剥离）差价期权组合策略、三明治差价期权组合策略、蝶形差价期权组合策略。

知识结构图

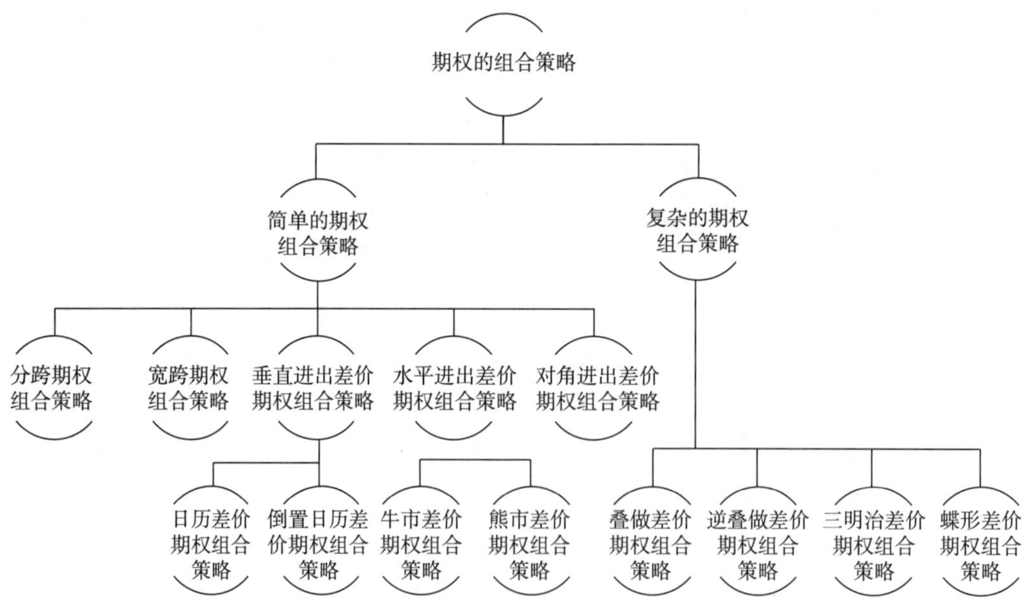

第一节　简单的期权组合策略

期权交易的精妙之处就在于，可以通过不同的组合策略构成众多具有不同盈亏区间、不同盈亏分布特征、不同潜在盈利可能的期权组合。投资者可以根据各自对未来标的资产现货价格概率分布的预期，以及各自的风险—收益偏好，选择最适合自己的期权组合。构造期权组合的主要动机是减少风险和降低成本，锁住盈利或者损失。一旦期权的组合被选定，在减少风险和降低成本的同时，实际上也确定了期权组合的盈亏特征。

一、分跨期权组合策略

分跨期权组合（Straddle）又被称为双向期权组合，是由相同股票、相同期限、相同行使价格、相同份数的买权与卖权所组成。

（一）分跨期权组合的多头

交易策略：买入 1 份买权，再买入相同股票、相同期限、相同行使价格的 1 份卖权。

预期市场走势：中性市场或波动率增大，市场走势方向不明，预期波动率将增大。

设 t 时刻的股票价格为 S，以 C 的期权费买入 1 股股票的买权，以 P 的期权费买入 1 股股票的卖权，期权的执行价格为 X。则分跨期权组合多头的损益方程如下：

$$Payoff = \max(S - X,0) - C + \max(X - S,0) - P = \begin{cases} X - S - C - P, S \leqslant X \\ S - X - C - P, S > X \end{cases}$$

其具体损益如图 7 – 1 所示。

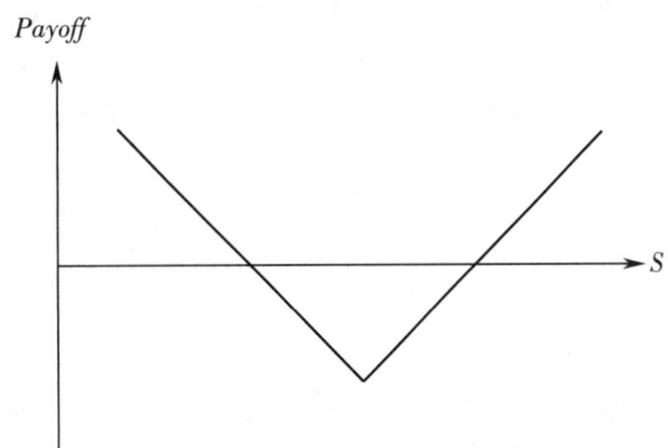

图 7 – 1　分跨期权组合多头的损益

分跨期权的多头往往是那些认为股票价格波动会比较大的投资者。在期权有效期内，只要有较大的行情变动，无论股票价格向哪个方向变化，都可以行使期权而获利。当股票价格上涨达到一定幅度时，他可以通过了结期权组合中的买权而获利，当股票价格下跌达到一定幅度时，他又可以通过了结期权组合中的卖权而获利。

如果在期权有效期内，股票的价格不会发生较大的变化时，也即碰上盘整行情时，期权的价格都会下跌，因为从事期权交易没有什么获利的空间，就此遭受损失。

✪【例 7.1】DELL 公司股票现价为 40 美元，如果某投资者认为在近期内该公司的股票将会有较大幅度的涨跌，但是市场走势方向不明。他可以选择买入 1 份 9 月期协定价格为 40 美元的买权，期权费为 1.45 美元，同时买入 1 份 9 月期协定价格为 40 美元的卖权，期权费为 0.85 美元。股价变化为多少时，投资者将获利？

可以算得两个盈亏平衡点为

$$UBE = 40 + 1.45 + 0.85 = 42.3$$

$$DBE = 40 - 1.45 - 0.85 = 37.7$$

无论是股价涨过 42.3 美元，还是跌过 37.7 美元，该投资者都能获得正的收益。只有股价变化不大时，他才是亏损的，最大亏损为 1.45 + 0.85 = 2.3 美元。

（二）分跨期权组合的空头

交易策略：卖出 1 份买权，再卖出相同股票、相同期限、相同行使价格的 1 份卖权。

预期市场走势：中性市场或波动率减少。股票价格在一段时期里不会出现大幅的涨跌，预期波动率将减少。

分跨期权组合空头的损益方程如下：

$$Payoff = C - \max(S - X,0) + P - \max(X - S,0) = \begin{cases} S - X + C + P, S \leqslant X \\ X - S + C + P, S > X \end{cases}$$

其具体损益如图7－2所示。

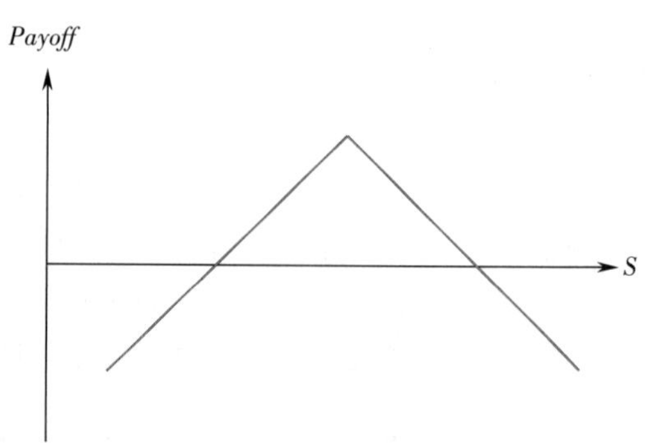

图7－2　分跨期权组合空头的损益

与多头相反，分跨期权组合的空头往往是那些认为股票价格波动不会很大的投资者，在期权有效期内，如果股票的价格不会发生很大的变化，也即碰上盘整行情时，期权的价格都会下跌，因为从事期权交易没有什么获利空间，因此，分跨期权组合的空头可以在低价位补进期权而获利。

如果股票的价格上升，那么卖权的价格就会随之下降，此时，分跨期权组合的空头可以低价补进卖权而获利。如果股票的价格下降，那么买权的价格就会随之下降，此时，分跨期权组合的空头可以低价补进买权而获利。

如果在期权有效期内股票的价格既曾有过上升又曾有过下降的话，那么，分跨期权的空头可以获得更多的盈利。当然，如果在期权有效期内股票价格出现较大的行情变动，则期权的价格就会上升。此时，分跨期权组合的空头只能等待股票价格有利于自己时才能了结获利。如果没有了结机会的话，就会遭受损失。

✪【例7.2】DELL公司股票现价为40美元，如果某投资者认为在近期内该公司的股票涨跌幅度不大，他可以选择卖出1份9月期协定价格为40美元的买权，期权费为1.45美元，同时卖出1份9月期协定价格为40美元的卖权，期权费为0.85美元。股价变化为多少时，投资者将获利？

可以算得两个盈亏平衡点为

$$UBE = 40 + 1.45 + 0.85 = 42.3$$

$$DBE = 40 - 1.45 - 0.85 = 37.7$$

股价处于37.7美元和42.3美元之间时，该投资者能获得正的收益，最大收益为1.45＋0.85 ＝2.3美元。

二、宽跨期权组合策略

宽跨期权组合（Strangle）是由相同股票、相同期限、不同行使价格、相同份数的买权与卖权所组成。

（一）宽跨期权组合的多头

交易策略：买入1份买权，再买入相同股票、相同期限、不同行使价格的1份卖权。

预期市场走势：中性市场或波动率增大。交易者预期市场将有大幅波动，但不确定其方向。该交易策略中，盈利需要比多头分跨式套利更大的波动幅度。

根据买入卖出的期权价格的不同，可以构造出两种宽跨差价期权组合。

1. 所购买的买权的行使价格小于卖权的行使价格。

2. 所购买的买权的行使价格大于卖权的行使价格。

设买权的执行价格为 X_1，卖权的执行价格为 X_2，不妨设 $X_1 < X_2$，则宽跨期权组合多头的损益方程如下：

$$Payoff = \max(S - X_1, 0) - C + \max(X_2 - S, 0) - P = \begin{cases} X_2 - S - C - P, S \leqslant X_1 \\ -X_1 + X_2 - C - P, X_1 < S \leqslant X_2 \\ S - X_1 - C - P, S > X_2 \end{cases}$$

其具体损益如图 7-3 所示。

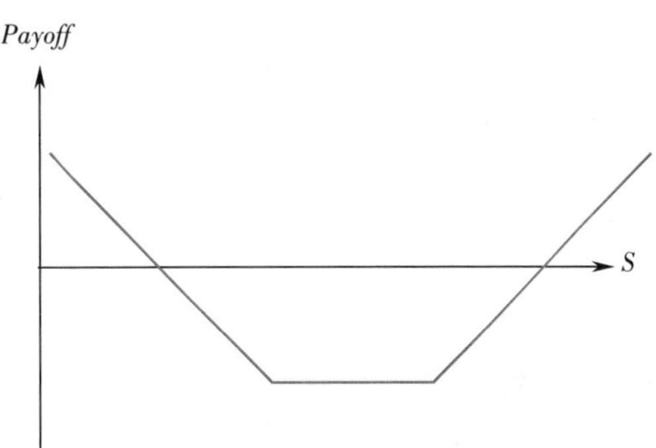

图 7-3　宽跨期权组合多头的损益

宽跨期权的多头也往往是那些认为股票价格波动会较大的投资者。在期权有效期内，只要有较大的行情变动，无论股票价格向哪个方向变动，都可以行使期权而获利。当股票价格上涨达到一定幅度时，他可以从了结期权组合中的买权获利；而当股票价格下跌达到一定幅度时，他又可以从了结期权组合中的卖权获利。

如果在期权有效期内，股票的价格不会发生较大的变化时，也即碰上盘整行情时，期权的价格都会下跌，因为从事期权交易没有什么获利的空间，就此遭受损失。

【例 7.3】 DELL 公司股票现价为 40 美元，如果某投资者认为在近期内该公司的股票会有较大幅度的涨跌，但是市场走势不明。他可以选择如下两种策略。

1. 买入 1 份 9 月期协定价格为 40 美元的股票买权，期权费 1.45 美元，同时买入 1 份 9 月期协定价格为 45 美元的卖权，期权费为 3.7 美元。

此时，可以算得两个盈亏平衡点为

$$UBE = 40 + 1.45 + 3.7 = 45.15$$

$$DBE = 45 - 1.45 - 3.7 = 39.85$$

无论是股价涨过 45.15 美元，还是跌过 39.85 美元，该投资者都能获得正的收益。只有股价变化不大时，他才是亏损的，最大亏损为 1.45 + 3.7 = 5.15 美元。

2. 买入 1 份 9 月期协定价格为 45 美元的股票买权，期权费 0.1 美元，同时买入 1 份 9 月期协定价格为 40 美元的卖权，期权费为 0.85 美元。

此时，可以算得两个盈亏平衡点为

$$UBE = 45 + 0.1 + 0.85 = 45.95$$

$$DBE = 40 - 0.1 - 0.85 = 39.05$$

无论是股价涨过 45.95 美元，还是跌过 39.05 美元，该投资者都能获得正的收益。只有股价变化不大时，他才是亏损的，最大亏损为 0.1 + 0.85 = 0.95 美元。

由具体的数据可见，从投资者所要付出的成本来看，组合 2 要比组合 1 更便宜，因为对于买权来说，其行使价格越高，其价格就越便宜，而对于卖权来说，其行使价格越低，其价格就越便宜。而从盈利空间上来说，则组合 1 要比组合 2 更有优势。

（二） 宽跨期权组合的空头

交易策略：卖出 1 份买权，再卖出相同股票、相同期限、不同行使价格的 1 份卖权。

预期市场走势：中性市场或波动率减小。交易者预期市场不会有大幅波动和波动率将减小。该交易策略较为谨慎，其获利的价格区间比空头分跨式套利大，但其最大潜在收益比空头分跨式套利要少。

根据期权价格的不同，同样可以构造出两种宽跨差价期权组合。

1. 所卖出的买权的行使价格小于卖权的行使价格的组合。

2. 所卖出的买权的行使价格大于卖权的行使价格的组合。

宽跨期权组合空头的损益方程如下：

$$Payoff = C - \max(S - X_1, 0) + P - \max(X_2 - S, 0) = \begin{cases} S - X_2 + C + P, S \leqslant X_1 \\ X_1 - X_2 + C + P, X_1 < S \leqslant X_2 \\ X_1 - S + C + P, S > X_2 \end{cases}$$

其具体损益如图 7－4 所示。

与多头相反，宽跨期权组合的空头往往是那些认为股票价格波动不会很大的投资者。在期权有效期内，如果股票的价格不会发生比较大的变化，也即碰上盘整行情时，期权的价格会下跌，因为从事期权交易没有什么获利空间。所以，宽跨期权组合的空头可以低价补进买权而获利。

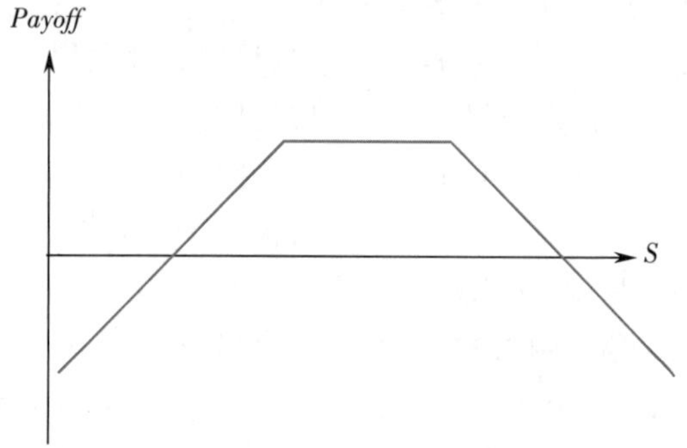

图 7－4　宽跨期权组合空头的损益

如果股票的价格上升，那么卖权的价格就会随之下降，此时，宽跨期权组合的空头可以低价补进卖权而获利。如果股票的价格下降，那么买权的价格就会随之下降，此时宽跨期权组合的空头可以低价补进买权而获利。

如果在期权有效期内股票的价格既曾有过上升又曾有过下降的话，那么，宽跨期权的空头可以获得更多的盈利。当然，如果在期权有效期内股票价格出现较大的行情变动，则期权的价格就会上升。此时，宽跨期权组合的空头只能等待股票价格有利于自己时才能了结获利。如果没有了结机会的话，就会遭受损失。

✪【例 7.4】DELL 公司股票现价为 40 美元，如果某投资者认为在近期内该公司的股票涨跌幅度不大。他可以选择如下两种策略。

1. 卖出 1 份 9 月期协定价格为 40 美元的股票买权，期权费收入 1.45 美元，同时卖出 1 份 9 月期协定价格为 45 美元的卖权，期权费收入为 3.7 美元。

此时，可以算得两个盈亏平衡点为

$$UBE = 40 + 1.45 + 3.7 = 45.15$$

$$DBE = 45 - 1.45 - 3.7 = 39.85$$

股价处于 39.85 美元和 45.15 美元之间时，该投资者都能获得正的收益，最大收益为

1.45 +3.7 =5.15 美元。

2. 卖出1份9月期协定价格为45美元的股票买权，期权费0.1美元，同时卖出1份9月期协定价格为40美元的卖权，期权费为0.85美元。

此时，可以算得两个盈亏平衡点为

$$UBE = 45 + 0.1 + 0.85 = 45.95$$

$$DBE = 40 - 0.1 - 0.85 = 39.05$$

股价处于39.05美元和45.95美元之间时，该投资者都能获得正的收益，最大收益为0.1 +0.85 =0.95美元。

从盈利空间上来说，则组合1要比组合2更有优势。

三、垂直进出差价期权组合策略

垂直进出差价期权组合是由2份相同股票、相同期限、不同协定价格的2份期权所组成。我们把这种到期日相同，而协定价格不同的期权组合方式叫垂直型差价组合。

（一）垂直进出差价期权组合的多头（牛市差价期权组合）

垂直进出差价期权组合的多头，又称为牛市差价，其基本原则是行使价格的买低卖高。既可以通过买入较低执行价格的看涨期权和卖出较高执行价格的看涨期权构造而成，也可以通过买入较低执行价格的看跌期权和卖出较高执行价格的看跌期权构造而成。

1. 由买权所构造的牛市差价期权组合

交易策略：买入1份行使价格相对较低的买权，再卖出1份行使价格相对较高的买权。

预期市场走势：牛市或波动率中性。套利者通过卖出买权获得的权利金收入降低买入买权的成本，这样比单独买入买权的成本要低。如果标的物价格上涨，套利者将获得有限的收益，反之，套利者承担有限的损失。

设买入的买权执行价格为 X_1，卖出的买权执行价格为 X_2，且 $X_1 < X_2$，$C_1 > C_2$。则由买权所构造的牛市差价的损益方程如下：

$$Payoff = \max(S - X_1, 0) - C_1 + C_2 - \max(S - X_2, 0) = \begin{cases} -C_1 + C_2, S \leqslant X_1 \\ S - X_1 - C_1 + C_2, X_1 < S \leqslant X_2 \\ X_2 - X_1 - C_1 + C_2, S > X_2 \end{cases}$$

其具体损益如图7－5所示。

如果股票价格表现良好，即价格上涨并高于组合中较高的执行价格时，牛市差价收益为两个执行价格的差，即 $X_2 - X_1$；如果在到期日股票价格介于两个执行价格之间，牛市差价的收益为 $S - X_1$；如果在期权到期日时，股票价格低于较低的执行价格，牛市差价的收益为0。三种情况下，都存在一个初始成本 $C_2 - C_1$。牛市差价限制了投资者的收益但同时也控制了损失的风险。

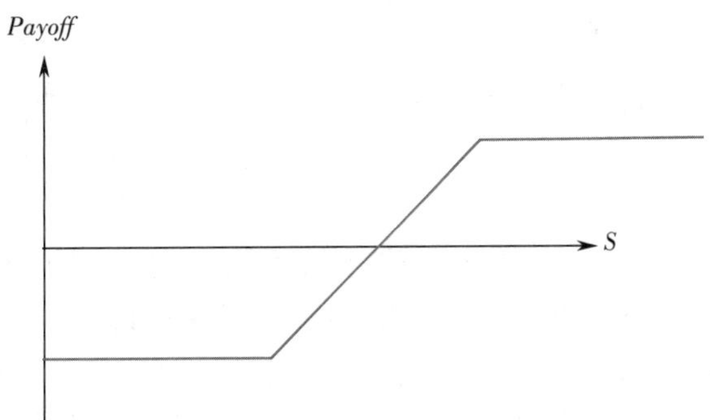

图7－5　由买权所构造的牛市差价的损益

✪【例7.5】某投资者以3美元的价格买入一个执行价格为30美元的看涨期权并同时以1美元的价格卖出一个执行价格为35美元的看涨期权。如果股票价格高于35美元，这一牛市差价的收益为5美元；如果股票价格低于30美元，牛市差价的收益为0；如果股票价格介于30~35美元，牛市差价的收益为股票价格与30美元的差。这一牛市差价策略的成本为3－1＝2美元。其损益如表7－1所示。

表7－1　牛市价差策略的损益

股票价格范围	损益
$S \leqslant 30$	-2
$30 < S \leqslant 35$	$S-32$
$S > 35$	3

2. 由卖权所构造的牛市差价期权组合

交易策略：买入1份行使价格相对较低的卖权，再卖出1份行使价格相对较高的卖权。

预期市场走势：牛市或波动率中性。套利者通过买入卖权来降低卖出卖权可能遭受的损失，这样比单独卖出卖权的风险要低。如果标的物价格上涨，套利者将获得有限的收益；反之，套利者承担有限的损失。

设买入的卖权执行价格为 X_1，卖出的卖权执行价格为 X_2，且 $X_1 < X_2$，$P_1 < P_2$。则由卖权所构造的牛市差价的损益方程如下：

$$Payoff = \max(X_1 - S,0) - P_1 + P_2 - \max(X_2 - S,0) = \begin{cases} X_1 - X_2 - P_1 + P_2, S \leqslant X_1 \\ S - X_2 - P_1 + P_2, X_1 < S \leqslant X_2 \\ -P_1 + P_2, S > X_2 \end{cases}$$

其具体损益如图7－6所示。

如果股票价格表现良好，即价格上涨并高于组合中较高的执行价格时，牛市差价收益为0；如果在到期日股票价格介于两个执行价格之间，牛市差价的收益为 $S-X_2$；如果在期权到期日时，股票价格低于较低的执行价格，牛市差价的收益为两个执行价格的差，即 X_1-X_2。三种情况下，都存在一个初始收入 P_2-P_1。采用卖权构造牛市垂直价差，初始的构造成本是净现金流入；而采用买权构造牛市垂直价差，初始的构造成本是净现金支出。

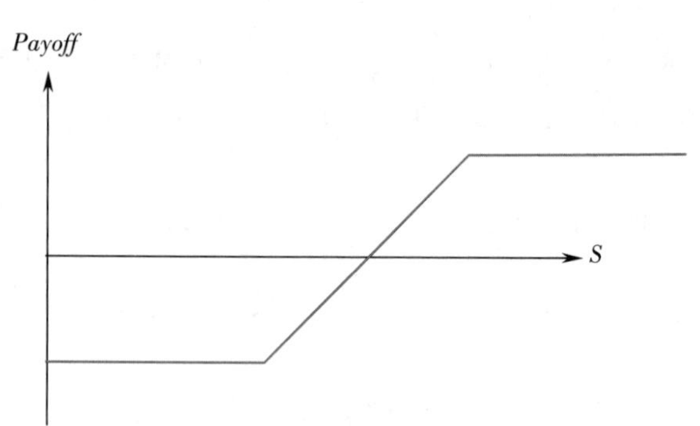

图7－6　由卖权所构造的牛市差价的损益

（二）垂直进出差价期权组合的空头（熊市差价期权组合）

垂直进出差价期权组合的空头，又称为熊市差价，其基本原则是行使价格的买高卖低。既可以通过买入较高执行价格的看涨期权和卖出较低执行价格的看涨期权构造而成，也可以通过买入较高执行价格的看跌期权和卖出较低执行价格的看跌期权构造而成。

1. 由买权所构造的熊市差价期权组合

交易策略：卖出1份行使价格相对较低的买权，再买入1份行使价格相对较高的买权。

预期市场走势：熊市或波动率中性。套利者预期市场将下跌，因此卖出买权以获得权利金收入，但为了预防市场上涨的风险，买入高履约价格的买权作为保护。如果标的物价格下跌，套利者将获得有限的收益，反之，套利者承担有限的损失。

设买入的买权执行价格为 X_2，卖出的买权执行价格为 X_1，且 $X_1 < X_2$，$C_1 > C_2$。则由买权所构造的熊市差价的损益方程如下：

$$Payoff = \max(S - X_2, 0) - C_2 + C_1 - \max(S - X_1, 0) = \begin{cases} C_1 - C_2, S \leqslant X_1 \\ X_1 - S + C_1 - C_2, X_1 < S \leqslant X_2 \\ X_1 - X_2 + C_1 - C_2, S > X_2 \end{cases}$$

其具体损益如图 7－7 所示。

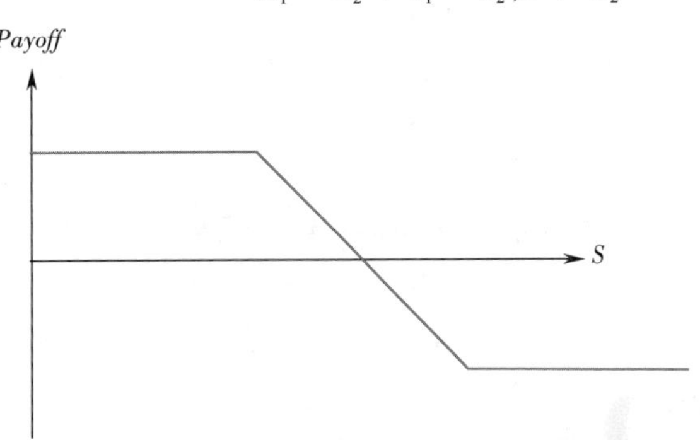

图 7－7　由买权所构造的熊市差价的损益

如果股票价格表现良好，即价格上涨并高于组合中较高的执行价格时，熊市差价收益为两个执行价格的差，即 $X_1 - X_2$；如果在到期日股票价格介于两个执行价格之间，熊市差价的收益为 $X_1 - S$；如果在期权到期日时，股票价格低于较低的执行价格，熊市差价的收益为0。三种情况下，都存在一个初始收益 $C_1 - C_2$。与牛市差价相似，熊市差价限制了投资者的收益但同时也控制了损失的风险。

2. 由卖权所构造的熊市差价期权组合

交易策略：买入 1 份行使价格相对较高的卖权，再卖出 1 份行使价格相对较低的卖权。

预期市场走势：熊市或波动率中性。套利者通过卖出卖权获得的权利金收入来降低买入卖权的成本，这样比单独买入卖权的成本要低。如果标的物价格下跌，套利者将获得有限的收益；反之，套利者承担有限的损失。

设买入的卖权执行价格为 X_2，卖出的卖权执行价格为 X_1，且 $X_1 < X_2$，$P_1 < P_2$。则由卖权所构造的熊市差价的损益方程如下：

$$Payoff = \max(X_2 - S, 0) - P_2 + P_1 - \max(X_1 - S, 0) = \begin{cases} X_2 - X_1 + P_1 - P_2, S \leqslant X_1 \\ X_2 - S + P_1 - P_2, X_1 < S \leqslant X_2 \\ P_1 - P_2, S > X_2 \end{cases}$$

其具体损益如图 7－8 所示。

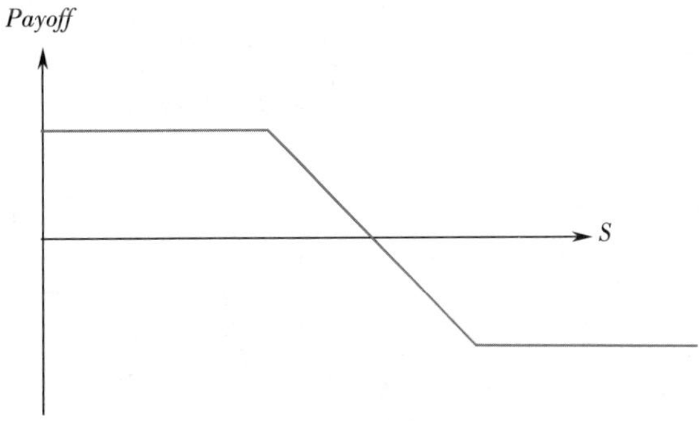

图 7－8　由卖权所构造的熊市差价的损益

如果股票价格表现良好，即价格上涨并高于组合中较高的执行价格时，熊市差价收益为0；如果在到期日股票价格介于两个执行价格之间，熊市差价的收益为 $X_2 - S$；如果在期权到期日时，股票价格低于较低的执行价格，熊市差价的收益为两个执行价格的差，即 $X_2 - X_1$。三种情况下，都存在一个初始成本 $P_1 - P_2$。采用卖权构造熊市垂直价差，初始的构造成本是净现金支出；而采用买权构造熊市垂直价差，初始的构造成本是净现金流入。

✪【例 7.6】投资者以 3 美元的价格买入执行价格为 35 美元的看跌期权，并以 1 美元的价格卖出了执行价格为 30 美元的看跌期权。如果股票价格高于 35 美元，熊市差价策略的收益为 0；如果股票价格小于 30 美元，熊市差价策略的收益为 5 美元；如果股票介于 30 ~ 35 美元，熊市差价的收益为 $35-S$。期权的最初费用为 $3-1=2$ 美元。其损益如表 7-2 所示。

表 7-2　熊市价差策略的损益

股票价格范围	损益
$S \leqslant 30$	3
$30 < S \leqslant 35$	$33-S$
$S > 35$	-2

四、水平进出差价期权组合策略

水平进出差价期权组合由 2 份相同股票、不同期限、相同协定价格的 2 份期权所组成。我们把这种协定价格相同，而到期日不同的期权组合方式叫水平型差价组合。

（一）日历差价期权组合

日历差价期权组合是指买进 1 份期限较长的期权，再卖出 1 份期限较短的相同股票、相同行使价格的期权，也即买长卖短的水平进出差价期权组合，这 2 份期权既可以是买权，又可以是卖权。

1. 由买权所构造的日历差价期权组合

交易策略：买进 1 份期限较长的买权，再卖出 1 份期限较短的相同股票、相同行使价格的买权。

预期市场走势：牛市或市场波动率减小。交易者预期标的物价格将在期限较短的期权的履约价格附近小幅波动，或者有很大幅度的上涨。

其具体损益如图 7-9 所示。

期权的期限越长，期权的价值越大。因此日历差价需要一定的初始投资。如果期权的基础资产价格不变，那么随着时间的推移，期权的价值将逐渐减少。在期权有效期内，距到期日时间很长时，时间价值的衰减几乎是线性的，在距到期日还剩几周时，时间价值就开始急剧衰减。水平价差组合的构造者就是希望通过出售期权来获得这种衰减的时间价值。

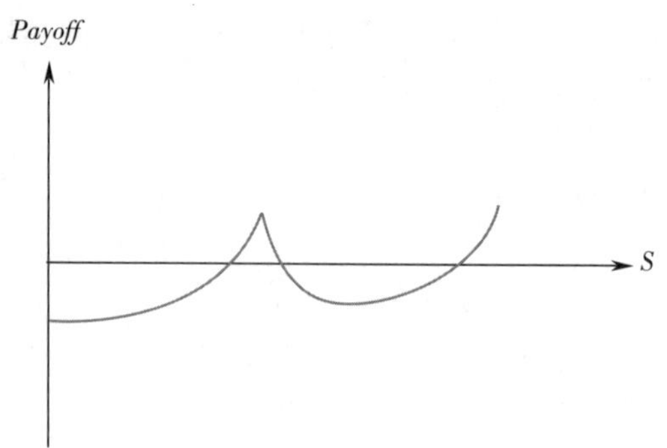

图 7-9　由买权所构造的日历差价的损益

股票价格在短期期权的行使价格附近时，长期期权没有到期，因此有亏损，但这个亏损要小于短期期权的盈利，期权组合有一个盈利。

如果股票的价格下跌，所卖出的期限较短的买权是盈利的，但这个盈利是有限的，即期权费，同时所买进的期限较长的买权是亏损的，但其价格要比期限较短的买权的价格高。因此当股票价格下跌得太厉害时，期权组合就是亏损的。

如果股票的价格上涨，所卖出的期限较短的买权是亏损的，但是买进的期限较长的买权是盈利的。在比较靠近期权行使价格的地方，买进的期限较长的买权价格上涨速度比较缓慢，所卖出的期限较短的买权价格下跌得比较快，因此期权组合的价值由高到低，由盈利转为亏损。

如果当期限较短的买权到期之后，股票价格仍在上涨，那么价格上涨的幅度肯定比较大，此时卖出的期限较短的买权已经了结，而期限较长的买权仍在继续赚钱，所以期权组合又开始由亏损转为盈利。

【例7.7】 DELL公司目前的股价是40美元，某投资者认为该股票在未来一段时间内会上涨，并买入11月到期、行使价格为45美元的买权，期权费每股0.25美元。如果投资者认为在1个月之内，股票价格上涨到45美元的可能性几乎不存在，则他会选择出售9月到期、行使价格为45美元的买权，获得期权费收入0.1美元。如果在9月期权的到期日，股票价格低于45美元，期权不会被行使，第二笔交易使投资者获得一笔现金流入，而且投资者手中依然持有11月到期的期权，静待股票价格继续升值。

2. 由卖权所构造的日历差价期权组合

交易策略：买进1份期限较长的卖权，再卖出1份期限较短的相同股票、相同行使价格的卖权。

预期市场走势：熊市或市场波动率减小。交易者预期标的物价格将在履约价格附近小幅波动，或者有很大幅度的下跌。

其具体损益如图7-10所示。

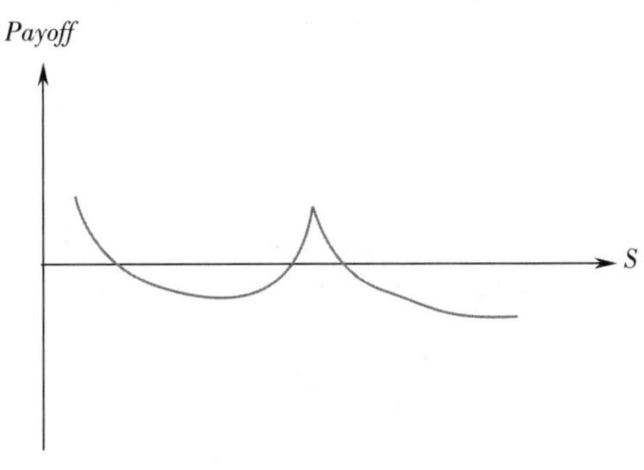

图7-10　由卖权所构造的日历差价的损益

股票价格在期权行使价格附近时，长期期权没有到期，因此有亏损，但这个亏损要小于短期期权的盈利，期权组合有一个盈利。

如果股票的价格上涨，所卖出的期限较短的卖权是盈利的，但这个盈利是有限的，即期权费，同时所买进的期限较长的卖权是亏损的，但其价格要比期限较短的买权的价格高。因此当股票价格上涨时，期权组合由盈利转为亏损。

如果股票的价格下跌，所卖出的期限较短的卖权是亏损的，但是买进的期限较长的卖权是盈利的。在比较靠近期权行使价格的地方，买进的期限较长的卖权价格上涨速度比较缓慢，所卖出的期限较短的卖权价格下跌得比较快，因此期权组合的价值由高到低，由盈利转为亏损。

如果当期限较短的卖权到期之后，股票价格仍在下跌，那么价格的跌幅肯定比较大。此时，卖出的期限较短的期权已经了结，而期限较长的卖权仍在继续赚钱，所以期权组合又开始由亏损转为盈利。

【例7.8】 DELL公司目前的股价是40美元，某投资者认为该股票在未来一段时间内会下跌，并买入11月到期、行使价格为35美元的卖权，期权费每股0.25美元。如果投资者认为在1个月之内，股票价格下跌到35美元的可能性几乎不存在，则他会选择出售9月到期，行使价格为35美元的卖权，获得期权费收入0.1美元。如果在9月期权的到期日，股票价格高于35美元，期权不会被行使，第二笔交易使投资者获得一笔现金流入，而且投资者手中依然持有11月到期的期权，静待股票价格继续下跌。

（二） 倒置日历差价期权组合

倒置日历差价期权组合是指买进1份期限较短的期权，再卖出1份期限较长的相同股票、相同行使价格的期权，也即买短卖长的水平进出差价期权组合，这2份期权既可以是买权，又可以是卖权。

1. 由买权所构造的倒置日历差价期权组合

交易策略：买进1份期限较短的买权，再卖出1份期限较长的相同股票、相同行使价格的买权。

预期市场走势：市场走势方向不明，预期波动率将增大，如果股市上涨，涨幅不会太大。

其具体损益如图7－11所示。

期限较长的期权价格会高一些，所以，由买权所组成的买短卖长水平进出差价组合在期初是实值的。

如果在期限较短的买权到期时，股票价格仍然位于期权行使价格附近的话，由于期限越短的期权，其价值越低，因此，所买入的期限较短的买权是亏损的，而卖出的期限较长的买权不会因为股票价格暂时没有变化而出现负价格，但它虽有盈利但不足以抵消所买入的期限较短的买权的亏损。于是，此时期权组合是亏损的。

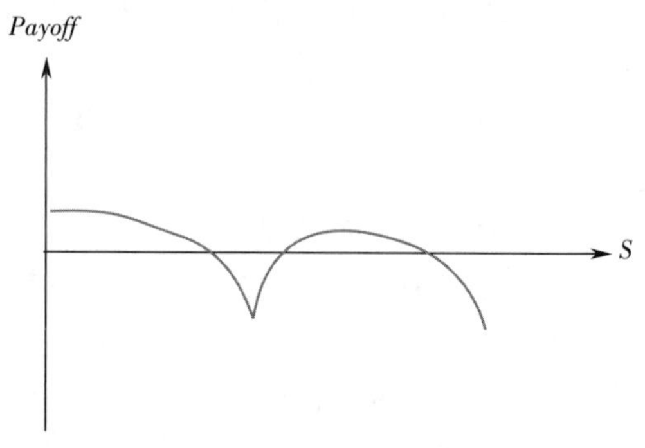

图7－11 由买权所构造的倒置日历差价的损益

如果股票的价格下跌，所买入的期限较短的买权是亏损的，但这个亏损是有限的，即期权费，同时所卖出的期限较长的买权是盈利的，但其价格要比期限较短的买权的价格高。因此当股票价格下跌时，期权组合由亏损转为盈利。

如果股票的价格上涨，所卖出的期限较长的买权是亏损的，但是买进的期限较短的买权是盈利的。在比较靠近期权行使价格的地方，买进的期限较短的买权价格上涨速度比较快，所卖出的期限较长的买权价格下跌得比较慢，因此期权组合由亏损转为盈利。

如果当期限较短的买权到期之后，价格仍在上涨，那么价格上涨的幅度肯定比较大，此时买入的期限较短的买权已经了结，而期限较长的买权仍在继续亏损，所以期权组合又开始由盈利转为亏损。

✪【例7.9】DELL公司目前的股价是40美元，现在时间是2005年8月初，某投资者认为该股票在未来一段时间内会下跌，因此出售11月到期、行使价格为40美元的买权，期权费每股2.1美元；买入9月到期、行使价格为40美元的买权，期权费为1.45美元。由于投资者预计股票将要下跌，因此，花在购买9月期买权上的期权费支出注定难以收回。但出售的11月期买权则会给他带来盈利，他买入期权费较便宜的9月期买权的动机是降低风险。因为他如果只出售一种买权的话，这种买权是无抵补的，无保护的买权潜在亏损是无限制的。

9月期期权到期时，如果他的判断是正确的，股票价格确实下跌了，该投资者买入的期权无价值。在9月期期权到期时，由于股票价格下跌，11月期买权的价格也已相应下降，在这种情况下，他可以再购买一种买权以对持有的11月期空头买权进行保护。

2. 由卖权所构造的倒置日历差价期权组合

交易策略：买进1份期限较短的卖权，再卖出1份期限较长的相同股票、相同行使价格的卖权。

预期市场走势：市场走势方向不明，预期波动率将增大，如果股市下跌，跌幅不会太大。

其具体损益如图7－12所示。

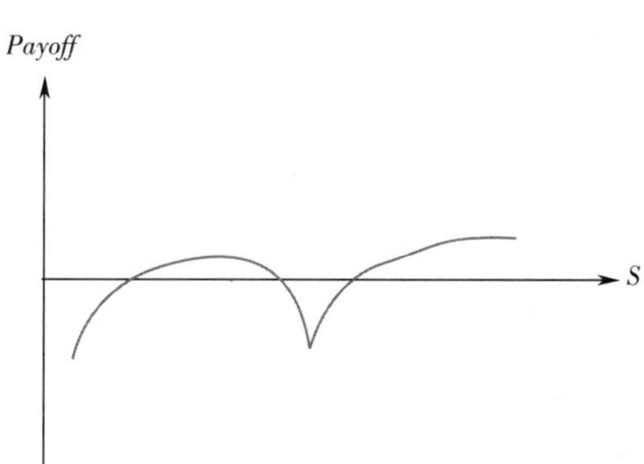

图7－12　由卖权所构造的倒置日历差价的损益

期限较长的期权价格会高一些，所以，由卖权所组成的买短卖长水平进出差价组合在期初也是实值的。

如果在期限较短的买权到期时，股票价格仍然位于期权行使价格附近的话，所买入的期限较短的卖权是亏损的，而所卖出的期限较长的卖权虽是盈利的，但盈利的幅度没有所买进的期限较短的卖权亏损大。因此，此时期权组合是亏损的，但亏损的幅度不会超过期限较短的卖权的亏损。

如果股票的价格上涨，所买入的期限较短的卖权是亏损的，但这个亏损是有限的，即期权费，同时所卖出的期限较长的卖权是盈利的，但其价格要比期限较短的卖权的价格高。因此当股票价格上涨时，期权组合由亏损转为盈利。

如果股票的价格下跌，所卖出的期限较长的卖权是亏损的，但是买进的期限较短的卖权是盈利的。在比较靠近期权行使价格的地方，由于所卖出的期限较长的卖权其价格下跌的速度比较缓慢，而所买进的期限较短的卖权价格上涨得比较快，因此期权组合由亏损转为盈利。

如果当期限较短的卖权到期之后，价格仍在下跌，那么价格下跌的幅度肯定比较大，此时买入的期限较短的卖权已经了结，而期限较长的卖权仍在继续亏损，所以期权组合又开始由盈利转为亏损。

✪**【例7.10】**DELL公司目前的股价是40美元，现在时间是2005年8月初，某投资者认为该股票在未来一段时间内会上涨，因此出售11月到期、行使价格为40美元的卖权，期权费每股1.35美元；买入9月到期、行使价格为40美元的卖权，期权费为0.85美元。由于投资者预计股票将要上涨，因此，花在购买9月期卖权上的期权费支出注定难以收回。但出售的11月期卖权则会给他带来盈利，他买入期权费较便宜的9月期卖权的动机是降低风险。因为他如果只出售一种卖权的话，这种卖权是无抵补的。

9月期期权到期时，如果他的判断是正确的，股票价格确实上涨了，该投资者买入的期权无价值。在9月期期权到期时，由于股票价格下跌，11月期卖权的价格也已相应下降，在这种情况下，他可以再购买一种卖权以对持有的11月期空头卖权进行保护。

五、对角进出差价期权组合

对角进出差价期权组合是由2份相同股票、不同期限、不同协定价格的2份期权所组成。我们把这种协定价格不同，而到期日不同的期权组合方式叫作对角型差价组合。

（一）主对角型进出差价期权组合

主对角型进出差价期权组合是由1份期限较短、行使价格也较低的期权和1份期限较长、行使价格也较高的期权所组成。这2份期权的连线在期权的行情表上表现为由左上到右下的一条对角线，相当于矩阵中的主对角线。

主对角型进出差价期权组合也包括两种，买长卖短的主对角型进出差价期权组合和买短卖长的主对角型进出差价期权组合。

1. 买长卖短的主对角型进出差价期权组合。即买入期限较长、行使价格也较高的期权，同时卖出期限较短、行使价格也较低的期权。该组合中的期权都既可以由买权所组成，也可以由卖权所组成，所以，买长卖短的主对角型进出差价期权组合又可以分为两类。

✪【例7.11】DELL公司目前的股价是40美元，现在时间是2016年8月初，某投资者认为该股票在短期内上涨的可能性不大，但在未来一段时间内会下跌，因此出售11月到期、行使价格为45美元的买权，并买入9月到期、行使价格为40美元的买权，由于出售获得的期权费收入0.25美元小于买入期权的期权费1.45美元，所以，这种策略无法获利。但如果出售获得的期权费大于买入期权的期权费，由于投资者预计下跌，花在购买9月期买权的支出难以收回。但出售的11月期买权会带来盈利，他买入期权费较便宜的9月期买权的动机是降低风险。因为他如果只出售一种买权的话，这种买权是无抵补的。

9月期期权到期时，如果他的判断是正确的，股票价格确实下跌了，该投资者买入的期权无价值。在9月期期权到期时，由于股票价格下跌，11月期买权的价格也已相应下降，在这种情况下，他可以再购买一种买权以对持有的11月期空头买权进行保护。

2. 买短卖长的主对角型进出差价期权组合。即买入期限较短、行使价格也较低的期权，同时卖出期限较长、行使价格也较高的期权。该组合中的期权都既可以由买权所组成，也可以由卖权所组成，所以，买短卖长的主对角型进出差价期权组合又可以分为两类。

✪【例7.12】DELL公司目前的股价是40美元，现在时间是2016年8月初，某投资者认为该股票在未来一段时间内会上涨，因此出售11月到期、行使价格为40美元的卖权，期权费每股1.35美元，并买入9月到期、行使价格为35美元的卖权，期权费为0.1美元。由于投资者预计股票将要上涨，因此，花在购买9月期卖权上的期权费支出注定难以收回。但出售的11月期卖权则会给他带来盈利，他买入期权费较便宜的9月期卖权的动机是降低风险。因为他如果只出售一种卖权的话，这种卖权是无抵补的。

9月期期权到期时，如果他的判断是正确的，股票价格确实上涨了，该投资者买入的期权无价值。在9月期期权到期时，由于股票价格下跌，11月期卖权的价格也已相应下降，在这种情况下，他可以再购买一种卖权以对持有的11月期空头卖权进行保护。

（二）副对角型进出差价期权组合

副对角型进出差价期权组合是由 1 份期限较短、行使价格却较高的期权和 1 份期限较长、行使价格却较低的期权所组成。这 2 份期权的连线在期权的行情表上表现为由左下到右上的一条对角线，相当于矩阵中的副对角线。

副对角型进出差价期权也包括两种，买长卖短的副对角型进出差价期权组合和买短卖长的副对角型进出差价期权组合。副对角型进出差价期权组合策略一般情况下并不常用。

1. 买长卖短的副对角型进出差价期权组合。即买入期限较长、行使价格却较低的期权，同时卖出期限较短、行使价格却较高的期权。该组合中的期权都既可以由买权所组成，也可以由卖权所组成，所以，买长卖短的副对角型进出差价期权组合又可以分为两类。

2. 买短卖长的副对角型进出差价期权组合。即买入期限较短、行使价格却较高的期权，同时卖出期限较长、行使价格却较低的期权。该组合中的期权都既可以由买权所组成，也可以由卖权所组成，所以，买短卖长的副对角型进出差价期权组合又可以分为两类。

✪【例 7.13】DELL 公司目前的股价是 40 美元，现在时间是 2016 年 8 月初，如果投资者以 1.45 美元买入协定价格为 40 美元的 9 月期股票买权，同时又以 6.3 美元出售协定价格为 35 美元的 11 月期股票买权。

这样的组合相当少见，因为它反映出投资者希望 1 个月内即 9 月期期权到期前股价狂涨，然后再 2 个月后，希望股价猛跌，以便 11 月期买权到期时无价值。

第二节　复杂的期权组合策略

一、叠做（粘连）差价期权组合

叠做（粘连）差价期权组合（Strap）是由相同股票、相同期限、不同行使价格的 2 份买权和 1 份卖权所组成的。叠做期权组合是叠做差价期权组合的特殊形式，只要令组合中 2 份买权的行使价格相等即可。

（一）叠做差价期权组合的多头

交易策略：买入相同股票、相同期限、不同行使价格的 2 份买权和 1 份卖权，它相当于 1 份宽跨差价期权组合的多头再加上买入 1 份单独的买权。

预期市场走势：对股票市场看涨或市场波动率加大。

设买入的买权执行价格分别为 X_1、X_2，买入的卖权执行价格为 X_2，且 $X_1 < X_2$。则叠做差价期权组合多头的损益方程如下：

$$Payoff = \max(S - X_1, 0) - C_1 + \max(S - X_2, 0) - C_2 + \max(X_2 - S, 0) - P$$

$$= \begin{cases} X_2 - S - C_1 - C_2 - P, S \leqslant X_1 \\ X_2 - X_1 - C_1 - C_2 - P, X_1 < S \leqslant X_2 \\ 2S - X_1 - X_2 - C_1 - C_2 - P, S > X_2 \end{cases}$$

其具体损益如图 7 - 13 所示。

叠做差价期权组合的多头与 1 份宽跨差价期权组合的多头在损益上的区别是，一旦对市场行情判断正确，加买的买权会带来近 2 倍的收益。但由于多付出了 1 份期权费，收益不到 2 倍。

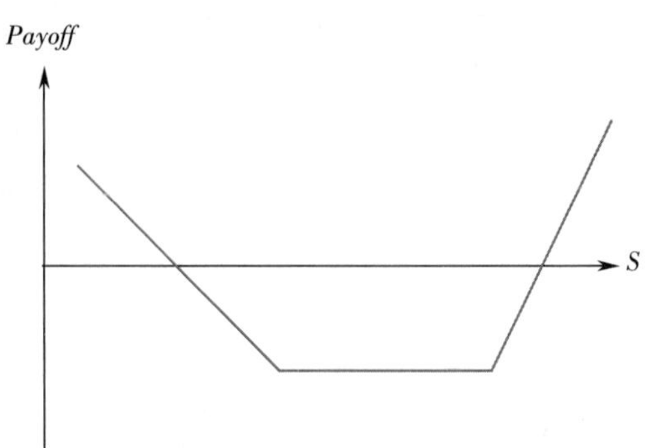

图 7－13　叠做差价期权组合多头的损益

✪【例 7.14】DELL 公司股票价格为 40 美元，某投资者认为该公司股票价格会上涨，他选择买入 2 份 9 月期行使价格为 40 美元的买权，期权费 1.45 美元，同时买入 1 份 9 月期行使价格为 35 美元的卖权，期权费 0.1 美元。当股价如何变动时，投资者会获利？

这样，1 份叠做差价期权的构造成本实际为 1.45×2＋0.1＝3 美元/股。这笔成本也代表这种期权组合可能出现的最大亏损，它发生在股票价格处于 35 美元和 40 美元之间时。当股票价格高于 40＋1.45＋0.1÷2＝41.5 美元时，这种期权结构将取得正的收益。如果该投资者对市场行情的判断失误，也不一定会一无所得。当股价低于 35 美元时，可以行使协定价格为 35 美元的卖权，使得当股价低于 35－2×1.45－0.1＝32 美元时，同样可以获得正的收益。

（二）叠做差价期权组合的空头

交易策略：卖出相同股票、相同期限、不同行使价格的 2 份买权和 1 份卖权，它相当于 1 份宽跨差价期权组合的空头再加上卖出 1 份单独的买权。

预期市场走势：对股票市场看跌，但认为跌幅不大或市场波动率减小。

设卖出的买权执行价格分别为 X_1、X_2，卖出的卖权执行价格为 X_2，且 $X_1 < X_2$。则叠做差价期权组合空头的损益方程如下：

$$Payoff = C_1 - \max(S - X_1, 0) + C_2 - \max(S - X_2, 0) + P - \max(X_2 - S, 0)$$

$$= \begin{cases} S - X_2 + C_1 + C_2 + P, S \leqslant X_1 \\ X_1 - X_2 + C_1 + C_2 + P, X_1 < S \leqslant X_2 \\ -2S + X_1 + X_2 + C_1 + C_2 + P, S > X_2 \end{cases}$$

其具体损益如图 7－14 所示。

叠做差价期权组合的空头与 1 份宽跨差价期权组合的空头在损益上的区别是，一旦对市场行情判断正确，加卖的买权会多带来 1 份期权费的收益。

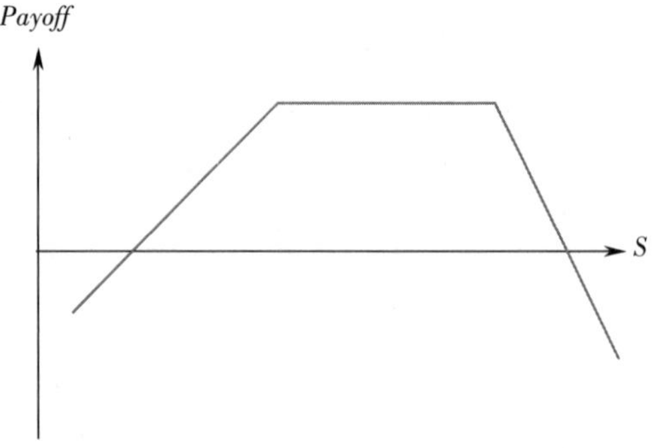

图 7－14　叠做差价期权组合空头的损益

✪【例 7.15】DELL 公司股票价格为 40 美元，某投资者认为该公司股票价格会下跌，他选择卖出 2 份 9 月期行使价格为 40 美元的买权，期权费 1.45 美元，同时卖出 1 份 9 月期行使价格为 35 美元的卖权，期权费 0.1 美元。当股价如何变动时，投资者会获利？

这样，1 份叠做差价期权的初始收入为 1.45×2＋0.1＝3 美元/股。这笔收入也代表这种期权组合可能出现的最大收益，它发生在股票价格处于35美元和40美元之间时。当股票价格高于40+1.45+0.1/2=41.5美元时，或股价低于35-2×1.45-0.1=32美元时，这种期权结构将亏损。如果该投资者对市场行情的判断失误，不跌反涨，会给该投资者造成巨大的损失，但由于卖出的卖权的期权费会使损失稍有减少。同样，如果股价跌得过多，低过35美元，卖权被行使，也会给投资者造成损失，这也是多收入的期权费的代价。

二、逆叠做（剥离）差价期权组合

逆叠做（剥离）差价期权组合（Strip）是由相同股票、相同期限、不同行使价格的1份买权和2份卖权所组成的。同样，逆叠做期权组合是逆叠做差价期权组合的特殊形式，只要令组合中2份卖权的行使价格相等即可。

（一）逆叠做差价期权组合的多头

交易策略：买入相同股票、相同期限、不同行使价格的1份买权和2份卖权，它相当于1份宽跨差价期权组合的多头再加上买入1份单独的卖权。

预期市场走势：对股票市场看跌或市场波动率加大。

设买入的买权执行价格为 X_1，买入的卖权执行价格为 X_1、X_2，且 $X_1<X_2$。则逆叠做差价期权组合多头的损益方程如下：

$$Payoff=\max(S-X_1,0)-C+\max(X_1-S,0)-P_1+\max(X_2-S,0)-P_2$$

$$=\begin{cases}-2S+X_1+X_2-C-P_1-P_2, S\leqslant X_1\\ X_2-X_1-C-P_1-P_2, X_1<S\leqslant X_2\\ S-X_1-C-P_1-P_2, S>X_2\end{cases}$$

其具体损益如图7-15所示。

逆叠做差价期权组合的多头与1份宽跨差价期权组合的多头在损益上的区别是，一旦对市场行情判断正确，加买的卖权会带来近2倍的收益。但由于多付出了1份期权费，收益不到2倍。

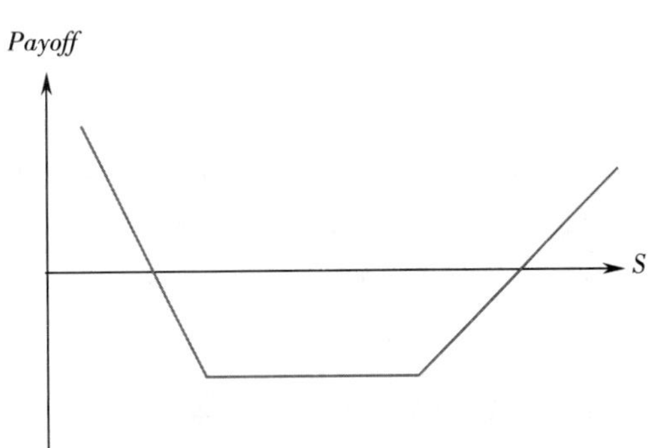

图7-15　逆叠做差价期权组合多头的损益

✪【例7.16】DELL公司股票价格为40美元，某投资者认为该公司股票价格将会下跌，他选择买入2份9月期行使价格为40美元的卖权，期权费0.85美元，同时买入1份9月期行使价格为45美元的买权，期权费0.1美元。当股价如何变动时，投资者会获利？

这样，1份逆叠做差价期权的构造成本实际为0.85×2+0.1=1.8美元/股。这笔成本也代表这种期权组合可能出现的最大亏损，它发生在股票价格处于40美元和45美元之间时。当股票价格低于40-0.85-0.1/2=39.1美元时，这种期权结构将取得正的收益。如果该投资者对市场行情的判断失误，也不一定会一无所得。当股价上涨高于45美元时，可以行使协定价格为45美元的买权，使得当股价高于45+0.1+0.85×2=46.8美元时，同样可以获得正的收益。

（二）逆叠做差价期权组合的空头

交易策略：卖出相同股票、相同期限、不同行使价格的1份买权和2份卖权，它相当于

1 份宽跨差价期权组合的空头再加上卖出 1 份单独的卖权。

预期市场走势：对股票市场看涨，但认为涨幅不大或市场波动率减小。

设卖出的买权执行价格为 X_1，卖出的卖权执行价格为 X_1、X_2，且 $X_1 < X_2$。则逆叠做差价期权组合空头的损益方程如下：

$$Payoff = C - \max(S - X_1, 0) + P_1 - \max(X_1 - S, 0) + P_2 - \max(X_2 - S, 0)$$

$$= \begin{cases} 2S - X_1 - X_2 + C + P_1 + P_2, S \leqslant X_1 \\ X_1 - X_2 + C + P_1 + P_2, X_1 < S \leqslant X_2 \\ X_1 - S + C + P_1 + P_2, S > X_2 \end{cases}$$

其具体损益如图 7－16 所示。

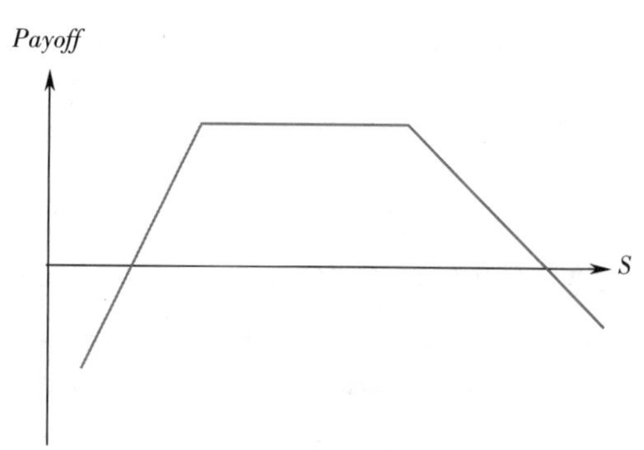

图 7－16　逆叠做差价期权组合空头的损益

逆叠做差价期权组合的空头与 1 份宽跨差价期权组合的空头在损益上的区别是，一旦对市场行情判断正确，加卖的卖权会多带来 1 份期权费的收益。

✪【例 7.17】DELL 公司股票价格为 40 美元，某投资者认为该公司股票价格将会上涨，他选择卖出 2 份 9 月期行使价格为 40 美元的卖权，期权费 0.85 美元，同时卖出 1 份 9 月期行使价格为 45 美元的买权，期权费 0.1 美元。当股价如何变动时，投资者会获利？

这样，1 份逆叠做差价期权的初始收入为 0.85×2＋0.1＝1.8 美元/股。这笔收入也代表这种期权组合可能出现的最大收益，它发生在股票价格处于 40 美元和 45 美元之间时。当股票价格处于 40－0.85－0.1/2＝39.1 美元和 45＋0.1＋0.85×2＝46.8 美元之间时，这种期权结构将取得正的收益。如果该投资者对市场行情的判断失误，不涨反跌，卖出的买权也会减小投资者的损失。同样，如果股价涨得过多，高于 45 美元，买权被行使，也会给投资者造成损失，这也是多收入的期权费的代价。

三、三明治差价期权组合策略

三明治差价期权组合（Sandwich Spread Portfolio）是由 2 份期权的多头和 2 份期权的空头所组成的四重期权组合，4 份期权的标的股票相同，到期日相同，既可以由买权组成，也可以由卖权组成，但必须或者全是买权，或者全是卖权。其中所买入期权的行使价格位于 4 份期权行使价格的两端，所卖出期权的行使价格位于 4 份期权行使价格的中间。

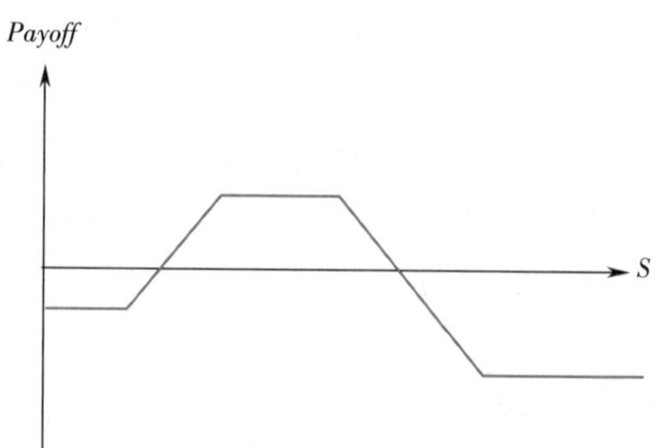

图 7－17　三明治差价期权组合的损益

三明治差价期权组合存在多种交易策略，但均适用于中性市场或波动率减小的情况，其具体损益如图 7－17 所示。

（一）买权形成的三明治差价期权组合

交易策略：以低行使价格（X_1）买入买权，以较高行使价格（X_2，X_3）分别卖出买权，以更高行使价格（X_4）买入买权。

预期市场走势：中性市场或波动率减小。

（二）卖权形成的三明治差价期权组合

交易策略：以低行使价格（X_1）买入卖权，以较高行使价格（X_2，X_3）分别卖出卖权，以更高行使价格（X_4）买入卖权。

预期市场走势：中性市场或波动率减小。

（三）买权和卖权混合形成的三明治差价期权组合

1. 卖权形成的多头垂直进出差价组合 + 买权形成的空头垂直进出差价组合

交易策略：做一个向下开口相对较小的空头的宽跨式差价期权组合，然后在这个空头宽跨式期权组合行使价格的外侧再做一个向上开口相对较大的多头的宽跨式差价期权组合，也就是以低行使价格（X_1）买入卖权，以中低行使价格（X_2）卖出卖权，再以中高行使价格（X_3）卖出买权，最后以更高行使价格（X_4）买入买权。

预期市场走势：中性市场或波动率减小。

2. 买权形成的多头垂直进出差价组合 + 卖权形成的空头垂直进出差价组合

交易策略：做一个空头的跨式套利，然后在空头跨式套利履约价格的两侧做一个多头的宽跨式套利，也就是以低行使价格（X_1）买入买权，以中低行使价格（X_2）卖出买权，再以中高行使价格（X_3）卖出卖权，最后以更高行使价格（X_4）买入卖权。

预期市场走势：中性市场或波动率减小。

✪【例 7.18】已知 Dell 公司的股票现价为 40 美元，某投资者买入两份行使价格分别为 35 美元和 50 美元的 11 月期买权，同时卖出两份行使价格分别为 40 美元和 45 美元的 11 月期买权，期权费如表 7－3 所示。

表 7－3　　**11 月期买权期权费**　　单位：美元

行使价格	35	40	45	50
期权费	6.3	2.1	0.25	0.05

可以算得两个盈亏平衡点分别为

$$35+6.3+0.05-2.1-0.25=39\ (\text{美元})$$

$$40+45-35-6.3-0.05+2.1+0.25=46\ (\text{美元})$$

即股票价格处于 39～46 美元时投资组合盈利。

当股票价格处于 40～45 美元时收益达到最大值：

$$40-35-6.3-0.05+2.1+0.25=1\ (\text{美元})$$

当股票价格小于 35 美元时的损益为

$$2.1+0.25-6.3-0.05=-4\ (\text{美元})$$

当股票价格大于 50 美元时的损益为

$$40+45-35-50-6.3-0.05+2.1+0.25=-4\ (\text{美元})$$

对于该例题而言，股票现价为40美元，收益已达到最大值，从而可知该投资者认为股票价格变化幅度较小，且倾向于股票价格上涨。

四、蝶形差价期权组合策略

蝶形差价期权组合（Butterfly Spread Portfolio）也是由2份期权的多头和2份期权的空头所组成的四重期权组合，4份期权的标的股票相同，到期日相同，既可以由买权组成，也可以由卖权组成，但必须或全是买权，或者全是卖权。与三明治差价期权组合相反，蝶形期权组合所买入期权的行使价格位于4份期权行使价格的中间，所卖出期权的行使价格位于4份期权行使价格的两端。

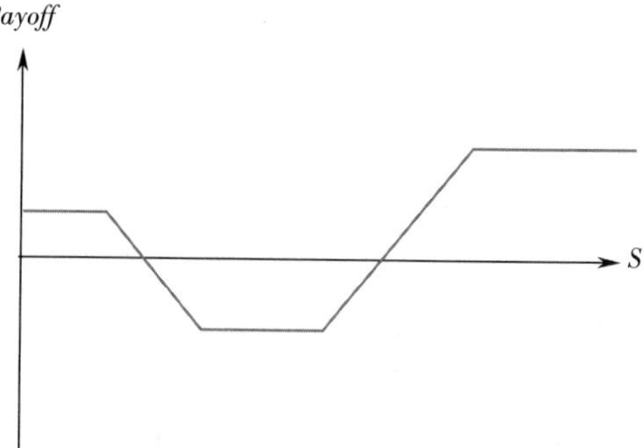

图7-18　蝶形差价期权组合的损益

蝶形差价期权组合存在多种交易策略，但均适用于中性市场或波动率增大的情况，其具体损益如图7-18所示。位于中间的2份期权行使价格可以相等，这相当于图7-18中的那段中间的水平线段退化为一点的情况。

（一）买权形成的蝶形差价期权组合

交易策略：以低行使价格（X_1）卖出买权，以较高行使价格（X_2，X_3）分别买入买权，以更高行使价格（X_4）卖出买权。

预期市场走势：中性市场或波动率增大。

（二）卖权形成的蝶形差价期权组合

交易策略：以低行使价格（X_1）卖出卖权，以较高行使价格（X_2，X_3）分别买入卖权，以更高行使价格（X_4）卖出卖权。

预期市场走势：中性市场或波动率增大。

（三）买权和卖权混合形成的蝶形差价期权组合

1. 买权形成的空头垂直进出差价组合+卖权形成的多头垂直进出差价组合

交易策略：做一个多头的跨式套利组合，然后在多头跨式套利履约价格的两端再做一个空头的宽跨式套利组合，也就是以低行使价格（X_1）卖出买权，以中低价格（X_2）买入买权，以中高价格（X_3）买入卖权，以更高行使价格（X_4）卖出卖权。

预期市场走势：中性市场或波动率增大。

2. 卖权形成的空头垂直进出差价组合+买权形成的多头垂直进出差价组合

交易策略：做一个多头宽跨式套利，然后在多头宽跨式套利履约价格的外侧做一个空头宽跨式套利，也就是以低行使价格（X_1）卖出卖权，以中低行使价格（X_2）买入卖权，以中高行使价格（X_3）买入买权，以更高行使价格（X_4）卖出买权。

预期市场走势：中性市场或波动率增大。

✪【例7.19】已知Dell公司的股票现价为40美元，某投资者卖出两份行使价格分别为35美元和50美元的11月期买权，同时买入两份行使价格分别为40美元和45美元的11月期买权，期权费如表7-4所示。

表 7-4　　　　11 月期买权期权费　　　　单位：美元

行使价格	35	40	45	50
期权费	6.3	2.1	0.25	0.05

可以算得两个盈亏平衡点分别为

$$35+6.3+0.05-2.1-0.25=39\text{（美元）}$$

$$40+45-35-6.3-0.05+2.1+0.25=46\text{（美元）}$$

即股票价格处于 39～46 美元时投资组合亏损。

当股票价格处于 40～45 美元时亏损达到最大值：

$$35-40+6.3+0.05-2.1-0.25=-1\text{（美元）}$$

当股票价格小于 35 美元时的损益为

$$6.3+0.05-2.1-0.25=4\text{（美元）}$$

当股票价格大于 50 美元时的损益为

$$35+50-40-45+6.3+0.05-2.1-0.25=4\text{（美元）}$$

对于该例题而言，股票现价为 40 美元，亏损已达到最大值，从而可知该投资者认为股票价格将会发生较大幅度的变化，但股票价格变化的方向不确定，可能会上涨也可能会下跌。

本章小结

简单的期权组合策略由两个期权构成，主要分为分跨期权组合策略、宽跨期权组合策略、垂直进出差价期权组合策略、水平进出差价期权组合策略和对角进出差价期权组合策略。

分跨期权组合（Straddle）又被称为双向期权组合，是由相同股票、相同期限、相同行使价格、相同份数的买权与卖权所组成。

宽跨期权组合（Strangle）是由相同股票、相同期限、不同行使价格、相同份数的买权与卖权所组成。

垂直进出差价期权组合是由 2 份相同股票、相同期限、不同协定价格的 2 份期权所组成。垂直进出差价期权组合策略可分为牛市差价期权组合策略和熊市差价期权组合策略。

垂直进出差价期权组合的多头，又称为牛市差价，其基本原则是行使价格的买低卖高。既可以通过买入较低执行价格的看涨期权和卖出较高执行价格的看涨期权构造而成，也可以通过买入较低执行价格的看跌期权和卖出较高执行价格的看跌期权构造而成。

垂直进出差价期权组合的空头，又称为熊市差价，其基本原则是行使价格的买高卖低。既可以通过买入较高执行价格的看涨期权和卖出较低执行价格的看涨期权构造而成，也可以通过买入较高执行价格的看跌期权和卖出较低执行价格的看跌期权构造而成。

水平进出差价期权组合由2份相同股票、不同期限、相同协定价格的2份期权所组成。水平进出差价期权组合策略可分为日历差价期权组合策略和倒置日历差价期权组合策略。

日历差价期权组合是指买进1份期限较长的期权，再卖出1份期限较短的相同股票、相同行使价格的期权，也即买长卖短的水平进出差价期权组合，这2份期权既可以是买权，又可以是卖权。

倒置日历差价期权组合是指买进1份期限较短的期权，再卖出1份期限较长的相同股票、相同行使价格的期权，也即买短卖长的水平进出差价期权组合，这2份期权既可以是买权，又可以是卖权。

对角进出差价期权组合是由2份相同股票、不同期限、不同协定价格的2份期权所组成。对角进出差价期权组合策略可分为主对角型进出差价期权组合策略和副对角型进出差价期权组合策略。

主对角型进出差价期权组合是由1份期限较短、行使价格也较低的期权和1份期限较长、行使价格也较高的期权所组成。这2份期权的连线在期权的行情表上表现为由左上到右下的一条对角线，相当于矩阵中的主对角线。主对角型进出差价期权组合包括两种策略：买长卖短的主对角型进出差价期权组合和买短卖长的主对角型进出差价期权组合。

副对角型进出差价期权组合是由1份期限较短、行使价格却较高的期权和1份期限较长、行使价格却较低的期权所组成。这2份期权的连线在期权的行情表上表现为由左下到右上的一条对角线，相当于矩阵中的副对角线。副对角型进出差价期权也包括两种策略：买长卖短的副对角型进出差价期权组合和买短卖长的副对角型进出差价期权组合。副对角型进出差价期权组合策略一般情况下并不常用。

复杂的期权组合策略由两个以上的期权构成，主要分为叠做（粘连）差价期权组合策略、逆叠做（剥离）差价期权组合、三明治差价期权组合策略和蝶形差价期权组合策略。

叠做（粘连）差价期权组合是由相同股票、相同期限、不同行使价格的2份买权和1份卖权所组成的。叠做期权组合是叠做差价期权组合的特殊形式，只要令组合中2份买权的行使价格相等即可。

逆叠做（剥离）差价期权组合是由相同股票、相同期限、不同行使价格的1份买权和2份卖权所组成的。同样，逆叠做期权组合是逆叠做差价期权组合的特殊形式，只要令组合中2份卖权的行使价格相等即可。

三明治差价期权组合是由2份期权的多头和2份期权的空头所组成的四重期权组合，4份期权的标的股票相同，到期日相同，既可以由买权组成，也可以由卖权组成，但必须或者全是买权，或者全是卖权。其中所买入期权的行使价格位于4份期权行使价格的两端，所卖出期权的行使价格位于4份期权行使价格的中间。三明治差价期权组合存在多种交易策略，但均适用于中性市场或波动率减小的情况。

蝶形差价期权组合也是由2份期权的多头和2份期权的空头所组成的四重期权组合，4份期权的标的股票相同，到期日相同，既可以由买权组成，也可以由卖权组成，但必须或全是买权，或者全是卖权。与三明治差价期权组合相反，蝶形差价期权组合所买入期权的行使价格位于4份期权行使价格的中间，所卖出期权的行使价格位于4份期权行使价格的两端。蝶形差价期权组合存在多种交易策略，但均适用于中性市场或波动率增大的情况。

重点概念

分跨期权组合策略　宽跨期权组合策略　垂直进出差价期权组合策略　牛市差价期权组合策略　熊市差价期权组合策略　水平进出差价期权组合策略　日历差价期权组合策略　倒置日历差价期权组合策略　对角进出差价期权组合策略　主对角型进出差价期权组合策略　副对角型进出差价期权组合策略　叠做（粘连）差价期权组合策略　逆叠做（剥离）差价期权组合策略　三明治差价期权组合策略　蝶形差价期权组合策略

思考与练习

一、单选题

1. 当预期股票价格将发生剧烈变动，但无法判断变动方向是上涨还是下跌时，最适合的策略为（　　）。

A. 买入股票和买入看跌期权

B. 买入看跌期权和买入看涨期权，建立跨式套利

C. 卖出看涨期权和买入股票

D. 卖出看跌期权和卖出看涨期权

2. 某公司股票价格为91元，6个月到期的执行价格为100元的看涨期权价格为5元，该期权为欧式期权。在到期日该股票价格为95元，那么卖出1股看涨期权和持有1股股票的到期损益为（　　）元。

A. 9　　B. 1　　C. 5　　D. 4

3. 下列（　　）组合的损益最接近于标的资产多头和看涨期权空头组合的损益。

A. 看涨期权多头　　B. 看涨期权空头

C. 看跌期权多头　　D. 看跌期权空头

4. 一份看涨期权多头和一份执行价更高、期限相同的看涨期权空头组合为（　　）。

A. 牛市套利　　　　B. 熊市套利　　　　C. 跨式套利　　　　D. 日历套利

5. 投资者以3元的价格买入1手ABC 10月执行价为30元的看涨期权，以1元的价格卖出1手ABC 10月执行价格为35元的看涨期权，投资者的最大潜在盈利是（　　）元。

A. 300　　　　B. 500　　　　C. 200　　　　D. 100

二、综合题

1. 小张已经买入BBB股票多年，现在他认为该股票的股价在今后3个月内将在现有价格28元附近震荡，同时，他考虑出售看涨期权。当前BBB股票期权的报价如下：5月执行价格27.5元看涨期权、5月执行价格30元看涨期权、5月执行价格32.50元看涨期权价格分别为1.5元、0.5元、0.1元；6月执行价格27.5元看涨期权、6月执行价格30元看涨期权、6月执行价格32.5元看涨期权价格分别为2元、1元和0.45元。5月期权还有32天到期，6月期权还有65天到期，那么应当出售哪个期权？为什么作出这样的选择呢？

2. 当前AC公司的股价为64元，有如下3个看涨期权的报价：10月执行价格60元看涨期权价格为5.5元，10月执行价格65元看涨期权价格为2.6元，10月执行价格70元看涨期权的价格为1.1元。10月期权的有效期还有50天。上述期权可以建立哪些牛市套利，并针对每个套利分析其成本，最大潜在风险、最大潜在盈利以及损益平衡点。

3. TT公司股价为50元，下面是其正在交易的5月份到期的看涨期权，执行价为50看涨期权价格为2.5元，执行价为55看涨期权价格为0.9元，执行价为60看涨期权的价格为0.3元。一位交易者预期TT公司在期权到期日的目标价为55元，他向你咨询是否可以买进蝶式套利，请你分析一下该策略的风险、潜在盈利及损益平衡点。

4. 某年5月IBM50的价格为每股0.2美元，8月IBM50的价格为每股4美元，解释：

（1）如何由这两种期权构造多头的水平进出差价期权组合？

（2）如何由这两种期权构造空头的水平进出差价期权组合？

（3）构造的这些期权组合的盈亏平衡点各自为何？

（4）给出所构造的这些期权组合的损益图形。

5. 假设行使价格分别为每股30美元、35美元的买权，其成本分别为每股7美元、4美元，那么请问：

（1）怎样用这两种期权来构造熊市差价期权？

（2）请写出该组合的损益方程。

（3）请计算该组合的盈亏平衡点。

主要参考文献

［1］吴清．期权交易策略十讲［M］．上海：格致出版社，2016.

［2］王晋忠．金融工程案例［M］．成都：西南财经大学出版社，2012.

［3］周爱民．金融工程［M］．北京：科学出版社，2007.

［4］宋逢明．金融工程原理——无套利均衡分析［M］．北京：清华大学出版社，1999.

［5］林清泉．金融工程（第四版）［M］．北京：中国人民大学出版社，2022.

［6］赫尔．期权、期货及其他衍生产品（原书第11版）［M］．王勇，索吾林，张翔，译．北京：机械工业出版社，2023.

［7］麦克米伦．期权投资策略（原书第5版）［M］．王琦，译．北京：机械工业出版社，2015.

第八章
结构化金融产品

本章学习目标

掌握结构化金融的基本概念、分类，掌握利率结构化金融产品、汇率结构化金融产品、信用结构化金融产品的基本概念、基本特征及相关产品。了解资产证券化的相关产品，理解并掌握资产券化的过程。

知识结构图

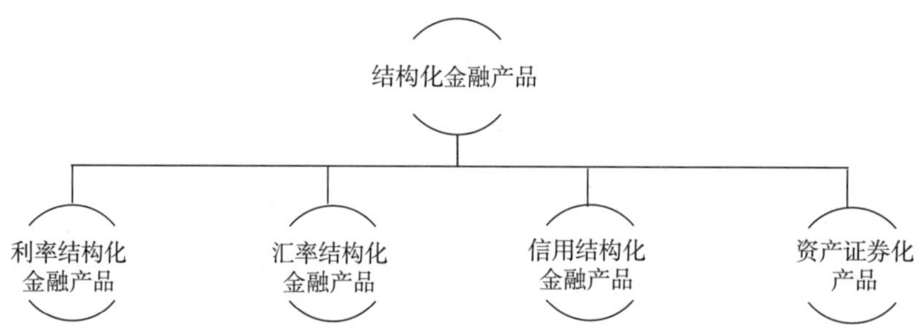

第一节　结构化金融产品概述

一、结构化金融产品的概念

对于结构化金融，学术界一直没有一个统一、明确的概念界定。Knas（2001）把结构化金融产品（Structured Product）定义为由固定收益证券和衍生产品结合而成的新产品，也可以简单地表述为“债券加期权”。一般认为，结构化金融产品是指将固定收益证券的特征（例如，固定利率债券）与衍生交易（例如，期权合约或期货合约）特征融为一体的一类新型金融产品。该类已经成为当今国际金融市场上发展最迅速、最具潜力的业务之一。

二、结构化金融产品的分类

按照不同的分类标准，结构化金融产品可作如下分类。

按其收益形态不同，结构化金融产品可以分为两类，一类为高收益型产品（通常称为

“高息票据”），另一类为保本型产品（通常称为“保本票据”）。按发行方式分类，可分为公开募集的结构化产品与私募结构化产品，前者通常可以在交易所交易。目前，美国证券交易所（AMEX）有数千种结构化产品上市交易；我国香港交易所也推出了结构性产品。按照其衍生交易部分的标的资产不同，又可以分为利率结构化产品、汇率结构化产品、信用结构化产品等。按嵌入式衍生产品分类，结构化金融产品通常会内嵌一个或一个以上的衍生产品，它们有些是以合约规定条款（如提前终止条款）形式出现的；也有些嵌入式衍生产品并无显性的表达，必须通过细致分析方可分解出相应衍生产品。按照嵌入式衍生产品的属性不同，可以分为基于互换的结构化产品、基于期权的结构化产品等类别。

三、结构化金融产品的产生与发展现状

结构化产品常被认为是近年来金融创新的产物，但事实上结构化产品的发展由来已久。结构化金融产品的发展，可以分为传统型产品和现代型产品两个阶段。传统型产品包括可转换证券、可交换证券、含有股权认股权证的债券等。现代结构性产品的发展历史可以说是从简单到复杂的过程。从最初1990年的简单跨价结构，到1997年的一篮子标的产品，1998年的相关性结构产品，2002年至今的奇异结构化产品等。由于20世纪80年代到90年代的市场利率持续走低，使得投资者寻求一种既能在市场发生不利变化时保本，又能分享市场走势良好时价格上升带来的好处的产品。传统型投资工具无法完全满足投资者的需求，由此，现代结构化金融产品应运而生，并在20世纪90年代出现爆炸性增长。

目前，国内结构化金融产品的发行主体仍以商业银行为主。2002年9月，光大银行首先推行结构性存款业务，各家银行纷纷跟进，2002年推出外币结构性存款，2004年又推出人民币结构性存款等。自2018年以来，受银行存款竞争压力不断加大以及禁止发行保本理财产品等因素影响，银行结构性存款快速增长。根据Wind的统计，与发达国家相比，我国银行的结构性存款种类相对完整，结构性存款主要挂钩标的为利率、汇率和商品。近年来，结构性存款的业务规模一直在增长，尤其是自2017年以来，增速尤其明显。结构性存款总额从2017年底的7万亿元快速增长至2020年4月的约12万亿元，可以说结构性存款已经成为银行主动负债的一个重要渠道。

从结构化金融产品的币种来看，目前人民币成为了我国结构化金融产品标价币种的第一选择。根据Wind的统计，在2019年，我国以人民币为标价的结构化金融产品发行数量占据市场已发行结构化金融产品的96%。从结构化金融产品的期限来看，目前我国大部分商业银行在设计和发行结构化金融产品时，都尽量将结构化金融产品的期限控制在1年以内。根据Wind的统计，2019年上半年，我国1个月到6个月期限的结构化金融产品占较大比例，1—3个月和3—6个月的占比分别为37.98%和35.44%。这是由于结构化金融产品的衍生品部分流动性较差，导致结构化产品的流动性也较差，因此，商业银行和投资者更偏好短期产品。从结构化金融产品的收益来看，根据Wind的统计，2019年我国商业银行结构化金融产品的预期最高收益普遍都在5%以上，但与预期最高收益相比，我国结构化金融产品的实际到期收益率大多在3%～5%，最高收益率与实际收益率存在2%左右的差距。

第二节　利率结构化金融产品

一、利率结构化金融产品的概念及种类

利率结构化金融产品指息票或本金价值与某一利率或某一确定性债务型债券的价格相关联的一类结构化金融产品。其发行种类及其特征如表 8－1 所示。

表 8－1　　利率结构化金融产品的种类及其特征

发行种类	主要特征
双限浮动利率债券（Collared FRN）	所支付利息有最高、最低限制的浮动利率债券（Floating Rate Note，FRN）
有上限的浮动利率债券（Capped FRN）	所支付利息有最高限制的浮动利率债券
有下限的浮动利率债券（Floored FRN）	浮动利率债券，但其票面利率有最低限制
可转换成其他债券的债券（Convertible to Bonds）	可转换成其他一种或多种不同债券
不同付息方式债券（Constrained Dual Bias）	债券有效期内，在不同期间采用不同付息方式，包括固定利率、变动利率或不支付利息。采取变动利率付息方式时还可附加利率上限、下限或双限
可变换利息支付方式债券（Optional Basis Conversion）	债券的发行人或持有人均有权可以选择变换利息的支付方式（如由固定利率转换为浮动利率）
与利率联动债券（Yield－linked）	所支付利率与某一有价证券（通常指债券）的利率联动
与 Libor 联动债券（Libor－linked）	所支付利率与伦敦银行间拆借利率（London InterBank Offering Rate，Libor）联动
与互换利率联动债券（Swap Rate－linked）	所支付利率与互换利率（Swap Rate）联动
本金与互换利率联动债券（Redemption；Swap Rate－linked）	到期还本金额的多少与互换利率联动
反向混合型产品（Reverse Hybrid）	无法单独归类的反向浮动利率债券的变化
浮动利率变固定利率债券（FRN/FX）	在一特定日期之后变为固定利率债券的浮动利率债券
浮动利率变逐步调升固定利率债券（FRN/Step－up）	浮动利率债券，但从一特定日期起至后，其票面利率会逐步调升（Stepping up）
固定利率变浮动利率债券（FX/FRN）	从一特定日期起变为浮动利率债券的固定利率债券

续表

发行种类	主要特征
固定利率变逐步调升浮动利率债券(FX/Step - up FRN)	从一特定日期起变为逐步调升浮动利率债券的固定利率债券
固定利率变反向浮动利率债券（FX/Reverse FRN)	从一特定日期起变为反向浮动利率债券的固定利率债券
固定利率变逐步调升反向浮动利率债券(FX/Reverse Step - up FRN)	从一特定日期起变为逐步调升反向浮动利率债券的固定利率债券
有期间上限的浮动利率债券(Periodic Cap)	浮动利率债券，其票面利率在每一期间均设有上限
触价生效或取消债券(Interest Range Factor)	偿付本金或利息金额的多少与利率联动的债券。当利率变动至触及生效价（Knock - in Price）或触及取消价（Knock - out Price）时，其内嵌的选择权便会自动生效或取消
反向可转换成其他债券的债券(Reverse Convertible to Bonds)	通常为高票面利率债券，其还本金额为某一特定债券价值或债券本身面额两者中较小者
反向浮动利率债券(Reverse FRN)	所支付利息为某一固定利率减去一浮动利率指标，如3% -3 月期 Libor
反向逐步调升浮动利率债券(Reverse Step - up FRN)	反向浮动利率债券，当某一利率指标在特定日期上涨时，应付利息也相应增加
利率逐步调低债券(Step - down)	票面利率在特定日期会逐步调低的债券
利率逐步调升债券(Step - up)	票面利率在特定日期会逐步调升的债券
利率逐步调升的浮动利率债券(Step - up FRN)	利率由发行人给定，且会逐步调升的浮动利率债券
利率逐步调低的浮动利率债券(Step - down FRN)	计息基准（Margin）在特定日期会逐步调低，导致应付利息也随之减少的浮动利率债券
三重计息方式债券(Triple Basis)	债券的计息方式有三种，包括：FRN/FX/FRN、FX/Collared FRN/FX 及 FRN/Reverse FRN/FX 等方式
零息搭配其他计息方式债券(Zero Dual Basis)	在债券有效期内有两种计息方式。其中一种为零付息，另可搭配固定利率或浮动利率

传统的利率结构化产品主要有可提前赎回债券和可提前回售债券。

二、可提前赎回债券

（一）可提前赎回债券的概念

可提前赎回债券，顾名思义是指赋予发行人一个权利，即发行人可以在特定时间、以预先确定的价格赎回债券。从投资者的角度看，投资可提前赎回债券可等价地视作买入债券的同时向发行人卖出一个期权。可提前赎回债券给许多固定收益债券投资者提供了机会。由于有了可提前赎回债券相对收益曲线和波动性变化的风险暴露，这些债券扩大了投资的范畴，给投资者提供了一个额外的工具来优化他们的基准。当然，收益增加的同时，风险也相应地增加了。

可提前赎回债券赋予发行人一个权利，即发行人可以在特定的时间以预先确定的价格赎回债券。例如，传统的、在第1年不能赎回的5年期债券（记为5ncl），从发行日起1周年后就可以在任意时间以票面价值赎回。不同的期限结构可能会有一份发行人赎回价格一览表，或者是发行人可以赎回的具体日期表。但其潜在的实质是相同的，即通过购买一个可提前赎回债券，投资者给予了发行人一个把债券买回的期权。因此，拥有可提前赎回债券的投资者已经售出了嵌入的利率期权，当然需要适当的补偿。目前在我国金融市场上也存在类似于可提前赎回债券的金融产品。例如，民生银行和招商银行推出的可终止浮动利率有权提前赎回理财产品，有关这些产品的详细描述见例8.1和例8.2。

【例8.1】民生银行可终止浮动收益结构产品

所在地区	全国
所属银行	民生银行
存款/投资币种（计价币种）	人民币
投资期限	1个月
起点金额	100 000 000元
起息日	2017年7月13日
到期日	2017年8月17日
收益类型	收益浮动
预期年化收益率	4.60%
安全性	100%本金保本

产品概况：

本理财产品为定期开放型理财产品。投资收益来源为投资资产所得的利息、买卖资产的差价、银行存款利息以及其他投资所得。在理财产品存续期内，客户可以在每个开放日之前提出约定购买申请，在开放日购买下一封闭期的理财产品。持有本理财产品份额的客户可以在每个开放日之前提出约定赎回申请，在开放日赎回上一封闭期全部或部分理财产品份额。银行有权在开放日接受或拒绝客户提出的约定购买/约定赎回申请。若客户未约定赎回全部理财产品份额，则客户剩余理财产品份额所对应的理财本金自动进入下一封闭期参与投资。根据收益分析显示，无论是持有至期满，还是银行提前赎回，投资人的税后收益均可达同期普通定存税后收益的多倍。

【例8.2】招商银行可终止结构化理财产品

所在地区	哈尔滨市
所属银行	招商银行
存款/投资币种（计价币种）	人民币
投资期限	6个月
起点金额	50 000元
起息日	2017年6月30日
到期日	2018年1月5日

续表

收益类型	收益浮动
预期最高到期年化收益率	4.65%
安全性	100%本金保本
产品概况： 招商银行哈尔滨分行于2017年6月23日至6月29日推出鼎鼎成金316758可终止结构化理财产品。本理财计划投资于银行间市场、交易所市场债券，以及资金拆借、互换交易、信托计划、券商资产管理计划（投资于券商收益凭证等资产）及其他金融资产。	

（二）可提前赎回债券的分解及要素

由一个一次还本付息债券和一个购买该债券的期权组成的投资组合，可以模拟一个可提前赎回债券。例如，只有一个赎回日期的10nc3债券可以分为一个10年期的一次还本付息债券的多头以及一个债券发行日3年后购买该债券的期权空头。这个期权通常被称为“3×7期权”，表示3年后期权期满并且具有一个7年的潜在时期。回到我们的例子。10nc3债券以价格100美元、年收益率6.856%发行；息票相同、收益率为6.236%的10年期一次还本付息债券定价为104.57美元。因此，嵌入期权是以4.57美元的价格卖出，从而降低了可提前赎回债券的成本。可提前赎回债券与一次还本付息债券之间的关系可以表述如下。

可提前赎回债券的价格 = 一次还本付息债券到期价格 - 嵌入期权的价格

1. 嵌入期的类型。区分可提前赎回债券的一个重要因素就是嵌入期权的类型。例如，我们所定义的美式可提前赎回债券就是在不可赎回期后随时可赎回这一类型的债券，发行人有可能在赎回期的任意时间以特定的价格赎回债券。另一类型就是百慕大期权，它给发行人的权利是在特定的日期（通常与息票日期相同）赎回债券。近年来，发行人已经开始以欧式期权构建可提前赎回债券，它的特点是只有一次赎回债券的时间，也就是只有一个赎回日期的百慕大期权。

弹性最大的期权是美式期权，它给发行人对赎回债券时间决策的弹性最大。因此，有此类嵌入期权的可提前赎回债券是最便宜的。百慕大期权对其赎回日期的安排稍微多了一点限制。欧式期权则限制发行人只有一个赎回日，增加了对投资者的赎回保护。欧式可提前赎回债券很容易就可以通过综合采用一次还本付息债券和场外期权得到。

嵌入在可提前赎回债券中的百慕大期权和美式期权实际上代表了一组条件期权。例如，对一个百慕大期权可提前赎回债券，如果发行人在第一次赎回日买入了债券，那么，随后息票日的期权就自然消失了。百慕大期权和美式期权不能仅仅通过在衍生市场上卖出一系列期权就综合得到，因为一组独立的期权比嵌入可提前赎回债券中的条件期权昂贵得多。嵌入期权的复杂特征需要一个更复杂的定价过程，比如期权调整利差分析（OAS）。

2. 封锁期。可提前赎回债券的另一个重要特征就是封锁期（Locked Period），这一时期内债券不可以被赎回。封锁期和到期日相结合，共同决定嵌入期权的价格。距赎回日的时间长短会对嵌入期权的价格产生影响，主要是因为对未来看得越远，未来利率可能离散程度就会相应增加。例如，10年期、封锁期为6个月（10nc6M）的欧式可提前赎回债券的嵌入期权是9.5年期债券之上的一个6个月的欧式期权；一个10nc3的欧式可提前赎回债券的嵌入期权是一个7年期债券之上的3年期欧式期权。3年后7年利率的或有性比6

个月后9.5年利率的或有性更大，这个波动性的明显上升提高了执行日较长期权的预期价格，使期权更为昂贵。

此外，封锁期的不同也会改变债券的风险特征。尤其是不同封锁期/到期结构将使投资者面临不同的收益利率差和波动性。有证据显示，对那些能根据其波动性特点而更好地调整其收益曲线特点的投资者来说，这是很有用的。对百慕大期权和美式期权而言，封锁期的影响更加复杂。10nc6M 的欧式可提前赎回债券面临的是从现在起6个月后9.5年利率的或有性；而美式和百慕大可提前赎回债券面临的是在远期利率路径上的或有性。例如，百慕大10nc6M 可提前赎回债券将面临6个月之后的9.5年利率、1年之后的9年利率等的或有性，包括9.5年远期的6个月利率的或有性。在这种情况下，嵌入在较短封锁期中的一系列期权之中包含了嵌入在较长封锁期中的期权。因此，封锁期较短的期权价格更高。

3. 期权的相对成交价格。除了到期/封锁期结构之外，投资者还必须考虑嵌入期权的相对成交价格。换言之，投资者必须考虑期权是实值的（ITM）、两平的（ATM）还是虚值的（OTM）。通过将可提前赎回债券的息票和隐含在发行人一次还本付息债券收益曲线上的远期利率两者进行对比，可提前赎回债券中的隐含期权可以分成几类。溢价期权是在面值之上交易，其嵌入期权是实值期权，通常在给出债券赎回可能性的赎回报酬率基础上交易。这将可提前赎回债券的定价低于面值（由于息票利率低于市场利率），它含有虚值的嵌入期权。

不同的期权面临着不同的风险。溢价券面临着延伸风险。如果利率下跌，由于债券赎回可能性降低，期权的价值也减少。而这实际上延长了债券的久期，延伸了债券的有效到期时间，使其超出了投资者可能的预期，相反，具有相同的到期日的折价债券和一次还本付息债券面临的都是压缩风险。如果利率跌后复生，由于其更可能被赎回，债券的久期将缩短。

已接近于票面价格的债券通常与两平期权相关，它暗示了成交价格和相应的一次还本付息债券的远期价格是比较接近的。但这并不必然为真。例如，新发行的欧式可提前赎回债券通常都以票面价值定价和赎回。不过，实值期权的价格取决于名义利差和一次还本付息债券利益曲线的形状。较平缓的收益曲线暗示了相对即期收益而言较低的远期收益，这表明在保持名义利差固定时，期权将进一步进入实值（溢价更多）。投资者应当根据发行人的信用曲线，比较他们的利息和远期利率。

可提前赎回债券在利率变化中面临延伸和压缩风险，从而影响期权绩效。当利率下降时，债券早已被赎回，投资者收回了本金，无法继续收到较高的利息。这也就是说，投资者不得不以比原来收益率更低的市场收益率再投资其现金流。如果市场买空，利率上升，投资者就以比市场利率更低的利率持有到期时间较长的债券。利率跌后复生时久期的减短（或利率上升时久期延长）正是负凸性（或相对久期而言太低的凸性）的特征之一。对投资者从可能提前赎回债券上获得的额外利差而言，负凸性和对波动性的依赖一样，都是重要的原因。

无论期权是ITM、ATM或是OTM，都将影响债券对市场变动的敏感性。例如，ATM的可提前赎回债券随市场利率和隐含波动性的变化最为敏感。这是因为，ATM期权的风险特征最高。当债券处于极端的ITM或OTM时，它的交易就更像一次还本付息债券，只有极少的期权特点。如果假定投资者面临较低的或有性和套利成本，名义利差将趋于接近相同期限的一次还本付息债券。在很多情况下，投资者可以在二级市场上找到溢价和折价可提前赎回债券的相对价值。

三、可提前回售债券

可提前回售债券是一种特殊的固定收益证券，其投资者有权决定是否将债券回售给发行者以终止投资。这种类型的债券可视为投资者购买了一看跌期权，价格事先确定（一般是平价或溢价发行），时间也事先确定（债券到期前的一天或是几天）。

典型的可提前回售债券交易是借款人发行期限为5年甚至10年的固定利率债券，投资者在债券发行3年后有权将债券回售给发行人以终止交易。由于接受了发行人提供的卖出债券的权利，投资者也必须接受较低的投资收益。相反，由于接受了利率和流动性风险，发行人获得了较低的发行成本。

专栏8－1

中信泰富外汇合约巨亏港元案例

背景介绍：

中信泰富是中国大型央企中信集团在香港上市的6家子公司之一。中信泰富的业务集中在香港及广大的内地市场，业务重点以基建为主，包括投资物业、基础设施（如桥、路和隧道）、能源项目、环保项目、航空以及电信业务。

2006年，中信泰富与澳大利亚的采矿企业 Mineralogy Pty Ltd 达成协议，以4. 15亿美元收购澳大利亚两个分别拥有10亿吨磁铁矿资源开采权的公司 Sino－Iron 和 Balmoral Iron 的全部股权。中信泰富收购的澳铁矿项目，曾被称为世界级的磁铁矿开采和加工项目。两处铁矿每年可生产2 760万吨精矿，开采期大约25年，除了已探明的现存储备，还有40亿吨的储量，如获证实，中信泰富还有权购买最多40亿吨的开采权，潜在年产量可达7 000万吨以上。这个投资42亿美元的中澳铁矿项目中，很多设备和投入都必须以澳元来支付。整个投资项目的资本开支，除期初的16亿澳元外，在项目进行的25年期间，还将在全面营运的每一年投入至少10亿澳元。

为了降低项目面对的货币风险，中信泰富签订了若干杠杆式外汇买卖合约来对冲风险。杠杆式外汇合约被普遍认为是投机性很强的高风险产品，导致中信泰富巨额亏损的杠杆式外汇买卖合约正是变种 Accumulator（累股证），但是其针对的对象不是股份，而是汇价。具体来说，中信泰富与花旗银行香港分行、瑞信国际、法国巴黎百富勤、美国银行、摩根士丹利、汇丰银行、德意志银行等13家外资银行签订了数份杠杆式外汇合约，其中金额最大的是澳元累计期权合约，总额为90. 5亿澳元，锁定汇率0. 87。合约规定在此后两年多时间内，每月以0. 87美元/澳元的平均兑换汇率，向交易对手支付美元接收澳元，最高累计金额约94. 4亿澳元。

中信泰富签订这一系列衍生品合约时，澳元十分强势，并且短期内预期不会出现大幅下跌。当时澳元的利息率已高达7. 25%，居几大工业国利率榜首。澳元大宗商品在一片繁荣的背景下和加息预期因素的影响下，成为了汇市上的热门货币。然而，2008年7月，澳元汇率波动开始加大，短短一个月，澳元出现持续性贬值，澳元兑美元跌幅高达10. 8%，几乎抹平了2008年以前的涨幅。

2008年10月20日，中信泰富（00267）发布公告称，公司为减低西澳洲铁矿项目面对的货币风险，签订若干杠杆式外汇买卖合约而引致亏损，实际已亏损 8.07 亿港元。至 10 月 17 日，仍在生效的杠杆式外汇合约按公平价定值的亏损为 147 亿港元。换言之，相关外汇合约导致已变现及未变现亏损总额为 155.07 亿港元，而且亏损有可能继续扩大。中信泰富两名高层即时辞职。2008 年 10 月 21 日，中信泰富的股价暴跌 55%，这家颇具声誉的公司的市值在两个交易日中蒸发掉了 2/3，成了在 2008 年国际金融危机中首批中箭落马的中国企业。

风险分析：

外汇杠杆合同被普遍认为投机性很强，属于高风险产品。这次导致中信泰富巨额亏损所投资的杠杆外汇合约，正是变种累股证。那累股证是什么？

1. 对冲风险外汇合约累股证是什么？

"Accumulator"（累股证），因其杠杆效应，在牛市中放大收益，熊市中放大损失，被香港投行界以谐音戏谑为"I kill you later（我迟些杀你）"。"Accumulator"的全名是 Knock Out Discount Accumulator（KODA），一般由欧美私人银行出售给高资产客户。累股证其实是一个期权产品，发行商锁定股价的上下限，并规定在一个时期内（通常为 1 年）以低于目前股价水平为客户提供股票。

银行向客户提供较现价低 5% ~10% 的行使价，当股价升过现价 3% ~5% 时，合约就自行终止。当股价跌破行使价时，投资者必须按合约继续按行使价买入股份，但有些银行会要求投资人双倍甚至三倍地吸纳股份。

举例来说，假设某公司股价现价为 100 港元，KODA 合约规定 10% 折让行使价，3% 合约终止价，两倍杠杆，一年有效。也就是说，尽管该公司目前股价为 100 港元，但 KODA 投资者有权在今后的一年中，以 90 港元行使价逐月买入该公司股份。如果该公司股价升过 103 港元，合约就自动终止。但是如果中移动股价跌破 90 港元，投资者必须继续以 90 港元双倍吸纳股份，直至合约到期。这样的产品在牛市来说，无疑是"天上掉下的馅饼"。去年股市高峰时，不少股票特别是中资股单日暴涨的不在少数，这对于 KODA 投资者来说，就像"捡钱"一样，合约也经常在签约后数天甚至是当日自动终止，投资者超短线收益 20% 的例子不胜枚举。据统计，2007 年，在香港的私人银行中，有超过七成的客户以 KODA 形式购买股票。私人银行的资金占香港散户资金一半以上，客户人数不多，但是金额庞大，而且多采用杠杆借贷。

不过，当市场越走越高，行使价也越来越高，尝到甜头的富人们开始加大筹码，他们似乎不知道风险也在悄悄倍增。在 2007 年 11 月以后，港股节节败退，不少 KODA 挂钩的热门中资股出现三成、四成甚至五成的跌幅，KODA 投资者们也只有照单全收，如果合约要求双倍吸纳，那么连续几个月的跌势对于这些富人来说真是不堪回首。

2. 中信泰富投资的累计目标可赎回远期合约

这次中信泰富错买的杠杆外汇合约，可说是变种累股证。不同之处，在于其对赌的目标，不是股份，是汇价。至于促销对象，股票累股证会集中售予个人投资者，而变种的外汇累股证，则主要以上市公司及中小企业为对象。

累计目标可赎回远期合约的英文原名是 Accumulated target knock - out forward contracts。这种产品的原理可近似看作中信泰富向对手方购买一个澳元兑美元的看涨期权以及卖出两个看跌期权，行权价格都是 0.87。当澳元汇率高于 0.87 美元时，中信泰富以低于市场价的 0.87 每天买入 1 个单位外汇而获利，但当汇率下降到 0.87 以下时，则中信泰富必须每天以 0.87 的高价买入

2 个单位外汇。这意味着，中信泰富把宝完全押在了多头。

3. 外部原因：可能由于澳元汇率波动

在合约开始执行的 2008 年 7 月初，澳元对美元价格持续稳定在 0. 90 以上，澳元一度还被外界认为可能冲击到“平价美元”的地位。这样的一个合约似乎看上去是个好买卖。但是到了 8 月上旬，国际金融市场风云突变，澳元兑美元接连走低，特别是 10 月初澳元出现暴跌，巨亏就此酿成。

澳元兑美元汇率从 2000 年以来一直呈单边上行趋势，即使在调整期跌幅也较小，因此当时很难预料到短短 3 个月内，澳元不仅跌破 0. 87，而且还出现 30% 的跌幅。可以说这都是全球金融动荡惹的祸。

4. 对中信泰富的财务影响

受该事件拖累，2008 年中期报告中，公司披露总负债由 2007 年上半年 286. 54 亿港元急升至 419. 06 亿港元，净负债则从 2007 年同期的 206. 09 亿港元升至 312. 11 亿港元。该公司中期净利润 43. 77 亿港元，较 2007 年同期减少 12%。这笔可赎回远期合约实亏 8. 07 亿港元，浮亏 147 亿港元，总计 155. 07 亿港元。

目前，结构性产品已经成为国际金融市场中一个相当普遍的金融工具，自 1998 年起，平均每年以 10% 以上的速度增长，相关金融产品一年全球发行金额超过千亿美元，其潜藏的商机相当客观，其中又以浮动利率票据最受投资者的瞩目。由于投资者的资金成本与利率的变动息息相关，浮动利率票据能有效规避利率风险，可满足投资者的需求。据统计，全球浮动利率票据占结构性产品发行量的 50% 以上。目前，我国市场上发行的结构性理财产品中，也以浮动利率票据居多。因此，本书下面通过浮动利率票据来介绍利率结构化产品。

四、浮动利率票据

（一）浮动利率票据的概念

浮动利率票据（Floating Rate Notes，FRNs；又称浮动利率债券），是票面利率在票据的存续期间内会变动，而非固定不变的票据，浮动的方式可由契约双方约定，其票面利率部分可连接不同的参考利率或者不同的利率衍生产品，根据金融工程技术，通过多样化的商品设计，满足投资者不同的需求。浮动利率债券产生于 1970 年。该债券结合了中期银团贷款和长期欧洲债券的优点，一方面它可为借款方提供期限长于银团贷款的中长期借贷资金，另一方面它又使投资者减少了因利率上升而引起的资金贬值风险。证券市场参与者通常认为，浮动利率债券具有将风险平均分配于借款方和贷款方的作用，为双方提供了公平躲避利率变动风险的条件；从市场表现来看，浮动利率债券的市场价格较为平稳，其买卖差价较小，债券发行人所负担的利息与 Libor 的差额不大，该券种的流动性也较高，这充分体现了此种创新性金融工具的作用。浮动利率债券自 20 世纪 80 年代以后得到了长足的发展，成为国际资本市场上重要的金融创新，其品种和发行条件也日趋多样化和复杂化，该类债券的发行人多为从事贷款业务的金融机构。

净浮动利率票据（只嵌入期权的浮动利率票据）的息票公式可表示为：息票率 = 参考利

率±报价差额，其中报价差额（用基点表示）是发行者一致赞同的针对参考利率所进行的调整。例如，现在考虑 Enron 公司发行的 2006 年 3 月 20 日到期的浮动利率票据。此浮动利率票据按季度支付现金流且该票据的息票公式等于 3 月期 Libor 加 45 个基点。

最常用的参考利率有伦敦银行同业拆借利率、短期国库券收益率、最优惠利率及国内大额存单利率。另外，还有一些参考利率主要应用于较为专业化的市场，例如，针对利率可调抵押（ARMs）或担保抵押债券（CMO）的浮动利率，票据最为常用的参考利率包括：

（1）1 年期固定到期日的国库券利率（即 1 年期的 CMT）；

（2）第 11 资金成本区（11th District Cost of Funds）；

（3）6 月期伦敦银行同业间拆借利率（Libor）；

（4）全国月度中间资金成本指数。

（二）浮动利率票据的分类

浮动利率票据可分为三种：（1）正浮动利率票据，此种票据最常见的收益计算公式为浮动参考利率（如 Libor）加上固定利率；（2）逆浮动利率票据，此种票据的收益计算公式则是用固定利率减去浮动参考利率；（3）区间计息型票据，以浮动参考利率落入某一区间的天数作收益计算公式。

1. 正浮动利率票据。正浮动利率票据可以由一个支付固定利息的债券加上一个利率互换来合成。假设 A 公司预计发行一个 2 年期的浮动利率票据 FRN，利率为 6 个月 Libor 加上 25 个基点（Base Point）。该公司可先发行一个本金为 FV、支付固定利率 F 的债券，然后再签订一个名义本金为 FV 的利率互换，在此利率互换中，发行公司同意以支付浮动利息去交换固定利息收入 F，如图 8－1 所示。

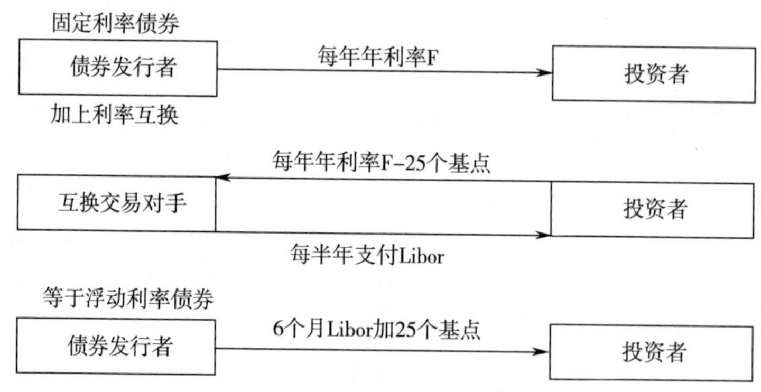

图 8－1　正浮动利率票据（FRNs）结构分析

2. 逆浮动利率票据。逆浮动利率票据的利息部分由一个固定的利率减去一个浮动的参考利率（如 6 个月的 Libor）。由于当参考利率上升时，票据所需要支付的利息减少，为了使其利率不为负数，会有一个利率以 0 为下限的条款。从金融工程的角度，可将一个逆浮动利率票据拆解，如图 8－2 所示。

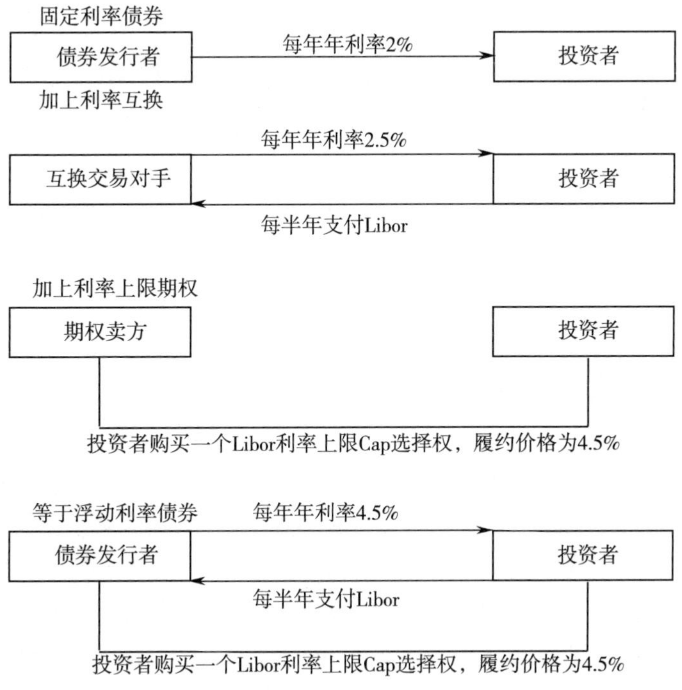

图 8－2　逆浮动利率票据（FRNs）结构分析

（1）一个固定利率票据（如每年固定利率 2%）；

（2）一个利率互换：投资者获得固定利率而付出浮动利率给利率互换交易对手（如收到 2.5% 的年固定利率而每半年付出 6 个月的 Libor）；

（3）一个利率上限期权，其履约价格为 4.5%。

3. 区间计息型票据。利率区间票据的特色就是当参考利率落入一定的区间之内则支付较市场利率高的利率，否则利率为零。这种区间票据可以看作一种普通债券加上买入履约利率较低的利率数值期权（Long Digital Call），及卖出履约利率较高的利率数值期权（Short Digital Call）所组合而成。

第三节　汇率结构化金融产品

汇率结构化产品是指一类与外汇价值或货币汇率存在特定联系的结构化债券。目前市场上的汇率结构化金融产品主要包括双货币债券和货币相关的结构债券。

双货币债券是指固定收益证券的息票所采用的货币与该证券的本金所采用的货币不同。货币相关的结构债券是指传统固定利率证券的息票或本金构成中通过引入远期或期权的方式来规避货币波动中的特定风险。就设计具体的货币衍生物而言，货币相关的结构债券包括了非常广泛的债券结构，双货币债券可视为货币相关的结构债券的一个特殊类别。接下来我们主要通过双货币债券来对汇率结构化金融产品进行介绍。

一、双货币债券的概念

双货币债券（Dual－currency Bonds）是指一类息票与本金采用不同货币支付的债券。双货币债券以一种货币支付息票（通常是投资者所属国的货币），而以另一种货币偿还本金（通常是发行人所属国的货币）。例如，双货币 US ＄/Swfr 债券可以被构造成利息采用瑞士法郎支付而本金采用美元支付；反之则相反。双货币债券的债券部分，可视为固定利率债券；但从投资者角度看（假设投资者本国货币为瑞士法郎 Swfr，发行人本国货币为美元＄）。双货币债券的衍生交易部分则只是一个简单的瑞士法郎交换美元的远期外汇合约。

二、双货币债券的结构类型

一般来说，双货币主要有两种基本的结构类型。

（1）双货币债券——假设有一日元投资者，双货币债券通常被认为是这样一种债券，即最初的投资用日元，息票用日元，而本金的偿还则采用一种外国货币，比如美元。

（2）反向双货币债券——通常被认为是这样一种债券，日元投资者的初始投资采用日元，本金偿还采用日元，而息票的支付采用一种外国货币，比如说澳元。

上述两种结构之间的基本差异在于其所承受风险的本质和程度不同。在双货币债券中，货币风险存在于投资的全部本金价值，而在反向双货币债券中，货币风险仅仅存在于息票。

从本质上讲，双货币结构将下列因素有效地结合起来。

（1）固定利率债券。

（2）将息票现金流转换成所需货币的单一或系列外汇远期合约。

三、双货币债券的案例及分析

✪【例8.3】给出一个双货币债券的例子。这个例子描述的是最早交易的双货币债券（大约是1980—1985年）。起初的交易是瑞士法郎债券，其偿还采用美元。这些债券通常有着较长的到期日（8～10年），且其所附带的息票率较之其他可比较的瑞士法郎债券要高出100～200个基点。美元偿还结构处于一个隐含的美元/瑞士法郎1:2.00。这一概念很快就扩展到本金偿还采用美元的日元债券。表8－2就展示了这种￥/US ＄双货币债券。

双货币债券

发行者	AA级金融机构
期限	5年
本金数量	￥25 000百万
息票利率	每年一次，用日元支付7.75%
偿还数量	115.956百万（用美元支付）

在这个例子中，投资者以日元投资并收到日元息票，而债券的本金采用美元偿还。该双货币债券的息票率大约要比其他可比较日元债券的收益率高出100～150个基点。隐含的偿还汇率是美元/日元＝1:215.6。这要比当时大约为1:235的美元/日元即期汇率低。

这种投资工具主要是针对日本投资者，其特点可归纳为以下三点。

（1）投资者在债券的息票支付上没有承担外汇风险。这反映了债券采用日元支付利息的事实。

（2）投资者所收到的息票利率要高于其他可比较的日元债券所获得的利率。

（3）投资者在该项投资的本金数额上存在着外汇风险。这反映了本金偿还采用美元（投资者所属国之外的货币）支付的事实。

表8－2描述了投资者在不同货币（US ＄/￥）情景假设下的收益，分析描述了该证券的经济特征。

（1）如果到期日的美元/日元汇率与嵌入的偿还汇率相同，投资者所实现的收益就等于息票利率，为每年7.75%。

（2）如果双货币债券的美元本金通过签订远期合约而进行了套期保值，该远期合约卖出美元买入日元，价格采用进入交易时市场的远期利率，那么投资者的收益率大约是6.28%。这大约相当于其他可比较的以日元标识传统证券的日元收益率，一旦美元本金数量进行了日元套期保值，那么这就可视为一种经济型日元证券。

（3）如果美元/日元汇率保持在进行交易时的汇率水平，那么投资者的收益率是9.38%。

（4）如果美元在证券有效期内相对于日元贬值5% pa，那么投资者的收益率大约是5.05% pa（代表日元投资收益率减少了大约120个基点）。

表8－2　　双货币债券的经济性

下面给出了在四种US ＄/￥汇率情景下债券的现金流和投资者实现的收益：

1. 到期日的US ＄/￥汇率与隐含的偿还汇率US ＄ 1＝ ￥15.60相同。
2. 通行的US ＄/￥远期汇率。
3. US ＄/￥汇率与发行时的水平相同US ＄ 1＝ ￥236.8。
4. US ＄/￥汇率稳定下降5% pa。

债券的现金流						
双货币债券			情形1：嵌入的偿还汇率		情形2：远期汇率	
期间（年）	本金和利息（￥）	本金偿还（US ＄）	￥/U ＄汇率	债券现金流（￥）	￥/U ＄汇率	债券现金流（￥）
0	－25 000 000 000			－25 000 000 000		－25 000 000 000
1	1 937 500 000			1 937 500 000		1 937 500 000
2	1 937 500 000			1 937 500 000		1 937 500 000
3	1 937 500 000			1 937 500 000		1 937 500 000
4	1 937 500 000			1 937 500 000		1 937 500 000
5	1 937 500 000	115 956 000	215.60	1 937 500 000	197.6	24 850 405 600
			实现收益率￥7.75%		实现收益率￥6.28%	
双货币债券			情形3：开始时即期汇率		情形4：汇率下降5% pa	
期间（年）	本金和利息（￥）	本金偿还（US ＄）	￥/U ＄汇率	债券现金流（￥）	￥/U ＄汇率	债券现金流（￥）
0	－25 000 000 000			－25 000 000 000	236.8000	－25 000 000 000
1	1 937 500 000			1 937 500 000	224.9600	1 937 500 000
2	1 937 500 000			1 937 500 000	213.7120	1 937 500 000

续表

期间（年）	本金和利息（¥）	本金偿还（US $）	¥/U $ 汇率	债券现金流（¥）	¥/U $ 汇率	债券现金流（¥）
3	1 937 500 000			1 937 500 000	203. 0264	1 937 500 000
4	1 937 500 000			1 937 500 000	192. 8751	1 937 500 000
5	1 937 500 000	115 956 000	236. 80	29 395 880 800	182. 2313	23 184 271 638
				实现收益率 ¥9. 38%		实现收益率 ¥5. 03%

表 8－2 对证券业绩的分析描述了其经济本质。双货币债券结构所带来的额外收益源于债券与货币远期的结合。在【例 8. 3】中，100～150 个基点的额外收益来自在远期市场中美元相当于日元的显著贴水，反映了美元较之日元有更高的利率水平。额外的息票代表了投资者获得的贴水价值并被摊销到债券所有的息票中。另外，嵌入的远期是额外的价值来源。投资者以嵌入的偿还汇率 ¥215. 60 购买美元远期。在进入这项交易时，隐含的远期汇率大约是 US ＄ 1/ ¥198～203。这意味着投资者以一个高于市场汇率的水平购买美元。这额外的支付可以用来提高双货币债券自身的息票率。

这种结构使得投资者拥有了一个远期美元/日元汇率的头寸。这样的头寸将远期利率高估美元对日元贬值的预期货币化了。假设货币远期本质上是当前利率差异的产物，双货币债券包含了两个具体的头寸：第一个，关于美元/日元即期汇率变动的；第二个，在利率差异上的头寸。只要真实的即期 US ＄/ ¥ 汇率高于隐含的远期汇率，投资者就可以从这项投资中实现更高的经济回报。

事实上，双货币债券结构的设计特色就是针对汇率路径的风险暴露。这样的结构允许投资者将被证实的下列观点货币化：相关日期的即期汇率实际上与远期汇率结构所隐含的汇率是不同的。

第四节　信用结构化金融产品

一、信用结构化金融产品概述

信用结构化金融产品是一类较新的结构化产品，这类产品可以看成是固定收益证券及其信用衍生品的组合。信用结构化金融产品的这种设计结构，使得投资者能够从标的债券或贷款的信用升级或违约等变动中获得收益。

目前在市场上交易的信用结构化金融产品主要有以下几类。

1. 信用联动结构化票据。这是一类传统的结构化票据，是固定收益证券和信用衍生品（总收益互换、信用违约互换、信用价差远期合约或期权）的组合。这些结构化产品将本金或者红利和投资者承受的信用风险联系起来，通常是高信用等级的发行人（AAA 级或者 AA 级）发行这类票据，这些发行人同时还会对其中的信用衍生品交易进行套期保值。

2. 复制信用票据。这是指采用一个特殊保险目的的连接方式或者资产复制方式来创造信用联动型结构化票据。复制这种方式就是在二级市场购买证券，然后通过与交易商进行衍生品交易来重新整合标的证券的现金流和信用风险，将复制的现金流组合起来和投资者进行交易。复制信用票据与信用联动结构化产品和资产互换交易类似，因此可以说是它们的补充。

3. 合成债券。发行此类“公司债”或者“国债”的目的不是为了保险或者资产重组，保险或者资产重组是通过组合现金、证券和信用衍生品交易来实现的，而合成债券的设计是为了复制发行人发行的固定利率证券的特性。这些交易与上面提到的信用衍生品进行的复制交易是一样的。

4. 信用组合证券化。信用证券化用证券化的思想来复制信用风险（来自贷款/证券和衍生品/资产负债表以外的交易）组合，证券化就是将各种证券组合起来然后卖给投资者，证券的发行人通过发行此类证券来减少甚至消除存在于债务人的信用风险。

二、信用结构化金融产品的优势及原因

投资者是信用结构化产品的主要使用者。信用衍生品采取这种构成方式，主要的吸引力在于不需要对相关的证券进行实际投资，而是通过人为方式就能够获得标的资产的现金收益，这可以通过使用一个可以接受的传统型证券来获得。这对广大投资者来说是非常有吸引力的。这种避免直接投资的优势是通过许多途径获得的。在发达的资本市场上，优势主要来自避免持有证券需要交纳的所得税，避免存储的费用，减少外汇交易。而对于那些有着高收益却没有投资级信用等级的证券和新兴市场来说，这种优势来自以下更为广泛的因素：

（1）有些规则限制投资者直接购买这些标的证券。

（2）在获准直接投资方面存在复杂且烦琐的程序。

（3）缺少投资者所需要的标的证券类型（结构）。

（4）在市场上交易这些标的证券存在困难，包括缺少流动性以及较高的交易成本。

（5）投资的基础设施不成熟（尤其是对外国投资者），包括缺少发达的结算体系、保管机制和外汇交易市场。

此外，在市场上还存在着直接投资的困难和不断增长的对高收益和新兴市场的需求。这些需求主要由以下因素引致：

（1）在名义收益率和价差都很低的市场环境下寻找高的投资回报率。

（2）这些市场上的资产价格和信用价差的波动性提供了大量的交易机会。

（3）与发达市场相比，这些市场效率比较低，也没有被完全套利，这从长期来说更有吸引力，从而也提供了可获得相对价值的机会。

（4）信用风险多样化的需要。

（5）投资组合的货币多元化的需要。

不断增长的对外投资需求和对直接投资的严重阻碍促使信用联动票据市场迅速发展，这样就可以在不对这些市场进行直接投资的情况下来对这些标的证券进行间接投资。同时，还可以通过设计信用违约票据来克服没有合适的现金投资的问题。此外，用这些结构化产品来创造可满足特定需要的高风险收益的结构化组合也很有吸引力。

专栏 8－2

迷你债券

迷你债券是一种复杂的结构性金融产品，而且被刻意包装成定期有息派，又有单一到期日，令人感觉与债券是一样的产品，对象主要是散户，所以称为“迷你债券”。这种票据的回报率，会与一家或数家公司，甚至是一个国家的信贷质素挂钩。

以在香港闹得沸沸扬扬的“雷曼迷你债”为例。雷曼迷你债券（Minibond Series）是由在开曼群岛注册的太平洋国际金融公司（特殊目的机构 SPV，Special Purpose Vehicle）为发行人、以雷曼亚洲投资有限公司（Lehman Brothers Commercial Corporation Asia Limited）为安排人、以雷曼特殊金融公司（Lehman Brothers Special Financing Inc.）为掉期交易对手，以雷曼控股公司（Lehman Brothers Holdings Inc.）为掉期交易担保人，面向零售投资者发行的一系列信贷挂钩票据的总和。其本质是一种结构性债务工具，与普通债券到期还本付息有所不同，其息票金额或最终支付金额会受到一家或一组挂钩公司所发生的“信贷事件”及其他因素影响。

从表面上看，这种“迷你债券”与普通债券似乎没有什么区别，都具有固定期限，定期支付固定利息，到期由发行人还本付息。不但如此，按照当时销售人员的说法，它还具有普通债券所没有的“优点”，一是进入门槛比较低，不需要投入大量资金，任何个人都可以购买；二是与一些国际知名银行、企业甚至国家信用相关，似乎风险更低。

然而此“债券”并不同于我们说的债券，第一，“迷你”的意思是把原来 100 万美元的投资额拆细到数万港元（如雷曼“夺金”系列迷你债是 4 万港元起），以方便零售给银行客户。第二，“债券”的内容不同，“迷你债券”其实是衍生投资产品中的“结构性票据”（SN）。如果 SN 其所有抵押品都是 AAA 级的国债，那就问题不大，而 SN 的抵押品又是一堆衍生工具，包括了抵押债务证券（CDO）以及信贷违约掉期（CDS）等，即其回报及赎回同相关发行机构的信贷挂钩，如其中一家公司未能偿还贷款，需要重组债务甚至不幸破产，都会严重影响到这一类“债券”的派息和继续运作。

其实，“迷你债券”是在对赌信贷主体有没有信贷违约事件。在“夺金系列第 35 期”迷你债中，其挂钩的是“汇丰银行、和记黄埔、港铁、中国、渣打、新地、太古”七个信贷主体，都是大型优秀企业（甚至是主权国家），信用等级都很高，发生信贷违约事件（破产、未能偿债、重组、拒绝清偿或延期还款）的概率通常是很低的。在市场平静时这是不错的安排，但随着金融危机的全面爆发和蔓延，市场信心几近崩溃，信贷严重收缩，CDO 可能无价又无市，而 CDS 的交易对手雷曼已倒闭，一旦掉期对手无法向发行人支付所需现金，后者也无法向“债券”持有人派息和偿还本金。

迷你债券会在三种情况下使投资者的资产受到损失：第一，相关信贷主体发生破产，未能偿债、重组，拒绝清偿或延期还款等信贷事件；第二，抵押品贬值；第三，掉期安排因任何理由而终止。

第五节　资产证券化产品

一、资产证券化的定义及分类

资产证券化通俗而言是指将缺乏流动性但具有可预期收入的资产，通过在资本市场上发行证券的方式予以出售，以获取融资，最大化提高资产的流动性。在资产证券化发展较为成熟的欧美市场，传统的证券化资产包括银行的债权资产，如住房抵押贷款、商业地产抵押贷款、信用卡贷款等，以及企业的债权资产，如应收账款、设备租赁等。这些传统的证券化产品一般统称为 ABS（Asset - Backed Securities），但在美国通常将基于房地产抵押贷款的证券化产品特称为 MBS（Mortgage - Backed Securities），而将其余的证券化产品称为 ABS。

MBS 产品可以细分为 RMBS（Residential Mortgage - Backed Securities，住房抵押贷款支持证券）和 CMBS（Commercial Mortgage - Backed Securities，商业地产抵押贷款支持证券）。由于 RMBS 是 MBS 产品的主体，因此一般 MBS 也就特指 RMBS，而 CMBS 则单独表示。

表 8 - 3　　RMBS 与 CMBS 的比较

项目	RMBS	CMBS
基础资产	零售消费者购买住宅申请的抵押贷款	能产生租金收益的不动产作抵押的贷款，如出租型公寓、购物中心、写字楼、旅馆等
基础资产特征	贷款数量多但单笔贷款规模较小	贷款数量少但单笔贷款规模较大
基础资产合同性质	贷款合约的同质性较强	合同的差异性较大

ABS 产品的分类相对而言更为繁杂，大致可以分为狭义的 ABS 和 CDO（Collateralized Debt Obligation，担保债务凭证）两类。前者主要是基于某一类同质资产，如汽车贷款、信用卡贷款、住宅权益贷款（Home Equity Loan）、学生贷款、设备租赁等为标的资产的证券化产品，也有期限在一年以下的 ABCP（Asset - Backed Commercial Papers，资产支持商业票据）；后者对应的基础资产则是一系列的债务工具，如高息债券、新兴市场企业债或国家债券、银行贷款，甚至传统的 MBS 等证券化产品。CDO 又可根据债务工具的不同分为 CBO（Collateralized Bond Obligation，担保债券凭证）和 CLO（Collateralized Loan Obligation，担保贷款凭证），前者以一组债券为基础，后者以一组贷款为基础。资产证券化产品的主要类别见图 8 - 3。

二、资产证券化的运作流程

一般而言，资产证券化的基本运作程序是：发起人将需要证券化的资产出售给一家特设信托机构 SPV（Special Purpose Vehicle），或者由 SPV 主动购买可证券化的资产，然后将这些资产汇集成资产池，再以该资产池产生的现金流为支撑在金融市场上发行有价证券融资，最后用资产池产生的现金流来清偿所发行的有价证券。这一过程中，SPV 以证券销售收入向资产权益人偿付资产出售价款，以资产产生的现金流向投资者偿付所持证券的权益。具体来讲，这一操作程序包括九大步骤。

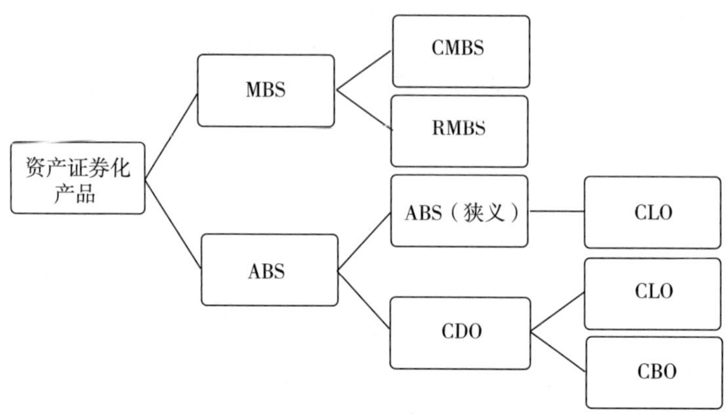

图8－3　资产证券化产品的主要类别

1. 发起人如国家开发银行和建设银行确定证券化资产，组建资产池。

2. 设立特设信托机构。SPV是资产证券化的关键性主体，它是一个专为隔离风险而设立的特殊实体，设立目的在于实现发起人需要证券化的资产与其他资产之间的“风险隔离”。在SPV成立后，发起人将资产池中的资产出售给SPV，将风险锁定在SPV名下的证券化资产范围内。

3. 资产的真实销售，即证券化资产完成从发起人到SPV的转移。在法律上，实质意义上的资产证券化中的资产转移应当是一种真实的权属让渡，在会计处理上则称为“真实销售”。其目的是保证证券化资产的独立性，发起人的债权人不得追索该资产，SPV的债权人也不得追索发起人的其他资产。

4. 进行信用增级。SPV取得证券化资产后，为吸引投资者并降低融资成本，SPV必须提高拟发行资产支持证券的信用等级，使投资者的利益能得到有效保护和实现。信用提高技术成为资产证券化成功与否的关键之一。

5. 资产证券化的信用评级，即由信用评级机构对未来资产能够产生的现金流进行评级以及对经过信用增级后的拟发行证券进行评级。资产支持证券的评级为投资者提供证券选择的依据，从而构成资产证券化的又一重要环节。

6. 发售证券。在经过信用评级后，SPV作为发行人（如中诚信托和中信信托），通过各类金融机构如银行或证券承销商等，向投资者销售资产支持证券（ABS）。

7. 向发起人如国家开发银行和建设银行支付资产购买价款，即SPV将证券发行收入按照事先约定的价格向发起人支付购买证券化资产的价款。

8. 管理资产池。资产支持证券发行完毕后到金融市场上申请挂牌上市，但SPV还需要对资产池进行管理和处置，对资产所产生的现金流进行回收。管理人可以是资产的原始权益人即发起人，也可以是专门聘请的有经验的资产管理机构。在信贷资产证券化运作中，管理人主要负责收取债务人按期偿还的本息并对其履行债务实施监督，在房地产证券化运作中，管理人主要负责通过出租或出售房地产等方式获取收益。

9. 清偿证券。按照证券发行时的约定，待资产支持证券到期后，由资产池产生的收入在还本付息、支付各项服务费之后，若有剩余，按协议规定在发起人和SPV之间进行分配，整个资产证券化过程即告结束。对资产证券化的基本运作程序了解之后，我们可以看到，整个资产证券化的运作都是围绕SPV这个核心展开的，SPV是整个资产证券化发行与交易结构中的中心，如图8－4所示。

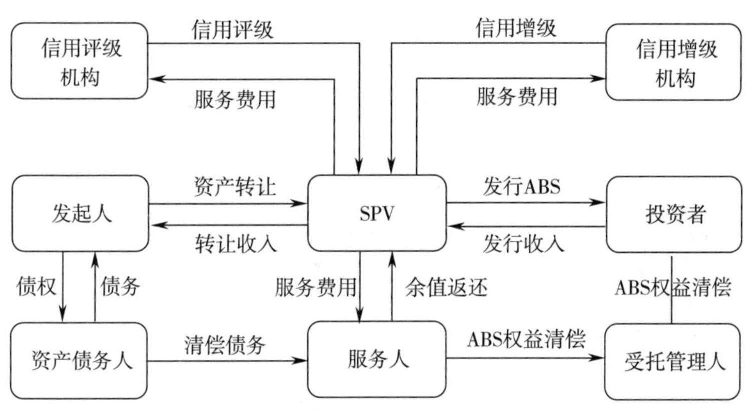

图8－4 资产证券化的基本流程

专栏8－3

资产证券化案例

通元2008－1中国汽车贷款证券化

上汽通用汽车金融有限责任公司（以下简称上汽通用）成立于2004年8月11日，是银监会核准开业的第一家汽车金融公司，主要业务包括为个人及公司客户提供购车贷款、为汽车经销商提供采购车辆贷款和营运设备贷款在内的一揽子汽车金融服务。自2004年成立以来，上汽通用业务不断发展，贷款规模增长迅速。截至2023年末，上汽通用汽车金融已为超过1 000万零售客户提供汽车信贷服务，与全国超过300座城市近万家经销商保持着良好的合作关系，公司注册资本为92亿元，汽车金融信贷资产规模超千亿元，在国内汽车金融领域保持奋进。快速的增长也对公司的融资提出了更高的要求。通过资产证券化，上汽通用正努力开拓多元化的融资渠道，降低融资成本，为公司业务的发展提供资金保障，并精简了资产负债表，提高了资产的投资回报率。

上汽通用积极开始汽车贷款信贷证券化的探索，并于2008年1月发行了我国第一单汽车贷款支持证券。该交易以上汽通用发放的汽车贷款作为基础资产，中信证券为主承销商，华宝信托为项目受托人。

证券	发行金额	发行利率	法定到期日	评级
A级证券	1 666 135 900	基准利率＋1.55%	2014年7月26日	AAA
B级证券	235 228 500	基准利率＋2.50%	2014年7月26日	A
次级支持债券	92 098 061	不设票面利率	2014年7月26日	NR
＊基准利率为人民银行公布的1年期定期存款利率				

全球首个人民币计价标准化 REITs 项目

2011 年 4 月 29 日，汇贤产业信托在港交所上市。本产品融资规模为人民币 105 亿元，其中 20%在香港公开发售，80%在国际发售。汇贤产业信托是长江实业分拆的房地产信托投资基金，汇贤房托管理有限公司为汇贤产业信托的管理人。汇贤产业信托持有的主要资产为北京东方广场等商业物业，汇贤产业信托是中国境外首只以人民币计价的股票，也是全球首只以人民币计价的房地产信托投资基金。

国内首单设计循环购买结构的 ABS 项目

2013 年 7 月 29 日，阿里小贷 1 号资产证券化产品成功发行，标志着小贷公司资产证券化项目正式开闸。本期专项计划共募集资金 5 亿元。其中，优先级资产支持证券 3. 75 亿元，次优级资产支持证券 0. 75 亿元，次级资产支持证券 0. 5 亿元。

阿里巴巴 1 号专项资产管理计划产品要素

发行总额（亿元）	5. 00		
首个支付日	2014 - 09 - 29		
法定到期日	2016 - 10 - 28		
证券分档	优先级	次优级	次级档
本金规模（亿元）	3. 75	0. 75	0. 5
本金规模占比（%）	75	15	10
评级（新世纪）	AAA	NR	NR
预期到期日	2014 - 10 - 28		
期限（年）	1. 25	1. 25	1. 25
利率类型	固定利率	固定利率	无
发行利率	6. 2%	11%	无预期收益率

本章小结

本章主要介绍了结构化金融的基本概念、分类。对利率结构化金融产品、汇率结构化金融产品、信用结构化金融产品的基本概念、基本特征及相关产品进行了讲解，并重点介绍了可赎回债券、可回购债券、浮动利率债券等利率结构化金融产品，重点讲解了双货币债券，以及通过阅读资料来介绍资产证券化产品。通过图解、案例介绍了资产证券化的过程、产品。

重点概念

结构化金融产品　利率结构化金融产品　浮动利率票据　汇率结构化产品　双货币债券　信用结构化金融产品　信用联动结构化票据　复制信用票据　资产证券化

思考与练习

一、选择题

1. 在正向双货币票据中，汇率风险主要集中于票据未来现金流的（　　）。

A. 初期

B. 中期

C. 末期

D. 中期和末期

2. 下列属于结构化产品的是（　　）。

A. 股指期权

B. 普通股票

C. 大额可转换定期存单

D. 双货币票据

3. 投资者拥有100万元，拟用作其孩子两年后的教育费用。下列金融产品适合该投资者的是（　　）。

A. 股票指数型基金

B. 期限为三年的股指联结型保本产品

C. 期限为两年的股指联结型保本产品

D. 期货私募基金

4. 宏观经济不景气同时通货膨胀预期居高不下，股市和债市持续下跌。在这种情况下，从事精铜生产的企业应该（　　）以节约成本。

A. 发行固息债

B. 发行浮息债

C. 增发股票

D. 发行铜价挂钩的结构化票据

5. 使信用违约互换（CDS）的定价上升的因素包括（　　）。

A. 发起方的信用评级下降

B. 资产回收率下降

C. 投资者信用评级下降

D. 发起方的远期违约风险上升

6. 下列属于信用联结票据分类的有（　　）。

A. 信用联结结构化票据

B. 商业承兑汇票

C. 合成债券

D. 信用资产证券化

7. 某款逆向浮动利率票据的息票率为15% – Libor。这款产品是（　　）。

A. 固定利率债券与利率期权的组合

B. 固定利率债券与利率远期合约的组合

C. 固定利率债券与利率互换的组合

D. 息票率为7.5%的固定利率债券，以及收取固定利率7.5%、支付浮动利率Libor的利率互换合约所构成的组合

8. 设计一款结构化产品时，需要考虑的市场客观因素包括（　　）。

A. 利率水平

B. 衍生品价格水平

C. 债券、衍生品等金融工具的交易成本

D. 标的资产的波动程度

二、综合题

1. 当前市场上，正在发行一种正向双货币票据，投资本金为1亿美元，期限为一年，票面息率为2.4%，每半年以美元支付，本金偿付1.4亿欧元，该发行方一年期债券到期收益率为2.5%。假定一年期EUR/USD远期汇率为1.380。请问：

（1）此产品真实投资价值是多少？是否值得购买？

（2）是否有套利空间？如果有，作为机构投资者如何进行套利（机构资者可以发行正向双货币票据）？

2. 一家银行向投资者提供一种存款工具A，它保证投资者在1年中获得的收益率为14%，并且约定在一年到期后，如果沪深300指数收益为负时，投资者必须以沪深300合约签订时的价位买入存款额数量的现货。一名投资者计划在该工具上投资100元。假设年无风险利率为6%，指数年波动率为30%。

（1）此存款工具可以分解成哪几个基本产品，嵌入的期权是什么期权？

（2）计算嵌入期权的价值，相比无风险存款，这个存款工具对于投资者是否有利？

注：N（-0.35）=0.36，N（-0.05）=0.48。

主要参考文献

[1] 刘莉亚，邵斌．结构化金融产品［M］．上海：上海财经大学出版社，2005.

[2] 甄红线．结构化金融产品发展现状分析［J］．金融理论探索，2010（6）：2-7.

[3] 金俐．对结构化金融模式的反思［J］．上海金融，2009（4）：8-13.

[4] 李富．国内结构化金融产品浅析［N］．期货日报，2015-09-14（003）.

[5] 法伯兹，戴维斯，乔德里．结构金融导论［M］．钱峰，沈颖郁，译．大连：东北财经大学出版社，2011.

[6] 兰开斯特，舒尔茨，法博齐．结构化产品和相关信用衍生品［M］．宋光辉，陈宁，杨桦，译．北京：机械工业出版社，2016.

[7] 中国期货业协会．金融衍生品习题集［M］．北京：中国财政经济出版社，2013.

[8] 王李．监管新规下结构性存款业务的发展［J］．中国金融，2022（6）：66-67.

21世纪高等学校金融学系列教材

第三篇

金融风险管理

第九章
汇率风险管理

本章学习目标

通过本章的学习，掌握汇率风险的基本概念、分类和影响因素；理解并掌握远期汇率风险管理、期货汇率风险管理和期权汇率风险管理的基本原理、方法，且能够在实践当中加以运用。

知识结构图

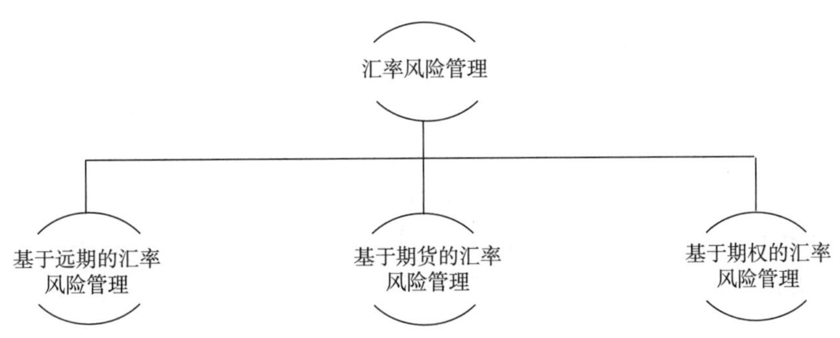

第一节　汇率风险概述

一、汇率风险基本概念

汇率风险，又称外汇风险，是指不同货币的相互兑换或折算中，因汇率在一定时间内发生不可预期的变化，导致有关经济主体的实际收益与预期收益或者实际成本与预期成本发生背离，从而使有关经济主体蒙受损失。外汇风险分为交易风险、折算风险和经济风险。

交易风险是指由于经济主体在经济活动中使用外币计价收付，因此其存在着因汇率发生变动而使其遭受经济损失的可能性。例如，美国 Angel 公司从中国进口商品，进口额合计为 70 亿元人民币，合同生效时 1 美元 =7 元人民币，折合成 10 亿美元。合约到期时，如果汇价变成1 美元 =6. 5 元人民币，那么美国 Angel 公司必须支付 10. 77 亿美元，不难看出由于汇率的变化导致美国 Angel 公司要多付出 0.77 亿美元；如果汇价变成 1 美元 =7.5 元人民币，那么美国Angel公司则要支付 9.33 亿美元，比原来少支付 0.67 亿美元。具体收益如图 9－1 所示。

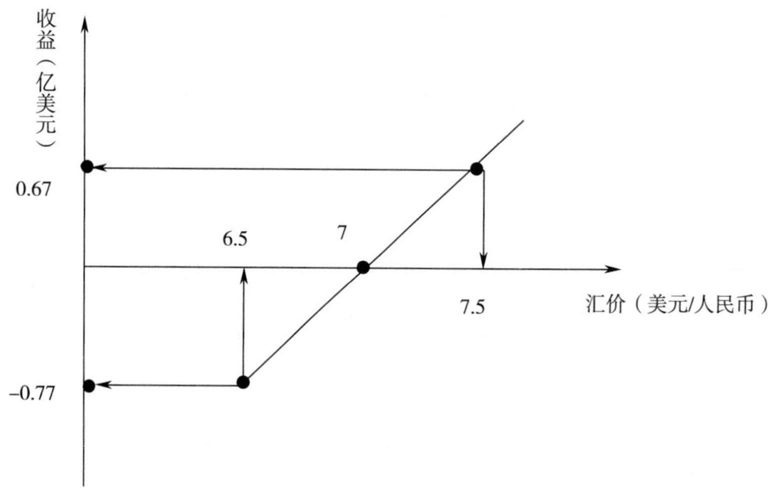

图 9－1　美国 Angel 公司收益

折算风险，又称为会计风险，是指企业拥有以外币计价的资产和负债，但是记账货币却只能是本币，从外币资产和负债的发生日到结算日之间可能会有一个较长的时间段，而在这个时段内汇率可能不会保持不变，在变化当中可能会使企业出现本币记账的账面损失。例如，美国 Angel 公司与中国出口商签订出口贸易合同，日期为 2022 年 12 月 31 日，双方约定 3 个月后（2023 年 3 月 31 日）Angel 公司向中国出口商付款 100 亿元人民币，因此 Angel 公司账上有一笔应付账款。假如 2022 年 12 月 31 日到 2023 年 3 月 31 日，美元对人民币而言贬值，那么美国 Angel 公司账上将会出现一笔外债损失；如果美元对人民币升值的话，那么这笔外债损失将会出现在中国出口商的账上。

经济风险是指未预期到的汇率变动通过影响企业生产销售成本、数量和价格等，引起企业未来一定时期的收益或现金流量减少这种潜在损失的可能性。与其他汇率风险相比，经济风险是一种长期风险，而交易风险和折算风险的影响则是一次性的，此外，经济风险引起的是潜在损失，它针对的是未能预期到的汇率变动，而交易风险和折算风险引起的分别是实际损失和账面损失。

企业预测外汇风险的大小取决于企业预测未来汇率变化的能力，预测是否准确将直接影响企业的生产、销售和融资等方面的战略决策。由此可见，对企业而言经济风险比交易风险、会计风险更为重要。

✪【例 9.1】中国一家跨国公司在国内和加拿大同时开展业务。该公司在中国的销售收入以人民币计价，在加拿大的销售收入以加拿大元计价。公司财务部门对下一年度的利润前景进行了预测，预测损益如表 9－1 所示。

如果未来人民币对加元汇率偏离1加拿大元＝5.7元人民币的水平，可以预计国内销售收入必然随即改变，这是汇率变动经济风险的具体表现。

如果预测未来汇率可能出现三种情况，则每一汇率水平下的国内销售收入也同时可以预见（见表9－2）。

表9－2　不同汇率水平下的国内销售收入

单位：百万

未来可能的汇率水平	预计国内销售收入
1加拿大元＝5.2元人民币	¥3 000
1加拿大元＝5.7元人民币	¥3 040
1加拿大元＝6.2元人民币	¥3 070

表9－1　跨国公司的预测损益

单位：百万

	国内业务	加拿大业务
销售收入	¥3 040	C＄4
销售成本	¥500	C＄200
毛利	¥2 540	－C＄196
营业费用	—	—
固定费用	¥300	—
变动费用	¥307.2	—
费用合计	¥607.2	—
息税前利润	¥1 932.8	－C＄196
利息费用	¥30	C＄10
税前利润	¥1 902.8	－C＄206

二、汇率风险影响因素

汇率风险来源于外汇市场上汇率发生波动，而汇率发生波动的原因主要是外汇的供求产生变动，其余一些影响因素基本都是通过直接或者间接影响外汇供求来对汇率产生影响，我们将影响因素总结为以下几点。

（一）国际收支

当国际收支为顺差时，外汇市场上会出现对本币的额外需求，从而使得本币升值、外币贬值；当国际收支为逆差时，外汇市场上则出现与顺差时相反的状况——对外币有额外的需求，继而出现本币贬值、外币升值的情况。

（二）通货膨胀率

当国内出现较高的通货膨胀率，其出口的货物与劳务的成本就必然升高，那么该国在国际市场上的竞争力就会受到削弱，从而外汇收入就会减少，本币发生贬值，外币升值；低通货膨胀率的情况恰恰相反，本币升值，外币贬值。

（三）经济增长率

根据凯恩斯学派的宏观经济理论，国民总产值的增长会引起国民收入和支出的增长。收入增加会导致进口产品的需求扩张，继而扩大对外汇的需求，推动本币贬值。而支出的增长意味着社会投资和消费的增加，有利于促进生产的发展，提高产品的国际竞争力，刺激出口增加外汇供给。所以从长期来看，经济增长会引起本币升值。

（四）利率水平

利率水平较高的国家，其金融资产的吸引力较强，从而吸引国外资本的流入，本币升值；利率水平较低的国家，其金融资产的吸引力较弱，资本的逐利性将会使得本国资本流出，本币贬值。

（五）财政政策

财政政策调整对汇率走势的影响是通过财政支出的增减和税率调整来影响外汇供求关系

的。紧缩的财政政策通常会减少财政支出和提高税率，这会抑制社会总需求与物价上涨，有利于改善一国的贸易收支和国际收支，从而引起一国货币对外汇率的上升。此外，一般而言，若一国政府减税，将导致市场中货币流通量的增加，驱使货币贬值；若一国政府增税，将导致市场中货币流通量的减少，驱使货币升值。

（六）心理预期

在外汇市场上，人们买进还是卖出某种货币，在很大程度上取决于人们对该种货币未来汇率走向的看法。心理预期已成为影响汇率变动的一种重要力量，因为这种心理预期可以在短时间内诱发大规模的资金运动，对外汇资金的供求产生重大影响。同时，由于影响人们预期的因素很复杂，既包括经济因素也包括社会政治因素和其他一些突发事件，因此由人们的心理预期变化导致的汇率波动具有复杂易变的特点。

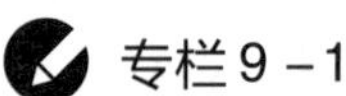

专栏 9－1

人民币汇率“破 7”，上市公司多管齐下稳经营①

2022 年 9 月 15 日，离岸人民币对美元汇率跌破 7.0 整数关口，日内最低贬值至 7.0183。据同花顺 iFinD 数据，离岸人民币对美元自 2020 年 7 月以来首次跌破“7”整数关口，人民币汇率创两年来新低。

人民币贬值影响了 A 股业绩。Wind 数据显示，2022 年上半年，2 763 家 A 股公司获得汇兑收益，合计汇兑收入 560.89 亿元。其中，2 000 家公司在汇兑损益指标上实现同比逆转，由汇兑损失变为汇兑收益。在海外收入占比较大的基建、设备等行业，这种转变更加明显。例如，2021 年上半年汇兑损失最高的中国交建在 2022 年实现了逆转，上半年汇兑收益达 8 亿元，2021 年同期为汇兑损失逾 5 亿元。

从细分板块来看，2022 年上半年已实现汇兑收益的 A 股公司中，通用设备行业公司最多，达到 155 家，其次是汽车零部件公司，有 147 家。总体来看，企业受益程度不尽相同，业绩弹性与出口收入占比呈现正相关。

相反，人民币的贬值，给海外融资头寸较大、美元负债较多的企业带来了负面影响。根据 Wind 数据，2022 年上半年出现汇兑损失的 A 股公司为 869 家，合计损失达 302.49 亿元。

其中，ST 海航、中国国航、南方航空和中国东航四大航司合计汇兑损失就接近 100 亿元。航空公司的业绩对汇率变动更为敏感。对航空运输行业来说，航司购置飞机、航油多以美元结算，人民币贬值与航司的成本强相关，汇率贬值会增加公司的运营成本，同时较高的外币负债会带来汇兑损失。2022 年上半年，ST 海航、中国国航 、南方航空和中国东航分别产生汇兑损失 40.50 亿元、22.40 亿元、20.52 亿元和 14.10 亿元，均由去年同期的净收益变为净损失。

总体来看，上半年 A 股汇兑收入整体超过汇兑损失，出现汇兑收益公司数量也占全部 A 股公司的近六成，出口型企业竞争力整体增强。

本轮人民币汇率“破 7”已在预期之内。一方面，人民币汇率相对美元的走弱没有对中国经

① 证券时报．人民币汇率“破 7”，影响多大？上市公司汇兑损益逆转，多管齐下稳经营［EB/OL］．(2022－09－15）［2024－06－14］．https：//baijiahao. baidu. com/s? id＝1744045356586302349&wfr＝spider&for＝pc.

济基本面造成实质性影响，在我国经济持续复苏的大背景下，人民币将回稳走强成为业内共识。另一方面，不少上市公司针对汇率风险已制定了相应的管理策略，运用多种金融工具平抑影响。

海鸥住工、粮油龙头金龙鱼和果链企业歌尔股份都使用套期保值来管理汇率风险敞口。钢铁龙头宝钢股份 2022 年 9 月 9 日表示，已通过金融衍生品交易进行提前锁定部分外汇敞口，人民币贬值对公司经营的影响有限，公司针对外币融资的汇率风险也制定了相应的管理策略，运用自然对冲、衍生品交易等工具对其进行管理，风险整体受控。

三、汇率风险基本管理方法

（一） 远期合同方法

远期合同方法的原理是：通过签订远期合同，企业把未来某一时刻需要交割的外币资产或者负债锁定在某一固定汇率上，以达到消除外汇风险损失的目的。第二节基于远期的汇率风险管理将会进行详细介绍。

（二） BSI 方法 （借款—即期合同—投资法）

BSI 方法的原理是：在有对外应收账款的情况下，为防止汇率波动造成损失，企业借入与应收外汇账款同等数额的外币，将外汇风险的时间结构转变到现在办汇日，此时时间风险消除但是货币风险仍然存在，可以将借入的外币卖给银行换回本币，这样汇率波动风险将不复存在，而这一系列防范风险的措施可以通过卖得的本币存入银行或进行投资，以其所获得的投资收入来抵冲。

例如，国内某家企业从中国银行借入一笔本币，借款期限为 3 个月，同时这家企业可以选择与中国银行或国内其他银行签订一个即期外汇购买合同，以借入的本币购买 50 000 美元。将购入的 50 000 美元投放于欧洲货币市场或美国货币市场，投放期限与借入本币的期限相同，同样为 3 个月。3 个月之后，企业借款到期，恰好在外投资的美元期限也届满，企业可以以其收回的对外美元偿付国内债务。

（三） LSI 方法 （提早收付—即期合同—投资法）

LSI 方法的原理是：存在对外应收账款的企业，征得债务方的同意，以给予一定的折扣为条件请其提前支付账款，待对外应收账款收讫后，时间风险将会消除，同时通过即期合同将外币兑换成本币以消除货币风险，此时如果企业想要获得一些收益，可以将兑换过来的本币存入银行获得利息收入或者对外投资获得投资收入。

比如，美国 Angel 公司在 90 天后有一笔 10 万欧元的应收账款。为防止将来到期收汇的时候欧元贬值给公司带来损失，经过协商，Angel 公司以 1% 的折扣为条件提前收回账款并将其出售给银行，所得美元用于投资，年收益率为 5% 。假设外汇市场的即期汇率为 1 欧元 = 1.21 美元，90 天后的汇率为 1 欧元 = 1.19 美元。

1. Angel 公司不进行风险管理的损失：10 万 × （1.21 - 1.19） = 2 000 美元。

2. Angel 公司进行风险管理的损益：（1） 折扣损失：10 万欧元 × 1% × 1.21 = 1 210 美元；（2） 投资收益：11.979 万美元 × 5% × （3/12） = 1 497.4 美元；（3） 避免的汇率损失：10 万 × （1.21 - 1.19） = 2 000 美元；（4） 总计：2 000 + 1 497.4 - 1 210 = 2 287.4 美元。

不难看出，LSI 方法和 BSI 方法防范汇率风险原理基本相似，不同之处在于 LSI 方法是请债务方提前支付应收对外账款，而 BSI 方法则是从银行借款。

第二节　基于远期的汇率风险管理

远期外汇交易又称期汇交易，是一种买卖双方事先签订合同，规定买卖外汇的数量、汇率和将来交割外汇的时间，到了规定的交割日，买卖双方再按合同规定，卖方交汇、买方付款的外汇交易。

在远期外汇交易中，买卖双方所签订的合同称为远期外汇合同。利用远期外汇合同对汇率风险进行管理的行为称为远期市场套期保值，它的意义在于通过远期合同的签订，把未来某一时刻需要交割的外币资产或者负债锁定在某一固定汇率上，创造一个与外币流入（或流出）相对应的外币流出（或流入），以达到消除外汇风险损失的目的，而不是为了获利。

远期外汇交易的特点是交易双方在签订远期外汇合同时即已确定外汇买卖金额、价格（远期汇率）和实际交割日期，在交割日期未到之前，双方都不必交付货币，在交割日双方才按合同规定的价格收付货币，而不受其间汇率变动的影响。

✪**【例 9.2】**NH 公司借助远期外汇进行套期保值

2023 年 8 月，NH 公司因业务需要，跟当地 ZG 银行联系，告知其在明年 1 月公司将会有一笔 600 万美元的出口货物款项入账，公司想用这笔款项来兑换日元以备当月日元付汇购买原材料之用，因而希望 ZG 银行能为其制订一个合适的换汇方案，既能固定成本又能够起到规避汇率风险的作用。

ZG 银行国际部工作人员首先对美元兑换日元的走势进行了分析预测，认为美联储从前年开始连续加息到现在，美元的强势很有可能在今年某一时间段结束，这样将会对美元形成利空影响，因此未来美元兑日元有下降的可能。

ZG 银行国际部工作人员认为 NH 公司此番用美元买日元的交易存在着时间与期限上的不相匹配。经过一番研究后，ZG 银行向客户推荐了远期外汇买卖业务。在远期外汇买卖方案中，通过一笔卖出美元买入日元的远期外汇买卖业务，可以固定美元兑换日元的成本，同时可以避免美元兑换日元汇率下跌所带来的汇率风险。但是由于远期外汇买卖缺乏灵活性，到期日必须按约定价格进行交割，从而享受不了美元兑换日元汇率上升所带来的好处。

NH 公司财务处工作人员在详细了解后，既想能够避免汇率下跌的风险，又想享受汇率上升的好处。ZG 银行总行人员在与当地 ZG 银行沟通后，了解了 NH 公司的需求，帮助其设计了一款区间远期外汇买卖产品，即通过买入和卖出各一个期限、金额相同、执行汇率不同的看涨、看跌期权，期权费相互抵销，对 NH 公司而言可以实现“零成本”避险。这个方案是将美元兑换日元汇率锁定在一定范围内，客户在获得一定保护外，还可以有一定的空间，获取美元兑换日元升值的好处，且无任何避险费用，并约定客户未来获利，一部分将作为银行的收入。

ZG 银行国际部工作人员将此方案告知客户后，NH 公司对此非常满意。ZG 银行针对日元未来汇率走势与客户进行了沟通，客户基本上同意 ZG 银行对日元走势的判断。考虑到客户所能够接受的最高购汇成本为美元/日元=145，ZG银行把区间远期外汇买卖区间下限设定为美元/日元=145，上限设定为美元/日元=150，NH公司表示愿意接受。

2023年9月1日，NH公司与ZG银行签订了区间远期外汇买卖合同，同时按交易金额的3%存入保证金，按当日即期1美元兑换7.262元人民币汇率折合人民币为130.716万元。远期外汇买卖合同具体条款如表9-3所示。

表9-3　　NH公司远期外汇买卖合同

交易甲方	NH公司
交易乙方	ZG银行
交易品种	区间远期外汇买卖
交易币种	美元、日元
交易金额	$ 6 000 000
汇率上限	美元/日元=150
汇率下限	美元/日元=145
交易日	2023年9月1日
到期日	2024年1月1日
交割日	2024年1月3日

有关汇率变化的说明：

如果到期日美元/日元即期汇率高于区间汇率下限且低于汇率区间上限，甲方可选择按即期汇率卖出美元，买入日元；

如果到期日美元/日元即期汇率高于汇率区间的上限，甲方应该按照汇率区间上限卖出美元，买入日元；

如果到期日美元/日元即期汇率低于汇率区间的下限，甲方应该按汇率区间下限卖出美元，买入日元。

由此产生的相应损益，分析如表9-4所示。

表9-4　　汇率变化损益

到期日美元/日元汇率	外汇买卖执行价格	卖出美元数	收益/损失（日元）
155	150	6 000 000	-30 000 000
150	159	6 000 000	0
148	148	6 000 000	0
145	145	6 000 000	0
140	145	6 000 000	30 000 000

方案执行结果：

合同签订以后，从2023年9月到11月以来，日元一直呈现出贬值的趋势，美元/日元即期汇率一度超过150，但从11月中旬开始，日元开始升值，美元/日元即期汇率一路下跌，等到了2024年1月1日（合约到期日），美元兑换日元汇率为141，低于合同设定的下限，根据合同规定，NH公司可以按照汇率区间下限145卖出600万美元，买入8.70亿日元，并于后天进行交割。

如果NH公司没有采取套期保值措施，而是等到美元到账按照即期汇率买入日元，则需要按照市场价格美元/日元=141来卖出美元，这样只能得到8.46亿日元，损失为2 400万日元，在此方案中，ZG银行也获得了部分中间业务收入。

专栏9－2

捆绑式远期外汇交易

某企业和欧洲的进口商签订了一笔价值100万欧元的贸易合同，货物已经发送，而按照合约的规定，该企业要在6个月以后才能收到以欧元支付的货款。当前欧元对人民币的即期汇率为826.47（银行买入价）/828.95（银行卖出价）。为了防范6个月以后人民币升值给企业带来的损失，该出口商可以通过和银行签订远期结售汇合同来固定将来的收入。若银行6个月远期欧元对人民币的报价为828.84/832.99，该出口商在同银行签订了远期结售汇合同以后，便可于6个月后按1欧元兑换8.2884元人民币的价格向银行卖出100万欧元。这样，无论6个月后欧元对人民币的即期汇率是多少，该出口商的收入都是828.84万元。

再以该企业的一笔进口贸易业务为例。假设该企业以开立6个月远期信用证的方法进口一批价值100万欧元的货物，也就是通过银行担保其在6个月后付款100万欧元。开立信用证的时候欧元对人民币的即期汇率为896.66/900.26。为防范在付款期时人民币对欧元的汇率下跌风险，企业可通过银行的远期结售汇业务买入一笔远期欧元来固定其6个月以后的购汇成本。若银行给出的6个月远期欧元对人民币的报价为893.86/897.46，那么无论6个月后欧元对人民币的即期汇率是多少，企业都可以按1欧元兑换8.9746元人民币的价格向银行购买100万欧元。这样，企业就将其成本固定为897.46万元人民币，从而规避了因欧元升值而带来的汇率风险。

捆绑式远期外汇交易

假设该企业在6个月后有一笔100万欧元的支出。与普通远期外汇交易不同，捆绑式远期外汇交易规定了一个保底汇率和一个限制汇率。在此，假设欧元对人民币的保底汇率为100:898.46，限制汇率为100:891.46。在捆绑式远期外汇交易到期时必须按照下列条件进行交割：

（1）从交易日到到期日的6个月期间，如果欧元对人民币的汇率低于100:891.46，那么到期后按照100:891.46的汇率水平进行交割；

（2）从交易日到到期日的6个月期间，如果欧元对人民币的汇率一直在100:891.46以上，则该企业可以选择按照100:891.46的汇率水平或者按照6个月后的即期市场汇率水平进行交割。

从上面的结算可知：

（1）捆绑式远期外汇交易满足了企业规避欧元升值风险的需求，也就是当即期汇率在100:898.46以上时，确保企业可以按照最高100:898.46的汇率水平购买欧元；

（2）捆绑式远期外汇交易还可以使企业从欧元的贬值中获得一定的好处，也就是当6个月后的即期汇率在100:891.46至100:898.46之间时，企业会选择按照市场即期汇率结算；

（3）第一种结算情况的规定也使得银行不用全部承担欧元一路贬值的风险。

与普通远期外汇交易相比，企业为此可能需要多付出1万元人民币的成本，因为普通远期外汇交易规定的欧元6个月的远期汇率为100:897.46，而捆绑式远期外汇交易规定的保底汇率在100:898.46。但是，企业同时也可能享受到人民币升值的好处，其所能享受的最大好处是6万元人民币，也就是在到期时按照100:891.46的汇率水平进行交割。

从上可知，远期外汇交易是一种规避汇率风险的简单而且实用的工具。但是，普通的远期外汇交易在到期时必须按照事先规定的价格进行交割，缺乏一定灵活性，并且使得远期外汇交易者不能享受汇率变动带来的收益。

捆绑式远期外汇交易是对普通的远期外汇交易的改进。

✪【例9.3】Lufghansa公司购买波音公司737客机

1986年2月14日，Lufghansa集团主席赫尔·海因茨·拉胡拉应公司董事会要求回答有关问题。本次会议的主要目的是确定是否应该结束赫尔·海因茨·拉胡拉的任职。赫尔·海因茨·拉胡拉已经被前联邦德国运输部长传讯，要求其解释Lufghansa公司在购买美国波音公司客机过程中的外汇风险管理问题。

1985年1月，在赫尔·海因茨·拉胡拉的主持下，Lufghansa公司从波音公司购买了20架737客机，合同的总金额达到5亿美元，双方协商货款在一年后（1986年1月）用美元支付。由于自1980年以来美元持续上涨，至1985年1月，美元兑德国马克接近1:3.2，如果美元再继续上涨，Lufghansa公司购买客机的成本将大幅增加。

赫尔·海因茨·拉胡拉在外汇汇率的决策上有自己的主见或想法。像当时有些人的看法一样，他相信随着美元的持续上涨，到1986年1月，美元价格也许会出现回落。但是他并不是完全拿自己的钱作赌注，他采用了一个折中方案，以1美元=3.2德国马克的价格购入2.5亿远期美元，剩下的2.5亿美元则放任自流。

尽管赫尔·海因茨·拉胡拉相信美元在今后的一年里将会下跌，但是如果完全不进行外汇头寸的规避管理将会对公司产生很大风险，于是他选择了部分套期保值策略，对50%的外汇头寸运用远期外汇合约的方法（一年的远期汇率的价格为1美元=3.2德国马克），另外50%未作任何风险管理。

赫尔·海因茨·拉胡拉的方法既有对的方面又有错的方面。他的预测完全正确，美元在后来的几个月里连续下跌一直到1986年初。事实上，美元不仅仅越来越弱，而且出现了大跳水，到1986年1月，当该公司支付波音公司货款时，市场上的即期汇率下跌到1美元=2.3德国马克。这种市场上的即期价格无疑对该公司非常有利。坏消息是50%外汇头寸的套期保值的总成本为13.75亿德国马克，比不套期保值要多2.25亿德国马克。

Lufghansa集团内外的赫尔·海因茨·拉胡拉政治对手对此并不是很高兴，他们控告赫尔·海因茨·拉胡拉无视该公司的利益进行主观臆断而招致损失。

赫尔·海因茨·拉胡拉被政治对手控告主要犯了下列四个错误：

1. 购买时间错误。购买波音公司客机的时间在1985年1月，当时美元的价格处于高位。

2. 其预测美元的价格下跌而采用50%外汇头寸的套期保值。如果他始终坚持他的观点，对所有外汇头寸不采取套期保值则效果更佳。

3. 套期保值工具的选择并非最优。选择采用远期外汇合同而没有采用期权合同。

4. 飞机厂商选择不合理。赫尔·海因茨·拉胡拉始终坚持购买波音公司的客机，德国和当时欧共体的其他成员国应优先购买空客的客机，他们是波音公司在长途空中运输客机制造方面的最大竞争对手。

思考：

赫尔·海因茨·拉胡拉可以采用下列几种外汇管理方案：

1. 不从事风险规避；

2. 购入即期美元现汇并且一直持有到付款日；

3. 采用完全规避风险的远期外汇买卖；

4. 部分进行风险规避，其余则放任自流；

5. 采用外汇期权的方法。

结果：

1. 不从事风险规避

不从事风险规避是风险最大的方法。它一方面有可能带来最大的收益（如果美元对德国马克贬值），但也有可能带来潜在的亏损（如果美元对德国马克升值）。如果外汇的汇率在1986年1月降到1美元=2.2德国马克，则购买波音737的货款仅为11亿德国马克，如果汇率升到1美元=4德国马克，则总货款将达到20亿德国马克。

2. 购入即期美元现汇并且一直持有到付款日

购入即期美元现汇是在外汇市场上采用的套期保值方法：首先购入5亿美元，然后据此成立一个账户直到付款日。尽管这种方法可以消除外汇风险，但是需要Lufghansa公司现在就拿出所有资金，购买波音公司的客机必须跟Lufghansa公司的融资计划一起付诸实施。

3. 完全规避风险的远期外汇买卖

如果赫尔·海因茨·拉胡拉对风险非常敏感而希望完全消除外汇风险，其可以购买5亿美元的远期外汇合同。如果合同的价格为1美元=3.2德国马克，则总成本为16亿德国马克。

4. 部分规避风险的远期外汇买卖

这种方法只是对外汇头寸中的风险作一部分的补偿，而剩下的部分不做任何风险规避。赫尔·海因茨·拉胡拉预测美元将会下跌，所以他希望Lufghansa公司将从没有规避的外汇头寸中获得收益。这种策略在某种程度上来说有点主观臆断，比如如何确定比例关系（5:5、4:6等）。如果采用5:5的策略，则2.5亿美元以1美元=3.2德国马克的价格进行远期外汇合约的买卖，剩下的2.5亿美元在期末按照当时市场的价格购买。

5. 外汇期权方法

外汇期权交易是一种非常常见的外汇风险管理方法。如果赫尔·海因茨·拉胡拉以1美元=3.2德国马克的价格购买看涨期权，他就能使很多人相信这是目前最好的方法。如果美元持续上涨，那么购买5亿美元的成本将会锁定16亿德国马克，再加上期权的费用。与此同时，如果美元按照赫尔·海因茨·拉胡拉的预测出现下跌，Lufghansa公司在合约期满将放弃期权，而在即期市场以较低的价格购买美元。

一般理论认为，远期外汇交易最主要的作用就在于它能够避免国际贸易和国际金融上的外汇风险。通过远期外汇合同，能够实现将国际贸易和国际金融上的外汇成本或收益固定下来，有利于经济核算，避免和减少外汇风险。

第三节 基于期货的汇率风险管理

基于期货的汇率风险管理是指利用外汇期货交易，确保外币资产或外币负债不受或少受汇率变动带来的损失。外汇汇率套期保值的方式可以分为多头套期保值和空头套期保值。

多头套期保值主要针对外币升值的风险，在国际经济往来中，如果经济主体在未来有一笔需要偿还的外币负债，就会面临外币币值上升的风险，为了防止这种风险，经济主体可以先在外汇期货市场上购买同种等量的外汇期货合约，等到将来需要在外汇现货市场上买入外币时再将外汇期货合约卖出，实行对冲。在多头套期保值中，交易者在外汇期货市场上是多头，在现汇市场上是空头。

空头套期保值主要针对外币贬值的风险，如果经济主体在未来有一笔需要收回的外币资金，为了防止外币贬值的风险，经济主体可以先在外汇期货市场上卖出同种等量的外汇期货合约，等到将来需要在外汇现货市场上卖出外币时再买入外汇期货合约，实行对冲。在多头套期保值中，交易者在现汇市场上是多头，在外汇期货市场上是空头。

外汇期货最根本的交易目的是避免汇率风险，而期货市场转移风险的功能是通过套期保值来实现的。套期保值就是买进或卖出与现货数量相当但是交易方向相反的期货合约，以期在未来某一时间通过卖出或买进期货合约而补偿因现货市场汇率波动所带来的汇率风险。

套期保值的经济逻辑性在于现货市场和期货市场上价格运动的趋同性，这种趋同性来源于：(1) 期货价格和现货价格受相同的经济因素影响和制约。(2) 期货合约可以通过实物交割而平仓，因此交易者相信期货合约价格可以反映出交割日当天的现货价格，即当合约临近到期日时，现货价格和期货价格趋同。(3) 频繁的套利使现货市场和期货市场的价格差逐渐缩小，期满时差价趋于消失。

尽管现货市场和期货市场上的价格运动具有趋同性，但是一般来说，外汇期货汇率和即期汇率不会一致，两者之间的差价称作“基差”。但是，随着到期日的临近，基差会有越来越小的趋势，并且在交割日趋于零，表现出一种“收敛性”。

基差的变化使套期保值者承担了一定的风险。也就是说，套期保值者并不能完全将风险转移出去。套期保值者参与期货市场，是为了避免现货市场价格变动较大的风险，并接受基差变动这一相对较小的风险。

一、多头套期保值

✪【例 9.4】2012 年 7 月，美国 Sky 公司在瑞士有分厂，该分厂有多余的 50 万瑞士法郎，可暂时（如 6 个月）给美国的厂使用，而美国总公司这时也正需要一笔短期资金。最好的办法是把瑞士的这笔资金转汇到美国，让美国厂使用 6 个月，然后归还。要做这样一笔交易，厂商为了避免将来重新由美元变成瑞士法郎时发生汇率风险，他们就可以把 50 万瑞士法郎以现汇出售换成美元，买成远期多头的瑞士法郎，这样就不会发生汇率波动的风险，这种做法就是多头套期保值。现用数字来说明（见表 9－5）。

表 9 – 5　　　　　　　　　　　　Sky 公司多头套期保值策略

日期	现货市场	期货市场
2012 年 7 月 25 日	卖出 50 万瑞士法郎 汇率：1 美元 = 0. 9900 瑞士法郎 价值：50. 505 万美元	买入 4 份瑞士法郎期货，每份合同价值 12. 5 万瑞士法郎 汇率：1 美元 = 0. 9920 瑞士法郎 价值：50. 4032 万美元
2013 年 1 月 25 日	买入 50 万瑞士法郎 汇率：1 美元 = 0. 9482 瑞士法郎 价值：52. 7315 万美元	卖出 4 份瑞士法郎合同，每份合同价值 12. 5 万瑞士法郎 汇率：1 美元 = 0. 9480 瑞士法郎 价值：52. 7426 万美元
损益情况	损失 2. 2265 万美元	获利 2. 3394 万美元

从表 9 – 5 可以看出，该公司在现汇市场上损失 2. 2265 万美元，而在期汇市场上获利 2. 3394 万美元，足以抵补其损失甚至还获利 0. 1129 万美元。

美国 Sky 公司 2012 年 7 月 25 日在现货市场卖出瑞士法郎，在期货市场买进瑞士法郎的期货，然后等到 2013 年 1 月 25 日在现货市场买进瑞士法郎，期货市场卖出瑞士法郎的期货，这就是等量相对的原则。只有这样，一个市场上所受的损失才能由另一个市场的盈利来弥补。

二、空头套期保值

✪【例 9. 5】2013 年 3 月 1 日，美国 Sky 公司在瑞士有分厂，该分厂急需资金以支付即期费用，6 个月后财力情况会因购买旺季来到而好转。美国厂商正好有多余的资金可供瑞士厂使用，于是便汇去了 50 万瑞士法郎。为了避免将来汇率变动带来损失，一方面在现货市场买进瑞士法郎；另一方面又在期货市场卖出同等数量的瑞士法郎。这种做法就是空头套期保值。现用数字说明（见表 9 – 6）。

表 9 – 6　　　　　　　　　　　　Sky 公司空头套期保值策略

日期	现货市场	期货市场
2013 年 3 月 1 日	买入 50 万瑞士法郎 汇率：1 美元 = 0. 9290 瑞士法郎 价值：53. 8213 万美元	卖出 4 份瑞士法郎期货，每份合同价值 12. 5 万瑞士法郎 汇率：1 美元 = 0. 9300 瑞士法郎 价值：53. 7634 万美元
2013 年 9 月 1 日	卖出 50 万瑞士法郎 汇率：1 美元 = 0. 8000 瑞士法郎 价值：62. 5 万美元	买入 4 份瑞士法郎合同，每份合同价值 12. 5 万瑞士法郎 汇率：1 美元 = 07990 瑞士法郎 价值：62. 5782 万美元
损益情况	获利 8. 6787 万美元	损失 8. 8148 万美元

可见，美国厂商如果不进行套期保值，便不用亏损 8. 8148 万美元，但这存在较大风险。套期保值的目的就是放弃一个市场的可能盈利而得到价格保障。

三、利用外汇期货做套期保值的时候需要注意的问题

一般来说，做外汇期货套期保值要遵循货币种类相同、货币数量相等或相近、月份相同或相近、交易方向相反这四项操作原则，而在实际操作中，因为基差不断变化，数量完全对

等、效果完全相抵都难以做到，货币汇率的波动和外汇期货价格未必完全同步变化，可能期货的盈利不能完全弥补现货的亏损。而对于月份相同或相近，实际操作中，由于远期合约一般不活跃，成交量比较少，在很多时候不能以目标价格成交，因此，一般会选择在主力合约成交，然后往后面的月份移仓。其次还有保证金追加风险，一旦企业资金紧张，就可能带来强行平仓的风险。除此之外，套期保值还有操作风险、流动性风险和交割风险等。企业应该根据风险偏好和可接受程度，灵活科学地选择套保比率，进行有策略性的套期保值。

第四节　基于期权的汇率风险管理

外汇期权是指期权的买方支付给期权的卖方一笔费用，从而获得一项在未来约定时间或者时期内，按照执行价格（约定的汇率）买进或卖出一定数量外汇资产的权利。当市场汇率有利于买方的时候，买方可以要求卖方履行合约；如果市场汇率不利于买方，买方可以放弃执行，即不要求卖方履行合约，此时买方损失的只是期权费。

外汇期权分为买权和卖权。外汇买权指的是外汇期权的买方有权在未来约定时间内按约定汇率从卖方买进一定数量的某种外汇，买进买权基本上预测标的货币会上涨，因为买权拥有以固定价格购买标的货币的权利，因此标的货币价格越高，买权的价值会越高；如果标的货币价格下跌，买权的价值则为零，买方损失掉期权费。外汇卖权是指外汇期权买方有权在未来约定时间内按约定汇率向卖方卖出一定数量的某种外汇，买进卖权则预测标的货币会下跌，卖权拥有以固定价格卖出标的货币的权利，因此标的货币价格越低，卖权的价值则越高；如果标的货币价格上涨，卖权的价值为零。期权的卖方只有收取期权费的权利，承担着按期权买方要求履约的义务。

假设某企业在外汇市场上做多头，在 T_0 时刻以市场汇率 S_0 买入一单位的外币，在之后任意时刻 T_1（$T_1 > T_0$），该企业卖出外币时的价格则为此时刻的市场汇率 S_1。如果 $S_1 > S_0$，该企业则会获利，而 $S_1 < S_0$，该企业则会损失。

外汇期权则提供了一种更佳选择，它既可以帮助企业规避汇率波动的风险，把损失降到最低，又可以让企业在某种概率上获利。假设该企业在外汇市场上买入看涨期权，约定在 T 时刻按执行价格 P 买入一单位的外币，期权费为 C，T 时刻市场汇率为 S_t。在期权到期日，如果 $S_t > P$，该企业则会执行看涨期权，所获得的收益为 $S_t - P - C$；如果 $S_t < P$，该企业会放弃执行看涨期权，损失为期权费用 C。假设该企业在外汇市场上买入看跌期权，约定在 T 时刻按执行价格 P 卖出一单位的外币，期权费为 C，T 时刻市场汇率为 S_t。在期权到期日，如果 $S_t > P$，该企业放弃执行看跌期权，损失为期权费用 C；如果 $S_t < P$，该企业会执行看跌期权，所获得的收益为 $P - S_t - C$。

一、标准外汇期权的套期保值

（一）看涨期权

✪【例 9.6】2016 年 3 月初美国 Blue 公司预计 6 个月后要支付 50 万瑞士法郎的货款，为防止瑞士法郎汇率上升的风险，便买进等价值的 9 月瑞士法郎欧式看涨期权。已知 3 月初市场上的即期汇率为美元/瑞士法郎＝0.8065，9 月瑞士法郎欧式看涨期权约定价格为美元/瑞士法郎＝0.8050（即 1 瑞士法郎＝1.2422 美元），期权费用为 1 瑞士法郎＝0.02 美元（见图 9－2）。假设 6 个月后市场即期汇率可能会出现两种情况：（1）1 瑞士法郎＝1.2020 美元。（2）1 瑞士法郎＝1.2750 美元。

在第一种情况下，1 瑞士法郎＝1.2020 美元＜执行价格（1 瑞士法郎＝1.2422 美元），即期汇率低于期权的协定价格，不执行看涨期权，公司可以直接在市场上购买 50 万瑞士法郎，需要支付 50 万×1.2020＝60.10 万美元，期权费为 50 万×0.02＝1 万美元，总额为 61.10 万美元。

在第二种情况下，1 瑞士法郎＝1.2750 美元＞执行价格（1 瑞士法郎＝1.2422 美元），即期汇率高于期权的协定价格，执行看涨期权，公司可以按照之前商定的 1 瑞士法郎＝1.2422 美元买入 50 万瑞士法郎，需要支付 50 万×1.2422＝62.11 万美元，期权费为 50 万×0.02＝1 万美元，总额为 63.11 万美元。

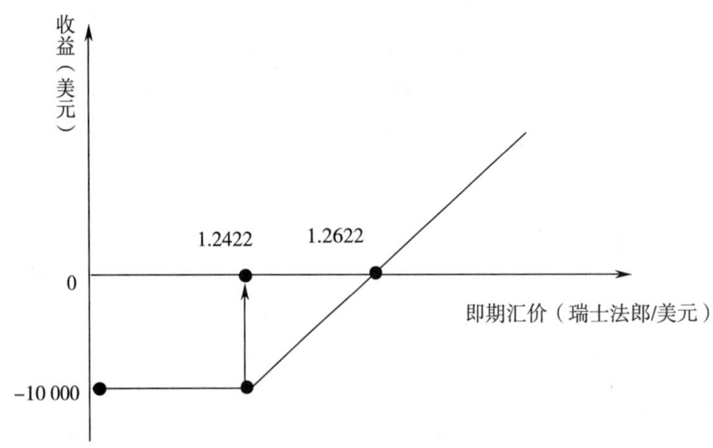

图 9－2　美国 Blue 公司买入看涨期权收益

（二）看跌期权

✪【**例 9.7**】美国 Blue 公司 6 月上旬向英国出口了一批商品，12.5 万英镑的货款要到 6 个月后才能收到。因为担心 6 个月后英镑兑美元的汇率下跌而减少美元收入，该公司便买进了两份 12 月英镑看跌期权。已知 6 月上旬市场上的即期汇率是英镑/美元＝1.8825，12 月英镑看跌期权协定价格是英镑/美元＝1.8830，期权费为 1 英镑＝0.02 美元（见图 9－3）。假设 6 个月后市场即期汇率可能会出现两种情况：（1）英镑/美元＝1.8640。（2）英镑/美元＝1.8980。

在第一种情况下，英镑/美元＝1.8640＜1.8830，即期汇率低于期权协定价格，执行看跌期权，公司可以按照之前商定的英镑/美元＝1.8830 卖出 12.5 万英镑，收入 12.5 万×1.8830＝23.5375 万美元，支付期权费为 12.5 万×0.02＝0.25 万美元，净收入为 23.2875 万美元。

在第二种情况下，英镑/美元＝1.8980＞1.8830，即期汇率高于期权协定价格，不执行看涨期权，公司可以按照即期汇率英镑/美元＝1.8980 卖出 12.5 万英镑，收入 12.5 万×1.8980＝23.7250 万美元，支付期权费为 12.5 万×0.02＝0.25 万美元，净收入为 23.4750 万美元。

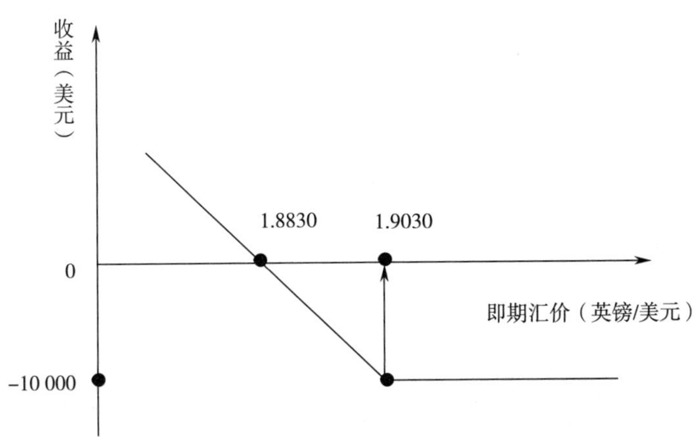

图 9-3 美国 Blue 公司买入看跌期权收益

总结：从例 9.6 和例 9.7 中我们可以发现，期权有一个显著的特点——非对称性，这个特性的意义在于：当市场的变动有利于买方的时候，买方可以选择执行期权协定而获利；但是当市场的变动不利于买方的时候，买方可以放弃执行期权，损失仅仅就是支付给卖方的期权费，而不会有很严重的损失。在看涨期权的案例中，当即期汇率高于协定价格的时候，买方此时会执行期权，而当即期汇率低于协定价格的时候，买方放弃了这项权利，转而以即期汇率的价格在市场上买入瑞士法郎，看跌期权的原理恰好与此相反，当即期汇率高于协定价格的时候，买方此时会放弃执行期权，以即期汇率的价格卖出英镑，而当即期汇率低于协定价格的时候，买方会执行期权，以协定价格在市场上卖出英镑。

✪【例 9.8】海尔成功运用期权对外汇风险进行管理

中国海尔集团在美国南卡罗来纳州设立一家电视机生产工厂，公司决定从日本某株式会社引进一条彩色显像管生产线，总额为 1.4 亿日元，两个月后支付。海尔公司财务人员担心两个月后日元升值。一个解决方法是委托中国银行买入两个月远期合约，此合约远期汇率为 1 日元 = 0.007042 美元，但是财务人员又不想通过此合约锁定汇率，他们认为日元也存在贬值的可能性，希望在日元贬值时可以从中获益。

NH 证券公司为海尔集团设计了这样的套期保值方案。海尔买进一份协定价格 1 日元 = 0.007143 美元的日元看涨期权，合约金额 1.4 亿日元，期权价格为 5 万美元。与此同时，公司卖出一份协定价格为 1 日元 = 0.006667 美元的日元看跌期权，合约金额和期权价格与看涨期权相同。由于两份期权合约的期权费相同，海尔集团开始时没有任何现金支出。等合约到期时，不外乎有以下三种情况。

1. 日元汇率大于 0.007143 美元。

（1）海尔集团行使看涨期权，按照合约协定价格 0.007143 美元买进 1.4 亿日元，支付 100 万美元。

（2）看跌期权的买方放弃执行期权，海尔没有任何负担。

2. 日元汇率介于 0.006667 美元和 0.007143 美元之间。

（1）海尔集团放弃执行看涨期权，按照当期汇率买进 1.4 亿日元。

（2）看跌期权的买方放弃执行期权，海尔没有任何负担。

3. 日元汇率小于0.006667 美元。

（1）海尔集团放弃执行看涨期权。

（2）看跌期权的买方执行期权，按照0.006667 美元卖给海尔集团1.4 亿日元，海尔集团支付93.3333 万美元，并将获得的日元用于支付引进彩色显像管生产线的费用。

二、非标准外汇期权的套期保值

非标准外汇期权是相对于传统的标准外汇期权而言的。随着金融市场的发展和变化，一方面原先的传统标准期权已难以满足客户广泛多样的避险需求，另一方面，先进的电脑科技大量运用于金融领域，这就为银行设计更为复杂的金融产品提供了技术条件。因此，一大批为满足客户特定避险需求而专门设计的期权产品应运而生。这些产品比传统期权含有更多特性，并为客户提供了不同的风险与收益的搭配。其中一些产品由于具有高效率和低成本的优越性而受到客户普遍欢迎，并在金融市场上逐渐推广成熟，被统称为非标准外汇期权。

目前，国内不少银行推出了外汇期权的理财产品，比如中国银行的两得宝（见表9－7），它是指客户在存入一笔存款的同时，根据自己的判断向银行卖出一个外汇期权，客户除收入存款利息外，还可得到一笔期权费。等到期权到期时，如果汇率对银行不利，则银行不行使期权，客户可获得高于存款利息的收益；如果汇率变动对银行有利，则银行行使期权，将客户的存款本金按协定汇率折成相对应的挂钩货币。

表9－7　中国银行两得宝产品介绍

交易时间	柜台交易时间为每个营业日北京时间09：00－17：00，国际金融市场休市期间停办。网银及客户端交易时间为每个营业日北京时间09：00－22：00（以银行最新公告为准）
交易币种	美元、欧元、日元、英镑、澳元、瑞士法郎、加拿大元、黄金、白银，现钞或现汇均可
面值	100 美元或0.1 盎司黄金
标的汇价	欧元兑美元、美元兑日元、澳元兑美元、英镑兑美元、美元兑加拿大元、美元兑瑞士法郎、黄金兑美元、白银兑美元
交易期限	一般期限为一周、一个月，具体期限由中国银行当日公布的期权报价中的到期日决定
注意事项	1. 不可提前平盘 2. 大额客户还可以选择非美货币（不包含贵金属）之间的交叉汇价作为标的汇价（需要通过柜台办理）

两得宝的主要优势在于起点金额低，期限结构丰富，提供多档执行价让客户选择，此外还能提供主要交叉盘报价。

三、一篮子期权的套期保值

一篮子期权也是标准期权变化而来的，可以看成是由多种货币的欧式期权融合而成。标准期权通常可以表述为一种货币的买权和相对应的另一种货币的卖权，其载体是两种货币间的外汇买卖。一篮子期权则涉及多种货币间的复杂汇率关系，期权的买方获得一项权利，可以将一定金额的货币或货币组合兑换成另一种一定金额的货币或货币组合，卖方获得期权费并承担相应的义务。由此可见，一篮子期权是为了满足客户控制数种货币间的汇率风险而设计的。

假设一家美国投资公司分别投资于日元和欧元的资产。公司担心6个月后美元的升值将使日元和欧元的投资在收回时发生亏损。按目前的远期汇率水平，公司所拥有的700万欧元和7亿日元的资产可折成1 010万美元。为从美元汇率的下跌中获益，公司不愿通过远期外汇买卖立即固定投资价值，而是决定购买一项6个月后到期的一篮子期权，美元买权1 000万，欧元卖权700万，日元卖权7亿，期权费为美元金额的2.5%。到期时上述金额的欧元和日元按市场汇率同时折成美元，如果不足1 000万美元，公司将执行这项期权，卖出700万欧元和7亿日元，买入1 000万美元，从而使投资价值固定在1 000万美元的水平上。

如果到期时欧元和日元按市场汇率折成美元超过1 000万，公司将选择在外汇市场买回相应的美元，放弃期权。

专栏9－3

国内基建企业套期保值失败案例

我国国内某大型基建企业在澳大利亚有一项总额为42亿美元，时间长达25年的磁铁矿投资项目，因为澳元不断升值，导致其以美元计算的该项目的投资成本也不断增加，因此该基建企业想要通过金融衍生产品规避由于澳元升值而带来的投资成本提高的风险。

该企业预期澳元将会继续强势下去，于是它向交易对手购买了一个澳元兑换美元的看涨期权，同时又向交易对手出售了两个澳元兑换美元的看跌期权，看涨期权和看跌期权的行权价格相同。当澳元市场价格高于行权价格的时候，其可以按照低于市场价格的行权价购买而获利；但是当澳元市场价格低于行权价格的时候，交易对手可以按照高于市场价格的行权价卖给该企业从而使其受损。

与此同时，该企业为了防止美元上涨而提高成本，购买了与澳元兑换美元相同期限的人民币兑换美元的看涨期权，如果未来美元强势，那么企业能够以协定价格购买美元，从而降低成本；如果未来美元弱势，那么企业可以放弃执行该期权，以市场价格购买美元。

然而一段时间后，受国际金融危机的影响，澳元狂跌，跌幅一度达到30%，因此澳元汇率大幅下跌，从而使该企业以澳元为标的的衍生品产生巨额亏损。

第五节　基于互换的汇率风险管理

货币互换交易的对象一般是一年期以上的中、长期货币，一般是采用即期汇率进行交割。其具体运用的要点是：如果在债务的存续期内预期债务货币的币值将持续上升，那么债务人就应该选择在当前的汇率水平将债务货币互换为不易升值的币值或者将要贬值的币种，以规避本息偿付时的汇率风险。

✪【例9.9】A企业在2023年3月20日筹措到一笔100亿日元的资金，期限为3年，固定利率为2.5%。但是该企业在投产后的主要收入货币是美元。如果在未来的3年内日元持续升值，超过项目预算所能承受的美元对日元汇率的下限1:145，则A企业必然要承担额外的债务成本，甚至有可能影响到该项目的可行性。因此，该企业在借款的同时按照美元对日元的即期汇率1:155，委托一家银行同B企业达成货币互换协议，将日元的债务互换为美元债务，并支付美元的固定利率3.7%。该笔互换交易规定，在贷款的存续期内，每半年双方交换一次利息的支付，并在互换的到期日相互交换本金的支付。

表9－8对以下三种情况进行了比较。

（1）不进行货币互换，未来三年美元对日元的平均汇率为1:135；

（2）不进行货币互换，未来三年美元对日元的平均汇率为1:145；

（3）按当前的汇率1:155进行货币互换。

表9－8　　　　三种情况的本息支付测算表　　　　单位：万美元

项目	不进行互换交易		互换后
该债务后三年的本息支付日	日元债务的本息支付 汇率1:135	日元债务的本息支付 汇率1:145	美元债务的本息支付 汇率1:155
2023－09－20	92.59	86.21	119.35
2024－03－20	92.59	86.21	119.35
2024－09－20	92.59	86.21	119.35
2025－03－20	92.59	86.21	119.35
2025－09－20	92.59	86.21	119.35
2026－03－20	7 500.00	6 982.76	6 570.96
合计	7 962.95	7 413.81	7 167.71

从表中可以看出，如果汇率为1:145，即与预算一致，仍比互换交易后多付出246.1万美元；如果跌至1:135的水平，则该企业比预算项目多付出549.14万美元，比互换多支出795.24万美元。

B企业为何要与A企业达成货币互换交易？这是因为双方的交易目的和各自对市场行情的预期并不一样。A企业为了规避日元升值的风险，而B企业可能刚好有一笔美元债务，为了规避美元升值的风险，又或者B企业看中日元债务的利率较低，并在未来看好美元的走势。只要双方不是抱着汇率投机的思想，而只是想锁定风险，就总能在市场上寻找到与自己风险敞口相反的交易对手完成互换交易。

在对中长期的汇率风险进行管理时，货币互换要比远期外汇交易更有效、成本更低，因为远期外汇合约一般期限较短。如果想用远期外汇合约对中长期的汇率风险进行管理，必须用滚动的方式对超过远期外汇合约时限的汇率风险敞口进行套期保值，但是这种滚动方式的效果无法令人满意。

首先，用货币互换进行套期保值比用远期外汇交易进行套期保值的成本要低。例9.9中的A企业如果用6个月远期外汇合约为3年期的日元负债进行套期保值的话，就需要签订6

次这样的合约，而每重新签订一次远期外汇合约，就要重新缴纳一次费用。此外，远期外汇合约等于是企业将汇率变动的风险转嫁给了银行，因此银行要为此收取较高的费用；而货币互换的双方只是各取所需，并不存在单方面的风险转嫁问题，银行在其中也只是起到一个中介的作用，无须承担风险，因此双方只要向银行支付少量的中介费用即可。

其次，利用远期外汇合约滚动套期保值的方法并不能使企业完全免除汇率风险。这是因为，随着未来即期汇率的变化，未来的远期汇率也有相应的变化。假设例 9.9 中的 A 企业希望以滚动更新 6 个月远期外汇合约的方式为其 3 年期的日元债务进行套期保值，如果未来的日元持续升值，那么该企业在一年后所能获得的 6 个月远期日元的报价肯定比现在的 6 个月远期日元的报价要高，而两年后它所能获得的报价又比一年后的报价要高。企业本来是为了规避日元升值的风险，但采用这种方法后，企业仍然要面对持续走高的日元报价。

再次，企业并不一定能够找到合适的远期外汇合约进行套期保值。例 9.9 中的 A 企业需要针对美元兑日元的汇率进行套期保值，很可能境内没有一家银行能提供这样一种远期合约，它们只有人民币兑美元或人民币兑日元的远期外汇合约。运用货币互换进行套期保值则不存在这一问题。

最后，中长期的债务不仅涉及本金的套期保值，而且在其存续期内有一系列的利息支付，如果用远期外汇合约的话，我们还要对每一时期的利息支付进行套期保值，这样不仅增加费用，而且极为烦琐。而货币互换交易不仅仅是本金的互换，还包括利息支付的相互交换，相当于对冲掉了债务存续期内一系列现金流的风险敞口。

本章小结

本章介绍了对汇率风险进行管理的各种工具，主要包括远期合约、期货合约、期权合约和互换。但是，对于这四种工具的选择没有绝对的好坏，要求使用者根据具体情况具体分析，通过对市场预期、个人的风险偏好以及风险暴露的性质来进行工具的选择。

重点概念

汇率风险　影响汇率风险的因素　运用远期合约进行汇率风险管理　运用期货合约进行汇率风险管理　运用期权合约进行汇率风险管理

思考与练习

一、判断题（正确 T 错误 F）

1. 经济主体在对外贸易、金融等经济活动当中发生了本币与外币的折算，只要

兑换比率及汇率没有发生变化，就不会面临外汇风险。(　　)

2. 交易风险和折算风险是汇率变动对过去的、已经发生了的以外币计价的交易风险，而经济风险则是要衡量将来某一时间内出现的外汇风险。(　　)

3. 外汇风险管理本质上是为了消除风险。(　　)

4. 套期保值不是一种融资方式，因此其不属于风险融资手段。(　　)

5. 外汇风险是企业或个人持有的所有外币资产和负债都要承担的风险。(　　)

二、选择题

1. 国际企业最主要的外汇风险是（　　）。

A. 交易风险

B. 会计风险

C. 经济风险

D. 转换风险

2. 企业防范外汇风险的方法有（　　）。

A. 选择合同货币

B. 使用“一篮子”货币

C. 掉期交易

D. 远期交易

E. 期权交易

3. 在人民币升值预期的背景下，境外企业在出口中愿意接受以人民币计价，我国进口商品越来越多地使用人民币结算，导致中国政府最终持有的外汇储备(　　)。

A. 加速增长

B. 加速减少

C. 不变

D. 无法判断

4. 进口商与银行签订远期外汇合同，目的是（　　）。

A. 防止因外汇汇率上涨而造成的损失

B. 防止因外汇汇率下跌而造成的损失

C. 获得因外汇汇率上涨而带来的收益

D. 获得因外汇汇率下跌而带来的收益

5. 国内某公司在 3 个月后有一笔英镑对外支出，若英镑明显趋跌，则该公司可以通过（　　）来避免外汇损失。

A. 提前收款

B. 延迟收款

C. 提前付款

D. 延迟付款

三、计算题

1. 英国伦敦市场3个月期英镑存款的年利率为9%，美国纽约市场3个月期美元存款的年利率为7%，伦敦市场即期汇率英镑/美元=1.65，试计算3个月期的远期汇率。

2. 日本一出口商向美国出口价值20万美元的商品，这些商品的成本为2 200万日元，按照合同规定120天付款。假定当期外汇市场行情如右表所示。

当期外汇市场行情

即期汇率	1美元=120/120.5日元
4个月远期汇率	1美元=118/118.6日元

问：

（1）可以使用哪些交易策略来防范外汇风险?

（2）简单叙述一下交易步骤，并计算出日本出口商的利润。

3. 外汇市场上3个月的远期汇率1英镑=1.6000/1.6010美元，投机者预计3个月后英镑即期汇率将看跌，1英镑=1.5500/1.5510美元，将进行30万英镑的交易：

（1）投机者与银行签订远期合约，卖出远期英镑30万，试问可从中获利多少?

（2）如果市场在1个月后汇率就跌到1英镑=1.5500/1.5510美元，而且一直不会再跌了，试问投资者应该做出什么决策?

四、材料分析

材料一：深南电对决高盛

在2008年初全球对原油期货价格看涨的情形下，深南电与高盛子公司签署协议卖出原油期货的看跌期权。

深南电在10月21日发布的公告称，2008年3月12日，公司有关人员在未获公司授权下与高盛全资子公司杰润公司，签订了两份期货合约确认书，其主要内容分别如下。

第一份确认书的有效期从2008年3月3日至12月31日，由三个期权合约构成，分三种情况：当期限内纽约商业交易所当月轻质原油期货合约的收市结算价的算术平均值（简称浮动价）高于63.5美元/桶时，深南电每月可以获得20万桶×1.5美元/桶合计30万美元的收益；当浮动油价介于62美元/桶至63.5美元/桶之间时，深南电可获得（浮动价-62美元/桶）×20万桶的收益；当浮动价低于62美元/桶时，深南电每月需向杰润公司支付（62美元/桶-浮动价）×40万桶等额的美元。

第二份确认书的有效期是从2009年1月1日至2010年10月31日，并且赋予了对手方杰润公司一个优先权，也就是杰润公司可以在2008年12月30日18点前宣布是否继续执行第二份合约。第二份确认书的基准油价较第一份提高了3美元/桶，当浮动油价高于66.5美元/桶时，深南电每月可以获利34万美元；当油价介于64.8~66.5美元/桶时，深南电每月可获得（浮动价-64.8美元/桶）×20万桶的收益；当油价低于64.5美元/桶时，深南电每月付给杰润公司（64.5美元/桶-浮动价）×40万桶等额的美元。

资料显示，得益于2008年前段时间油价处于相对高位，深南电自3月1日实施合约以来的7个月内，至少获得了200万美元的收益。公司3季报披露，公司前3季度共实现净利润

2 800.72万元，这200万美元的收益可谓功不可没。但是国际原油市场风云突变，原本轻松赚钱的筹码有可能成为亏损的祸根。

简单估算一下，若2009年纽约商业交易所轻质原油期货油价在60美元/桶，深南电每月将亏损180万美元，7个月以来200万美元的盈利仅够对冲一个月的损失；若油价在50美元/桶以下，深南电每月亏损则高达580万美元以上。

3季报显示，深南电总资产为60.02亿元，其中归属于股东的权利为19.05亿元，若油价跌至高盛分析师早前估算最低50美元/桶，同时第二份期货合约顺利实施，深南电在20个月合同期内，共需支付给杰润公司约1.28亿美元，对于目前业绩不佳的深南电来说，如此大的亏损足以致命。而且，杰润公司还享有优先选择是否继续执行该合约的权利。

在2008年3月初，国际油价坚挺，整个市场一片唱多之声，深南电在当时签署这份期货合约也在情理之中。但是高盛子公司杰润公司的做法就值得揣摩了。在2008年3月，一方面，以高盛为代表的国际投行不断唱多油价，一度估计油价可能会上涨至200美元/桶，另一方面，旗下全资子公司却与深南电签署这样一份在高油价行情下会产生亏损的期货合约，从逻辑上存在明显矛盾。值得注意的是，高盛也是较早提出可能发生金融危机的投行之一，并较早地调整了经营策略，从而避免了巨大的损失。

材料二：国际投行“狙击”东方航空

根据测算，东方航空2008年全年的亏损额可能高达122亿元，其中航油套保浮亏62亿元，实际赔付已经超过1 000万美元，随着合约的不断到期，这个窟窿还会越捅越大。

2008年11月27日，《关于航油套期保值业务的提示性公告》发布，东航航油套保巨亏才浮出水面。公告显示截至2008年10月31日，东航航空燃油套保亏损共计18.3亿元。同时公告提出，所签订的套期保值合约实际亏损额将随着航油价格变动而变动。

果不其然，随后，47亿元、50亿元、62亿元，窟窿越来越大，截至2008年12月31日，根据东航的套保合约及当日纽约WTI原油收盘价计算，这个窟窿在2008年底被定格在62亿元。

造成东航巨亏的套保合约签订于2008年6月，共计55份，签订对象为数家国际知名投行。

东航对航空燃油进行套期保值始于2003年，2007年度只产生了53.5万元的浮亏，很好地对冲了航油价格上涨带来的成本风险，然而签订于2008年6月的套保合约为何遭受高达62亿元的巨亏?

根据东航公告，所签订的航油套期保值期权合约分为两个部分：在一定价格区间内，上方买入看涨期权，同时下方卖出看跌期权。在市场普遍看涨的情况下，采用这种结构的主要原因是利用卖出看跌期权来对冲昂贵的买入看涨期权费，同时要承担市场航油价格下跌到看跌期权锁定的下限以下时的赔付风险。

东航所签订的期权合约分为三种：航油价格在62.35～150美元每桶区间内，套保量为1 135万桶，即东航可以以约定价格（最高上限为150美元）买入航油1 135万桶。合约截止日时，无论航油价格多少，东航都可以选择是否购买，合约对手必须接受。

同时，东航以不低于62.35美元的价格购买合约对手航油1 135万桶。合约截止日时，无论航油价格多少，合约对手都有权选择是否卖出，东航必须接受；以更高的约定价格（72.35～200美元）向对手卖出300万桶，对手具有购买选择权，东航必须接受。

根据东航公告，合约在签订日起至2011年陆续到期，截至2008年底到期的合约中，东航已经实际赔付1 000多万美元，随着合约不断到期，实际赔付会不断增多，而这62亿元的窟窿也会越来越大。

根据东航公告所言，为了对冲第一种合约产生的期权金而签订的第二种被动合约直接导致了东航的巨亏。

合约签订后不久，国际油价从140美元/桶高位直线回落，目前已跌到40美元每桶的价位。而东航所签订的合约因为油价跌破62.35美元每桶价格下限，亏损不断扩大。油价跌破62.35美元后，价格每下跌1美元，东航需要为此支付的赔付额为l美元×1 135万桶＝1 135万美元。这就是东航为了对油价每上涨10美元/桶产生1.4美元/桶期权金对冲产生的后果。

至于第三种合约，可能是为手上持有的其他航油期货、现货而做的套保，或者是为了减少油价下跌造成的第二种合约亏损。

根据所签订的合约分析，东航巨亏的原因是单边看多，认为油价继续上涨或者下跌幅度不大，所以对期权金进行了大量套保。

国际投行的合约从来都不对等。以东航为例，2008年6月，美国次贷危机爆发已经过去10个月了，离2008年8月的国际金融危机还有两个月，他们已经可以判断出金融危机的发生，同时次贷危机对于实体经济的影响逐渐体现，这段时间内，他们签订了大量类似东航的合约，同时唱高油价。

更为隐蔽的是合约的内容设计。表面看来，在油价上升时东航第一种套保合约具有明显的优势，油价每上涨10美元产生1.4美元每桶期权金，相对于大幅上涨的油价，代价并不算高，但是因为合约量巨大，对于东航来说就不是一个小数目了。在第一种合约签订时，他们（投行）故意以高额期权金为诱饵，诱使东航对期权金进行套保，这是非常隐蔽的。为了降低东航套保成本，投行又设计了第二种、第三种合约，表面看来，这两个合约可以对冲合约金，东航貌似可以完美套保。

所签订的合约区间看似很大，东航认为风险很低，再跌也不会跌出区间，实际上当时国际油价的波动更大。用3年的合约来防止3个月不到的价格波动区间是这个合约的另一个陷阱。

第三个陷阱是投行们大量签订合约，一旦油价下跌，东航们会选择抛售坏头寸（短期亏损期权及期货合约），造成油价恐慌性下跌，从而使得类似东航这样长达3年的合约不断亏损。

不管东航是否出于投机的目的，实际上的合约已经形成了投机性，因为造成巨额亏损的第三种合约是典型的卖方期权，高风险，投机性非常强。

航空公司当时面临微利甚至负利润，又是国家命脉不得不继续营运，为了盈利，只能将风险丢到市场上去化解，在当时，各投行的集体唱高使得人们认为油价继续上涨是必然趋势。然而东航实际上可以降低风险，达到完美套保，但是却走入了投行们早已设好的圈套。

东航初步测算，公司航油套期保值合约于2008年12月31日的公允价值损失约为人民币

62 亿元，12 月当期的航油套期保值合约，发生实际现金交割损失约 1 415 万美元。

材料三：NH 公司强化外汇风险管理

2017 年 1 月，NH 集团公司与美国某公司签订出口订单 2 000 万美元，当时美元/人民币汇率为6.9，6 个月后交货时，到期时人民币升值，美元/人民币汇率为6.8，由于人民币汇率的变动，NH 公司损失了 200 万元人民币。

这一事件发生后，该公司为了加强外汇风险管理，切实提升公司外汇风险防范水平，于 2017 年 7 月召开了关于公司强化外汇风险管理的高层会议，总结本次损失发生的经验教训，制定公司外汇风险管理对策。有关人员的发言要点如下。

总经理：（1）对于外汇风险管理工作必须引起高度重视。（2）外汇风险管理，尤其是交易风险和折算风险的管理，必须制定有效管理措施，防止因为汇率变化给公司带来巨大损失。

总会计师：此次事件说明加强外汇风险管理十分必要。我最近对外汇风险管理的相关问题进行了初步研究，发现进行外汇风险管理的金融工具还是比较多的，比如远期合同、期货期权等，采取任何一种金融工具进行避险的同时，也就失去了汇率向有利方面变动带来的收益，外汇的损失和收益主要取决于汇率变动的时间和幅度，因此强化外汇风险管理，首先必须重视对于汇率变动趋势的研究，根据汇率的不同变动趋势，采取不同的对策。

董事长：对以上两位的发言都表示赞同，最后提两点意见。（1）我国现在实行的是以市场供求为基础、参考一篮子货币进行调节、有管理的浮动汇率制度。人民币汇率不再盯住单一美元，形成了更具灵活性的人民币汇率机制。在此宏观背景下，采取措施加强外汇风险管理十分必要。（2）建议财务部成立外汇风险管理小组，由财务部经理担任组长，具体负责外汇风险管理的日常工作。

思考：

1. 材料一和材料二中深南电和东方航空所签合约的实质是什么？请用期权损益图图解两份合约的损益情况。

2. 材料三的事件体现了什么风险？并从外汇风险管理的基本角度来评价总经理、总会计师和董事长的发言有何不当之处。

3. 在当下的背景下，你认为深南电、东方航空和 NH 公司可以采取什么样的套期保值措施？

主要参考文献

［1］赫尔．期权、期货及其他衍生产品（原书第 11 版）［M］．王勇，索吾林，张翔，译．北京：机械工业出版社，2023.

［2］威尔莫特．金融工程与风险管理技术［M］．刘立新，译．北京：机械工业出版社，2009.

［3］格利茨．金融工程：运用衍生工具管理风险（第三版）［M］．彭红枫，译．武汉：武汉大学出版社，2016.

［4］马歇尔，班赛尔．金融工程［M］．宋逢明，译．北京：清华大学出版社，1998.

［5］叶永刚．金融工程［M］．北京：高等教育出版社，2020.

［6］王晋忠．金融工程案例［M］．成都：西南财经大学出版社，2012.
［7］周爱民．金融工程［M］．北京：科学出版社，2007.
［8］宋逢明．金融工程原理——无套利均衡分析［M］．北京：清华大学出版社，1999.
［9］林清泉．金融工程（第五版）［M］．北京：中国人民大学出版社，2022.
［10］博蒙特．金融工程［M］．叶永刚，译．北京：机械工业出版社，2010.
［11］赫尔．期权与期货市场基本原理［M］．王勇，袁俊，韩世光，译．北京：机械工业出版社，2016.
［12］赫尔．风险管理与金融机构［M］．王勇，董方鹏，张翔，译．北京：机械工业出版社，2010.

第十章
利率风险管理

本章学习目标

了解利率风险的含义、类型和主要的风险衡量方式。了解基于远期协议、期货合约、期权和互换合约该如何管理利率风险，并掌握其各自的应用。

知识结构图

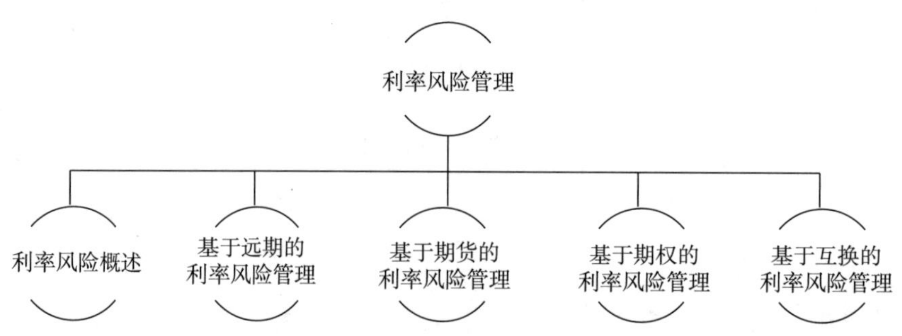

第一节　利率风险概述

一、利率风险的含义

利率风险是指由于市场利率变动的不确定性给金融机构带来的风险，具体说就是指由于市场利率波动造成金融机构净利息收入损失或资本损失的风险。

二、利率风险的类型

巴塞尔银行监管委员会将利率风险分为重新定价风险、基差风险、收益率曲线风险和选择权风险四类。

（一） 重新定价风险

重新定价风险源自银行资产、负债及表外项目这三者到期日（固定利率）与重定价日（浮动利率）间的差异。在固定利率的情况下，当前的市场利率可能与商定的固定利率不同。与固定利率交易相比，浮动利率可能会由于利率上升（在贷款的情况下）或利率降低（在投资的情况下）形成额外的利息成本（或收入损失）。因此，利率风险可以说是利率变化引起的当下证券现值和原估未来净利息收入之间的负偏差。20 世纪 70 年代末和 80 年代初，美国储贷协会危机主要就是由于利率大幅上升而带来重新定价风险。

（二） 基差风险

当一般利率水平的变化引起不同种类的金融工具的利率发生程度不等的变动时，银行就会面临基差风险。即使银行资产和负债的重新定价时间相同，但是只要存款利率与贷款利率的调整幅度不完全一致，银行就会面临风险。举例来说，若银行选择以每月依美国国库券利率重定价的一年期放款配合每月依一个月 Libor 利率重定价的一年期存款为投资标的，两指标利率的变化就会为该银行带来基差风险。

（三） 收益率曲线风险

收益率曲线风险是指由于收益率曲线的意外位移或斜率的突然变化而对金融机构净利差收入和资产内在价值造成不利影响而产生的风险。

收益率曲线是将各种期限债券的收益率连接起来而得到的一条曲线，当银行的存贷款利率都以国库券收益率为基准来制定时，由于收益率曲线的意外位移或斜率的突然变化而对银行净利差收入和资产内在价值造成的不利影响就是收益率曲线风险。收益率曲线的斜率会随着经济周期的不同阶段而发生变化，使收益率曲线呈现出不同的形状。正收益率曲线一般表示长期债券的收益率高于短期债券的收益率，这时没有收益率曲线风险；而负收益率曲线则表示长期债券的收益率低于短期债券的收益率，这时有收益率曲线风险。

（四） 选择权风险

选择权风险是指利率变化时，银行客户行使隐含在银行资产负债表内业务中的期权给银行造成损失的可能性。即在客户提前归还贷款本息和提前支取存款的潜在选择中产生的利率风险。

三、利率风险的影响因素

利率风险的根源在于市场利率的波动。在利率市场化的条件下，利率的变动主要受制于借贷资金的供求状况，供求关系的变化导致了利率的波动。其他的一些影响因素都是通过直接或间接影响供求，从而影响利率水平，并造成利率的波动。这些因素主要有以下几个方面。

（一） 投资需求的变化

利率同投资是互相影响的关系。一方面，投资需求的变化直接影响整个社会的借贷资金需求与供给双方的平衡。投资需求的增加会使借贷资金的需求上升，而在供给没有相应上升的情况下，市场利率会上升。投资需求的下降会降低借贷资金的需求，而在供给没有变化的条件下，利率水平会下降。另一方面，利率的上升会增加投资的成本、减少投资需求，利率的下降会降低投资的成本、增加投资需求。

利率与投资这两者之间互相影响，并最终达到均衡。

（二） 通货膨胀率

一般地，借贷双方制定的利率水平是名义利率，即利率水平不会随着通货膨胀率的变化而进行相应的调整。物价水平不断上升，实际利率水平会下降，从而给资金贷出方带来损失。

$$iR = iN - r$$

式中：iR 表示实际利率；iN 表示名义利率；r 表示通货膨胀率。

（三） 货币政策

货币总供给的变化会直接影响借贷资金的需求与供给的均衡。货币总供给量上升，借贷资金的供给会相应增加，从而降低市场利率水平。如果央行紧缩货币供给，就会降低借贷资金的供给，从而使得市场利率水平上升。

央行的再贴现利率同样会影响市场利率水平。因为央行的再贴现利率水平会影响银行的资金成本，银行会根据再贴现利率水平来制定贷款利率。

（四） 国际利率水平

如果一国的利率水平比较高，也就表示在这个国家投资的收益会比较高，这就会吸引大量的国际资金进入，从而增加借贷资金的供给并降低该国的利率水平。反之，如果一个国家的利率水平较低，其资金就会流向国外，从而减少国内的资金供给并使得利率水平上升。

（五） 财政收支状况

当一国出现财政赤字时，其利率的变化主要取决于该国政府所选择的弥补财政赤字的措施。一般来说，可采取的措施有：

1. 提高税率，企业税率的提高会使企业投资兴趣下降，企业的投资需求下降，资金的需求下降，从而降低利率水平；相反，税率的下降会刺激投资，增加资金的需求，提高利率水平。

2. 增发货币，这样会使通货膨胀率上升，最终导致利率的上升。

3. 发行国债，从长期来看，这将导致更大幅度的物价上涨，也会使利率上升。

（六） 心理预期

在货币市场上，人们是否借贷，在很大程度上取决于人们对利率走向的看法。

四、利率风险的衡量

（一） 平均期限

我们知道长期债券的价格比短期债券更容易受到利率变动的影响，因此，债券到期前的时间长度可视为衡量风险的合理尺度。但有些债券在一定时期内是分期偿还本金，而不是在到期日一次偿还，因此，我们在划分债券风险类别时经常使用平均期限的概念，而不用距到期日还有多少时间。

平均期限是收回本金的加权平均时间，计算方法是将每一笔偿还的本金乘以得到它的时间长度再加总，然后除以本金总和。平均期限表明，3 年到期并一次偿还本金的债券比最终期限为 3 年、但在到期日前偿还一部分本金的债券对利率的变动更敏感。

然而，用平均期限衡量风险的方法并不是很有用，因为它没有量化随利率变动发生的价格变动。同时为某些特定的债券定义平均期限是很困难的，如抵押支持证券，随着利率的涨跌，房屋所有者将以更慢或更快的速度偿还抵押贷款，从而使得抵押支持证券的平均期限变得很不稳定。由于上述原因，平均期限并不是衡量利率风险的理想尺度。

（二） 麦考利久期

麦考利久期是在 1938 年由美国经济学家弗雷德里克 · 麦考利提出的，麦考利久期用数学方法估计债券价格对其收益变动的敏感性，按收到债券现金流的加权平均时间计算，利息和本金的支付作为权重，其计算公式如下：

$$麦考利久期 = \frac{1PVCF_1 + 2PVCF_2 + \cdots + nPVCF_n}{总 PV} \tag{10.1}$$

式中，n 为到期前的时间，t 为收到现金流的时间（$t=1, 2, \cdots, n$），$PVCF$ 为按债券到期收益率贴现的某时期现金流的现值，总 PV 为债券现金流的总现值（即债券价格）。

麦考利久期可用于估计债券价值或债券组合价值相对于利率一定变动的百分比变动，债券或债券组合价值变动的百分比等于麦考利久期的值乘以利率变动的百分比。例如，若某债券的麦考利久期为3.0，利率1%的变动将引起债券价格3.0%的变动。对于有固定、已知现金流的债券来说，麦考利久期是估计债券价格对利率变动敏感性的一个简单方法。

但麦考利久期的一个重要假定限制了它的应用。该公式假定随着利率的波动，债券的现金流不受影响，这使得浮动利率工具（如可赎回债券），或对于有提前偿还风险的抵押支持证券而言都无效。这些债券的一个共同特点是，它们内含有期权，即债券未来的现金流要受到利率波动的影响。

（三）有效久期

我们知道隐含期权的证券随着利率的变化，预期未来现金流会发生变化，债券的价格也因此会受到影响。有效久期用利率水平发生特定变化的情况下证券价格变动的百分比来表示，它直接运用以不同收益率曲线变动为基础的证券价格进行计算，这些价格反映了证券中隐含期权的价值的变动。由于利率变动的幅度可能不同，我们并没有一个唯一的公式来计算有效久期，我们如果以当天利率变动的100点为单位计算债券的有效久期，则其计算公式如下：

$$有效久期 = \frac{P_{-100} - P_{+100}}{2 \times P_0} \tag{10.2}$$

式中，P_{-100} 和 P_{+100} 分别为利率变动 -100 和 +100 后的债券的价格，而 P_0 为利率未变动的价格。

我们假设一种债券含有买入期权，则其价格—收益率曲线就会随着利率的下降而变得平坦，这是因为买入期权限制了利率下跌给持有者带来的损失（同样道理，卖出期权在熊市中能保护债券持有人，所以当利率上升时，卖出期权将使债券的价格—收益率曲线变平坦）。由于有效久期是直接从证券的价格—收益率曲线中得来的，当处于利率下降的环境时，它随着可赎回债券价格的下跌而减少，处于利率上升环境时，它随着买入期权价值的下跌而变大，当利率持续上升时，债券价格变动的百分比就更大。

如果买入期权（或卖出期权）处于实值（价内）时会被行使，债券的期限就会缩短。当期权肯定会被行使时，债券将只有很短的剩余预期时间，持有债券的可能收入的变动范围变得很小。在这种情况下有效久期也很小，它反映了在债券被买入或卖出前所剩的少量时间，说明其对利率进一步变化的价格敏感性较小。相应地，即使对有隐含期权的债券而言，有效久期有时也可视为债券预期剩余期限和利率敏感性的指标。麦考利久期却不是这样，它忽视了隐含期权的存在，因此夸大了债券的利率敏感性和预期期限。由于期权在债券到期前总有获利的可能（假设利率波动大于0），含有买入期权或卖出期权的债券的有效久期比麦考利久期要短。这反映了债券可能在其到期日前被买入或卖出的可能性。对于没有隐含期权的债券而言，有效久期和麦考利久期相等。

（四） 凸度

久期自身的价值会随着利率的变化而变化，因此，即使是持续有效期也不能完全描述价格对利率变动的敏感性，我们必须要有另外的风险衡量方法，这就是凸度。久期等于价格—收益率曲线的斜率，而凸度主要衡量曲线的弯曲程度，它等于债券价格方程对收益率的二阶导数。

凸度可以用不同的方法计算，但一般被定义为：给定利率变动水平下，有效久期估计的债券价格变动与实际价格变动之间的误差。按这种方法计算出的凸度被称为价格变动贡献度。

（五） 其他指标

1. 利率敏感性缺口（Interest Rate Sensitive Gap）与利率敏感比例。利率敏感性缺口是指在一定时期（如距付息日 1 个月或 3 个月）以内将要到期或重新确定利率的资产和负债之间的差额，即利率敏感性资产与利率敏感性负债的差值。利率敏感比例则是利率敏感性资产与利率敏感性负债的比值。如果资产大于负债，利率敏感比例大于 1，为正缺口，反之，如果资产小于负债，利率敏感比例小于 1，则为负缺口。当市场利率处于上升通道时，正缺口对金融机构有正面影响，因为资产收益的增长要快于资金成本的增长。若利率处于下降通道，则又为负面影响，负缺口的情况正好与此相反。

2. 在险价值（VaR）。在险价值是指一定的概率水平下，某一金融资产或证券组合在未来特定一段时间内的最大可能损失，也可以用来衡量资产或证券组合的利率风险。具体公式为

$$Prob(\Delta p > VaR) = 1 - c$$

式中，Δp 为证券组合在持有期 Δt 内的损失；VaR 为置信水平 c 下处于风险中的价值。

在 VaR 的定义中，有两个重要参数——持有期和置信水平。任何 VaR 只有在给定这两个参数的情况下才有意义。持有期是计算 VaR 的时间范围。通常的持有期是 1 天或 1 个月，在 1997 年底生效的巴塞尔委员会的资产充足性条款中，持有期为两个星期（10 个交易日）。在计算 VaR 时，需假定回报的正态分布性，选择较短的持有期更适用于正态分布的假设。置信水平的选择依赖于对 VaR 验证的需要、内部风险资本需求、监管要求以及在不同机构之间进行比较的需要。同时，正态分布或其他一些具有较好分布特征的分布形式也会影响置信水平的选择。

第二节　基于远期的利率风险管理

一、远期利率协议

远期利率协议（FRA）的双方就未来某一时间发生的借贷业务的利息支付作出承诺。其中一方以固定利率（协议利率）进行支付，另一方以浮动利率（参考利率）进行支付，双

方没有本金的交易，协议到期时由一方向另一方进行利息的差额支付。其中，支付协议利率计算的利息、同时收取参考利率计算的利息的一方为远期利率协议的买方，交易对手方为远期利率协议的卖方。

远期利率协议是一种以锁定利率和对冲风险为目的的衍生工具，在场外进行交易。由于远期利率协议的期限和名义本金相对比较自由，具有一定优势，因而自其出现以来，其交易规模稳步上升，是经济主体进行利率风险防范的重要工具之一。

远期利率协议相当于两个相反方向的远期借款，交易的买方获得固定利率借款，它主要是为了避免利率上升的风险。交易的卖方获得浮动利率借款，它主要是为了防止利率下降的风险。

当经济主体作为资金需求者时，主要是防止市场利率上升导致融资成本上升的风险，此时应该买入利率远期协议；而作为资金的供给方来讲，主要是防止市场利率下降导致收益率下降的风险，此时应该卖出远期利率协议。

✪【例 10.1】2007 年 10 月 8 日，人民银行推出远期利率协议业务管理规定，该规定自 11 月 1 日起开始实施。作为重要的基础利率衍生产品，远期利率协议不仅为银行提供了调节人民币资产负债结构、增加交易收入的工具，也为客户规避利率风险创造了新手段。

同年 11 月 1 日，刚推出不久的人民币远期利率协议业务出现了首批交易。首批交易在中信银行、汇丰银行（中国）和摩根大通（中国）有限公司 3 家公司之间进行。其中，中信银行和汇丰银行完成了国内首笔人民币远期利率协议交易，标志着继人民币利率互换之后人民银行推出的新一种利率衍生工具正式登陆我国金融市场。

据了解，汇丰银行与中信银行达成的首笔远期利率协议（FRA）名义本金为 2 亿元人民币，参考利率为 3 月期的 Shibor，标的为 3 个月后的 3 个月期利率，即计息期从 2008 年 2 月到 5 月。其中，汇丰银行支付浮动利率即 3 个月期 Shibor，而中信银行支付协议利率为 4.25%。

此外，当天汇丰银行还和摩根大通达成了 1 个月后的 3 月期远期利率协议交易，本金也为 2 亿元，参考利率为 3 个月期 Shibor，协议利率为 4.2%。

2007 年 12 月 6 日，工商银行在银行间市场达成了其首笔人民币远期利率协议交易，在人民币衍生产品交易方面实现了新的突破。

二、远期利率协议的运用

在实际操作中买卖远期利率协议并不涉及名义本金的实际转移或流动，取而代之的是 FRA 交易的双方在协议生效的那一天以现金结算方法结清盈亏。远期利率协议在结算日所发生的实际交割金额计算公式为

$$\text{交割金额} = \frac{(\text{市场参考利率} - \text{协议利率}) \times \text{合约面额} \times \dfrac{\text{远期期限}}{360}}{1 + \text{市场参考利率} \times \dfrac{\text{远期期限}}{360}} \tag{10.3}$$

远期利率协议遵循欧洲货币计算日期的惯例，即式（10.3）中的远期期限采用的是一年算 360 天、实际交易日则有一天算一天的做法。当市场参考利率高于协议利率时，交割金额为正值，即 FRA 的出售者（认为市场利率要下跌的一方）向购买者支付差额；反之，如协

议利率高于市场参考利率时，交割金额为负值，即 FRA 的购买者（认为市场利率要上升的一方）向出售者付款。

由于远期利率协议是在协议利率生效的那一天（即协议利率适用期限开始的首天），而不是在协议利率适用期限的最后一天进行现金结算的，为了使在期限开始时进行的现金结算在价值上等于在期末实施的现金结算，期末值必须根据市场参考利率折现成现值。

✪【例 10.2】某年 6 月 1 日，A 公司准备在 3 个月后借入为期 3 个月的 1 000 万美元资金，以满足经营上的需要。当时的市场利率为 8.10%，但根据预测，市场利率将在近期内有较大幅度的上升。为规避市场利率上升从而加重利息负担的风险，A 公司便于 6 月 1 日从 B 银行买进一份期限为 3×6、协议利率为 8.10% 的远期利率协议。

（1）假如到 9 月 1 日，市场利率上升到 9.25%。则 B 银行向 A 公司支付的金额是多少？

$$A=\frac{(9.25\%-8.1\%)\times\frac{90}{360}\times 10\,000\,000}{1+9.25\%\times\frac{90}{360}}=28\,100.18(\text{美元})$$

（2）假如到 9 月 1 日，市场利率下降到 7.50%。则 A 公司向 B 银行支付的金额是多少？

$$A=\frac{(7.5\%-8.1\%)\times\frac{90}{360}\times 10\,000\,000}{1+7.5\%\times\frac{90}{360}}=-14\,723.93(\text{美元})$$

专栏 10－1

远期利率协议在寿险公司利率风险控制中的应用

寿险公司作为一个特殊的、高度负债的金融机构，可以通过远期利率协议来锁定自身未来的利率，避免自身所持有的资产和负债因利率波动而发生较大变化，从而使自身的资产负债得到免疫的效果。

1. 对寿险公司资产作用的效果分析

当资产的利率风险收益曲线的斜率为正时，该寿险公司可出售一份标的资产相同的远期利率协议。当利率下调时，该寿险公司的资产价值将减小，但同时由于卖出了一份远期利率协议，使得该资产的价值仍稳定在较高的利率水平上，从而使得该项资产的价值稳定在某一水平，不会因为利率的下调而遭受损失；当利率上升时，该项利率协议将会使得该寿险公司遭受损失，但该项资产却会因为维持较高的利率水平而增值，结果同样可以达到该项资产价值稳定的效果。

当资产的利率风险收益曲线的斜率为负时，该寿险公司可买入一份标的资产相同的远期利率协议。当利率上升时，该寿险公司的资产价值将遭受损失，但是同时，由于买入了一份远期利率协议，使得该公司可以较低利率水平得到相应的标的资产而获利，正负收益相互抵消，从而使得该项资产的价值稳定在某一水平，不会因为利率的上升大幅波动；当利率下降时，该项利率协议将会使得该寿险公司遭受损失，但该项资产却会因为较低的利率水平而增值，结果同样可以达到该项资产价值稳定的效果。

2. 对寿险公司负债作用的效果分析

作为寿险公司的主要负债，寿险保费区别于其他类型保险保费的地方在于，寿险投保人每年缴纳的纯保费被分为两部分：一部分用于当年发生的死亡给付，即危险保费；另一部分储存起来，用于以后年度发生死亡给付或满期给付，即储蓄保费。而储蓄保费实际上是投保人提前缴纳的保险费，是投保人存放于保险人处的资金，这部分资金存放的时间一般较长，保险人可以对其加以运用并使其增值，所以亦应对投保人计算利息才公平。对于复缴保费形式，储蓄保费所占的比重就更大。对于传统寿险保单来说，在签订保单的瞬时就规定好了未来的保险金给付金额，即按照某一固定利率计算相应的储蓄保费。由于寿险保单具有保险期限长的特点，少则几年，多则几十年，利率不可能在该段期间保持固定不变，如果发生利率波动，自然对保险人的偿付能力构成巨大风险。

当保单约定的固定利率比较高，随后的一段时期利率逐渐调低时，保险人必须仍按照预定的较高利率提取保险责任准备金，而由于市场利率降低，现实的投资市场可能造成资本收益率远远低于预定利率，这对于保险期限较长的寿险公司来说，无疑会带来巨大的损失，俗称利差损。

在这种情况下，寿险公司可通过签订远期利率协议，来锁定自身的收益率，即在卖出保单的同时，卖出一份远期利率协议，该协议以固定利率的形式或者螺旋固定利率的形式存在于整个保单的存续期间。这样在该固定利率等于或略高于保单预定利率的前提下，就会使该寿险公司获得稳定的利润，避免了固定利率保单所带来的利差损风险。

当保单约定的固定利率比较低，随后的一段时期利率逐渐调高时，保险人仍按照预定的较低利率提取保险责任准备金，而由于市场利率提高，现实的投资市场可能造成资本收益率远远高于预定利率，这对于保险期限较长的寿险公司来说，无疑会带来巨大的利润。但是这种情况往往并不多见，因为作为理性的投保人，遇到这种情况时，就会退掉保单，转而去金融市场投资，从而获得额外收益；或者利用保单内在的贷款选择权等向保险人取得低息贷款。总之，在这种情况下，寿险公司不能获得丰厚的额外收益，而只能准备好足够多的现金以备退保或贷款所用（利率变化与退保率之间有着密切的联系）。

从以上分析可以看出，寿险公司的确可以通过购买或出售远期利率协议，使其资产或负债达到免疫的效果，从而使其面临的风险敞口达到理想状态即零。

（一）多头利率远期保值

当经济主体预期其在未来有资金需求而且未来的市场利率会上升的情况下，就可以购买远期利率协议锁定融资成本，从而规避利率风险。

假定甲公司是一家制造业公司，现在是 2024 年 1 月，其财务经理预计该公司 4 个月后将有季节性的借款需求 1 000 万美元，期限是 6 个月。公司预计未来的市场利率有上升的趋势，因此为了规避利率上升的风险，该公司决定购买一个远期利率协议（4 × 10）来锁定 4 个月后的借款利率。

该远期利率协议的本金是 1 000 万美元，协议利率为 5.5%，参考利率是 Libor。假设 5 月份的 Libor 为 6.0%。

甲公司将从远期利率协议的出售方获得一笔利差支付。

$$结算金 = \frac{(0.060-0.055)\times 1\,000 \times \frac{180}{360}}{1+0.06\times\frac{180}{360}} = 2.43 万美元$$

甲公司将获得的支付以 Libor 利率贷出，6 个月后可获得 $2.43\times\left(1+0.06\times\frac{180}{360}\right)=2.5$ 万美元。

然后该公司以 Libor 的利率借入 1 000 万美元，到期时应支付利息 1 000 × 0.06 × 180/360 = 30 万美元。

扣除公司从远期利率协议中获得的支付 2.5 万美元，甲公司最后的支付利率为（30 − 2.5）/1 000 × 2 = 5.5%，低于甲公司不买入远期利率协议时的融资成本 6%，因此甲公司通过买入利率远期协议确实规避了利率风险。

（二）空头利率远期保值

当经济主体预期其在未来有资金流入而且未来的市场利率会下降的情况下，就可以卖出远期利率协议锁定融资成本，从而规避利率风险。

假定一个机构投资者定期将闲置的美元流动资金投资于短期商业票据。此投资机构的管理部门预计 1 个月后将会有 3 个月期的闲置资金 300 万美元，但是他们担心利率在 1 个月后会下降。因此，该机构在欧洲银行同业拆借市场卖出远期利率协议（1 × 4）来锁定收益。

协议利率是 8%，参考利率是 Libor。假设一个月后 Libor 降为 7.4%，那么该机构将从利率远期协议中获得支付，然后他们可以将资金投资于短期商业票据。

该公司从利率远期协议中获得的支付为：

$$\frac{(0.08-0.074)\times 3\,000\,000\times\frac{90}{360}}{1+0.074\times\frac{90}{360}} = 4\,418.26 美元$$

他们将所得的支付以 7.4% 再投资 3 个月可以获得：

4 418.26 ×（1 + 0.074 × 90/360）= 4 500 美元

该机构再将资金投资于短期商业票据，其利率为 Libor，从而获得利息

3 000 000 × 0.074 × 90/360 = 55 500 美元

最后的收益率为

$$\frac{55\,500+4\,500}{3\,000\,000}\times\frac{360}{90}=8\%$$

高于不出售利率远期协议时的收益率 7.4%，达到了锁定收益的目的。

第三节　基于期货的利率风险管理

一、利率期货

利率期货是指以债券类证券为标的物的期货合约，它可以回避银行利率波动所引起的证

券价格变动的风险。利率期货的种类繁多，分类方法也有多种。通常，按照合约标的的期限，利率期货可分为短期利率期货和长期利率期货两大类。

利率期货在结构上与利率远期协议很相似，但它在场内进行交易。由于利率期货在期限、名义本金等方面都有一定的规定，在各方面都比较规范，因此交易起来比较方便。利率期货是一种很受欢迎的金融衍生产品，广泛应用于套期保值和投机活动中。

二、利率期货的套期保值策略

如果经济主体在未来将要进行投资，为了防止未来利率下降所带来的收益下降的风险，该经济主体可以买入利率期货，即在利率期货市场上做多。这样能锁定未来投资的收益。当经济主体持有浮动利率的资产或是固定利率的负债时，如果他们要求规避利率下降带来的风险，那么该经济主体也可以购入利率期货进行保值。

如果经济主体在未来要进行融资，为了防止未来利率上升带来的融资成本上升的风险，该经济主体可以卖出利率期货，即在利率期货市场上做空。这样能锁定未来的筹资成本，即使未来利率真的上升，可以通过利率期货空头的利润弥补现货的损失。

套期保值所需合约的份数的公式为

$$N = \frac{V_H}{V_F} \cdot \frac{M_H}{M_F} \text{或} N = \frac{S}{F} \cdot \beta \tag{10.4}$$

式中，V_H表示所要保值的证券价值，V_F表示期货合同的价值，M_H表示所要保值的证券期限，M_F表示期货合同的期限。相似地，S 表示所要保值的现货总价值，F 表示期货合同的价值，具体地，期货合同价值 = 期货指数点 × 每点乘数。

✪【例 10.3】一个基金经理负责管理价值为 1 000 万美元的债券组合。基金经理对于今后 3 个月的利率剧烈变化十分担心，他决定采用国债期货来对冲债券组合的价格变动。其在 8 月 2 日进入 79 份 12 月国债期货的短头寸（卖出），12 月国债期货的报价为 93 - 02，因此合约的价值为 93 062. 50 美元。假定在 8 月 2 日与 11 月 2 日，利率急剧下降，债券组合价值从 1 000 万美元涨至 1 045 万美元，在 11 月 2 日，国债期货价格为 98 - 16。该笔套期保值的操作及盈亏结果如表 10 - 1 所示。

套期保值具体操作方案如下：

- 现货状态：8 月 2 日，债券组合价值 1 000 万美元，处在利率多头状态。
- 风险点：担心利率上升，债券价格下降。
- 确定套保方向：卖出。
- 套保商品种类：卖出 12 月到期国债期货套保。
- 合约数量：10 万美元每张，1 000 万美元，卖出 79 手。

总盈亏：45 - 42. 95625 = 2. 04375 万美元。

表 10 - 1　　　　利率期货卖出套期保值

项目	现货市场	期货市场
8 月 2 日	债券组合价值：1 000 万美元	卖出开仓 79 张国债期货合约，成交价格为 93 - 02，合约价值为 1 000 × (93 + 2/32) = 93 062. 5 美元。总价值为 93 062. 5 × 79 = 7351 937. 5 美元

续表

项目	现货市场	期货市场
11 月 2 日	债券组合价值：1 045 万美元	买进平仓 79 张国债期货合约，成交价格为 98 – 16。总价值为 79 × 1 000 × (98 + 16/32) = 7 781 500 美元
盈亏状态	盈利 45 万美元	亏损 429 562. 5 美元
结果	盈利 20 437. 5 美元	

专栏 10 – 2
所罗门兄弟公司使用利率期货避险

所罗门兄弟公司在美国债券市场史上曾占据重要地位，它始于 1910 年，自创业起，便专注于固定收益领域的投资，它凭借创新、激进、完美的数学模型，从默默无闻的小公司发展成为 20 世纪 80 年代的“华尔街之王”。作为创新者和开拓者，所罗门兄弟公司对金融衍生品的使用可谓一马当先，然而获取的高额收益使其投资团队逐渐丧失应有的谨慎，最终因屡次违规操作而遭到吞并。

布雷顿森林体系崩溃之后，外汇风险激增，与此同时，“石油危机”的冲击，使西方国家经济动荡加剧，通货膨胀日益严重，利率波动剧烈。在这种情势下，利率期货合约应运而生。1975 年 10 月，芝加哥期货交易所（CBOT）上市国民抵押协会债券期货合约，是世界上第一个利率期货合约。投资者认购债券时，利率期货可以助其规避相关的利率风险。在利率市场化的条件下，发行债券事先规定利率，会由于市场利率的走高而出现价格走低的情况。此时通过发行时卖空利率期货，就可以挽回损失，有效避险。

1979 年 10 月，在所罗门兄弟公司包销 100 亿美元的国际商业机器公司（IBM）的企业债券时，美联储宣布准备放开利率，市场利率大涨，但所罗门兄弟公司由于事先在芝加哥期货交易所中卖出了债券期货，从而成功地防范了此次利率风险。

所罗门兄弟公司、美林公司与其他承销商共同承销发行了一笔 10 亿美元的 IBM 公司债券，所罗门兄弟公司在其中所持有的债券份额最大。按照债券发行的管理，承销商与发行人在签订合同时要约定债券的发行利率，如果在把债券出售给公众之前市场利率上升，债券价格下降，将由承销团而不是发行人承担价格下跌造成的损失。由所罗门兄弟公司与美林公司作为主承销商的承销团承销的 IBM 公司债券，其中 5 亿美元为收益率 9. 627% 的 7 年期债券，另外 5 亿美元为收益率 9. 41% 的 25 年期债券。这两个收益率低于市场其他债券，仅比同期的美国国债的收益率高 4 个基本点，这来自 IBM 公司极高的信用等级。10 月 4 日，星期四，承销商开始在市场上出售债券时，市场利率微升，IBM 公司债券收益率的吸引力略降，到周五下午只有 70% 的债权售出，承销团仍然持有 2. 5 亿美元到 3 亿美元的债券。10 月 6 日，星期六，美联储宣布了一项重要的信贷紧缩政策，利率几乎向上跳了一个百分点。承销团意识到剩余的 IBM 债券已不能按原售价卖给它的老顾客，因此决定把它们在债券市场上公开出售，此时，这些债券的价值已经下跌了近 5%，这样，承销商们在未售出的这部分债券上损失了约 1 200 万美元，扣除已出售债券所实现的 500 万美元收益，这笔承销业务的净损失大约是 700 万美元。作为债券持有份额最大的主要承销商，所罗门兄弟公司在此次债券发行中损失了大约 350 万美元。

但是，所罗门兄弟公司却通过持有 1 亿美元的联邦抵押贷款与长期国债利率期货的空头而对他所持的 IBM 公司债券成功进行了套期保值，避免了因利率变动而受到重创。所罗门兄弟公司的利率期货空头头寸使得他们在利率上升时从这些合约中获利，这是因为利率上升时合约所要求交割的债券的价格下降了，所罗门兄弟公司趁机行权套利。在整个事件中，所罗门兄弟公司在期货空头中得到了大约 350 万美元的收益，基本上抵消了它所持 IBM 债券带来的损失。

（一） 多头利率期货保值

如果经济主体在未来将要进行投资，为了防止未来利率下降所带来的收益下降风险，该经济主体可以买入利率期货，即在利率期货市场上做多。这样能锁定未来投资的收益。

当经济主体持有浮动利率的资产或是固定利率的负债时，如果他们要求规避利率下降带来的风险，那么该经济主体也可以购入利率期货进行保值。

例如，某企业预计 3 个月后将会有 500 万美元的现金流入，并打算投资于半年期的美国国库券。此投资者预计 3 个月后市场利率会下降，因此购入 10 份 3 个月后交割的国库券期货合同进行保值。

当期的半年期国库券的年利率是 8%，期货合同的价格是 92.5。实际上，3 个月后 6 个月期国库券年利率降到 7%。

3 个月后期货合同按价格 93 进行交易，此时企业卖出期货合同，获得利润（价格变化一个基点的价值是 25 美元）：

$10\times25\times(93-92.5)/0.01=12\ 500$ 美元

此时将 500 万美元投资于国库券，收益率 7%，获得利息为

$5\ 000\ 000\times7\%\times180/360=175\ 000$ 美元

最后的总收益率是：

$$\frac{175\ 000+12\ 500}{5\ 000\ 000}\times\frac{360}{180}=7.5\%$$

（二） 空头利率期货保值

如果经济主体在未来要进行融资，为防止未来利率上升带来的融资成本上升的风险，该经济主体可以卖出利率期货，即在利率期货市场上做空。这样能锁定未来的筹资成本，即使未来利率真的上升，也可以通过利率期货空头的利润弥补现货的损失。

假设某企业预计三个月后会获得三个月期限的季节性的贷款 300 万美元，假定其借款利率与国库券利率相当接近，那么借款人就可以通过出售三月期的国库券期货合同来进行保值。

应该购买（300/100）×（3/3）=3 份

假定现在的三月期国库券年利率为 6%，国库券期货合同的价格是 93，三个月后国库券利率上升到 7.8%，即期货合同价格降为 92.2。此时，价格的变化为 80 个基点，由于国库券期货合同一个基点的价值是 25 美元，所以此企业将从中获利，其数额为

$3\times25\times(93-92.2)/0.01=6\ 000$ 美元

可以计算出此企业的最终融资成本是7%，因此他们有效地避免了利率上升的风险。

三、利率期货的投机策略

利率期货投机就是通过买卖利率期货合约，持有多头或空头头寸，期待从利率期货价格变动中博取风险收益的交易策略。具体分为多头策略和空头策略。

若投资者预期未来利率水平下降，利率期货价格将上涨，便可选择多头策略，买入期货合约，期待利率期货价格上涨后平仓获利；若投资者预期未来利率水平上升，利率期货价格将下跌，则可选择空头策略，卖出期货合约，期待利率期货价格下跌后平仓获利。

✪【例10.4】假设某投机商以93.97的价格购买了一份12月短期国债期货合约。该期货合约的面值为100万美元。实际操作中用距离到期日90天来计算期货价格的变化，从而短期国债价格的公式为

$$价格=票面价值\times(1-\frac{贴现收益率\times90}{360})$$

代入数据，可得知此时

$$国债价格=1\ 000\ 000\times(1-\frac{0.0603\times90}{360})=984\ 925(美元)$$

现在假设在12月中旬时利率上涨到7%，则该短期国债的最新报价为93.00。可得知此时

$$国债价格=1\ 000\ 000\times(1-\frac{0.0700\times90}{360})=982\ 500(美元)$$

若投机商选择此时出售短期国债期货合约，则其净亏损2 425美元。一个值得强调的显而易见的问题是：固定收益债券的价格同市场利率成反比运动。在本例中，投机商对短期国债期货合约实行的是多头策略，由于利率上升，结果遭受了损失。

四、利率期货的套利策略

利率期货套利交易包括期货合约间套利策略和期现套利策略两大类。期货合约间套利是指投资者同时买进和卖出数量相当的两个或两个以上相关的利率期货合约，期待合约间价差向自己有利的方向变动，择机将其持仓同时平仓获利，从价差变动中博取风险收益的交易策略。期货合约间套利策略具体又包括跨期、跨市和跨品种套利。利率期货期现套利是基于现货与期货价格价差变化的套利交易策略。

在利率期货交易中，跨市套利机会一般很少，跨期套利、跨品种套利和期现套利机会相对较多。下面简要介绍利率期货跨期套利、跨品种套利和期现套利。

（一）利率期货跨期套利

在利率期货交易中，当同一市场、同一品种、不同交割月份合约间存在着过大或过小的价差关系时，就存在着跨期套利的潜在机会。根据近期、远期利率期货合约间价差，又分为利率期货牛市套利、利率期货熊市套利和利率期货蝶式套利三种。

（二）利率期货跨品种套利

在利率期货交易中，当同一市场、相同交割月份、不同品种合约间存在着过大或过小的价差关系时，就存在着跨品种套利的潜在机会。相同交割月份的利率期货合约在合约运行期

间，影响因素基本一致，套利收益稳定性会较好。利率期货跨品种套利交易根据套利合约的标的不同，主要分为短期利率期货、中长期利率期货合约间套利和中长期利率期货合约间套利两大类。

1. 短期利率期货、中长期利率期货合约间套利。短期利率期货合约与中长期期货合约的标的物差异较大。投资者可以根据其不同合约期货价格变动的规律性寻找相应的套利机会。

2. 中长期利率期货合约间套利。在欧美期货市场，中长期利率期货多个品种交易活跃程度较高，合约间套利机会也较多。根据中长期利率期货合约标的不同、其价格变化对影响因素敏感程度不同进行跨品种套利是一种常见策略。

（三）期现套利

1. 经典无风险套利策略。利率期货无风险套利方法是指在判断市场某一时刻存在套利机会，瞬间进入期货和现货市场进行交易，以锁定一个无风险收益，这个无风险收益获得的保障是期货和现货的价格在到期交割时，两者价格一致，此时，在期货和现货市场反向平仓，获利了结。

期现套利的理论逻辑基础可以总结为：（1）通过到期交割日收敛的两个价格，考虑套利成本后，期货现货同时开仓；（2）持有至到期，两个价格收敛归一，平仓了结，获得的收益不会暴露在巨大的价格风险下，是无风险收益。

2. 基于基差变化的期现套利策略。利用可交割现券和国债期货之间的预期变化，在国债现券和国债期货市场上同时进行交易。具体分为：（1）买入基差策略。即买入国债现券、卖出国债期货，待基差扩大平仓获利。（2）卖出基差策略。即卖出国债现券、买入国债期货，待基差缩小平仓获利。

✪【例 10.5】利率期货的跨期套利

假定某年 1 月市场利率呈上涨趋势，某套利者预期，到同年 3 月时，近期月的利率上涨可能会快于远期月的利率上涨。套利者准备利用这种利率上涨幅度的差异来进行套利活动，从中谋利。跨期套利交易如表 10 – 2 所示。

表 10 – 2　　　　跨期套利交易

6 月欧洲美元存款期货交易	9 月欧洲美元存款期货交易
1 月：以 89.25 的价格卖出 6 月合约 1 份	1 月：以 89.00 的价格卖出 9 月合约 1 份
3 月：以 87.50 的价格对 6 月合约做平仓交易	3 月：以 87.50 的价格对 9 月合约做平仓交易
盈利：175 个基点	亏损：150 个基点

因为套利者预期 6 月利率上涨会快于 9 月利率，则 6 月的期货价格下降要快于 9 月的期货价格，所以先卖出 6 月期货合约，买入 9 月期货合约，待有利时机即 3 月再作相反操作两边平仓，赚取跨期套利利润。

第四节　基于期权的利率风险管理

1982 年 3 月澳大利亚悉尼期货交易所开始把期权交易运用到银行票据期货市场，成为世界上第一个在金融期货市场上尝试期权交易的交易所之后，世界上许多国家也纷纷建立金融期权市场，并开展利率期权交易，其中尤以美国期权交易发展最为迅速。自此，利率期权开始快速地发展，并逐渐成为交易最活跃的，也是最有影响的金融期权之一。

利率期权是指买方在支付了期权费后即取得在合约有效期内或到期日以一定的利率（价格）买入或卖出一定面额的利率工具的权利。利率期权合约通常以政府短期、中期、长期债券，欧洲美元债券，大面额可转让存单等利率工具为标的物。

利率期权是一项规避短期利率风险的有效工具。借款人通过买入一项利率期权，可以在利率水平向不利方向变化时得到保护，而在利率水平向有利方向变化时得益。

按照交易场所的不同，可以将利率期权划分为交易所交易期权和场外交易期权两种。

一、利用场内交易期权进行套期保值

场内交易的利率期权主要是利率期货期权。利率期货期权是在利率期货合约的基础上产生的。同其他期权一样，期权购买者要给期权出售者一笔期权费，以取得在未来某个时间或该时间以前，以某种价格水平（利率）买进或卖出某项利率商品的权利。

如果经济主体预计在未来的一段时间里有资金需求，期望规避未来利率上升引起的融资成本上升的风险，但是又不想损失由利率下降带来的收益，那么他可以通过买入利率期货看跌期权进行保值；如果经济主体将在未来的一段时间里进行投资或其持有浮动利率的资产或固定利率的负债，为了防止未来利率下降所带来的收益下降的风险，但是又不想损失由利率上升带来的收益，那么他可以通过买入利率期货看涨期权进行保值。

✪**【例 10.6】**运用利率期权防范利率波动的风险

投资者李先生持有长期国债。当时的市场利率为 3.5%。由于国内经济快速发展，经济环境中的流动性过剩，所以预计国内市场利率会在近期内上升。利率升高会引起长期国债价格的下降，从而给长期国债持有者李先生带来损失。假设李先生可以承受的市场利率的上限为 3.6%。运用利率期权可以有效地防范这种利率波动的风险，以下分析李先生如何操作可以避免利率波动带来的损失。

李先生可以买入国债看跌期权进行风险防范。国债期权的执行价格是市场利率为 3.6% 时对应的国债的价格。

如果经过一段时间，市场利率如预期一样上升超过 3.6%，李先生可以执行国债看跌期权，及时止损。其损失为利率由 3.5% 上升至 3.6% 造成的损失，这一损失在李先生可以接受的范围内。

如果一段时间以后，利率并没有如预期一样上升，则李先生可以放弃执行期权。李先生的损失为购买期权时支付的期权费用。

✪**【例 10.7】**一家贸易公司预计 6 月会有 200 万美元的资金需求，期限是 3 个月，利率盯住 Libor。该公司期望规避 6 月利率上升引起的融资成本上升的风险，但是又不想损失由利率下降带来的收益，那么该公司可以购入 2 份 3 个月期欧洲美元期货看跌期权。

假设欧洲美元存款用 Libor 进行定价。现行 Libor 是 8%，期权的执行价格是 91.00，单个期权的期权费为 1 000 美元。那么在期权到期时，可以计算出该期权保值策略的损益（见表 10 - 3）。

表 10－3 期权保值策略的损益

到期时的市场利率（%）	到期时的期货价格	期权费（美元）	是否执行期权	执行期权的净收益（美元）	筹资的总成本（美元）	实际筹资利率（%）
10.5	89.50	1 000	是	5 500	47 000	9.4
10	90	1 000	是	3 000	47 000	9.4
9.5	90.50	1 000	是	500	47 000	9.4
9	91.00	1 000	否	－2 000	47 000	9.4
8.5	91.50	1 000	否	－2 000	44 500	8.9
8	92.00	1 000	否	－2 000	42 000	8.4
7.5	92.50	1 000	否	－2 000	39 500	7.9

二、利用场外交易的期权进行套期保值

场外交易的利率期权主要有利率上限期权、利率下限期权和利率双限期权。

（一）利率上限

利率上限是买卖双方达成一项协议，确定一个利率上限水平，在此基础上，利率上限的卖方向买方承诺在规定的期限内，如果市场参考利率高于协定的利率上限，则卖方向买方支付市场利率高于协定利率上限的差额部分；如果市场利率低于或等于协定的利率上限，则卖方无任何支付义务。同时，买方由于获得了上述权利，必须向卖方支付一定数额的期权费。

（二）利率下限

利率下限是买卖双方达成一项协议，确定一个利率下限水平，在此基础上，利率下限的卖方向买方承诺在规定的期限内，如果市场参考利率低于协定的利率下限，则卖方向买方支付市场利率低于协定利率下限的差额部分，如果市场利率大于或等于协定的利率下限，则卖方没有任何支付义务。同时，作为补偿，卖方向买方收取一定数额的期权手续费。

（三）利率双限

利率双限是指将利率上限和利率下限两种金融工具结合使用。具体地说，购买一个利率双限，是指在买进一个利率上限的同时，卖出一个利率下限，以收入的手续费来部分抵消需要支出的手续费，从而达到既防范利率风险又降低费用成本的目的。而卖出一个利率双限，则是指在卖出一个利率上限的同时，买入一个利率下限。

✪【例 10.8】A 企业一年前从某商业银行获得 2 年期的美元浮动利率贷款。贷款金额是 500 万美元。贷款利率是 Libor＋2%，每个季度按 Libor 结算一次。企业的管理部门担心 Libor 在未来一年内可能会上升，从而使得企业的财务负担加重，因此希望进行保值。

该企业可再从这家银行购进一个 500 万美元的利率上限，以保证未来一年内的 Libor 水平不会高于 8.5%。该企业一年内的实际支付情况见表 10－4。

表 10－4　　A 企业实际支付情况

期限	利率上限（年利率，%）	期权费（0.01%）	实际支付的期权费（美元）	Libor（%）	银行补偿（美元）	净收益（美元）
3 个月后	8.5	3.4	1 700	8	0	－1 700
6 个月后	8.5	5.6	2 800	8.7	2 500	－300
9 个月后	8.5	9.1	4 550	9.5	12 500	7 950
12 个月后	8.5	13.5	6 750	9.9	17 500	10 750

9 个月后，Libor 为 9.5%，那么企业可以获得的净收益为

$$5\ 000\ 000 \times (9.5\% - 8.5\%) \times 90/360 - 5\ 000\ 000 \times 0.091\% = 7\ 950 \text{（美元）}$$

企业购买利率上限后的总收益为

$$10\ 750 + 7\ 950 - 300 - 1\ 700 = 16\ 700 \text{（美元）}$$

Libor 的年平均利率为

$$(8\% + 8.7\% + 9.5\% + 9.9\%)/4 = 9.03\%$$

如果不购买利率上限，A 企业筹资成本为 11.03%（＝9.03%＋2%）；购买利率上限后，实际筹资成本变为

$$11.03\% - 16\ 700/5\ 000\ 000 = 10.696\%$$

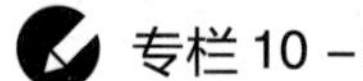

专栏 10－3

对冲利率风险，适度投机

Hartmax 公司是美国最大的男用成衣制造商和零售商。这间总部设在芝加哥的公司每年生产约 300 万套成衣，旗下拥有 Hart Schaffner and Marx、Kuppenheimer 和皮尔卡丹等知名品牌。自 20 世纪 80 年代后期，Hartmax 通过兼并和开设新店面开始其扩张行动。这些举措直接导致其银行短期贷款从 1987 年的 5 700 万美元上升到 1989 年的 2.67 亿美元。贷款的增加使公司管理层开始关注其贷款的利率风险。为此，公司面临三种对冲策略的选择。

A：将短期债务置换成长期债务。

B：通过利率掉期（Interest Rate Swap）交易将利率锁定。

C：进行利率上限、利率下限和利率上下限交易。

通过比较分析，Hartmarx 认为，一方面利用长期贷款和利率掉期这两种方式所能锁定的长期利率没有吸引力，另一方面，Hartmarx 预计，其贷款总额会随时间的推移逐渐下降，目前并不希望将长期利率锁定，而导致今后的借款过多。通过这些分析，Hartmarx 最终决定采用 C 策略实施对冲。

1989 年，Hartmarx 购买了 5 000 万美元的利率上限，这在某种意义上是针对利率上涨的一种直接的“保险单”。1989 年 10 月，收益率曲线反转，短期收益率超过了长期收益率，使利率下限合同价格上升。Hartmarx 卖出利率下限，与年初卖出同样的利率下限相比，得到了更高的超额收益。

这样，通过非同时买入利率上限并卖出利率下限，Hartmarx 创建了一个无代价的利率上下限，使其借入资金成本控制在 8.75%，并将其利率下限控制在 7.5%。这一策略的实施结果是，Hartmarx 为利率上升的风险暴露购买了“保险”，并在利率不低于 7.5%时能获得收益。

在具体实施中，Hartmarx 通过 5 个利率上下限交易对其短期负债总额的一半 1.25 亿美元进行对冲。由于择机得当，其 8.75%的封顶利率与长期贷款利率相比降低了 125 个基点。

第五节 基于互换的利率风险管理

利率互换是指双方同意在未来的一定期限内，根据同种货币的相等的名义本金交换现金流，其中一方的现金流根据浮动利率计算，浮动利率通常以 Libor 为基础。而另一方的现金流根据固定利率计算。在利率互换中，交易双方无论在交易的初期、中期还是末期都不交换本金。本金是交易双方的资产或负债。交换的结果只是改变了资产或负债的利率。

双方进行利率互换的主要原因是双方分别在固定利率和浮动利率市场上具有比较优势。由于利率互换只交换利息差额，因此信用风险很小。另外，互换双方的保持匿名状态、交易比较灵活等特点使得互换交易很有诱惑力。

利率互换是管理资产负债、规避利率风险的重要衍生产品之一。其主要的特点就是能够使固定利率资产（负债）和浮动利率资产（负债）互相转换。这使得利率互换可以有效地对利率风险进行管理。

对于持有浮动利率负债的企业来说，如果预期未来的市场利率会上升，需要现在将负债的利率固定下来，可以通过互换将浮动利率负债转换为固定利率负债。同样地，对于持有固定利率负债的企业来说，如果预期未来的市场利率会下降，可以通过互换将固定利率负债转换为浮动利率负债，降低债务成本。

对于持有与利率相关的资产的企业来说，也可以通过利率互换将浮动利率资产和固定利率资产进行转化。

✪【例 10.9】甲公司借入固定利率资金的成本是 10%，借入浮动利率资金的成本是 Libor + 0.25%；乙公司借入固定利率资金的成本是 12%，借入浮动利率资金的成本是 Libor + 0.75%。假定甲公司希望借入浮动利率资金，乙公司希望借入固定利率资金。问：

（1）甲乙两公司间有没有达成利率互换交易的可能性？

甲乙两公司的融资成本之间存在相对比较优势，具体如表 10 – 5 所示。

如果甲公司借入固定利率资金，乙公司借入浮动利率资金，则二者借入资金的总成本为 Libor + 10.75%；如果甲公司借入浮动利率资金，乙公司借入固定利率资金，则二者借入资金的总成本为 Libor + 12.25%。

由此可知，第一种筹资方式组合发挥了各自的优势，能降低筹资总成本，共节约 1.5%，即存在“免费蛋糕”。但这一组合不符合二者的需求，因此，应进行利率互换。

表 10 - 5　　甲乙两公司的融资相对比较优势

项目	甲公司	乙公司	两公司利差
固定利率筹资成本	10%	12%	2%
浮动利率筹资成本	Libor +0. 25%	Libor +0. 75%	0. 5%
融资相对比较优势	固定利率	浮动利率	

（2）如果它们能够达成利率互换，应该如何操作？

互换过程为：甲公司借入固定利率资金，乙公司借入浮动利率资金，并进行利率互换，甲公司替乙公司支付浮动利率，乙公司替甲公司支付固定利率。假定二者均分“免费蛋糕”，即各获得 0. 75%，则利率互换结果如图 10 - 1 所示。

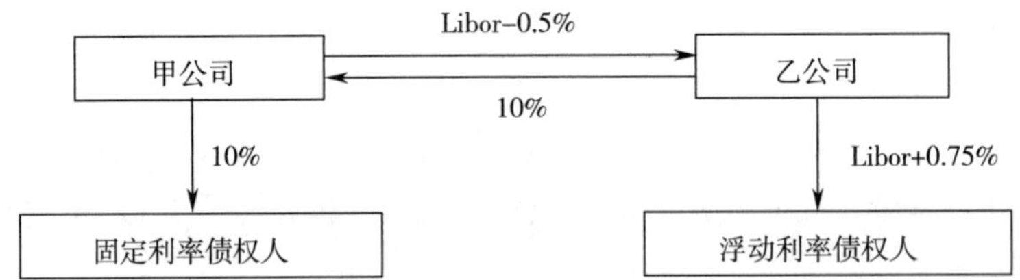

图 10 - 1　利率互换方案

在这一过程中，甲公司需要向固定利率债权人支付 10% 的固定利率，向乙公司支付 Libor - 0. 5% 的浮动利率（直接借入浮动利率资金需要支付 Libor +0. 25%，因获得 0. 75% 的免费蛋糕，因此，需向乙公司支付 Libor - 0. 5%），并从乙公司收到 10% 的固定利率。

乙公司需要向浮动利率债权人支付 Libor +0. 75% 的浮动利率，向甲公司支付 10% 的固定利率，并从甲公司收到 Libor - 0. 5% 的浮动利率。

（3）各自承担的利率水平分别是多少？

甲公司所需支付的融资总成本为 10% + Libor - 0. 5% - 10% = Libor - 0. 5%。

乙公司所需支付的融资总成本为 Libor +0. 75% +10% - （Libor - 0. 5%） =11. 25%。

案例分析 10 - 1
利率互换交易风险控制

某石油总公司 A 在 1989 年筹措了一笔 2 亿美元的银团贷款，贷款期限 8 年，宽限期 4 年半，宽限期后分 8 次等值还本，平均贷款期限为 6 年半。该总公司由于灵活运用利率互换交易，通过前后 3 次利率互换，最后使原贷款的美元浮动利率 6 个月同业拆放利率（Libor）+0. 25% 固定在 7. 5% 的利率水平，比设计的利率水平降低了 1. 4 个百分点，降低设计成本约 1 550 万美元。以下是该公司 3 笔利率互换的具体做法。

一、第一次交易：浮动利率互换为固定利率

该石油总公司筹措的 2 亿美元浮动利率银团贷款，期限 8 年。为了避免债务的浮动利率向上波动的风险，该总公司对美元利率的趋势进行了认真的分析和研究，并注意到当时互换市场的利率对该公司十分有利，所以，认为应不失时机地利用利率互换市场，把美元浮动利率债务互换为固定利率债务。尽管该公司到 1990 年 1 月仅提款 5 000 万美元，其余 1. 5 亿美元尚未使用，但该公司认为从总体考虑，应该把尚未提款部分的债务的浮动利率与已经提款的浮动利率一并互换为固定利率，这样做可以完全避免长期浮动利率波动对该债务的影响，因此，该公司在 1990 年 1 月直接与一家国外证券公司达成了这笔交易，将 2 亿美元浮动利率债务互换为固定利率的债务。市场 6 年期限的互换利率为 6 个月利率 8. 42%，由于该美元贷款从签约起已过了 3 个月，所以平均年限为 6. 25 年，故互换利率为 8. 50%，另外加上浮动利率的 0. 25% 利差，最后这笔银团贷款的利率固定在 8. 75% 水平，比项目设计的利率水平低 0. 15%（项目设计的利率水平为固定利率 8. 9%）。该笔利率互换的资金流程如图 10 −2 所示。

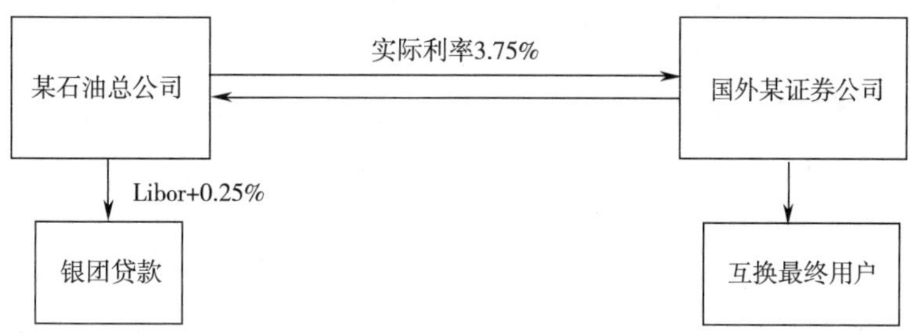

图 10 −2　A 石油总公司利率互换资金流程

二、第二次交易：固定利率互换为浮动利率

1990 年 5 月初，市场互换行情又一次对该公司十分有利，互换利率开始由升转降，如果在这时按市场互换价格把原来美元浮动利率 Libor +0. 25% 互换为 8. 75% 的固定利率的债务，再一次互换为美元浮动利率，可以做到 6 个月美元 Libor −0. 5%，也就是说比原来的银团贷款利率降低 0. 75%，可以减少利息支出 900 万美元，这是一个有利的方面。另一个有利的方面是该公司预期在不久的将来当美元利率降至低谷时，可以再一次把美元浮动利率债务互换为美元固定利率债务，到那时，该公司将从互换行情变动中再一次获益，可以大大降低筹资的成本。因此，该公司在 1990 年 5 月初不失时机地第二次成交了利率互换交易。

对于这笔利率互换交易，该公司可以有以下两种做法供选择。一是同第一笔利率互换成交的国外某证券公司成交第二笔利率互换，由于第二次利率互换同第一次利率互换正好是方向相反和条件相同，故可以采用抵消终止交易的方法。在当时，市场互换利率 8. 75%（期限 6 年）可互换到 6 个月美元 Libor −0. 5% 水平的浮动利率，这样可以根据债务的现金流量计算出现值金额约为 750 万美元，由国外某证券公司一次性支付给该公司。至此，前后两笔利率互换已完全抵消，视为终止。这样做法的好处是交易双方以后就不存在互换交易结算上的义务和职责，也不存在今后结算上的交割资金的风险。不利因素是由于两笔方向相反的交易是同一交易对手，故报价肯定是不尽理想的，有时与市场价格相去甚远。该石油总公司就由于这一原因，而没有采用抵消终止的方法与同一家国外证券公司做第二笔利率互换交易。而是采用第二种方法，另外寻找一家国外银行达成了第二笔利率互换，即前后两笔条件相同方向相反的利率互换是与两个不同的交易对手成交。这样虽然在整个互换交易期限里多了一些结算上的手续，也将承担结算上交割资金的风险，但是该公司能得到更优惠的互换利率。通过两次利率互换后，该石油总公司的资金流程如图10 −3 所示。

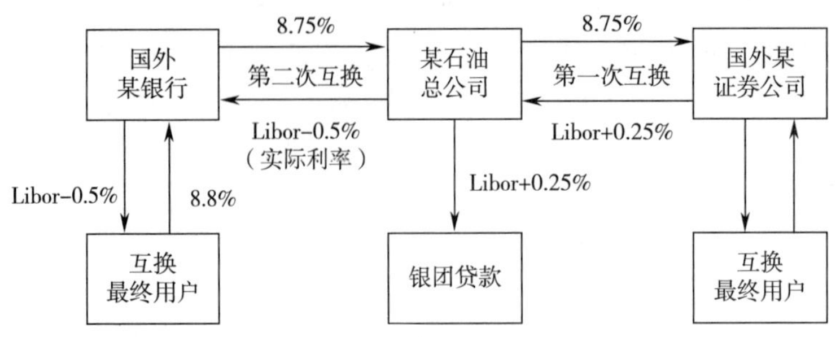

图 10－3　A 石油总公司第二次利率互换资金流程

三、第三次交易：浮动利率互换为固定利率

某 A 石油总公司通过两次利率互换后，债务又回归到美元浮动利率，但是，该浮动利率已比原银团贷款的利率降低了 0. 75%。1990 年 8 月海湾危机的爆发更加速了美国经济的衰退进程，美元利率从 1990 年第四季度起明显下跌，到 1991 年 4 月，美元市场利率比一年前下跌了 2. 5%，联邦基准利率下调了 2. 25%。该石油总公司分析市场行情后认为美元 6 个月 Libor 在 6. 25% 已属低谷期，即使美元利率再有机会下降，估计不会超过 0. 5%。另外，从互换价格曲线图可以发现，1991 年 2 月中旬和 4 月中旬两个低谷形成了一个双底，利率见底后反弹的可能性极大。为了避免长期美元利率上升的风险，该公司决定在 1991 年 4 月中旬进行该笔美元债务的第三次利率互换，剩下的债务平均期限是 5 年，由于市场 5 年期互换价格是 8%，所以该石油总公司 6 个月美元 Libor －0. 5% 的债务可互换到 7. 5% 的美元固定利率债务。

该石油总公司通过三次利率互换交易，降低设计成本约 1 550 万美元，为债务管理和避免利率风险做了有益的尝试。

本章小结

1. 利率风险是指由于市场利率变动的不确定性给金融机构带来的风险，具体可分为重新定价风险、基准风险、收益率曲线风险和期权风险。利率风险可以简单地以平均期限、麦考利久期、有效久期和凸度来衡量。

2. 麦考利久期是以利息和本金的支付作为权重计算的债券到期的加权平均时间，是估计债券价格对利率变动敏感性的一个简单方法，但只适用于有固定、已知现金流的债券。麦考利久期假定随着利率的波动，债券的现金流不受影响，因此无法适用于浮动利率工具（如可赎回债券）或有提前偿还风险的抵押支持证券。这些债券的一个共同特点是，它们内含有期权，即债券未来的现金流要受到利率波动的影响。

3. 对有隐含期权的债券而言，衡量其债券预期剩余期限和利率敏感性的指标是有效久期。有效久期用利率水平发生特定变化的情况下证券价格变动的百分比来表示。含有买入期权或卖出期权的债券的有效久期比麦考利久期要短。这反映了债券可能在其到期日前被买入或卖出的可能性。对于没有隐含期权的债券而言，有效久期和麦考利久期相等。

4. 凸度是指收益率变化1%所引起的久期的变化。凸度可用于衡量债券到期收益率发生变动而引起的债券价格变动幅度的变化，是债券价格对收益率的二阶导数。当两个债券的久期相同时，它们的风险不一定相同，因为它们的凸度可能是不同的。在收益率增加相同单位时，凸度大的债券价格减少幅度较小；在收益率减少相同单位时，凸度大的债券价格增加幅度较大。因此，在久期相同的情况下，凸度大的债券风险较小。

5. 远期利率协议是一种以锁定利率和对冲风险暴露为目的的衍生工具，在场外进行交易。远期利率协议相当于两个相反方向的远期借款，交易的买方获得固定利率借款，它主要是为了避免利率上升的风险。交易的卖方获得浮动利率借款，它主要是为了防止利率下降的风险。

6. 利率期货在结构上与利率远期协议很相似，但它在场内进行交易。运用利率期货进行套期保值，如果经济主体在未来将要进行投资，为了防止未来利率下降所带来的收益下降的风险，该经济主体可以买入利率期货；如果经济主体在未来要进行融资，为了防止未来利率上升带来的融资成本上升的风险，该经济主体可以卖出利率期货。

7. 期货套期保值所需合约的份数＝现货总价值/（期货指数点×每点乘数）×β。

8. 利率期权是一项规避短期利率风险的有效工具。借款人通过买入一项利率期权，可以在利率水平向不利方向变化时得到保护，而在利率水平向有利方向变化时得益。按照交易场所的不同，可以将利率期权划分为交易所交易期权和场外交易期权两种。

9. 运用在场内交易的利率期货期权进行套期保值：如果经济主体期望规避未来利率上升引起的融资成本上升的风险，但是又不想损失由利率下降带来的收益，那么他可以通过买入利率期货看跌期权进行保值；如果经济主体期望规避未来利率下降所带来的收益下降的风险，但是又不想损失由利率上升带来的收益，那么他可以通过买入利率期货看涨期权进行保值。

10. 场外交易的利率期权主要有利率上限期权、利率下限期权和利率双限期权。

11. 利率上限是买卖双方达成一项协议，确定一个利率上限水平，在此基础上，利率上限的卖方向买方承诺在规定的期限内，如果市场参考利率高于协定的利率上限，则卖方向买方支付市场利率高于协定利率上限的差额部分；如果市场利率低于或等于协定的利率上限，则卖方无任何支付义务。同时，买方由于获得了上述权利，必须向卖方支付一定数额的期权费。

12. 利率下限是买卖双方达成一项协议，确定一个利率下限水平，在此基础上，利率下限的卖方向买方承诺在规定的期限内，如果市场参考利率低于协定的利率下限，则卖方向买方支付市场利率低于协定利率下限的差额部分，如果市场利率大于或等于协定的利率下限，则卖方没有任何支付义务。同时，作为补偿，卖方向买方收取一定数额的期权费。

13. 利率双限是指将利率上限和利率下限两种金融工具结合使用。具体地说，购买一个利率双限，是指在买进一个利率上限的同时，卖出一个利率下限，以收入的手续费来部分抵消需要支出的手续费，从而达到既防范利率风险又降低费用成本的目的。而卖出一个利率双限，则是指在卖出一个利率上限的同时，买入一个利率下限。

14. 利率互换是管理资产负债、规避利率风险的重要衍生产品之一。其主要的特点就是能够使固定利率资产（负债）和浮动利率资产（负债）互相转换。对于持有浮动利率负债的企业来说，如果预期未来的市场利率会上升，可以通过互换将浮动利率负债转换为固定利率负债。同样地，对于持有固定利率负债的企业来说，如果预期未来的市场利率会下降，可以通过互换将固定利率负债转换为浮动利率负债，降低债务成本。

重点概念

利率风险　麦考利久期　有效久期　凸度远期利率协议　利率期货　利率期权　利率上限期权　利率下限期权　利率双限期权　利率互换

思考与练习

一、单选题

1. 3×6 的远期利率协议（FRA）的多头等价于（　　）。

A. 3 个月后借入资金为 6 个月的投资融资

B. 6 个月后借入资金为 3 个月的投资融资

C. 3 个月内借入贷款的一半，剩下的一半在 6 个月后借入

D. 3 个月后借入资金为 3 个月的投资融资

2. 对固定利率债券的持有人来说，如果利率的走势上升，他将错失获取更多收益的机会，这时他可以（　　）。

A. 利用利率互换将固定利率转换成浮动利率

B. 利用货币互换将固定利率转换成浮动利率

C. 做空货币互换

D. 做多交叉型货币互换

3. 某企业面临利率上涨的风险，希望能够在没有或者很少的避险成本下，将利率风险控制在一定范围内，该企业应该采用的策略有（　　）。

A. 购买利率上限期权

B. 购买利率下限期权

C. 购买利率期货期权

D. 建立无成本的利率双限期权

4. 下列选项中，（　　）是分析含有期权的债券对利率敏感度的最佳指标。

A. 修正久期　　B. 有效久期

C. 凸性　　D. 麦考利久期

5. 关于利率期货和远期利率协议，下列说法错误的是（　　）。

A. 远期利率协议属于场外交易，交易金额和交割日期都不受限制，灵活简便；利率期货属于交易所内交易，标准化契约交易

B. 远期利率协议双方均存在信用风险，利率期货信用风险极小

C. 两者的共同点是每日发生现金流

D. 远期利率协议适用于一切可兑换货币，利率期货只适用于交易所规定的货币

二、综合题

1. A 公司计划在 3 个月后贷款 5 000 万元人民币，为期 6 个月。为了规避人民币利率借贷风险，A 公司与 B 银行进行 3×9M 的 FRA 交易，协议利率为 8.3%，参考利率为 Shibor。假设到期时对应的 Shibor 利率为 8.8%，请计算这笔 FRA 交易的结算金额，并指出是谁支付。

2. A 公司和 B 公司如果要在金融市场上借入 5 年期本金为 2 000 万美元的贷款，需支付的年利率分别为：

公司	固定利率	浮动利率
A 公司	12.0%	Libor +0.1%
B 公司	13.4%	Libor +0.6%

A 公司需要的是浮动利率贷款，B 公司需要的是固定利率贷款。请设一个利率互换，其中银行作为中介获得的报酬是 0.1% 的利差，而且要求互换对双方有同样的吸引力。

3. 某外贸企业之前已经购买了 1 个 3 个月期限的执行价在 7% 的利率下限期权可供选择，后来公司为了节约避险成本，决定采用利率双限期权避险，请问企业应该如何进行操作?

4. 某基金持有一揽子国债组合，各个国债的市值和基点价值如下表所示。

国债	市值（亿元）	基点价值（每百元）
国债 A	2	0.045
国债 B	2.5	0.058
国债 C	1.5	0.032

国债期货最便宜交割券（CTD 券）的基点价值（每百元）是 0.05，则对该国债组合进行套期保值需要多少手期货合约?

5. A、B 两家公司面临如下利率：

项目	A	B
美元（浮动利率）	Libor +0.5%	Libor +1.0%
加拿大元（固定利率）	5.0%	6.5%

假设 A 要美元浮动利率借款，B 要加拿大元固定利率借款。一银行计划安排 A、B 公司之间的互换，并要得到 0.5% 的收益。请设计一个对 A、B 公司同样有吸引力的互换方案。

6. 公司 A 发行了 5 年期的浮动利率债券，规模为 10 000 000 元人民币，为了避免未来利率上升造成借款成本增加，决定购入利率上限期权规避利率风险。

公司 A 的债券为：

金额	期限	利率
10 000 000 元人民币	5 年	一年期 Libor +0.5%

公司购入的利率上限期权为：

金额	期限	基准利率	上限利率	费用
10 000 000 元人民币	5 年	一年期 Libor	6.0%	0.5%

预期未来 5 年内一年期 Libor 利率水平（%）为 4.0、5.0、6.0、7.0、8.0。试分析其交易结果。

主要参考文献

[1] 陈伟忠，陆珩瑱．金融经济学教程（第三版）[M]．北京：中国金融出版社，2021.

[2] 林清泉．金融工程（第五版）[M]．北京：中国人民大学出版社，2022.

[3] 郑振龙，陈蓉．金融工程（第五版）[M]．北京：高等教育出版社，2020.

[4] 陆静．金融风险管理 [M]．北京：中国人民大学出版社，2015.

[5] 王勇，隋鹏达，关晶奇．金融风险管理 [M]．北京：机械工业出版社，2014.

[6] 克劳伊，加莱，马克．风险管理精要（第二版）[M]．路蒙佳，译．北京：中国金融出版社，2016.

[7] 桑德斯，科尼特．金融风险管理（第5版）[M]．王中华，陆军，译．北京：人民邮电出版社，2012.

第十一章
股票价格风险管理

本章学习目标

通过本章的学习，掌握股票价格风险的含义、类型与特征和主要的风险衡量方式。分别从套期保值、投机和套利的角度，掌握基于期货该如何管理股票价格风险。理解基于单个股票期权、股票期权组合、股指期权该如何管理股票价格风险。

知识结构图

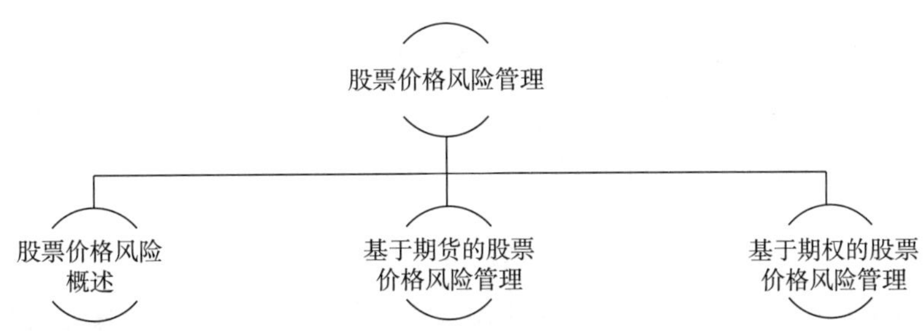

第一节　股票价格风险概述

一、股票价格风险的含义

股票市场风云变幻，股票价格的波动牵动着无数投资者的心。股票投资都是有风险的，股票价格风险是指由于某些因素的影响使股票价格出现不利于投资者的波动，使投资者在投资期内不能获得预期收益甚至遭受损失的一种可能性。股票价格风险可简单地用预期收益率与实际收益率之间的离差（Deviation）来表示。

二、股票价格风险的类型

风险有各种各样的来源，不同来源的风险差别很大。股票价格风险既可以来自企业本身，也可以来自投资环境和一定时期内社会的经济状况。从风险的性质来看，一般分为系统性风险和非系统性风险。系统性风险又称为“市场风险”或“不可分散风险”，对市场上所有股票都会产生影响的不确定性因素就是系统性风险，而只对个别股票产生影响的不确定性因素就是非系统性风险，又称为“特有风险”或“可分散风险”。

（一）系统性风险

系统性风险有以下特征。

1. 这种风险是由共同因素引起的，如经济方面的利息率、通货膨胀率、消费者需求、政权更迭和战争冲突等。

2. 它对市场上的所有股票都有影响，但会有不同的影响程度。

3. 它无法通过投资分散化来加以消除。

具体来说，系统性风险主要包括：（1）宏观经济风险；（2）利率风险；（3）通货膨胀风险。

（二）非系统性风险

非系统性风险有以下特征。

1. 这种风险是由特殊因素引起的，如某企业的管理能力引发的风险。

2. 它只影响某种股票的收益，是某企业或行业所特有的。

3. 它可以通过分散投资来加以回避。

实际操作中，主要应考虑两个方面的风险：（1）企业风险；（2）财务风险。

三、股票价格风险的衡量

（一）β 系数

β 系数就是衡量一种股票的收益对市场的平均收益的敏感性或反应性程度的指标，代表某种股票受市场整体影响而产生的价格波动性大小，以测定这种股票的系统性风险水平。β 系数越大，股票价格风险越高。某种股票 β 系数的简便计算公式为

$$\beta = \frac{\sigma_{im}}{\sigma_m^2}$$

式中，σ_{im} 表示该种股票收益率与整体股市收益率的协方差，σ_m^2 表示整体股市收益率的方差。如果数据齐全的话，也可用回归方程求出 β 系数。

总体股市风险程度用 β 等于 1 表示。如果某种股票的 β 系数小于 1，说明该股票的风险程度小于股市总风险的水平；若 β 系数大于 1，表明其风险程度大于整个股市的风险水平。β 系数等于 1 则表明其与股市总风险水平相同。

（二）标准差（σ）或方差（σ^2）

标准差（σ）或方差（σ^2）是统计上用于衡量一组数值中某一数值与其平均值差异程度的指标。标准差或方差应用于投资上，则用来评估价格可能的变化或波动程度，其衡量的是包括系统性风险和非系统性风险在内的整体风险。标准差或方差越大，价格波动的范围就越广，故风险越高。

（三）在险价值（VaR）

VaR（Value at Risk）一般被称为“风险价值”或“在险价值”，指在一定的置信水平下，某一金融资产（或证券组合）在未来特定的一段时间内的最大可能损失。假定 JP 摩根公司在 2016 年置信水平为 95% 的日 VaR 值为 960 万美元，其含义指该公司可以以 95% 的把握保证，2016 年某一特定时点上的金融资产在未来 24 小时内，由于市场价格变动带来的损

失不会超过960万美元。或者说，只有5%的可能损失超过960万美元。与传统风险度量手段不同，VaR完全是基于统计分析基础上的风险度量技术，它的产生是JP摩根公司用来计算市场风险的产物。VaR值越大，则资产组合在未来价格波动下所面临的损失额越大，故风险越高。

（四）市盈率

市盈率又称为本益比，是每股股票的市场价格与每股收益（净利润）的比率。市盈率实质上表明在目前的盈利能力和水平下购买公司股票的静态投资回收期。所以，市盈率越高的股票，投资回收期越长，股票价格风险也越大。

当然，不同行业、不同类型的公司市盈率要区别对待，往往是经营管理好、具有良好成长性的公司，其市盈率较高；新兴产业和高新技术产业类上市公司的市盈率也比传统产业上市公司市盈率高，因为投资者对这些公司未来预期看好。但是无论如何，过高的市盈率意味着投资价值的提前发掘和透支，一旦未来预期不能成为现实，则投资风险的释放就成为必然的选择，更何况未来的高收益能否变为现实本来就是不确定的。

第二节　基于期货的股票价格风险管理

一、股指期货的套期保值策略

由于股票指数期货价格和股票价格具有趋同和一致的特点，因此在股票的现货市场和股票指数的期货市场上做相反的操作可以抵消股价变动的风险，即利用股指期货进行套期保值来管理股票价格风险。股指期货套期保值的最大特点是可以防范股市的系统性风险。

与其他任何期货品种一样，股票指数期货的套期保值也可分成多头套期保值与空头套期保值两种。

（一）多头套期保值

多头套期保值是指投资者打算在将来买入股票而同时又担心将来股价上涨的情况下，提前买入股指期货的操作策略。

当投资者打算运用将要收到的一笔资金进行股票投资，但在资金未到账之前，该投资者预期股市短期内会上涨，为了便于控制购入股票的价格成本，他可以先在股指期货市场上投资少量的资金买入指数期货合约，预先固定将来购入股票的价格，资金到账后便可运用这笔资金进行股票投资。尽管股票价格上涨可能使得股票购买成本上升，但提前买入的股指期货的利润能弥补股票购买成本的上升。

✪【例11.1】买入股指期货套期保值

某投资者在2017年3月22日已经知道在5月31日有300万元资金到账可以投资股票。他看中A、B、C三只股票，当时的价格分别为10元、20元和25元，准备每只股票投资100万元，可以分别买10万股、5万股和4万股。由于行情看涨，他担心到5月底股票价格上涨，决定采取股票指数期货锁定成本。假设经统计分析三只股票与沪深300指数的相关系数β分别为1.3、1.2和0.8，则其组合β系数$=1.3\times1/3+1.2\times1/3+0.8\times1/3=1.1$。3月22

日沪深300指数的现值为3 450点，5月31日沪深300指数的现值为3 493点。假设3月22日6月到期的沪深300指数期货合约为3 365点，5月31日6月到期的沪深300指数期货合约为3 479点。那么该投资者需要买入的期货合约数量 = 3 000 000/（3 365 × 300）×1.1 = 3手。具体操作如表11 - 1所示。

表11 - 1　　买入股指期货套期保值的情况

日期	现货市场	期货市场
2017 - 03 - 22	沪深300现货指数3 450点。预计5月31日300万元到账，计划购买A、B、C 3只股票，价格分别为10元、20元、25元	以3 365点买入开仓3手6月到期的沪深300指数期货，合约总价值为3 × 3 365 × 300 = 302.85万元
2017 - 05 - 31	沪深300现货指数上涨至3 493点，A、B、C 3只股票价格上涨为10.2元、20.68元和25.4元，仍按计划数量购买，所需资金为307万元	以3 479点卖出平仓3手6月到期的沪深300指数期货，合约总价值为3 × 3 479 × 300 = 313.11万元
损益	资金缺口7万元	盈利10.26万元
状态	持有A、B、C股票各10万股、5万股和4万股	没有持仓

该投资者已经知道在月底将收到一笔资金，且打算利用资金投资3只股票，但在资金未到之前，该投资者预期股市短期内会上涨，为了便于控制购入股票的价格成本，他先在股指期货市场上以相关系数比例计算出的合约数量购买了股票指数期货合约，预先固定将来购入股票的价格，资金到后便可运用这笔资金进行股票投资。尽管股票价格上涨可能使得股票购买成本上升，但提前买入的股指期货的利润能弥补股票购买成本的上升。由表11 - 1我们可以看到期货市场上的盈利完全弥补了现货市场上股票上涨所带来的损失，还净盈利了3.26万元，达到了很好的套期保值效果。

注意，此案例中计算期货合约数量的公式是：期货合约数量 = 现货总价值/（期货指数点 × 每点乘数）× β 系数，这是进行完全对冲的套期保值的计算方法，投资者还可以根据自己的需要进行部分对冲的套期保值，根据对 β 数值大小的需求决定期货合约的数量。

（二）空头套期保值

空头套期保值是指在投资者持有股票组合的情况下，为防范股市下跌的系统性风险而卖出股指期货的操作策略。

作为已经拥有股票的投资者或预期将要持有股票的投资者，如证券投资基金或股票仓位较重的机构等，在对未来的股市走势没有把握或预测股价将会下跌的时候，为避免股价下跌带来的损失，卖出股指期货合约进行保值。一旦股票市场下跌，投资者可以从期货市场上卖出的股指期货合约中获利，以弥补股票现货市场上的损失。

1. 持有股票的套期保值。如果投资者在其资产组合中持有一组股票资产，即其在股票现货市场上处于多头地位，便面临着股票价格下降可能带来损失的风险。此时可以通过空头套期保值进行风险管理。

2. 发行股票的套期保值。股份公司在制订发行股票的筹资计划时，或者股票承销商在包销股票时，面临着股市总体下跌的风险，此时可以通过做空股指期货来套期保值、锁定利润，以促进股票一级市场的发行。

上市公司股东、证券自营商、投资基金、其他投资者持有股票时，也可以通过空头股票指数期货合约套期保值，以对冲股市整体下跌的系统性价格风险，在继续享有股东权益的同时维持股票资产的原有价值；减轻集中性抛售对股票市场造成的恐慌性影响，促进股票二级市场的规范和发展。

✪【例 11.2】卖出股指期货套期保值

某位投资者持有升华拜克（600226）股票，在2016年8月1日时持有的升华拜克股票收益率达到10%，鉴于后市情况不明朗，下跌的可能性很大，决定利用沪深300股指期货进行套期保值。假定其持有的升华拜克股票现值为50万元，经过测算，升华拜克与沪深300指数的β系数为1.1。8月1日现货指数为1 282点，12月到期的期货指数为1 322点。那么该投资者卖出期货合约的数量=500 000/（1 322×300）×1.1=1.386，即1张合约。12月1日，现指跌到1 182点，而期指跌到1 217点，两者都跌了约7.8%，但该股票价格却跌了7.8%×1.1=8.58%，这时候该投资者对买进的1张股指期货合约平仓，期指盈利（1 322－1 217）×300×1＝31 500元；股票亏损500 000×8.58%＝42 900元，两者相抵净亏损了11 400元。

如果到了12月1日，期指和现指都上涨5%，现指涨到1 346点，期指涨到1 388点，这时该股票上涨5%×1.1=5.5%，投资者将买入的1张股指期货合约平仓后，期指亏损（1 388－1 322）×300×1=19 800元，股票盈利500 000×5.5%＝27 500元，净盈利7 700元。

从这个例子可以看出，当做了卖出套期保值以后，如果股价如预测的那样下跌了，那么股票的损失会部分或全部被股指期货上的盈利所弥补，这时卖出套期保值策略实现了规避风险的目的。

如果后市股价与预测的相反，反而上涨了，则卖出股指期货合约的策略刚好做反了，像这个例子中的第二个结果，本来股票上盈利了27 500元，而由于预测失误，股指期货上亏损了19 800元，消掉了股票上的部分盈利，此时虽然存在净盈利，但卖出套期保值策略仍是不适当的。

✪【例 11.3】发行股票的套期保值

英国B公司准备按每股25英镑的价格发行4万股，以筹措100万英镑资金。为避免股市波动影响其发行价格所带来的筹资损失，它进行了空头金融时报指数期货交易。假设在1个月后它按24.25英镑的价格发行了4万股，同时在差额结算中期货指数价格由160.00降到154.00。若不考虑交易成本，它可筹措到多少资金？

1 000 000/（160×250）=25（份）

在套期保值中，该公司需要卖出25份金融时报股指期货合约。

250×（160.00－154.00）×25=37 500（英镑）

在股指期货交易中，该公司盈利37 500英镑。

37 500+24.25×40 000=1 007 500（英镑）

经过套期保值该公司发行4万股股票实际上实际得到100.75万英镑资金。

（三）股指期货套期保值的其他形式

1. 交叉套期保值。当出现要保值的现货资产没有对应的期货合约时，保值者可以使用一个与现货资产价格相关性最高的期货合约，这就是所谓的交叉套期保值。交叉保值会引入交叉保值风险，也就是选择的期货和现货价格走势并不完全一致。由于股票组合的组成通常不会和股指期货标的指数完全一致，而可能有较大差距，因此对股票组合进行保值一般都涉及交叉保值。在这种情况下，交叉保值风险是股票组合的非系统风险。

2. 滚动套期保值。影响套期保值效果的一个因素是，有时候需要避险的期限和避险工具的期限不一致。通常期货合约的有效期不超过 1 年，但如果需要保值的期限是 1 年以上的话，就必须使用滚动套期保值策略。滚动套期保值策略是指建立一个期货头寸，并在这个期货合约到期前将其平仓，然后再建立另一个到期日较晚的期货头寸直至套期保值期限届满。如果我们通过几次平仓才能实现最终的套期保值目的，那我们将面临几个基差风险。

3. 综合套期保值。一篮子现货股票组合有时可以用几种不同的期货合约来同时进行保值，如美国股票可以同时用 S&P 500、NYSE 综合指数、MMI 和价值线算术指数期货来进行保值，这就是所谓的综合套期保值（Composite Hedge）。综合套期保值的优点在于保值后的头寸风险更小。

二、股指期货的投机策略

股指期货与股票交易相比具有双向交易、高杠杆性、高流动性和低交易成本的特点。

双向交易是指，不论处于牛市还是熊市，都可以通过股指期货交易——多头或空头的投机策略来实现投资盈利。

高杠杆性是指，如果股指期货保证金比率为12%，那么投资杠杆可达 8.3 倍。同时这种投资杠杆是没有任何资金成本的。唯一的要求是基于当日无负债结算的前提，必须保留一定的现金流以备追加保证金。

高流动性是指，股票或股票指数的投资通常受制于可流通的股票市值规模大小，而双向开仓和 T+0 交易方式使得股指期货投机不存在这一局限性。

低交易成本是指，期货交易的手续费一般在合约价值的万分之五，而股票交易的成本在千分之几，因此期货的交易成本极低。

股指期货交易的高杠杆性对投机者来说是非常有吸引力的。如果投资者对期货走向判断比较准确，就可以以较少的资金获得高额的回报。当然，杠杆是一把“双刃剑”，判断正确的时候可以放大收益，判断错误的时候也可以放大损失。由于期货实行逐日结算的盯市制度，每天的盈亏都在当日收盘后结算。如果投资者杠杆放得过大，即使投资者对期货在较长时间价格走势判断准确，期货在短期内反向走强时，也会损失大量保证金。如果投资者不能满足保证金追加要求，就会被强行平仓而爆仓出局。这种惨重损失，在期货历史上屡见不鲜。

✪【例 11.4】爆仓案例

崔先生是十年“股龄”的老股民。2016 年 10 月 30 日，他开始在长江期货进行仿真交易，账户虚拟资金是 100 万元，保证金比例 10%。

仿真交易开始后，当时投资者一哄而上抢着做多，0611 合约以 1 450 点左右开盘后，行情被一路推高，很快被拉高到1 520多点，崔先生也顺势在1 529点价位买入，开仓21手。每手开仓保证金是45 870元（1 529×300×10%），这一次操作的保证金占用就达到了963 270元（45 870×21）。基本上相当于“满仓操作”。

在崔先生买入0611合约的第二天，因为技术指标严重超买，在做空力量的打压下，期价下跌，尾市以1 467点报收，当天结算价1 464点。

第一天收市后，崔先生的账户的浮动亏损就达到409 500元，另外，21手持仓保证金需要90多万元，结算后账户权益仅剩58万元左右，此时保证金不足。

当天结算后，期货公司向崔先生发出了追加保证金的通知，通知崔先生第二天开市后，自行减仓，否则将会面临强行平仓的风险。第二天开市后，被强行平仓，崔先生平仓亏损达到20多万元。

尽管正如崔先生预料，0611合约行情一路走高，在经历第二天下跌后，后市又回涨了，但由于该投资者没有正视股指期货保证金交易产生的风险放大效应，不注意资金管理，满仓操作，遇到行情波动，保证金不足，不但没有赚到本该赚到的钱，反而因强行平仓产生了20多万元的亏损。

三、股指期货的套利策略

期货指数与现货指数维持一定的动态联系，但是有时期货指数与现货指数会产生偏离，当这种偏离超出一定的范围时（无套利定价区间的上限和下限），就会产生套利机会。利用期货指数与现货指数之间的不合理关系进行套利的交易行为叫无风险套利，即期现套利；利用期货合约价格之间不合理关系进行套利交易的称为价差交易。价差交易又分为跨期、跨市和跨品种套利。

（一）股指期货期现套利

股指期货期现套利是针对股指期货合约与现货指数之间的价格差（基差）所进行的交易，由于股指期货市场与股票现货市场相关度很高，因而期现套利交易很大程度上规避了市场趋势变动的风险。更重要的是，受益于股指期货现金交割制度，期货与现货的价差在交割日必定收敛为0，二者价格差的最终变动方向确定，因而期现套利交易所面临的风险很低。

套利策略的构建：套利交易中股指期货合约是现成的，但市场上并不存在股票指数这种现货，因此套利者必须构建一个组合来模拟复制股票指数现货。运用完全复制法构建股指现货，复制与交易过程繁杂且复制效果并不理想，现实中采用ETF或成分股组合复制效果往往更好。规模偏小的资金一般宜用ETF组合模拟复制，资金规模较大的投资者宜选用成分股模拟。

（二）股指期货跨期套利

跨期套利是指利用同一交易所的同一指数、但不同交割月份的期货合约之间的价差进行交易。跨期套利属于套利交易中最常用的一种，实际操作中又分为牛市套利、熊市套利和蝶式套利。

当市场是牛市时，较近月份合约价格的上涨幅度往往大于较远月份合约价格的上涨幅度。因此，远期合约价格与较近月份合约价格之间的价差往往会随着时间的推移而缩小。在这种情况下，买入较近月份的合约同时卖出远期月份的合约进行套利盈利的可能性比较大，通常将这种套利方式称为牛市套利。

当市场是熊市时，较近月份合约价格的下跌幅度往往大于较远月份合约价格的下跌幅度。因此，远期合约价格与较近月份合约价格之间的价差往往会随着时间的推移而扩大。在这种情况下，卖出较近月份的合约同时买入远期月份的合约进行套利盈利的可能性比较大，通常将这种套利方式称为熊市套利。

蝶式套利是指由两个方向相反、共享居中月份的跨期套利组成。蝶式套利的原理与跨期套利一样，是利用同一商品但不同月份之间的价差来获利，不同之处在于，蝶式套利交易涉及3个月份的合约，即近期、远期和居中3个月份，相当于2个跨期套利的组合。蝶式套利的具体操作方式是，买入（或者卖出）近期月份合约，同时卖出（或者买入）居中月份合约，并买入（或者卖出）远期月份合约。

（三）股指期货跨市套利

跨市套利交易是指利用不同交易所上市的同一标的指数或相关联指数期货合约之间的价差进行交易，获取收益的交易策略。具体操作方法是，在某一期货交易所买进某交割月份的某种期货合约的同时，在另一交易所卖出同一交割月份该种期货合约，当同一商品在两个交易所中的价格差额超出了将商品从一个交易所的交割仓库运送到另一交易所的交割仓库的费用时，可以预计，它们的价格将会缩小并在未来某一时期体现真正的跨市场交割成本。

例如，如果芝加哥交易所小麦的销售价格比堪萨斯城交易所高出许多而超过了其运输费用和交割成本，那么就会有现货商买入堪萨斯城交易所的小麦并用船运送到芝加哥交易所去交割。

✪【例 11.5】股指期货跨市套利策略的运用

某套利者预期市场将要上涨，而且主要市场指数的上涨势头会大于纽约证券交易所综合股票指数期货合约，于是在395.50点买入2张主要市场指数期货合约，在105.00点卖出1张纽约证券交易所综合股票指数期货合约，当时的价差为290.50点。经过一段时间后，价差扩大为295.75点，套利者在405.75点卖出2张主要市场指数期货合约，而在110.00点买入1张纽约证券交易所综合股票指数期货合约，进行合约对冲。该跨市套利结果如表11－2所示。

表 11－2　股票指数期货跨市套利

	主要市场指数期货	纽约证券交易所综合指数	基差
当时	买入2张12月主要市场指数期货合约，点数水平：395.50	卖出1张12月纽约证券交易所指数期货合约，点数水平：105.00	290.50
日后	卖出2张12月主要市场指数期货合约，点数水平：405.75	买入1张12月纽约证券交易所指数期货合约，点数水平：110.00	295.75
结果	获利10.25点×250美元×2张＝5 125美元	亏损5.00点×500美元×1张＝2 500美元	变大

由于主要市场指数期货合约在多头市场中上升10.25点，大于纽约证券交易所指数期货合约上升的5.00点，套利者因此获利5 125－2 500＝2 625美元。

此案例就是利用相关联指数期货合约之间的价差进行的套利。

（四）股指期货跨品种套利

跨品种套利是指利用两种不同的、但相关联的指数期货产品之间的价差进行交易。这两种指数之间具有相互替代性或受同一供求因素制约。跨品种套利的交易形式是同时或几乎同时买进和卖出相同交割月份但不同种类的股指期货合约。例如道琼斯指数期货与标准普尔指数期货、迷你标准普尔指数期货与迷你纳斯达克指数期货等之间都可以进行套利交易。

由于股票指数是一国经济的晴雨表，是判断经济周期波动的领先指标，因此，以股票指数为标的物的股指期货在某种程度上可以作为投资者规避经济周期波动的工具，尤其在世界上两个主要经济体的经济周期不甚同步时，股指期货的跨品种套利就有了极大的用武之地。

例如，1987 年全球股灾时，标准普尔指数与日经 225 指数的走势就不尽相同。日经 225 指数在 1987 年 10 月初创出新高时，标准普尔指数已见顶回落，而在 10 月 19 日黑色星期一的股灾中，前者由于日本政府的大举入市，跌幅轻微，而后者则大跌超过 20%。这是世界两大经济体宏观经济处于不同经济周期在股市上的典型表现。当我们发现这种套利机会时，采用低成本、高效率的股指期货工具，卖出标准普尔指数期货，并买入日经 225 指数期货就可以获得非常好的收益。

第三节　基于期权的股票价格风险管理

一、运用股票期权管理股票价格风险

股票期权是以股票为标的资产的期权合约。股票期权交易在美国历史较长，在 20 世纪 20 年代的纽约就有小规模开展，但规范成熟的期权交易则在 20 世纪 70 年代。1973 年 4 月 26 日芝加哥期权交易所建立，正式开展股票期权场内交易。

与期货相比，期权的精妙之处在于它的品种较多，投资者可以通过不同的期权品种构成众多不同盈亏分布特征的组合来管理股票价格风险。具体采用何种期权组合交易方式，一方面取决于投资者对未来标的资产价格概率分布的预测，另一方面取决于投资者能承受多大的风险。投资者可以首先选择理想的风险收益模式，然后根据该模式选择不同的期权组合进行交易，同时也要根据市场走势，及时调整期权组合交易策略。

（一）利用单一期权与股票来管理股票价格风险

主要的单一期权与股票的交易包括保护性看涨期权和保护性看跌期权。

1. 保护性看涨期权。又称为持保看涨期权，由一个股票的多头和一个该股票的看涨期权的空头组成。对于持保看涨期权，交易者卖出一份以自有股票为标的的看涨期权，承担在到期日前以特定价格卖出股票的义务。如果在买入股票的同时即卖出一份持保看涨期权，这样的交易又被称为即买即卖（Buy – Write）。

如果股票的价格没有高于期权合约设定的水平，那么股票的持有人可以保留出售期权获得的收益而不用卖掉股票。相反，如果股票的价格高于合约设定的水平，股票就必须出售。当股票达到这一价格水平时，无论是否参与了期权交易，股票的持有人都是愿意卖出股票的。

2. 保护性看跌期权。是由一个股票的多头和一个该股票的看跌期权的多头组成。如果交易者对自有股票的近期走势非常担心，但又觉得这只股票值得长期投资，交易者可以买入一份看跌期权，使投资免受股价下跌的影响。

由于只有当股票下跌时看跌期权才会发挥作用，该策略的最大潜在收益理论上讲可以随着股价的反弹无限上涨。但这只是学术性的解释，在实际中是不可能发生的。如果股票价格涨得很高，交易者们都会参与到反弹中，就会降低支付给看跌期权的期权费。

（二）利用股票期权组合策略来管理股票价格风险

主要的期权组合策略包括合成股票组合、牛市价差组合、熊市价差组合、日历价差组合、跨式组合、勒式组合及蝶式价差组合七大组合策略。

1. 合成股票组合。合成股票组合是一种利用期权复制标的证券收益的交易策略，通过这个策略的使用投资者可以获得与标的证券相同的收益，但所需花费的成本较低，提高了投资者的资金使用效率。

合成股票多头策略的构建方法为买入一份认购期权，同时卖出一份具有相同行权价、相同到期日的认沽期权。合成股票多头类似买入标的证券的头寸，随着标的证券价格跌至零，向下风险具有上限；如果标的证券价格上升，则潜在收益没有上限。

合成股票多头策略具有复制资产、现金替代和套利三大功能，能够满足投资者杠杆性投资的需求，当投资者强烈看好标的证券未来走势时，可通过这种交易策略来实现低成本做多后市。

【例 11.6】投资者刘女士长期看好 50ETF 的走势，欲买入 10 万份 50ETF。当时 50ETF 股价为 2.360 元/份，基于这一市场预期，刘女士建立了合成股票多头组合。

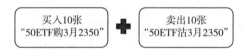

买入10张“50ETF购3月2350” ✚ 卖出10张“50ETF沽3月2350”

期权合约	买价（元）	卖价（元）
50ETF 购 3 月 2350	0.0755	0.0764
50ETF 沽 3 月 2350	0.0530	0.0535

成本对比：（标的前收盘价 2.441 元，认沽期权前结算价为 0.0301 元）

若直接买入 10 万份 50ETF，则初始成本为 2.360 × 100 000 = 236 000 元；若合成股票多头，所需成本 = 卖出开仓保证金 − 卖出认沽的权利金收入 + 买入认购的权利金支出 = 0.54935 × 100 000 − 0.0530 × 100 000 + 0.0764 × 100 000 = 57 275 元。

注：认沽期权初始保证金 = min ｛前结算价 + max ［M × 合约标的前收盘价 − 认沽期权虚值，N × 行权价］，行权价｝ × 合约单位。其中，认沽期权虚值 = max（合约标的前收盘价 − 行权价，0），同时根据上海证券交易所规定，M = 25%、N = 10% 是最低保证金收取标准，券商会根据自身情况调整这两个参数，但不能低于交易所的收取标准。

认沽期权虚值 = max（2.441 − 2.350，0）= 0.091

max（0.25 × 2.441 − 0.091，0.1 × 2.350）= max（0.51925，0.2350）= 0.51925

从而，卖出开仓保证金 = min（0.0301 + 0.51925 ，2.350） = 0.54935。

合成股票策略所需成本仅为直接买入标的证券成本的24.27%，共节省了178 725元的资金，在确保保证金足额的前提下，多余资金可作再投资获取收益。该策略的收益如表11－3所示。

表11－3　　合成股票多头策略收益　　单位：元

到期日标的资产价格	行权价为2.35元的认购期权收益	行权价为2.35元的认沽期权收益	净权利金	策略总收益
2.25	0	－10 000	－2 340	－12 340
2.30	0	－5 000	－2 340	－7 340
2.35	0	0	－2 340	－2 340
2.40	5 000	0	－2 340	2 660
2.45	10 000	0	－2 340	7 660

2. 牛市价差组合。牛市价差组合包括认购牛市价差组合和认沽牛市价差组合。认购牛市价差组合指买入一份行权价较低的认购期权，卖出一份相同到期日、行权价较高的认购期权；认沽牛市价差组合指买入一份行权价较低的认沽期权，同时卖出一份到期日相同而行权价较高的认沽期权。现以认购期权构成的牛市价差组合为例进行介绍。

认购牛市价差策略构建成本为买入行权价较低的认购期权支付的权利金减去卖出行权价较高认购期权获得的权利金。当标的资产价格高于卖出认购期权的行权价时，买入行权价格较低的认购期权、卖出行权价格较高的认购期权均会被行权，此时投资者的收益最大，为两行权价差减去构建成本；当标的资产价格低于买入认购期权的行权价时，两份认购期权会过期作废，此时投资者的收益最小，为构建成本（负收益）。当标的资产价格处于两行权价之间时，投资者的收益也处于最大收益和最小收益之间。

牛市价差组合通过两个期权构造出股价适度上涨时可以获利，并且损失有限、收益有限的投资策略。当投资者对未来行情适度看涨时，或者较为保守的投资者看多市场但希望在牛市中以较低的成本来获取股票上涨收益时，都可以使用这个策略。

✪**【例11.7】**假设某标的资产价格水平为30元，投资者买入一张行权价格为30元、到期时间为1个月的认购期权，支付权利金3元，同时卖出一张行权价格为34元、到期时间为1个月的认购期权，收入权利金1元。期权合约单位为10 000，则当期权合约到期时，该策略的收益如表11－4所示。

表11－4　　牛市价差策略收益　　单位：元

到期日标的资产价格	行权价为30元的认购期权收益	行权价为34元的认购期权收益	净权利金	策略总收益
28	0	0	－20 000	－20 000
30	0	0	－20 000	－20 000
32	20 000	0	－20 000	0
34	40 000	0	－20 000	20 000
36	60 000	－20 000	－20 000	20 000

3. 熊市价差组合。熊市价差组合包括认购熊市价差组合和认沽熊市价差组合。认购熊市价差组合指买入一份行权价较高的认购期权，卖出一份相同到期日、行权价较低的认购期权；认沽熊市价差组合指买入一份行权价较高的认沽期权，同时卖出一份到期日相同而行权价较低的认沽期权。现以认购期权构成的熊市价差组合为例进行介绍。

认购熊市价差策略构建时的收益为卖出行权价较低的认购期权获得的权利金减去买入行权价较高的认购期权支付的权利金。当标的资产价格低于卖出认购期权的行权价时，买入行权价格较高的认购期权、卖出行权价格较低的认购期权都会过期作废，此时投资者的收益最大，为构建组合时的权利金之差；当标的资产价格高于买入认购期权的行权价时，两份认购期权均会被行权，此时投资者的收益最小，为构建收益减去两行权价差。当标的资产价格处于两行权价之间时，投资者的收益也处于最大收益和最小收益之间。

熊市价差组合通过两个期权构造出股价适度下跌时可以获利，并且损失有限、收益有限的投资策略。当投资者对未来行情适度看跌时，可以采取熊市价差策略。

✪【例 11.8】假设某标的资产价格水平为 30 元，投资者买入一张行权价格为 34 元、到期时间为 1 个月的认购期权，支付权利金 1 元，同时卖出一张行权价格为 32 元、到期时间为 1 个月的认购期权，收入权利金 2 元。期权合约单位为 10 000，则当期权合约到期时，该策略的收益如表 11 –5 所示。

表 11 –5　　熊市价差策略收益　　单位：元

到期日标的资产价格	行权价为 32 元的认购期权收益	行权价为 34 元的认购期权收益	净权利金	策略总收益
26	0	0	10 000	10 000
30	0	0	10 000	10 000
33	–10 000	0	10 000	0
34	–20 000	0	10 000	–10 000
38	–60 000	40 000	10 000	–10 000

4. 日历价差组合。日历价差组合包括正向日历价差和反向日历价差，利用两个不同到期月份的期权合约来进行构建。正向日历价差通过买进到期日较远的期权合约和卖出相同行权价格、相同数量但到期日较近的期权合约来实现；反向日历价差则通过买进到期日较近的期权合约和卖出相同行权价格、相同数量但到期日较远的期权合约来实现。现以认购期权构成的正向日历价差为例进行介绍，即买进期限较远的认购期权，同时卖出具有相同行权价格、期限较近的认购期权。

由于期权到期日越长，权利金越高，正向日历价差中卖出近期认购期权所获得的权利金少于买进远期期权所支出的权利金，所以策略构建之初权利金为净支出。

该策略的优点在于若是标的资产价格在行权价格附近波动时，能通过时间损耗获利；缺点在于若标的资产价格发生显著波动，该策略就会发生亏损，同时策略的收益也是有限的。

该策略一般最适用于标的资产价格平稳上涨的情形，因为期限较近的认购期权到期时，标的资产价格变动不大，可以获取时间价值损耗带来的收益，之后期限较远的认购期权还可以从标的资产价格平稳上涨中进一步获利。

✪【例 11.9】假设某标的资产价格水平为 30 元，投资者买入一张行权价格为 30 元、到期时间为 3 个月的认购期权，支付权利金 3 元，同时卖出一张行权价格为 30 元、到期时间为 1 个月的认购期权，收入权利金 2 元。期权合约单位为 10 000，则当近期期权合约到期时，该策略的收益如表 11 -6 所示。

表 11 -6　　日历价差策略收益　　单位：元

到期日标的资产价格	远期认购期权价格	近期认购期权收益	净权利金	策略总收益
26	8 000	0	-10 000	-2 000
28	15 000	0	-10 000	5 000
30	25 000	0	-10 000	15 000
32	35 000	-20 000	-10 000	5 000
34	40 000	-40 000	-10 000	-10 000

5. 跨式组合。跨式组合分为买入跨式组合和卖出跨式组合。买入跨式组合是指买入具有相同行权价、到期日及数量的认购期权和认沽期权合约，卖出跨式组合是指卖出具有相同行权价、到期日及数量的认购期权和认沽期权合约。现以买入跨式组合为例进行介绍，卖出跨式组合的情形刚好相反。

该策略构建期初买入期权，因此有权利金的净支出。它在标的资产价格上涨时执行认购期权，在标的资产下跌时执行认沽期权，而只有标的资产价格波动较大时才能覆盖购买期权的成本，如果标的资产价格波动较小，则很可能无法覆盖购买期权的成本而导致亏损。

该策略适用于对后市方向判断不明确，但认为会有显著波动的情况。如一份可以影响标的资产价格的宏观经济统计报告即将公布，或者标的资产正面临强支撑位或阻力位，并预计将在这一价格水平有强烈反弹或向下反转的情况下，可以构建该策略，在标的资产价格大幅变动中获益。

✪【例 11.10】假设某标的资产价格水平为 30 元，投资者买入一张行权价格为 30 元、到期时间为 1 个月的认购期权，支付权利金 3 元，同时买入一张行权价格为 30 元、到期时间为 1 个月的认沽期权，支付权利金 2 元。期权合约单位为 10 000，则 1 个月后期权合约到期时，该策略的收益如表 11 -7 所示。

表 11 -7　　跨式组合策略收益　　单位：元

到期日标的资产价格	认购期权收益	认沽期权收益	净权利金	策略总收益
22	0	80 000	-50 000	30 000
26	0	40 000	-50 000	-10 000
30	0	0	-50 000	-50 000
34	40 000	0	-50 000	-10 000
38	80 000	0	-50 000	30 000

6. 勒式组合。勒式组合也叫宽跨式组合，它与跨式组合类似，同时买入相同到期日的认购期权和认沽期权合约，但勒式组合中两份期权合约行权价不同。勒式组合包括买入勒式组合和卖出勒式组合。这里以买入勒式组合为例进行介绍，即买入具有相同期限但具有不同行权价格的认购期权和认沽期权合约。

该策略构建期初买入期权，因此有权利金的净支出。通过买入一个认购期权和认沽期权合约，如果行权日标的资产价格大于认购期权的行权价格，则投资者从认购期权中获利，否则从认沽期权中获利。它与买入跨式组合十分相似，都在标的资产价格波动较大时盈利，不同之处在于，由于两份期权合约的行权价格不同，会买入虚值期权，支出的权利金较跨式组合少。但同时，只有在标的资产价格波动幅度更大时，才能通过该组合获利。

当预计标的资产价格会有强烈波动时，可以构建该组合，它在标的资产后续大幅上涨或下跌时均可获利，而且组合构建成本比跨式组合低。

✪【例 11.11】假设某标的资产价格水平为 30 元，投资者买入一张行权价格为 32 元、到期时间为 1 个月的认购期权，支付权利金 2 元，同时买入一张行权价格为 28 元、到期时间为 1 个月的认沽期权，支付权利金 1.50 元。期权合约单位为 10 000，则期权合约到期时，该策略的收益如表 11－8 所示。

表 11－8　勒式价差策略收益　单位：元

到期日标的资产价格	认购期权收益	认沽期权收益	净权利金	策略总收益
22	0	60 000	－35 000	25 000
26	0	20 000	－35 000	－15 000
30	0	0	－35 000	－35 000
34	20 000	0	－35 000	－15 000
38	60 000	0	－35 000	25 000

7. 蝶式价差组合。蝶式价差组合由 3 种不同行权价格的 4 类期权合约组成，主要分为买入认购蝶式期权组合、卖出认购蝶式期权组合、买入认沽蝶式期权组合、卖出认沽蝶式期权组合。现以买入认购蝶式期权组合为例进行介绍，它由买入一份行权价较低的实值认购期权、一份行权价较高的虚值认购期权，并卖出两份行权价居中的平值认购期权构成。

该策略中卖出两个期权获得的权利金能覆盖大部分买入期权的权利金成本，从而期初仅有少量的权利金净流出。当标的资产价格低于低行权价以下或高于高行权价以上时，将遭受最大损失；当标的资产价格等于中间的行权价时，将获得最大收益。因此，该策略的收益及风险都是有限的，如果标的资产价格保持在一定范围内，将具有相对较高的获利可能性。

该策略适用于标的资产的价格波动率低的情形，即价格不会有很大的变化时使用。

✪【例 11.12】假设某标的资产价格水平为 30 元，投资者买入一张行权价格为 28 元、到期时间为 1 个月的认购期权，支付权利金 2.50 元，买入一张行权价格为 32 元、到期时间为 1 个月的认购期权，支付权利金 1.00 元，卖出两张行权价格为 30 元、到期时间为 1 个月的认购期权，每张收取权利金 1.20 元。期权合约单位为 10 000，则期权合约到期时，该策略的收益如表 11 -9 所示。

表 11 -9　　买入认购蝶式价差策略收益　　单位：元

到期日标的资产价格	行权价为 28 元的认购期权收益	行权价为 30 元的认购期权收益	行权价为 32 元的认购期权收益	净权利金	策略总收益
22	0	0	0	-11 000	-11 000
26	0	0	0	-11 000	-11 000
30	20 000	0	0	-11 000	9 000
34	60 000	-80 000	20 000	-11 000	-11 000
38	100 000	-160 000	60 000	-11 000	-11 000

（三） 股票期权在企业股票回购中的应用

例如：某公司宣布它以 100 美元的价格回购股票，这意味着公司有一个价值 100 美元的空头头寸。假设公司卖出一份执行价格为 95 美元的股票看跌期权，如果期权到期时股票价格低于 95 美元，期权买方将愿意执行期权，并按照期权规定的价格向公司卖出股票，公司买回股票，完成回购目标；如果股票市场价格上升了，期权买方不会执行，期权失效，但公司从出售期权中获得的收入为今后回购更多的股票积攒了资本。

以出售看跌期权回购股票的好处有以下两点。

（1）公司既有盈利的机会又有回购的机会，这给企业带来双重选择，尤其是在期权合约的有效期内，当期权价格的波动性高于股票价格的波动性时，看跌期权的定价会过高，企业有机会以高于公司公平价值的价格出售看跌期权，获取利润。

（2）这种方式为回购股票的时机选择提供了更多的灵活性。

（四） 股票期权在管理员工的股票期权计划中的应用

员工股票期权是管理层薪酬的重要支柱。管理层薪酬通常由四大支柱构成，即底薪（Base Salary）、年度绩效奖金（Annual Performance Bonus）、股票期权以及长期激励计划（Long - term Incentive Plan）。这些薪酬计划的股票期权部分常以看涨期权的形式出现，使员工有权利，但非义务，在特定期间内（或未来的特定日期）以预定价格，也称为履约价格（Strike Price）或执行价格（Exercise Price）购买公司股票。如果股价低于（含）履约价格，期权到期时没有价值，员工最终只能获得底薪。但如果股价高于履约价格，即期权为价内（in - the - money），员工就会执行期权，回报可能相当可观。

员工股票期权作为一种薪酬形式在 20 世纪 90 年代的牛市时期大受欢迎，但如果股市遭遇长期的下挫，正如在 21 世纪初的几年中发生的一样，这种期权就会凋零萎缩。很多公司非常欢迎员工股票期权，因为这种期权比较灵活，鼓励员工增加股东价值，提供一种非货币的招收员工并留住人才的方法，使现金支付与公司的支付能力相匹配，并在现金流方面起到激励作用。员工也欢迎员工股票期权，因为这种期权的税收处理较为有利，但主要的原因是期权限制了下行风险，又提供了员工暴富的可能。

由于员工股票期权的独特性，一般用来评估交易所交易的期权的公式和模型（例如，Black - Scholes 公式、二叉树模型和蒙特卡罗模型）可能会不恰当。但还是有帮助解决的途径。新的创新方法正不断出现，可以解释诸如服务期、相关的期限，以及可转让性和可交易性的缺失等因素。

当员工完全投身于创造，并且员工认识到计划的效益、成本和风险时，股票期权薪酬计划会变得非常有效。为使股票期权恰当地与激励手段相匹配，员工就必须理解其所作所为与其对公司股价的影响之间的因果关系。如果实施员工股票期权计划是为了使对员工的激励与对公众股东的激励相匹配，公司就必须对这一目标保持公开的态度，并应意识到要实现这一目标是比较困难的。

专栏 11－1

微软公司股票期权薪酬计划

微软公司（Microsoft Corporation）在 1975 年创立到 2003 年期间，为所有员工提供股票期权（Stock Options），作为员工薪酬的一部分。如果你在这期间在微软工作，像你这种从业资格的人的市场流行薪酬是 80 000 美元，微软提供的薪酬会包含 40 000 美元至 48 000 美元（即市场薪酬的 50% 至 60%）的底薪，和价值 40 000 美元至 32 000 美元的股票期权（即市场薪酬的 50% 至 40%）。

微软的报酬计划让许多下至秘书上至资深行政主管的员工，年纪轻轻即成为千万富翁。要理解这一点，可以假设你在 1986 年（微软公开上市当年）进入微软，年度底薪为 48 000 美元，加上 2 050 份总价值 32 000 美元的年度看涨期权（Call Options）。再假设，这些看涨期权的期限为 10 年，按平价（at－the－money）提供。因为微软当时的股票价格是 28 美元，而期权赋予你权利而非义务，在未来 10 年，按 28 美元买入微软股票，而不管市场价格上升多高。

在 1986 年至 1996 年这 10 年间，微软的股价上升 6 500%（即每年约 52%）。如果你一直等待，而在 1996 年执行期权，你就会获得约 370 万美元额外收入的意外之财，使薪酬总额（仅仅 1986 年）提高到约 375 万美元。相反，如果微软的运营像很多其他公司一样，股价始终维持在 28 美元或更低，那么期权就没有执行的价值，你 1986 年的最终收入就仅仅是 48 000 美元的底薪。

2003 年 7 月，微软震惊了业界，宣布它将打破过去 28 年的传统，用限售股员工薪酬计划取代股票期权薪酬计划。一些市场分析师将此决策诠释为微软的标志性事件，标志着企业文化将由优先考虑资本利得与未来财富的巨大潜力，转变为更多地着眼于现金报酬与更稳定的未来资产。政策的变化也被解读为，微软承认其股价不可能按过去的超高速度增长了。

微软的决策提出许多问题。对在薪酬计划中采用员工股票期权的公司而言，有什么优势和劣势？对领取股票期权来替代直接薪酬的员工来说，存在什么效益、成本和风险？股东们应如何面对这些状况？员工股票期权可让经理人像股东一样思维？对提供股票期权而不是仅仅发放薪酬，你会（应）作何反应？有关这些问题的答案，部分取决于涉及的当事人和企业，因为寻求、欢迎并接受期权报酬的员工反映出他们对风险的容忍，而提供股票期权的企业反映出他们对认为最能激励员工的激励措施很有想法。

二、运用股票指数期权管理股票风险

股票指数期权是指在一定的期限内，以股票指数作为标的物的期权。股票指数期权允许买方在一定期限内按协议价格向卖方购买或出售特定的股票指数合约，它实际上是一种权利交易，购买这种权利所支付的费用称作“权利金”，买主获得这种权利后，就可以在股票价格指数向有利于自己的方向波动时，行使这种权利。

股票指数期权的主要应用是套期保值，在套期保值的过程中有可能获得一定的收益，这种收益可以理解为投机获利。股票指数期权的种类很多，每种期权的分配风险的效果和方式也不尽相同。

（一）股票指数期权和套期保值

股票指数期权主要适用于进行分散投资的投资者（如机构投资者），而且所持股票组合与相应股票指数的成份股密切相关，或者选择与所持股票组合高度相关的股票指数构成的股票指数期权进行保值。股票指数期权交易中常见的保值交易目标有：保护资产不受价格波动的影响；在波动的市场中稳定收益；当股票价格下降幅度较小时起缓冲的作用。

与股票指数期货保值策略相比，股票指数期权买方可以在股票价格有利变动时执行期权头寸，而在股票价格（或股票指数）不利变动情形下放弃所持期权买方头寸，从而有效利用价格有利变动带来的益处，规避不利价格变动的风险。与股票期权保值策略相比，股票指数期权也可以用来防范未来股市的不利变动，同时可以充分利用有利变动对所持股票组合增值的好处，其代价仅为所交付的期权费。

✪【例 11.13】 某证券公司包销证券中的风险规避

某证券公司与一家上市公司签订协议，3 个月内按每股 8 元的价格包销 100 万股该公司股票，签约后该证券公司为该项协议进行了套期保值的操作，以便规避市场价格变动带来的风险。该证券公司买入 50 份 3 个月期的看跌股票指数期权合约，每份期权合约价格为 80 元，合约执行价格为指数点 3 000，若每一点代表 100 元，则 50 份合约的总价值为 3 000 × 100 × 50 = 1 500 万元。请分析该证券公司的套期保值情况如何。

该公司规避的是股票价格的变动风险，而股票价格与股票指数有很强的相关性。考虑一般情况，即股票价格和股票指数是正相关的情况来进行分析。3 个月后的股票指数的走势有两种可能，由此分两种情况来讨论。

（1）若 3 个月后，股票指数下跌到 2 950 点。这种情况下，该证券公司选择应该执行期权合约。执行合约可以获利：（3 000 − 2 950）× 100 × 50 − 50 × 80 = 24.6 万元。但是，受到股票指数下跌影响，假设股票只能以每股 7.50 元发行，则该证券公司损失：0.5 × 100 = 50 万元。由于采取了购买看跌期权的套期保值措施，该公司少损失 24.6 万元，最终损失为 50 − 24.6 = 25.4 万元。

（2）若 3 个月后，股票指数上涨到 3 050 点。该公司应选择放弃执行期权合约。因指数上涨，公司股票发行价也上升，假设上升到 8.2 元/股，则由于股票价格上升该公司可以获得的利润为 0.2 × 100 = 20 万元。同时，公司购买期权的费用为 50 × 80 = 4 000 元，最终净盈利为 19.6 万元。

（二）股票指数期权和投机

股票指数期权在为投资者提供套期保值的同时，也为投资者利用股票指数期权进行投机获利提供了机会。与利用期货市场投机相比，股票指数期权可以使投资者的风险限制在一定的范围内。

本章小结

1. 股票价格风险是指，由于股票价格的不利变动所带来的风险，具体可分为系统性风险和非系统性风险。简单的股票价格风险衡量指标有β系数、标准差σ或方差σ^2、在险价值VaR和市盈率。

2. 运用股指期货进行套期保值可以防范股市的系统性风险，股指期货套期保值具体可分为多头套期保值和空头套期保值。多头套期保值是指投资者打算在将来买入股票而同时又担心将来股价上涨的情况下，提前买入股指期货的操作策略。空头套期保值是指在投资者持有股票组合的情况下，为防范股市下跌的系统风险而卖出股指期货的操作策略。

3. 交叉套期保值是指，当套期保值者为其在现货市场上将要买进或卖出的现货商品进行套期保值时，若无相对应的该种商品的期货合约可用，就可以选择另一种与该现货商品的种类不同但在价格走势互相影响且大致相同的相关商品的期货合约来做套期保值交易。

4. 滚动套期保值是指，建立一个期货头寸，并在这个期货合约到期前将其平仓，然后再建立另一个到期日较晚的期货头寸直至套期保值期限届满。

5. 综合套期保值是指，一篮子现货股票组合可以用几种不同的期货合约来同时进行保值。

6. 期现套利是针对股指期货合约与现货指数之间的价格差（基差）所进行的交易。

7. 跨期套利是指利用同一交易所的同一指数、但不同交割月份的期货合约之间的价差进行交易。跨期套利属于套利交易中最常用的一种，实际操作中又分为牛市套利、熊市套利和蝶式套利。

8. 跨市套利交易是指利用不同交易所上市的同一标的指数或相关联指数期货合约之间的价差进行交易，获取收益的交易策略。具体操作方法是，在某一期货交易所买进某交割月份的某种期货合约的同时，在另一交易所卖出同一交割月份的该种期货合约。

9. 跨品种套利是指利用两种不同的、但相关联的指数期货产品之间的价差进行交易。这两种指数之间具有相互替代性或受同一供求因素制约。跨品种套利的交易形式是同时或几乎同时买进和卖出相同交割月份但不同种类的股指期货合约。

10. 利用股票期权来管理股票价格风险包括：利用单一期权与股票以及利用股票期权组合策略。单一期权与股票的交易策略包括：保护性看涨期权和保护性看跌期权。股票期权组合策略包括：合成股票组合、牛市价差组合、熊市价差组合、日历价差组合、跨式组合、勒式组合和蝶式价差组合。

11. 保护性看涨期权，又称为持保看涨期权，由一个股票的多头和一个该股票的看涨期权的空头组成，是一个能保障交易者的最大收益且能抵消潜在亏损的对冲机制。

12. 保护性看跌期权，是由一个股票的多头和一个该股票的看跌期权的多头组成。如果交易者对自有股票的近期走势非常担心，但又觉得这只股票值得长期投资，交易者可以买入一份看跌期权，使投资免受股价下跌的影响。

13. 合成股票策略是一种利用期权复制标的证券收益的交易策略。合成股票多头策略的构建方法为买入一份认购期权，同时卖出一份具有相同行权价、相同到期日的认沽期权。合成股票多头类似买入标的证券的头寸，随着标的证券价格跌至零，向下风险具有上限；如果标的证券价格上升，则潜在收益没有上限。当投资者强烈看好标的证券未来走势时，可通过这种交易策略来实现低成本做多后市。

14. 牛市价差组合通过两个期权构造出股价适度上涨时可以获利，并且损失有限、收益有限的投资策略。具体可分为认购牛市价差组合和认沽牛市价差组合。当投资者对未来行情适度看涨时，或者较为保守的投资者看多市场但希望在牛市中以较低的成本来获取股票上涨收益时，都可以使用这个策略。

15. 熊市价差组合通过两个期权构造出股价适度下跌时可以获利，并且损失有限、收益有限的投资策略。具体可分为认购熊市价差组合和认沽熊市价差组合。当投资者对未来行情适度看跌时，可以采取熊市价差策略。

16. 日历价差策略包括正向日历价差和反向日历价差，利用两个不同到期月份的期权合约来进行构建。该策略一般最适用于标的资产价格平稳上涨的情形，因为期限较近的认购期权到期时，标的资产价格变动不大，可以获取时间价值损耗带来的收益，之后期限较远的认购期权还可以从标的资产价格平稳上涨中进一步获利。

17. 跨式组合策略包括买入跨式组合和卖出跨式组合，利用具有相同行权价、到期日及数量的认购期权和认沽期权合约来构建。该策略适用于对后市方向判断不明确，但认为会有显著波动的情况。

18. 勒式组合也叫宽跨式组合，它与跨式组合类似，同时买入或卖出相同到期日的认购期权和认沽期权合约，但勒式组合中两份期权合约行权价不同。勒式组合包括买入勒式组合和卖出勒式组合。当预计标的资产价格会有强烈波动时，可以构建该组合，它在标的资产后续大幅上涨或下跌时均可获利，而且组合构建成本比跨式组合低。

19. 蝶式价差策略由 3 种不同行权价格的 4 类期权合约组成，主要分为买入认购蝶式期权组合、卖出认购蝶式期权组合、买入认沽蝶式期权组合、卖出认沽蝶式期权组合。该策略适用于标的资产的价格波动率低的情形，即价格不会有很大的变化时使用。

重点概念

股票价格风险　股票指数期货　多头套期保值　空头套期保值　交叉套期保值　滚动套期保值　综合套期保值　期现套利　跨期套利　跨市套利　跨品种套利　股票期权　保护性看涨期权　保护性看跌期权　合成股票组合策略　牛市价差组合策略　熊市价差组合策略　日历价差组合策略　跨式组合策略　勒式组合策略　蝶式价差组合策略　股票指数期权

思考与练习

一、单选题

1. 利用股指期货，可以规避股票市场的（　　）。

A. 系统性风险　　B. 非系统性风险

C. 整体风险　　D. 企业风险

2. 某投资者欲在3个月后买入1 000万元股票，担心3个月后股市上涨增加投资成本，可采用的策略是（　　）。

A. 买入股指期货进行套期保值　　B. 卖出股指期货进行套期保值

C. 期现套利　　D. 跨期套利

3. 在牛市里，如何构建日历价差组合策略？（　　）

A. 选取两个行权价格均较高的期权

B. 选取两个行权价格均较低的期权

C. 选取两个行权价格尽量接近标的资产现价的期权

D. 选取一个行权价较高和一个行权价较低的两只期权

4. 投资者预计行情陷入整理，股价会在一定期间内波动，这时投资者的交易策略是（　　）。

A. 买入跨式期权　　B. 卖出跨式期权

C. 买入认购期权　　D. 买入认沽期权

5. 买入蝶式期权是（　　）行情下进行的期权交易策略。

A. 牛市　　B. 熊市

C. 盘整行情　　D. 突破行情

二、综合题

1. 你管理的资产组合价值450万美元，现在全都投资于股票。你相信自己具有非凡的市场实际预测能力，并且认为市场正处于短期下跌趋势的边缘。你会将自己的资产组合暂时转化为国库券，但却不想增加贴现的交易成本或构建新的股票头寸。相反，你决定暂时用标准普尔500指数期货合约来轧平原股票头寸。

（1）你是买入还是卖出合约？为什么？

（2）如果你的股权投资是投资于一市场指数基金，你应持有多少份合约？已知标准普尔500指数的现值为900点，合约乘数为250美元。

（3）如果你的资产组合的β值为0.6，你对（2）的答案有什么变化？

2. TT公司股价为50元，下面是其正在交易的5月到期的看涨期权，执行价为50元的看涨期权价格为2.5元，执行价为55元的看涨期权价格为0.9元，执行价为60元的看涨期权的价格为0.3元。一位交易者预期TT公司在期权到期日的目标价为55元，他向你咨询是否可以买进蝶式套利，请你分析一下该策略的风险、潜在盈利及损益平衡点。

3. 格律公司股票当前的价格为45元，小李预期今后3个月内该股票价格将会下跌，因此他建立了如下头寸：以5.3元的价格买入1手10月45元的看跌期权，以3元的价格卖出了1手10月40元的看跌期权。该期权将在79天后过期，请填写下表，并分析该策略的损益平衡点。

格律股票到期时的价格	10月45元看跌期权价值	10月40元看跌期权价值	总头寸价值	总头寸盈亏
50				
45				
44				
43				
41				
40				
38				
35				

4. 小张在等待有关CC公司的新闻，他认为这个新闻将会对CC的股价产生很大的影响，并且他相信该新闻将会在未来的几个星期内出现。如果新闻对CC是有利的，CC的股价将会大幅上涨；如果消息对CC是不利的，CC股价将会大幅下跌。当前CC股价为60元，5月55元看跌期权价格为0.75元，5月60元看跌期权价格为2.55元，5月60元看涨期权价格为2.7元，5月65元看涨期权价格为0.95元。小张在犹豫买进5月60元的跨市套利，还是买进55～65元的宽跨式套利，请你帮忙分析一下每个策略的风险，损益平衡点。如果小张有更为精确的价格预期，比如利好消息股价会涨至68元，利空消息股价会下跌至52元，这对于小张选择哪个策略有帮助吗？

5. 投资者李某计划投资上海股票市场，他购买了总价值为120万元的股票组合。基于对经济形势分析，李某预计未来3个月大盘指数走低的可能性较大。为了避免股票指数下跌给自己带来的损失，李某决定利用股票指数期权来对自己的证券组合进行套期保值。假设当前的无风险利率为每年12%，证券组合和指数红利收益率预计都为每年4%，指数的现价为3 000点。李某要求的保险金额为110万元，那么他应该如何进行套期保值？

主要参考文献

[1] 吴清. 期权交易策略十讲 [M]. 上海：格致出版社，2016.

［2］王晋忠．金融工程案例［M］．成都：西南财经大学出版社，2012.

［3］林清泉．金融工程（第五版）［M］．北京：中国人民大学出版社，2022.

［4］陆静．金融风险管理［M］．北京：中国人民大学出版社，2015.

［5］克劳伊，加莱，马克．风险管理精要（第二版）［M］．路蒙佳，译．北京：中国金融出版社，2016.

［6］桑德斯，科尼特．金融风险管理（第5版）［M］．王中华，陆军，译．北京：人民邮电出版社，2012.

［7］马丁森．风险管理案例集：金融衍生产品应用的正反实例（第2版）［M］．钱冰，王宏，译．大连：东北财经大学出版社，2011.

［8］赫尔．期权、期货及其他衍生产品（原书第11版）［M］．王勇，索吾林，张翔，译．北京：机械工业出版社，2023.

第十二章
信用风险管理

本章学习目标

通过本章的学习，掌握信用风险的基本概念、分类和特点，了解信用风险的来源，理解并掌握信用风险度量方法，且能够使用金融衍生工具对信用风险进行有效管理。

知识结构图

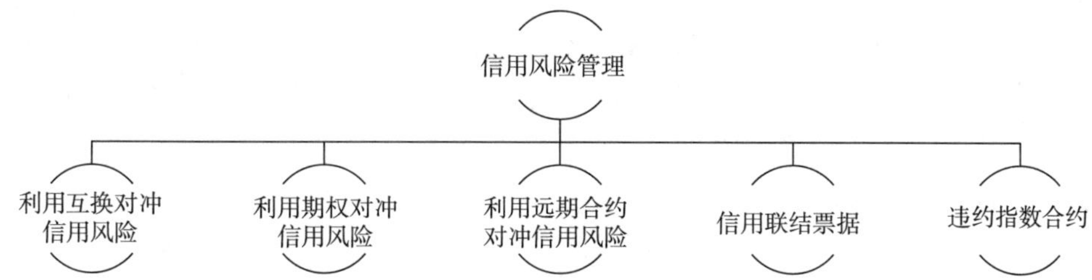

第一节　信用风险概述

一、信用风险的概念及特点

（一）信用风险的概念及分类

信用风险是指因交易一方不能履约或只能履行合约的一部分而造成的风险。信用风险可以划分为本金风险和重置风险。

本金风险是指当一方不能足额交付的时候，另一方不能收到或不能全部收到应得价款或者证券，造成已交付的价款或证券的损失。

重置风险是指因为一方违约而造成交易不能实现，交易另一方虽未损失本金，但为购得股票或变现需要再次交易，可能遭受因市场变动而带来的损失。

（二）信用风险的特点

1. 信用风险概率分布曲线为非对称

信用风险重要特点之一就是其概率分布曲线是非对称性的，这与市场风险的概率分布曲线不同。对于银行贷款来说，其风险特征是在贷款安全收回（可能性较大）的情况下，放款人只能获得正常的利息收益，一旦风险发生（可能性较小），放款人不但会损失利息，本金也会遭受损失，因此商业银行这种风险收益和风险损失不对称的风险特征使得信用风险概率分布曲线向左侧倾斜，并在左侧出现厚尾现象。

2. 信用风险主要通过非系统性风险表现出来

不同于利率风险和汇率风险呈现出的强烈的系统性特征，信用风险呈现出来的非系统性特征尤为明显。从银行实际情况来看，纵向上每一家银行贷款的信用风险都不尽相同，横向上同一家银行不同类型的贷款也在很大程度上具有不同的风险特征。

3. 缺乏充足的观测研究数据，实时动态掌握难度大

对于利率和汇率，我们可以直接从二级市场获取市场风险变化的大量数据，及时、深入地了解市场风险的大小。然而由于贷款等信用产品的流动性差，缺乏像样的二级交易市场，因此授信对象信用状况的变化不如利率、汇率等市场价格那样容易观察，风险出现后很长时间才能发现或者根本就看不出来。

我们发现，贷款者对借款者信用状况及其变化的了解主要是通过两条渠道：一是通过与借款者保持长期业务关系来掌握有关信息；二是借助信用评级机构公布的评级信息。很明显，通过这两条渠道了解借贷者的信用状况都有很大的局限性，前者明显受到自身业务范围的限制，后者只能覆盖有限的大企业，无法做到全面覆盖。同时，信用资料的时效性不如市场风险采取逐日盯市获得的数据，通常拿到手的时候显得有点过时。且贷款的持有期限一般都较长，即使到期出现违约，其频率也远比市场风险的观察数据少。观察数据匮乏导致使用VaR方法来衡量信用风险困难得多。

二、信用风险的来源

从信息经济学的观点出发，商业银行信用风险的成因主要来自两个方面：宏观上是经济环境中的不确定性，微观上则是银企关系中的信息不对称。

（一）经济环境中的不确定性因素

当一项经济决策产生且只产生一种可能结果时，其出现的结果是确定的，不存在其他可能性。然而，当一项经济决策可能产生两种以上结果时，不确定性就产生了。在信息经济学中，环境状态被划分为已知环境状态和可能环境状态两种形式。在已知环境状态中，决策的结果是唯一和确定的，经纪人在做出决策时不用担心会有什么意外事件发生。但是，经济决策一旦涉及未来发展的多种可能选择时，不确定性就会自动出现，我们所面临的环境就变成一个可能环境状态。在这种状态下，任何活动都是所处环境状态下的一种偶然结果。将此理论应用到经济学中，经济环境的不确定性是由社会、经济生活中的随机性和偶然性引发的，如受到政治的、自然的、技术的不确定性的影响。在这种状态下，人们很难对未来的经济发展作出完全准确的预测。

一般来说，信用关系的双方都要对借贷行为的经济前景进行预测。只有在预计借入的和贷出的资金会在将来某一时刻得到清偿，并且双方都可获得一定的经济利益时，借贷行为才会发生。只要双方任何一方对经济前景的预测出现偏差，就会出现违约的风险，即信用风险。在市场经济环境中，在不确定因素众多的情况下，这种偏差出现的可能性也就变大。加之现代经济生活中经济政策及经济发展、税收体制、利率、社会公共利益的保护等诸多方面

的不确定性，都会对银行和企业的预测偏差产生较大影响，从而使银行贷款的信用风险不断增加。

专栏 12 -1

中国钢铁产业链首例债务违约——“10 中钢债”违约事件

2010 年 10 月 20 日，中钢股份发布了 2010 年中国中钢股份有限公司债券（“10 中钢债”），发行规模 20 亿元，存续期内每年的 10 月 20 日是付息日，发行期限为 7 年（5 +2）：债券为 7 年期固定利率债券，等到第五年末投资者有权将持有的本期债券按面值全部或部分回售给发行人，也可选择继续持有。2015 年 9 月 29 日到 10 月 12 日为债券持有人回售登记期。

然而到了 2015 年 10 月 10 日，中钢股份发布公告，将回售登记期由原来的 10 月 12 日登记截止日调整为 10 月 16 日。2015 年 10 月 15 日，中钢股份向债权持有人发函，恳请投资者不要行使回售选择权，中钢集团称：鉴于公司部分业务停摆，导致企业现金流枯竭。而投资人一旦行使回售选择权，公司将无力兑付到期本息，则会触发违约风险。经国家发展改革委调解，中钢股份多次将债券回售登记期延期：2015 年 10 月 16 日，中钢股份再次发布公告称，公司拟用所持的中钢国际的股票为债券追加质押担保，同时考虑到新增抵质押担保可能会影响债券评级及投资人回售意愿，故将“10 中钢债”的回售登记期调整为 2015 年 9 月 30 日至 2015 年 11 月 16 日；2015 年 12 月 31 日，中钢股份再次发布公告，将回售登记期继续延长至 2016 年 1 月 29 日。债券回售登记期的多次延期表明，“10 中钢债”已构成实质性违约，成为我国钢铁产业链首例债券违约事件。

面对中钢股份持续恶化的财务状况和偿债能力，中诚信国际信用评级有限责任公司针对“10 中钢债”的信用评级也在发生着变化（见表 12 -1）。公司主体评级从 2010 年债券上市时的 AA 级降至 2015 年发布延期公告后的 CC 级，债券评级也从 AA 级降至 B 级，属于违约风险较高的债券类型。

表 12 -1　　中诚信评级公司对中钢股份和“10 中钢债”的信用评级

年份	中钢股份	10 中钢债
2010	AA	AA
2011	AA	AA
2012	AA	AA
2013	AA -	AA -
2014	AA -	AA -
2015（7 月）	BB	BB
2015（10 月）	CC	B

2008 年国际金融危机后，全球经济复苏步伐放缓，国际贸易持续低迷，再加上近两年钢铁需求大户房地产调整等，钢材价格大幅下降，进口铁矿石价格大幅波动，导致中钢股份外部经营环境持续恶化，业务风险明显上升。虽然中钢股份积极应对，但仍抵不过外部经营环境恶化的影响，盈利能力未有明显改善。从 2011 年到 2012 年，由于长期为上游大规模垫资，为下游提供大量托盘，以及存货规模较大，公司计提巨额的资产减值损失，营收大幅下滑，利润持续亏损。2013 年

公司积极推进业务结构调整，营业收入增长好转，但依然较为乏力，盈利能力未发生实质性改善。从债务结构来看，中钢股份存款、应收账款等流动资产的大规模坏账对中钢股份经营的支撑功能形成冲击，债务期限存在“短债长用”现象，资金链濒临断裂，面临极高的偿债压力，后来虽然依靠银行支持得以暂时度过危机，但最终于2014年发生大规模的银行贷款违约事件。

根据公开资料，截至2014年12月，中钢集团以及所属72家子公司债务超过1 000亿元，其中金融机构债务750亿元，涉及境内外80多家银行、信托和金融租赁公司。

总体来看，整体经济下行压力增大，产能过剩压制行业景气度提升等因素使得中钢股份外部经营环境不断恶化，公司业务风险凸显，经营状况难以改善；而高杠杆、“短债长用”等财务战略进一步激化了偿债风险，违约最终发生。

（二）信用双方信息不对称

如果信用关系双方所掌握的信息不对称，这种关系可被认为是属于委托—代理关系。掌握信息多的一方称为代理人，具有相对的信息优势，掌握信息少的一方称为委托人，处于信息劣势。构成这种关系的基本条件有两个：（1）市场中存在两个相互独立的“当事人”，且双方都是在一定约束条件下追求自身效用的最大化；（2）代理人和委托人都面临着市场的不确定性和风险，且两者所掌握的信息处于非对称状态。

信用关系的双方就是这样一种关系，他们都在借贷协议的约束下追求自身效用的最大化，都面临着市场的不确定性和风险。贷方因无法完全了解借方的信息，从而称为委托人，借方则因为对自身状况更加明了而称为代理人。

通常来说，代理人会利用委托人的信息不如自己充足而力图使合同条款对自己更加有利，而委托人由于处于信息劣势，容易作出不利选择，从而干扰市场的有效运行，甚至会导致市场失灵。

在签订了信贷协议后，代理人可能会为了自身利益最大化而损害委托人的利益。这种行为产生的关键原因在于代理人比委托人拥有更多的信息。在委托人和代理人签订协议时，双方都认为他们已经掌握了对方所了解的信息。然而，建立委托—代理关系后，委托人无法观察到代理人的某些信息，代理人可能会利用这些信息采取某些损害委托人利益的行为。

✪【例12.1】四川长虹信用风险事件

四川长虹是1988年6月由国营长虹机器厂独家发起并控股成立的股份制试点企业，当年7月经中国人民银行绵阳市分行批准向社会公开发行普通股3 600万元。1994年3月11日，四川长虹在上海A股上市，每股发行价1元，但上市首日开盘价达到16.8元，收盘价为19.69元，在1997年甚至冲到66.18元的历史最高位。上市后，四川长虹的净资产从最初的3 950万元迅猛扩张到133亿元，“长虹”品牌也成为全国驰名商标，一时风光无限。

然而之后，四川长虹的经营业绩直线下滑，体现较为明显的就是在净利润上，1998年20亿元净利润，在1999年只有5.3亿元，到了2000年更是只剩下2.7亿元，在这样情形下，四川长虹管理层不得不寻求出路，他们觉得海外扩张是挽救四川长虹的好途径。

几经周折，四川长虹与一家美国的经销商Apex公司搭上，这家美国公司主要经营其品牌下的 DVD，但是四川长虹不知道的是 Apex 公司已经拖欠了国内多家 DVD 制造商数千万美元的货款。

表 12－2　　2002—2004 年四川长虹海外销售情况　　单位：亿元

年份	海外销售额	Apex 销售额	Apex 应收账款余额	应收 Apex 销售余款占当年海外销售额比例
2002	55. 41	50. 65	38. 29	69. 1%
2003	50. 38	35. 18	44. 51	88. 34%
2004	28. 71	2. 95	38. 37	133. 65%

从表 12－2 中可以看出，四川长虹的海外扩张战略开始是有成效的，但是海外销售额逐年下降，而其合作伙伴 Apex 则拖累了四川长虹的发展，尤其体现在应收 Apex 销售余款占当年海外销售额比例逐年增长，不得不让人怀疑四川长虹的眼光。

这样持续一段时间后，危机终于爆发。2004 年 12 月 28 日，四川长虹发布了年度预亏提示性公告。在公告中四川长虹首次承认，受应收账款计提和短期投资损失的影响，预计 2004 年将出现重大亏损。果不其然，次年 4 月公布的年报中，其主营业务收入同比下降 18. 36%，全年亏损 36. 81 亿元，每股收益－1. 701 元。

三、信用风险的衡量方法

（一）专家分析法

专家分析法是指专家通过分析借款人的相关信息，对其资信、品质等进行评判，以确定是否给予贷款。主要包括以下七种方法。

1. 5C 法。专家对借款企业的分析因素有：资信品格（Character）、资本（Capital）、还款能力（Capacity）、抵押品（Collateral）和所处经济周期（Cycle）。

2. 5W 法。专家对借款企业的分析因素有：借款人（Who）、借款用途（Why）、还款期限（When）、担保物（What）和如何还款（How）。

3. 5P 法。专家对借款企业的分析因素有：个人因素（Personal）、目的因素（Purpose）、偿还因素（Payment）、保障因素（Protection）和前景因素（Perspective）。

4. 4F 法。该分析法主要着重分析以下四个方面要素：组织要素（Organization）、经济要素（Economic）、财务要素（Financial）和管理要素（Management）。

5. LAPP 法。专家对借款企业的分析因素有：流动性（Liquidity）、活动性（Activity）、盈利性（Profitability）和发展潜力（Potentialities）。

6. CAMPARI 法。该分析法即对借款人以下七个方面分析：偿债记录（Character）、借款人偿债能力（Ability）、企业从借款投资中获得的利润（Margin）、借款的目的（Purpose）、借款金额（Amount）、偿还方式（Repayment）和贷款抵押（Insurance）。

7. CAMEL 评估体系。该评估体系包括五个部分：资本充足率（Capital Adequacy）、资产质量（Asset Quality）、管理水平（Management）、收益状况（Earnings）和流动性（Liquidity）。

上述评级方法在内容上都大同小异，是根据信用的形成要素进行定性分析，必要时配合定量计算。它们的共同之处都是将道德品质、还款能力、资本实力、担保和经营环境条件或者借款人、借款用途、还款期限、担保物及如何还款等要素逐一进行评分，但必须把企业信用影响因素的各个方面都包括进去，否则信用分析就不能达到全面反映的要求。传统的信用评级要素分析法均是金融机构对客户作信用风险分析时所采用的专家分析法，在该指标体系中，重点放在定性指标上，通过他们与客户的经常性接触而积累的经验来判断客户的信用水平。

专栏 12－2

银广夏造假案件

银广夏全称广夏实业股份有限公司，1994 年 6 月 17 日在深圳证券交易所上市，是宁夏第一家上市公司。银广夏 1994 年在天津成立了控股子公司天津保洁制品有限公司（以下简称保洁公司），保洁公司在 1996 年通过德国西伊利斯公司进口了一套泵式牙膏生产设备，此后银广夏又订购了一套德国伍德公司生产的二氧化碳超临界萃取设备，这一系列事件成为银广夏造假的起点。

1997 年天津保洁公司更名为天津广夏。

银广夏自上市以来，一直以软磁盘为主业，但早就出现亏损。为此，银广夏每年为维持 10% 的净资产收益率做过很多项目，但业绩普通，直到 1998 年天津广夏公司独撑大局，业绩奇迹般开始转折。

1998 年，天津广夏接到德国诚信公司的第一张订单。银广夏当年发布公告称，天津广夏将每年向这家德国公司提供二氧化碳超临界萃取技术所生产的原料，金额超过 5 000 万马克。1999 年银广夏利润总额 1. 58 亿元，其中 76% 来自天津广夏。随后，银广夏公告将再从德国进口两条萃取生产线，并随后计划将这两条生产线进行升级，预估为现有生产能力的 13 倍之多。

2000 年银广夏公布年报，每股盈利 0. 51 元。在不到半年的时间内，银广夏股价从 13. 97 元涨至 35. 83 元，等到了 2000 年 12 月 29 日，创下 37. 99 元的新高，折合为除权前的价格 75. 98 元，较一年前的价格上涨了 440%。2001 年 3 月，银广夏公布了 2000 年年报，在股本扩大一倍的情况下，每股收益 0. 827 元，增长超过 60%，盈利能力之强在深沪两市实属罕见。2001 年 3 月银广夏再度公告称与德国诚信公司已签下了连续三年、每年 20 亿元人民币的总协议。由此推算，2001 年银广夏每股收益将达到 2 ~3 元，这将使银广夏成为两市业绩最好、市盈率最低的股票，当年银广夏发展达到顶峰。

银广夏不寻常的“增长”引起了相关业内人士对它的关注和探究。财经记者对它进行了长达一年的跟踪采访，最后发现这就是银广夏制造的一个大骗局。银广夏营造出来的暴利前景主要依托于天津广夏采用的二氧化碳超临界萃取技术生产的产品。二氧化碳超临界萃取这项技术无法生产出高纯度的产品，同时由于操作过程要求有高精确的压力和温度，在设备的投资和能耗上是很高的，而采用国外设备在投资上要比国内高 8 倍。记者还采访了相关研究方向的大学教授，他们都表示这在目前来看根本做不到。

各方对银广夏怀疑的原因主要是：（1）以天津广夏萃取设备的产能无法达到其所宣称的数量；（2）天津广夏萃取产品的售价，与国内外市场有巨大差距；（3）银广夏对德国出口的合同中的某些产品根本不能用二氧化碳超临界萃取设备提取；（4）银广夏产品原材料提供商的产量超过出口成品的产量，不符合逻辑。

后经多方查证，与银广夏有业务往来的德国诚信公司仅是一家注册资本为 10 万马克的小公司，主要经营机械产品和提供技术咨询。一家注册资本只有 10 万马克的公司竟然与银广夏签订了总金额为 60 亿元的合同，这种差距过于悬殊，不得不让人怀疑。而且银广夏宣称已久的诚信公司代表将来签订供货合同之事，始终未见落实。

（二）内部评级法

贷款五级分类法是商业银行对贷款违约风险进行评估和管理的方法。贷款五级分类是指商业银行依据借款人的实际还款能力进行贷款质量的五级分类，即按照风险程度将贷款划分为五类：正常、关注、次级、可疑、损失，其中次级类、可疑类、损失类为不良贷款。巴塞尔银行监管委员会在上述五级分类法的基础上开发出更为细化的内部评级法（The Internal Ratings Based Approach，IRB）。

内部评级法是由银行专门的风险评估人员，运用一定的评级方法，对借款人或交易对手按时、足额履行相关合同的能力和意愿进行综合评价，并用简单的评级符号表示信用风险的相对大小。巴塞尔协议Ⅱ中充分肯定了内部评级法在风险管理和资本监管中的重要作用，并鼓励有条件的商业银行建立和开发内部评级模型和相关的计算机系统。显然，内部评级法作为新资本协议的技术核心，代表着全球银行业风险管理的发展趋势。

内部评级法包括初级法和高级法。内部评级法提出了四个基本要素，分别是违约概率（PD）、违约损失率（LGD）、违约风险暴露（EAD）和期限（M）。初级法的要求比较简单，银行只需要计算违约概率，其余要素只要依照监管机构的参数即可。高级法相对复杂很多，银行需要自行计算上述四个要素，受监管机构限制的地方较少。换言之，在高级法下，银行的自由度增加了，减少了监管机构对银行的监控手段。

除了上述区别以外，基础法和高级法在计算公式及授信期限等调整因子上也存在着一定差异，最终导致金融机构在计算风险资产及提取相应准备上存在巨大差异。但总体来说，对于风险控制较好的银行，采用高级法往往能比采用基础法减少必需的准备提取，但对于一些风险控制较差的银行，情况可能正好相反。

1. 内部评级法的基本要素

（1）评级对象。商业银行在内部评级法中必须设计客户资信评级及贷款评级的二维体系，以满足风险监管的精确化技术要求。

（2）评级考虑因素。大多数国际性银行在评级时除了考察借款人财务状况，包括资产负债情况、盈利能力和现金流量充足性等因素以外，还会考虑经济周期、行业特点、区域特征、市场竞争、管理水平以及产权结构等因素对借款人偿债能力的影响。行业分析在风险评级过程中发挥着越来越重要的作用，因为不同行业的发展前景、市场结构和主要风险因素各不相同，只有通过行业比较，才能比较客观地估计不同行业借款人的信用风险水平，并使不同行业的信用评级具有可比性。为此，一些国际性银行非常重视对行业的研究和跟踪分析，并按不同的行业分别设立机构，每个行业机构下设置客户经理部、行业评估专家组、风险评估专家组和业务处理组。

（3）评级标准。巴塞尔委员会鼓励银行利用自己本身的资料建立评级标准，银行需要将评级的方法清楚列明，清楚阐释授信风险因素的筛选方法、评级的原理、处理非量化因素的准则等，以增加评级的透明度，提供足够信息使其他人容易了解、比较及解释不同评级的区别。

2. 内部评级法的基本结构。与旧协议相比，新资本协议所提出的内部评级法更加广泛地涵盖了信用风险、市场风险和操作风险。因此，新的资本充足率计算公式中的分母为信用风险的加权资产与市场风险和操作风险所需资本的12.5倍之和，即

资本充足率 = 资本 / 风险加权资产 = (核心资本 + 附属资本)/[信用风险加权资产 + (市场风险资本 + 操作风险资本) × 12.5]

3. 内部评级法的关键指标。使用内部评级方法计算资本金需要输入四个指标：债务人违约概率、违约损失率、违约风险暴露以及期限。

（1）债务人违约概率（PD）。违约概率是指未来一段时间内借款人发生违约的可能性。巴塞尔委员会定义违约概率为债项所在信用等级1年内的平均违约率。

（2）违约损失率（LGD）。违约损失率是指一旦债务人违约，预期损失占风险暴露总额的百分比。需要指出的是此处的损失是经济损失而非会计损失。

（3）违约风险暴露（EAD）。违约风险暴露是指债务人违约时预期表内项目和表外项目的风险暴露总额，包括已用授信余额、应收未收利息、未使用授信额度的预期提取数量以及可能发生的相关费用等。

（4）期限（M）。一项金融工具的有效期限定义为1年及以上期限中的最大值，但任何资产的有效期限都不得超过7年。除非另行规定，期限为借款人完成贷款协议规定的所有义务（本金、利息和费用）需要的最长剩余时间（以年计，通常为该金融工具的名义期限）；对于分期付款的金融工具，为剩余的最低本金合同还款额的加权期限，定义为

$$\text{加权期限} = \sum_t tP_t / \sum_t P_t \tag{12.1}$$

式中，P_t 表示在未来 t 月内到期的最低本金合同金额。

期限被认为是最明显的风险因素，监管当局通常期望银行及时提供合约中敞口的有效期限。在标准法中，借款人被分为5类风险权重（0，20%，50%，100%，150%）。IRB方法规定了更精确的风险区分方法，即对 *PD*、*LGD* 和 *M* 分别估计，然后作为产生相应风险权重的因素。如果考虑到其他敏感性，通过使用风险权重的连续函数代替标准法下五个离散的风险档，较好地反映了信贷质量的全貌。这样，对于 *PD*、*LGD* 以及某些情况下的 *M* 共同显示低风险债务人的敞口，那么其风险权重一般要低于使用标准法得出的风险权重。同样，PD、LGD和M显示高风险借款人敞口，其风险权重往往高于标准法得出的风险权重。

4. 内部评级法中的风险资产权重。在确定风险因素后，可利用风险权重函数将风险要素转换成风险资产权重。与原协议不同，IRB风险函数根据风险业务分类的差异而不同，且呈现较好的连续性。IRB法风险权重用风险暴露的 *PD*、*LGD* 以及期限 *M* 的连续函数来表示。该函数将上述风险要素转化成风险资产权重。该方法不依赖标准法下监管当局确定的风险权重档次，相反，它允许在更大程度上辨别风险，并满足银行不同评级体系的要求。

（1）初级法风险权重函数。在初级法中，如果没有明确的期限因素，公司风险暴露的风险权重就取决于其中 *RWc* 表示与风险暴露违约概率和违约损失率相联系的风险权重，而

$BRWc$ 表示给定违约概率下公司风险暴露的基准风险权重，并按50%的违约损失率进行调整。每项风险暴露的 $BRWc$ 反映了它的违约概率，并按以下方程确定：

$$BRWc(PD) = 976.5 \times N[1.118 \times G(PD) + 1.288] \times [1 + 0.0470 \times (1 - PD)/PD^{0.44}]$$

式中，$N(x)$ 表示标准正态分布函数，$G(z)$ 表示标准正态分布函数的反函数，即 x 满足 $N(x)\_z, x = G(z)$。

（2）高级法风险权重函数。在高级法中，期限不足3年的风险暴露，其风险权重违约概率和期限水平应作上下调整。风险暴露的风险权重 RWc，可表示为违约概率、违约损失率和期限的函数：

$RWc = (LGD/50) \times BRWc(PD) \times [1 + b(PD) \times (M - 3)]$，或 $12.5 \times LGD$，取较小值。

式中，b 表示违约概率期限调整因子的敏感度。

（三）基于财务比率指标的信用评分方法

1. 线性概率模型。线性概率模型是使用诸如会计比率之类的历史数据作为模型的输入数据，来解释以前的贷款偿还情况。我们可以使用在过去贷款偿还中起重要作用的一些因素来预测新贷款的偿还概率。

过去的贷款通常划分为两类，即违约的（$Z_i = 1$）和不违约的（$Z_i = 0$）。然后，我们通过对随机变量（X_{ij}）的线性回归来进行估计，X_{ij} 表示第 j 个借款者的数量信息，如财务杠杆或收益率，通过如下形式的线性回归来估算模型：

$$Z_i = \sum B_j X_{ij} + error \tag{12.2}$$

式中，B_j 表示在过去的偿还情况中第 j 个变量的重要性。

如果我们得到变量 j 的估计 B_j 值，将其与对未来借款者所观测到的 X_{ij} 值相乘，并进行加总，就能得到借款者违约的概率 $E(Z_i) = 1 - P_i$ = 预期的违约率，其中 P_i 是对贷款偿还的概率。只要可以获得借款者 X_{ij} 的当前信息，这种方法是非常直截了当的。

2. 定性响应模型

定性响应模型用来预测某一时期开始时生存者的某一公司在该时期结束时生存的概率。

较为常用的两种定性模型是：

① Probit 模型：假设事件发生的概率服从累积标准正态分布。

② Logit 模型：假设事件发生的概率服从累积 Logistic 分布。

Probit 模型和 Logit 模型都改进了线性概率模型的预测值可能落在区间［0，1］之外的缺陷。

3. Altman 五因子 Z 值模型与 ZETA 模型

（1）Altman 五因子 Z 值模型

Altman 五因子 Z 值模型是最具影响力的信用评分模型。

五因子分别是：

① 流动资本/总资产：这一指标反映流动性和规模的特点。

② 留存盈余/总资产：这一指标衡量企业积累的利润，反映企业的经营年限。

③ 息税前收益/总资产：这一指标衡量企业在不考虑税收和融资影响的情况下，其资产的生产能力，是衡量企业利用债权人和所有者权益总额取得盈利的指标。

④ 股权的市场价值/总负债的账面价值：这一指标衡量企业的价值在资不抵债前可下降的程度，反映股东所提供的资本与债权人提供的资本的相对关系，反映企业基本财务结构是否稳定。

⑤ 销售额/总资产：这一指标衡量企业产生销售额的能力。表明企业资产利用的效果。指标越高，表明资产的利用率越高，说明企业在增加收入方面有良好的效果。

公开上市交易的制造业公司的破产指数模型：

$$Z = 1.2X_1 + 1.4X_2 + 3.3X_3 + 0.6X_4 + 0.999X_5 \tag{12.3}$$

或 $Z = 0.012X_1 + 0.014X_2 + 0.033X_3 + 0.006X_4 + 0.999X_5$

两个公式的区别在于前四个变量是否用百分比表示，最后一个变量是倍数形式，所以不做改变。

判断准则：$Z<1.8$，破产区；$1.8\leq Z<2.99$，灰色区；$2.99<Z$，安全区。

Edward Altman 对该模型的解释是：Z - score 越小，企业失败的可能性越大，Z - score 小于 1.8 的企业很可能破产。

Altman 针对非上市公司给出了修正的破产模型：

$$Z = 6.56X_1 + 3.26X_2 + 1.0X_3 + 0.72X_4 \tag{12.4}$$

判断准则：$Z<1.23$，破产区；$1.23\leq Z<2.9$，灰色区；$2.9<Z$，安全区。

（2）ZETA 模型

1977 年，Altman 将五因子模型扩充为七因子模型，称为 ZETA 模型。ZETA 信用风险模型（ZETA Credit Risk Model）是继 Z 模型后的第二代信用评分模型，变量由原始模型的五个增加到了七个，适应范围更宽，对不良借款人的辨认精度也大大提高。

$$ZETA = ax_1 + bx_2 + cx_3 + dx_4 + ex_5 + fx_6 + gx_7 \tag{12.5}$$

模型中的 a、b、c、d、e、f、g 分别是 ZETA 模型中其变量各自的系数。x_1、x_2、x_3、x_4、x_5、x_6、x_7分别表示模型中的 7 个变量，分别是资产收益率、收益稳定性指标、债务偿付能力指标、累计盈利能力指标、流动性指标、资本化程度的指标、规模指标。

ZETA 这种新模型在破产前 5 年即可有效地划分出将要破产的公司，其中破产前 1 年的准确度大于 90%，破产前 5 年的准确度大于 70%。新模型不仅适用于制造业，而且同样有效地适用于零售业。

（四）现代信用风险度量模型

1. 模型借鉴的科学方法

现代信用风险度量模型用复杂的数理模型描述信用风险发生的概率、损失程度等，并试图给予精确估计。

现代信用风险度量模型借鉴了许多经典经济思想及其他领域的科学方法，包括期权定价理论、利率预期理论、保险精算方法以及度量市场风险的方法。

（1）期权定价理论。这一理论提出了经典的 Black - Scholes 期权定价公式，它假设资产价格在各节点上是一个给定概率下的连续随机过程，并通过随机积分推导出该公式。

$$C(S,T) = SN(d_1) - Xe^{-rT}N(d_2)$$

$$P(S,T) = Xe^{-rT}N(-d_2) - SN(-d_1)$$

式中，$C(S,T)$ 表示看涨期权的价格，$P(S,T)$ 表示看跌期权的价格，r 表示无风险利率。

（2）利率预期理论。该理论主要观点是利率曲线的形状由人们对未来利率的预期决定，预期是决定利率期限结构的主要原因。

利率预期理论可分为无偏预期理论和有偏预期理论。无偏预期理论认为只有对未来短期利率的预期会影响远期利率，如果人们预期未来短期利率会上升，长期利率就会高于短期利率，反之，长期利率则会低于短期利率。有偏预期理论认为除了预期以外还会存在其他因素影响远期利率，如市场流动性或其他因素等。

（3）保险精算方法。死亡率模型和信用风险附加法（CreditRisk +）是保险精算法的代表。

死亡率模型以贷款或债券组合的违约经历为基础来推断和预测具有同一级别的信用资产的信用风险程度。Altman 等人开发出一张表格，用该表来对信用资产一年及多年的死亡率和边际死亡率进行预测，从而得出信用资产的预期损失的估计值。许多信用评级机构，如标准普尔、穆迪公司等都采用死亡率模型来预测分析债券类信用资产的信用风险。但是，由于死亡率模型在很大程度上依赖于贷款和债券组合的样本规模，所以目前应用死亡率模型的主要困难在于历史资料不全。

信用风险附加法（CreditRisk +）主导思想源于保险精算学，即损失决定于灾害发生的频率和灾害发生时造成的损失或破坏程度，如果一个家庭的全部资产组合均已投保，那么每处资产被烧毁的概率是很小的，并且每处资产被烧毁可以看作一项独立事件，而许多贷款组合的违约风险与家庭火险发生的概率和分布相似，所以精算思想可用于贷款的信用风险度量。它不分析违约的原因，而且该模型也只针对违约风险而不涉及转移风险，需要输入的数据较少，特别适用于对含有大量中小规模贷款的贷款组合进行信用风险分析。

（4）度量市场风险的方法。

①名义值度量法：用资产组合的价值作为该组合的市场风险值。这种方法只是计算市场在极端情形下的风险，是对资产组合市场风险的一个很粗糙的估计。

②灵敏度方法：将资产组合的市场价值映射为一些市场风险因子的函数，利用 Taylor 展开近似得到资产组合价值随市场因子变化的二阶形式。资产组合的市场风险取决于资产组合价值对风险因子变动的敏感性和市场风险因子本身变动的方向和幅度。常见的灵敏度指标主要是久期、凸性、β 以及主要应用于金融衍生工具风险度量的 Delta、Theta、Vega 和 Rho 等。

③波动性方法：用市场风险因子的变化而导致的资产组合收益的波动程度来度量资产组合的市场风险。此方法是统计学中方差或标准差的概念在风险度量中的应用，描述随机变量的取值偏离其数学期望的程度。

④VaR 方法：是指市场处于正常波动的状态下，对应于给定的置信度水平，资产组合在未来特定的一段时间内所遭受的最大损失的可能性。该方法可以把不同风险因子及不同风险因子之间相互作用而引致的组合的整体市场风险用一个对应于给定置信水平的最大可能损失值反映出来。

⑤压力试验：核心思想是通过构造、模拟一些极端情形（厚尾分布），度量资产组合在

极端情景发生时的可能损失大小。

⑥极值理论：应用极值统计方法来刻画资产组合价值变化的尾部统计特征，进而估计资产组合所面临的最大可能损失。

2. 现代信用风险度量模型

（1）KMV 模型。KMV 模型是美国著名的 KMV 公司开发的一个信用风险计量模型。KMV 模型是根据贷款企业的股票市场价格来分析该企业的信用状况，进而分析该笔贷款的信用风险。

①模型的基本思路。

Ⅰ. 该模型运用的最主要的分析工具是预期违约率（EDF），是指贷款企业在正常的市场条件下，在一定期限内违约的概率。

Ⅱ. 该模型认为，当企业的市场价值低于企业负债时就会发生违约，即贷款企业不能正常支付到期的利息和本金。这是因为，此时的企业资不抵债。

Ⅲ. 企业资产的市场价值被认为等同于企业的负债加上股东权益，即资产市价 = 账面负债 + 股权市价。

Ⅳ. 由于企业负债的账面价值的波动性可以看作等于 0，因此企业资产价值的变化规律可以被视为等于企业股票市价的变化规律。

Ⅴ. 计算出贷款违约的概率之后，再根据贷款在违约情况下的贷款损失率的概率分布，就可以计算出该笔贷款的信用风险价值。

② EDF 的计算。首先我们要计算违约距离（DTD）。违约距离是指以百分数表示的企业资产价值在一定期限内由当前水平降至违约触发点的幅度，可以用公式表示为

$$DTD = (AV - DP)/SD \tag{12.6}$$

式中，AV 是企业资产目前的市场价值；DP 是违约触发点的企业资产价值；SD 为资产价值的标准差。

如果知道了企业股票价格变化的概率分布，就可以求出因股价降低而使企业价值达到违约触发点的概率，这就是企业的违约概率。

例如我国某家上市公司股票的市价为 40 万元（股票市价初始值），同时股价变化规律服从标准差为 6 万元的正态分布（股价的初值 40 万元作为其均值），当股票价格下降到 28 万元时会使企业资产价值达到违约触发点。跌幅 12 万元时两个标准差。根据正态分布的性质可知，股票价格在两个标准差（即 28 万 ~ 52 万元）之间波动的概率为 95%，而跌破 28 万元使得企业价值达到违约触发点的概率为 2.5%，即企业的违约概率为 2.5%。

从上述例子可以看出，当企业价值服从正态分布的时候，企业的违约概率可以准确地求出来。然而，这一假设往往与现实相差很远，基于这一点，KMV 公司着重从经验上去求 *EDF*。他们在拥有大量的企业违约和不违约历史数据库的前提下，计算某一时刻资产价值与违约点 DP 距离为同一值的企业在一年内违约的频数，从而对 *EDF* 做出估计。例如，数据库中具有同样违约距离值的企业有 1 800 家，其中违约 30 家，则经验违约频率为

$$\text{经验 } EDF = 30/1\,800 = 1.67\%$$

一般来说，经验 *EDF* 与 *EDF* 的理论值会有一定的差异。但是只要样本很大，由大数定

律可知，由频率代替概率是合理的。因此，KMV 模型建立在大规模的世界范围内的企业及企业违约数据库基础上的经验 *EDF* 是可信的。与以会计为基础和以信用评级为基础的体系相比，*EDF* 值有较好的敏感度，这种敏感度来自 *EDF* 与股票市场之间的直接联系。

（2）Creditmetrics 模型。Creditmetrics，也称信用度量法，这种方法的主要思想是通过风险价值（VaR）来衡量风险。最早的 VaR 分析的是银行的市场风险，但是随着该方法使用的进一步深化，VaR 方法也被引入信用风险的度量中，典型代表之一就是 Creditmetrics。我们通过 Creditmetrics 模型可以对商业银行进行信用风险衡量，提高信用风险管理的透明度和市场流动性，并对信用风险的资本充足率提供统一尺度。该模型除了可以应用于传统的商业贷款之外，还可以应用于信用证、承付书、固定收入证券以及掉期合同等衍生产品。

①信用转移矩阵。一笔贷款在发放的有效期内，其质量水平在不同年份内可能是有所差别的，即使贷款本息最终都能收回，我们也应该关注该期限内的不同质量变化情况。而标志贷款质量变化的最主要工具就是信用等级转移概率，也就是同一笔贷款在一年后的信用等级出现不同变化情况的概率。假设某笔贷款的信用等级为 AAA 级，表 12－3 为信用等级的转移概率。

表 12－3　　　　信用等级转移概率

最初的等级	一年后可能的等级							
	AAA	AA	A	BBB	BB	B	CCC	违约
AAA	90.81	8.33	0.68	0.06	0.12	0	0	0

如果考虑到初始贷款的不同信用等级，把所有初始信用等级情况下的信用等级转移概率放入一张表中，那就是信用等级转移矩阵，如表 12－4 所示。

表 12－4　　　　信用转移矩阵

最初的等级	一年后可能的等级							
	AAA	AA	A	BBB	BB	B	CCC	违约
AAA	90.81	8.33	0.68	0.06	0.12	0	0	0
AA	0.70	90.65	7.79	0.64	0.06	0.14	0.02	0
A	0.09	2.27	91.05	5.52	0.74	0.26	0.01	0.06
BBB	0.02	0.33	5.95	86.93	5.30	1.17	0.12	0.18
BB	0.03	0.14	0.67	7.73	80.53	8.84	1	1.06
CCC	0	0.11	0.24	0.43	6.48	83.64	4.07	5.20
违约	0.22	0	0.22	1.3	2.38	11.24	64.86	19.79

表 12－3 和表 12－4 中的数据是由标准普尔、穆迪、J. P. 摩根、KMV 等公司提供，并由这些公司的信用分析人员根据多年所积累的贷款（债券）信用等级变化的历史数据集分析得来。目前国际上比较通行的信用等级一共是 8 级，即 AAA、AA、A、BBB、BB、B、CCC 和违约。

②贷款现值的估计。从风险管理本质来说，贷款的现值概念要比期值概念更有意义。在Creditmetrics模型中，它使用了一个简单易行的贴现公式实现了这一点：

$P = D + D/(1 + r_1 + s_1) + D/(1 + r_2 + s_2)^2 + \cdots + (A + D)/(1 + r_i + s_i)^i$ 其中 $i = 1,2,\cdots,n$

式中，A 为贷款本金，在 i 年偿还；D 为贷款每年所支付的利息；r_i 为零息票利率；s_i 为信用风险价差。

另外，需要指出的是，当出现违约的情况时，只需要估计贷款的残值或回收值的现值就可以了。

③VaR的计算。在信用转移矩阵中，我们可以知道一笔贷款信用等级转换的概率，而在贷款现值估计中，我们又可以得出该贷款不同信用等级转换后的现值。在假定该贷款信用状况服从正态分布的情况下，我们就可以求出该笔贷款在下一年度的期望、方差以及标准差。在不同的置信度情况下，我们可以根据下面的公式直接求出该贷款的 VaR。

$$VaR = W_0(\alpha\sigma\sqrt{\Delta t} - \mu\Delta t) \tag{12.7}$$

式中，W_0 为贷款的初始价值；α 在给定一定的置信水平后通过正态分布表可查得；σ 为贷款价值的标准差；μ 为贷款价值的期望；Δt 为选定的所要考察的时间间隔，如10天。

由于信用风险存在着左端厚尾问题，为求得更大的安全系数，巴塞尔委员会对这种极端损失问题的处理方法往往就是在求出 VaR 的基础上，再乘以一个范围在3至4之间的因子。

（3）信用组合观点模型。信用组合观点（Credit Portfolio View）模型是由麦肯锡（Mckinsey）开发的一个多因子模型，可以用于模拟既定宏观因素取值下各个信用等级对象之间联合条件违约分布和信用转移概率。在观测到失业率、GDP增长率、长期利率水平、外汇水平、政府支出和国民储蓄率等宏观经济因子信息时，计算不同国家、不同行业、不同信用评级的违约和信用潜移概率的分布函数。此模型假定每个债券的信用评级对整体的信用周期更敏感。

信用组合观点将观测到的违约概率和信用潜移概率与宏观经济因素联系起来。当经济处于衰退期时，各信用主体信用降级和违约概率增加；与此相反，当经济处于繁荣时期时，各信用主体信用降级和违约概率减少。也就是说信用周期与经济周期密切相关。假定能够得到相关的数据，这一框架可以应用到每一个国家，并可用到制造业、金融业和农业等不同的部门和各种类型的信用个体。

①违约预测模型。违约概率为一个Logit函数，其变量为一些宏观经济变量的当前值或滞后值构造的综合评级指数，可表示为

$$P_{j,t} = \frac{1}{1 + e^{-Y_{j,t}}} \tag{12.8}$$

式中，$P_{j,t}$ 表示国家或行业 j 中债券在时期 t 的条件违约概率，$Y_{j,t}$ 表示由宏观经济变量构造的评级指数。注意上述Logit变换保证了计算得到的违约概率处于0与1之间。

某一时期一个国家经济状况的宏观经济指数 $Y_{j,t}$ 可用下述的多因子模型来表示：

$$Y_{j,t} = \beta_{j,0} + \beta_{j,1}X_{j,1,t} + \beta_{j,2}X_{j,2,t} + \cdots + \beta_{j,m}X_{j,m,t} + v_{j,t} \tag{12.9}$$

式中，$\beta_j = (\beta_{j,0},\beta_{j,1},\beta_{j,2},\cdots,\beta_{j,m})$ 为第 j 个国家、产业或级别的参数；$X_{j,t} = (X_{j,1,t},X_{j,2,t},\cdots,X_{j,m,t})$ 为时期 t 第 j 个国家或行业的宏观经济变量；$v_{j,t}$ 表示与宏观经济向量 $X_{j,t}$ 独立的残差变

量，并假设服从正态分布 $v_{j,t} - N(O,\sigma_j)$ 和 $v_t - N(O, \sum v)$ ，这里，v_t 表示残差变量 $v_{j,t}$ 的向量形式，$\sum v$ 表示 $j \times j$ 的方差协方差矩阵。

对每一个国家来说，宏观经济变量都是给定的。如果能够得到足够的数据，上述模型就可以在国家或产业的水平上进行计算，从而就可以估计出相应的违约概率 $P_{j,t}$ 、违约概率指数 $Y_{j,t}$ 和相应的参数 β_j 。

实际估计时，一般假设宏观经济变量服从 2 阶自回归（AR2）过程：

$$X_{j,i,t} = r_{j,i,0} + r_{j,i,1}X_{j,i,t-1} + r_{j,i,2}X_{j,i,t-2} + e_{j,i,t} \tag{12.10}$$

式中，$X_{j,i,t-1}, r_{j,i,2}X_{j,i,t-2}$ 表示宏观经济变量 $X_{j,t}$ 的一阶和二阶的滞后项；$r_j = (r_{j,i,0}, r_{j,i,1}, r_{j,i,2})$ 表示需要估计的参数；$e_{j,i,t}$ 表示独立同分布的残差项；$e_{j,i,t} - N(O,\sigma_{ej,i,t})$ 和 $e_t - N(O, \sum e)$ 。其中，e_t 表示残差 $e_{j,i,t}$ 的向量形式，$\sum e$ 为$(j \times i)(j \times i)$ 的方差协方差矩阵。

为了计算违约概率，需要考虑下面的几个方程：

$$\begin{aligned} P_{j,t} &= \frac{1}{1 + e^{-Y_{jt}}} \\ Y_{j,t} &= \beta_{j,0} + \beta_{j,1}X_{j,1,t} + \beta_{j,2}X_{j,2,t} + \cdots + \beta_{j,m}X_{j,m,t} + v_{j,t} \\ X_{j,i,t} &= r_{j,i,0} + r_{j,i,1}X_{j,i,t-1} + r_{j,i,2}X_{j,i,t-2} + e_{j,i,t} \end{aligned} \tag{12.11}$$

式中，残差的向量 Et 表示为 $E\_ \ t = \begin{bmatrix} v_t \\ e_t \end{bmatrix} - N\ (0,\ \Sigma)$，这里 $\Sigma = \begin{bmatrix} \Sigma_v & \Sigma_{v,e} \\ \Sigma_{e,v} & \Sigma_e \end{bmatrix}$，$\Sigma_{v,e}$ 和 $\Sigma_{e,v}$ 表示交叉的协方差矩阵。

在计算了上面的几个方程后，可以通过以下步骤来计算违约概率：

第一步：对协方差矩阵 Σ 进行 Cholesky 分解，即

$$\sum = AA'(5) \tag{12.12}$$

第二步：产生标准正态分布的随机向量 $Z_t - N(0,I)$ ，然后计算 $E_t = A'Z_t$ ，所得的结果就是 $v_{j,t}$ 和 $e_{j,i,t}$ ，代入方程组（12.11）的估计值就得到了 $Y_{j,t}$ 和 $P_{j,t}$ 。

②条件转移矩阵。为了推导条件信用转移矩阵，我们使用根据穆迪（Moody）公司或标准普尔（Standard & Poor）公司的历史数据计算的信用等级转移矩阵（无条件的马尔可夫转移矩阵）。之所以称为无条件转移概率，是因为它们是基于 20 年、跨越好几个经济周期和产业的数据之上推导的历史平均数。

非投资级的债务人在经济衰退时期的违约概率平均较高，此时信用降级的概率下降，信用升级的概率上升，在经济扩张时期，与此相反：

$$\begin{aligned} &\frac{SDP_t}{\Phi SDP} > 1 \qquad \text{经济衰退时} \\ &\frac{SDP_t}{\Phi SDP} < 1 \qquad \text{经济繁荣时} \end{aligned} \tag{12.13}$$

式中，SDP_t 表示某级别债券的条件违约概率，ΦSDP 表示某级别债券的无条件违约概率。Credit Portfolio View 利用式（12.13）调整非条件违约概率矩阵得到以经济状态为条件的信用转移矩阵：

$$M_t = M(P_{j,t} / \Phi SDP) \tag{12.14}$$

当经济衰退，$\frac{SDP_t}{\Phi SDP}>1$ 时，增加了债券信用降级和违约的概率；当经济繁荣，$\frac{SDP_t}{\Phi SDP}<1$ 时，降低了债券信用降级和违约的概率。因为可以计算出任何经济时期的转移概率矩阵，那么也就可以得到多期的转移矩阵：

$$M_T = \prod_{t=1,\cdots,T} M(P_{j,t}/\Phi SDP) \tag{12.15}$$

对上式模拟很多次，就能得到任何时期，任何评级的条件违约概率的分布。

信用组合观点模型主要适用于投机级债务人，而不太适合于投资级债务人。因为投资级债务人的违约率相对稳定，而投机级债务人的违约率会受周期性宏观经济因素的影响而剧烈变动，所以要根据宏观经济状况适时调整违约概率及其对应的信用等级转移矩阵。

（4）CreditRisk + 模型。其基本思路是违约率的不确定性和违约损失的不确定性都很显著，应按风险暴露大小将贷款组合划分成若干频段，以降低不精确的程度。其后，将各频段的损失分布加总，可得到贷款组合的损失分布。

步骤：

①将贷款组合按每笔贷款的风险暴露划分为各个频段。

②首先根据历史数据确定某频段的平均违约次数，其次将平均违约率代入泊松（Possion）分布函数中，可求得频段中违约次数的概率 $P(n)=\frac{\mu^n e^{-\mu}}{n!}(n=0,1,2\cdots)$，然后将违约次数和相应的概率结合，可得到该频段违约次数的概率分布曲线。

③计算各频段的损失分布。

预期损失 = 平均违约次数 × 单笔贷款风险暴露

实际损失值 = 实际违约次数 × 单笔贷款风险暴露

将违约损失值与对应的违约概率结合，可得到该频段的损失分布曲线。

④将各频段损失分布加总得到组合损失分布，进而计算出未预期到的损失值。

该方法基于这样一些假设：贷款组合中任何单项贷款发生违约与否是随机的；每项贷款发生违约的可能性是独立的，因而这个方法假设贷款组合中单项贷款的违约概率分布服从 Possion 分布。

（5）死亡率法。其基本思路是：借鉴保险精算确定寿险保费的思想，对各信用等级债券和贷款死亡率及损失率进行专门研究。

步骤：

①利用历史违约数据计算贷款或债券寿命周期内每一年的边际死亡率 MMR。

$$MMR_i = \frac{\text{第 } i \text{ 年违约的某等级贷款或债券的总价值}}{\text{第 } i \text{ 年未偿的某等级贷款或债券的总价值}}$$

②计算累积死亡率 CMR，即贷款或债券在 N 年内会违约的概率。

$$CMR_N = 1 - \prod_{i=1}^{N} SR_i \tag{12.16}$$

$$SR_i = 1 - MMR_i$$

式中，SR_i 表示存活率。

③将死亡率与违约损失率结合，得到预期损失的估计值：

预期违约损失＝违约率×预期损失率（预期损失率＝1－平均挽回率）

④计算出意外损失的估计值。该模型借用了寿险精算的思想，思路不复杂，操作难度低，但其也有缺陷，例如具有违约模型的局限，简单依靠历史数据来预测违约损失，还有为了确保测算的精确度，需要大规模的包括各等级的债券工具的历史观测值样本等。

（6）神经网络方法和 PFM 模型。神经网络模型是一种按照误差逆向传播的多层前馈式神经网络，其过程有信号的正向传播与误差的反向传播组成，当输出层的实际输出与期望输出误差较大的时候，则进入误差的反向传播过程，不断修改网络的阈值和权值，直到输出误差达到期望误差时网络停止训练。

利用神经网络进行企业信用风险评估，其具体步骤如下：

①建立企业信用风险评估指标体系。根据相关研究，本着科学性、全面性的原则，从众多相关候选指标中选择出合理的指标构成企业信用风险评估指标体系。

②指标归一化处理。由于各评估指标有着不同的量纲，各指标的取值范围也不相同，为了消除指标间不同量纲与不同取值范围对评估结果的影响，需要对各评估指标进行归一化处理，评估指标包括效益型指标和成本型指标，两种指标归一化公式分别是

$$x'_i = \frac{x_i - \bar{x}}{x_{\max} - x_{\min}}$$

$$x'_i = 1 - \frac{x_i - x_{\min}}{x_{\max} - x_{\min}}$$

式中，x'_i 表示归一化后的指标值，x_i 表示某指标的原始值，$x_{\max}$ 表示某指标的最大值，$x_{\min}$ 表示某指标的最小值，$\bar{x}$ 表示平均值。

③确定 BP 神经网络结构。设定 BP 神经网络的输入层神经元节点数为 26，分别对应于 26 个评估指标；隐含层神经元节点数设为 7，分别代表企业信用风险评估的 7 个一级指标，设定输出层有一个输出节点，对应于评估结果。

④BP 神经网络的学习训练。根据各评估指标与企业信用风险等级间的关系，对网络进行训练，当网络达到最大迭代次数或误差平方和小于给定的误差精度 ε 时，结束网络训练。

⑤利用已完成训练的神经网络进行企业信用风险进行评估，得到企业信用风险等级。

PFM 模型是对 KMV 模型的发展，主要利用财务报表与上市公司的股价信息，在未上市公司无股价的情况下，估算出个别公司的预期违约风险。

PFM 模型与 KMV 模型不同点在于评估公司资产市场价值和标准差的方法不同。

3. 信用风险计量模型应用存在的难点

（1）信用风险损失计量方法的选择。目前，对信用风险损失的理解有两种观点：一种是传统的观点，认为只有在违约实际发生后贷款才发生损失，而在违约之前贷款价值不会受到影响；另一种新式的观点则认为，贷款的价值处于动态调整中，随时受到借款者信用状况变化的影响，在贷款的存续期内，即使借款者不违约，但只要其信用等级降低，贷款的价值也就相应降低。与信用风险损失的这两种理解相对应，信用风险损失的计量也存在两种不同的方法：对应于传统观点的是违约模型（DM），而对应于新式观点的是逐日盯市模型

（MTM）。

在违约模型下，信用风险损失只存在两种状况：①违约发生，损失为贷款账面价值与可收回价值现值的差额；②没有发生违约，损失为零。因此，这样的计量模型俗称“两状态模型”，KMV 模型就是这种模型。而逐日盯市模型则是多状态的，违约只是其中的一条状态。在不同的状态下，其贷款的价值不同，因而损失也就不同。在这种方法下，我们对损失的计量是盯市的，因而能够更准确地计量损失和反映信用风险的变化。Creditmetrics 模型采用的就是逐日盯市。

（2）信用风险模型的参数估计较为困难。

首先，这些计量模型所涉及的参数规模庞大、种类复杂。例如在违约模型下，我们必须估计每笔贷款违约的概率以及在违约情况下贷款损失的概率分布。在现实生活中，两笔或者多笔贷款进行组合的情况很常见，对违约概率的估计和贷款损失的评估就更加复杂，还要估计组合中每两笔贷款之间违约的相关系数。对于采用逐日盯市的模型，由于它要考虑不同信用等级变化的多种状态，模型所需的参数估计复杂程度更甚。

其次，由于商业银行的贷款一般具有周期较长的特点，因此要获得较为准确的估计值，就必须拥有历时多年的历史数据，而实际情况是大多数商业银行都不具备这一条件的。

对于这种数据上的局限性，我们在建立许多模型时都采用了不少用于简化问题的假设和主观判断，如假设一些随机变量呈正态分布等。

（3）检验模型有效性的准确度难以保证。信用风险计量模型的参数估计问题直接导致了模型有效性的检验问题。既然模型在建立过程中存在许多主观性很强的假设，而且参数估计因数据的局限也很难保证其准确性，人们就很容易对模型的有效性产生怀疑。因此信用风险计量模型的有效性检验十分必要。然而同样因为数据局限，对模型有效性的检验十分困难。

第二节　基于金融衍生工具的信用风险管理

金融衍生工具（Financial Derivative）是指建立在基础产品或基础变量之上，其价格随基础金融产品的价格（或数值）变动的派生金融产品。其中，基础产品或基础变量是一个相对的概念，不仅包括像股票、债券等现货金融产品，也包含了金融衍生资产。金融衍生工具主要表现为远期、互换、期货和期权四大类。

基于金融衍生工具的信用风险管理是指基于金融衍生交易合约，将信用风险与基础金融资产的其他风险相剥离，并将其向对手转移。

一、利用互换对冲信用风险

（一）信用违约互换

1. 信用违约互换（Credit Default Swap）的含义和交易结构。信用违约互换是目前使用最为普遍的信用衍生产品。在信用违约互换交易中，欲规避信用风险的保护买方向保护卖方支付费用，卖方承担参考资产信用风险报酬，卖方承诺如果合约到期前发生规定的信用事件，就对买方进行偿付。信用违约互换的基本交易结构如图 12－1 所示。

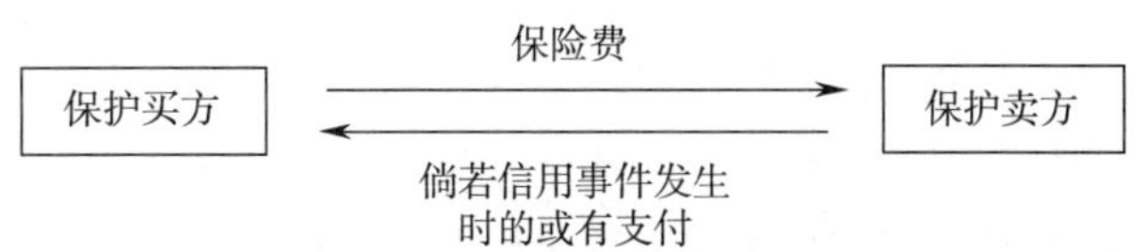

图 12－1　信用违约互换基本交易结构

2. 信用违约互换的品种。交易者可根据信用风险管理的实际需要设计各种违约互换结构。

（1）单一信用违约互换（Single－name Default Swap）。单一信用违约互换以某参考实体的特定债务为参考资产。一旦该参考实体或参考债务发生规定的信用事件，卖方即对买方支付，合约终止。

经济主体可以利用单一违约互换或其贷款或债券的信用风险暴露进行保值。假设 A 银行持有 B 国 2005 年发行的面值 100 元的 10 年期政府债券，为避免该国偿债能力可能下降所造成的损失，A 银行与 C 银行于 2010 年达成信用违约互换合约，以 B 国政府为参考实体，以该笔政府债务为参考债务，合约名义本金为 2 000 万元，保护期限为 3 年，A 银行每半年向 C 银行支付保险费，费率为名义本金的 52 个基点/年。合约采用现金结算方式，若在合约到期日前发生规定的信用事件，满足支付条件，卖方应在规定时间内将结算金额支付给买方，现金结算金额等于名义本金 ×（100% －期终价格）。2013 年，B 国宣布无力按期偿付债券利息和到期偿还本金。根据合约规定，在 5 个被认可的交易商对参考债券的报价中取其最高值作为期终价格，假设期终价格确定为 50 元，则 C 银行应向 A 银行支付 1 000 万元。A 银行将债券在市场上以 50 元的价格出售后，可得到 1 000 万元，加上从 C 银行得到的偿付，A 银行可以收回债券的全部面值。

银行也可安排两个反向操作的单一违约互换实现信贷组合收益中性分散化。例如，信贷组合中某大客户贷款占比过高，银行可以为这项信用敞口购买违约保护，同时出售一个针对与其现有信贷组合弱违约相关或负违约相关的另一参考实体的信用保护，使购买保护所费成本与出售保护所得收入抵冲，既降低了组合风险，又不减少预期收益。

银行还可以利用单一违约互换“释放”信贷限额。假定银行想对某客户提供信贷便利，但客户贷款需求超出了银行对该客户设定的限额，银行可达成以该客户为参考实体、名义金额等于贷款的超限额部分的违约互换，覆盖额外的信用暴露。

（2）信用篮子违约互换（Credit Basket Swap）。信用篮子违约互换是以一篮子多项贷款组合为参考，银行可为基础篮子选择不同的信用暴露覆盖率，举例如下。

①第一违约篮子（First－to－default Baskets）。在篮子中任何一个参考实体发生第一件信用事件后，合约就告终止，卖方承担的暴露以第一违约为限，并据此对买方支付。第一违约篮子交易所提供的信用保护的价格取决于篮子里参考贷款的数量及参考贷款的相关性和这些参考贷款的违约概率。如果参考贷款违约相关性较低，这种交易结构就是低成本高效率的保值工具。

②多重违约篮子（Multiple Default Baskets）。多重违约篮子可设计成对篮子中可能发生的任意数量的违约事件提供保护。当篮子中出现第一项违约事件后，合约不会终止，对于后

来发生的关于篮子中参考贷款的信用事件，在违约互换项下卖方将对买方给予额外的支付。如果合约提供对所有参考贷款的保护，则保护买方就将基础贷款组合的全部信用风险转移给卖方，篮子信用违约互换所保值的信用违约数量将等于参考贷款数量。多重违约篮子不同于一系列单一违约互换的总和，双方只需就一套合约文件谈判，可节省交易成本。

③第一损失篮子（First - loss Baskets）。银行保留信贷组合的部分风险暴露（第一损失），将剩余暴露（第二损失）转移给保护卖方，若组合的违约损失超过约定金额，卖方向买方偿付。银行通过限定损失上限减少保护成本，而不是对全部潜在暴露保值。保护卖方的保留部分越大、组合越分散化，第二损失也即未预期到的意外损失的可能性就越小，违约互换的保护价格就越低。

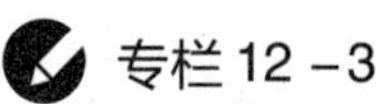

专栏 12－3

"CDS 第一案"——瑞银集团诉 Paramax

2007 年 5 月，瑞银与 Paramax 签订了 CDS 合约，瑞银是 CDS 买方，Paramax 是 CDS 卖方，合约标的是瑞银所承销的一笔次贷债务担保债券的违约风险，简称次贷 CDO。瑞银次贷 CDO 下所发行的价值 13.1 亿美元的超优先级债券均获得了 AAA 的评级，由于理论上违约风险很低，因此合同约定的 CDS 权利金水平为每年 15.5 个基点，即瑞银集团每年向 Paramax 支付 203 万美元的权利金。

Paramax 是一家小型对冲基金，权益资本仅有 2 亿美元，基金协议设定单笔头寸暴露不超过 4 000万美元。为了承担 CDS 合约下信用保护的责任，Paramax 设立了一家特殊目的载体（SPV），并投入 460 万美元作为履约保证金。6 个星期后，由于 CDO 市场恶化，Paramax 收到了瑞银集团第一个追加担保品的电话，金额为 236 万美元。接着就是第二次、第三次追加担保品的通知。短短 3 个月内，Paramax 合计追加了 3 000 万美元的担保品。当年 11 月，当瑞银集团再次通知 Paramax 追加 3 300 万美元的担保品时，Paramax 拒绝了。

瑞银集团于 2007 年 12 月起诉至法院要求 Paramax 履行合约。Paramax 则提出反诉，指控瑞银进行了过失性不实陈述，且没有信守其对 Paramax 作出的"次贷 CDO 不会贬值"的承诺，要求瑞银集团退回 3 000 万美元的担保并赔偿损失。

这个案件中有很多蹊跷，例如，瑞银为次级 CDO 优先级债券支付的权利金水平仅为 15.5 个基点，甚至比同等评级公司债券的 CDS 保费还要低。而 2007 年 5 月美国次贷危机已经爆发，建立在次贷基础上的 CDO 市场开始摇摇欲坠，违约风险已经很明显，市场上的 CDS 权利金大幅上升。此外，以 Paramax 区区 2 亿美元的资本，如何能对高达 13.1 亿美元的次贷 CDO 提供保险？当 CDO 的次贷资产池贬值的时候，单是为履行 CDS 下的保险责任而追加的担保品就可能把 Paramax 压垮，但是瑞银负责 CDO 估值的董事却对 Paramax 表示瑞银对该批 CDO 的估值是自主确定，而不是盯市，因此可以免受大市波动的不利影响。换言之，瑞银不会让 Paramax 遭遇市价下跌的风险。

最终或许是瑞银不希望成为媒体焦点，让自身不为人知的"秘密"公之于众，在 2008 年 10 月瑞银和 Paramax 达成和解协议。

（二）总收益互换

总收益互换（Total Return Swap）的交易双方分别作为参考债务总收益的付出方与收入方。总收益付出方将参考债务在合约期限内的现金流（利息及费用收入等）支付给收入方，收入方向付出方支付浮动利率（通常以 Libor 为基准利率），合约到期时，若参考资产价值升值，总收益收入方从付出方处获得价值升水，否则向付出方赔付贬值损失。若合约到期前发生信用事件，合约即告终止，付出方得到收入方偿付的参考资产初始价值扣除预期挽回部分（残值）后的差额。总收益互换的交易结构见图 12－2。

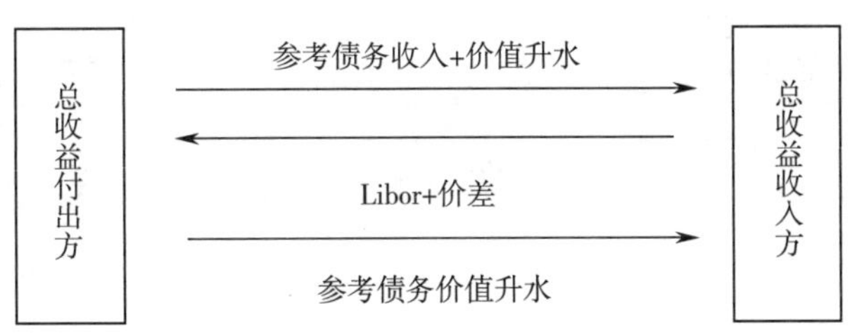

图 12－2 总收益互换交易结构

假定 A 银行与 B 公司达成一项总收益互换，参考资产是交易活跃的 C 公司固定利率债券。双方首先需要商定参考资产的初始价值、合约名义金额、互换期限、基准利率。A 银行承诺在每个计息期期末将债券利息支付给 B 公司，B 公司则同意按 6 个月期 Libor 加上加息率对 A 银行定期支付浮动利息。实际上，如同其他类型的互换交易，双方是按净差额支付，也即一方向另一方作净支付。合约到期时，双方对参考资产重新估值。如果参考债券增值（最终价值 > 初始价值），B 公司得到二者的差额；如果参考债券贬值，B 公司需向 A 银行支付二者差额。到合约期末，B 公司得到的现金流总量就是参考债券利息加债券资本增值或损失。

总收益收入方持有对基础参考债务的“合成多头”，因为收入方可以得到与基础资产的实际持有者相同的现金流。在信用违约互换中，保护买方只是将下部风险转移给对手，而保留从参考资产价值增值中获利的权利，而总收益互换的收入方得到参考资产的全部风险与收益。借助总收益互换对参考资产风险—收益的复制功能，收入方相当于按一定的融资成本（即支付给付出方的利率）“借入”资金购买信贷资产的收益流，从而有效地在其投资中利用了财务杠杆。总收益互换的期限一般对应于基础信贷的期限，收入方只需支付短期利率，即可得到长期贷款的当期利息收益。如果付出方能够以较低成本筹集信贷资金，或能得到收入方所不能获得的税收或会计利益，还可以将其融资优势或特殊利益以较低的互换利率的形式部分转移给收入方。

总收益支付方持有参考债务的“合成空头”，某种程度上相当于出售了参考债务，而实际上参考债务仍旧保留在支付方的资产负债表上。

构建总收益互换交易结构的成本较高，这意味着通常只有当所要保护的信用暴露具有巨大价值时才相对经济。此外，总收益互换包含有利率风险因素，而信用违约互换的交易标的是纯粹的信用风险，剥离了参考债务收益对利率波动的敏感性因素。

✪【例 12.2】中国银行以固定利率 15% 给予国内一家企业 1 亿美元的贷款。在贷款的生命周期内，如果该企业的信用风险增加，那么贷款的市场价值就会下降。在这种情况下，中国银行同其他金融机构达成一笔交易。在该交易中，中国银行以年利率 r 向金融机构支付一笔费用，该年利率等于贷款承诺利率。作为回报，中国银行每年从该金融机构收到按可变的市场利率支付的利息（比如反映其资金成本的 1 年期的 Libor 或 Shibor）。在贷款到期的时候，银行还要同其交易对手结算价差。

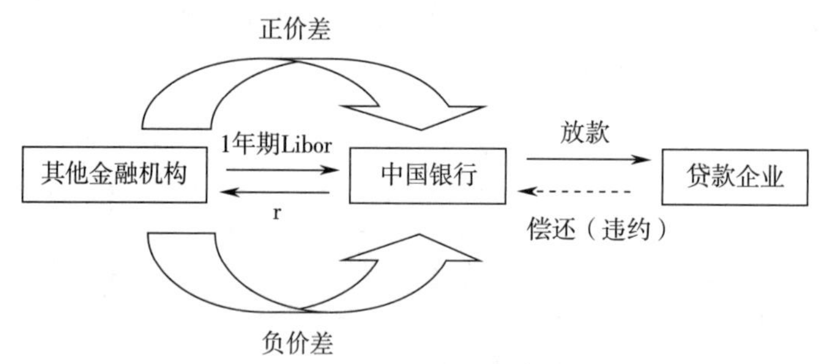

图 12－3　总收益互换的现金流

很显然，总收益互换可以对冲信用风险暴露，但是这种互换又使银行面对着利率风险。如图 12－3 所示，即使基础贷款的信用风险没有发生变化，只要 Libor 发生变化，那么整个总收益互换的现金流也要发生变化。为了剥离出总收益互换中的利率敏感性因素，需要开发另外一种信用互换合约。这就是违约互换。

图 12－4　违约互换的现金流

如图 12－4 所示，银行在每一互换时期向作为交易对手的某一金融机构支付一笔固定的费用，类似于违约期权的价格。如果银行的贷款并未违约，那么它从互换合约的交易对手那里就什么都得不到；如果该笔贷款发生违约的情况，那么互换合约的交易对手就要向其支付违约损失，支付的数额等于贷款的初始面值减去违约贷款在二级市场上的现值。在这里，一项纯粹的信用互换就如同购入了一份信用保险或者是一种多期的违约期权。

二、利用期权对冲信用风险

对冲信用风险的期权主要是信用价差期权（Credit Spread Options），其是指基于某一特定信用价差变化情况的期权合约，期权买方向卖方支付一定数额的期权费，从而获得在未来按预先确定的信用价差（即敲定价格）购买或出售参考债务的权利。信用价差期权分为看跌期权和看涨期权，看跌期权的买方有权以事先约定的信用价差出售基础资产，看涨期权的买方则有权按事先约定的信用价差购买基础资产。信用价差期权通常不进行实物交割，双方只是进行差额结算。期权卖方对买方的或有支付取决于参考资产与无风险政府债券间信用价差（信用风险溢价）的变化方向和变动幅度。

以信用价差看跌期权为例。若参考贷款或债券的债务人信用等级下降，则其信用价差将随之变宽，如果期权到期日的信用价差高于执行价差，看跌期权的卖方对买方进行支付，卖方的支付额 = 名义本金金额 × 久期 ×（指标信用价差 - 执行价差）。

假设 A 银行持有 B 公司发行的债券。A 银行担心 B 公司债券信用等级可能下降，从而导致信用价差加宽，使债券贬值，而 C 则认为 B 公司资信状况将会得到改善，于是 A 银行与 C 在 2004 年达成信用价差期权交易，合约名义本金金额为 1 000 万美元，基础资产为 2013 年 12 月 31 日到期的 B 公司债券，以 2013 年 8 月到期的美国国库券收益率作为计算信用价差的参照，指标信用价差为基础资产的净买价（即除去应计利息和未计利息的净买价）减去执行日期两天前的作为参照的美国国库券认购收益率，执行价差为 2.05%，执行日期为 2005 年 11 月 14 日，久期为 8，期权费为名义本金的 1.25%。若到期日的指标信用价差为 3%（或 300 个基点），则卖方向买方支付金额为：1 000 万 × 8 ×（3% - 2.05%）= 760 000 美元。

本质上，信用价差看跌期权是以信用价差变宽作为一个"信用事件"的违约互换，但与信用违约互换和总收益互换不同，交易双方不必界定特定信用事件——或有支付的触发仅仅取决于信用价差的变化情况，而不需考虑信用价差变动的原因。如此一来，期权买卖双方不会因界定信用事件的内涵以及确认特定信用时间是否实际发生而产生争议，不过，信用价差期权的交易技术相对比较复杂。

✪【例 12.3】利用期权对冲信用风险经典案例——美国中西部的农业贷款

为保证偿还贷款，美国中西部的小麦农场主被要求从芝加哥期权交易所购买看跌期权，从而以这一期权作为向银行贷款的抵押。如果小麦价格下降，那么小麦农场主偿还全部贷款的可能性下降，从而贷款的市场价值下降；与此同时，小麦看跌期权的市场价格上升，从而抵消贷款市场价值的下降。图 12 - 5 显示了小麦看跌期权具有的抵消性效应。

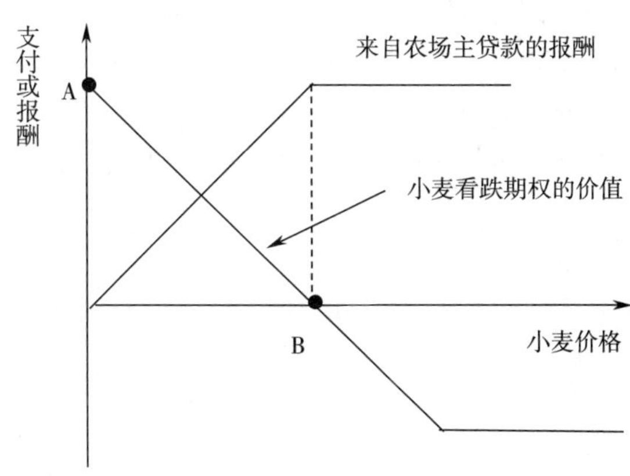

图 12 - 5　利用看跌期权对冲贷款的信用风险

如图 12 - 5 所示，当小麦价格为 B 的时候，农场主的小麦价值恰好保证能偿还银行贷款，同时小麦看跌期权的价值为零；当小麦价格从 B 下降时，银行贷款的报酬下降，但是同时小麦看跌期权的价值上升；当小麦价格从 B 上升时，银行贷款的报酬保持不变，同时小麦看跌期权是由农场主购买的，作为贷款的抵押，因此银行贷款的报酬并不发生变化，农场主的最大借贷成本是购买小麦看跌期权的价格。

三、利用远期对冲信用风险

利用远期合约对冲信用风险的金融衍生产品主要是信用价差远期合约。信用价差远期合约类似于标准的远期合约，唯一的差别就是基础指标不同，此处是为政府无风险债券与敏感性债券之间的价差。由于价差可以将信用风险从市场风险中剥离出来，这样具有信用风险敞口的贷款方或债券持有方就可以通过远期合约卖出浮动利率债券，来抵补信用差价扩大时所发生的信贷损失。

如果远期合约在到期日，由于债券发行方的信用等级上升而导致债券价格上升，信用差价缩小，那么远期合约的卖方就应该向远期合约的买方支付一笔金额为（远期合约中规定的价差 - 远期合约到期时的价差）×久期×名义金额的或有偿付；如果远期合约在到期日，债券发行方的信用等级下降导致债券价格低于票面价值，信用差价扩大，那么远期合约的买方就应该向远期合约的卖方支付一笔金额为（远期合约到期时的价差 - 远期合约中规定的价差）×久期×名义金额的或有偿付，这抵补了信用买方在信贷市场的损失。

如果债券发行方在远期合约交易的到期日之前违约，那么信用远期合约就因为债券消失而失效，交易取消，远期合约卖方承担全部风险；如果在远期合约到期前仅仅是债券发行方的信用等级降低，那么信用差价远期合约继续有效。由此可见，在信用差价远期合约中，远期合约的卖方承担了违约风险，远期合约买方承担了信用等级风险。

四、信用联结票据

信用联结票据（Credit - Linked Note，CLN）是嵌入信用违约互换的结构化票据。保护买方（通常是银行）与 CLN 发行人（一般是特设机构，即 SPV）达成以单项参考债务或一篮子参考债务为基础的违约互换交易，保护买方向发行人支付保险费，然后，发行人向投资者发行 CLN，并对其支付利息，其中包括保护买方支付的保险费。若参考债务人没有违约，投资者在票据到期时收回票据面值（本金）。一旦参考贷款发生信用事件，发行人即停止向投资者支付票据利息，一方面向保护买方偿付，另一方面将票据面值扣除对保护买方的偿付后的余额（参考债务残值）返还给投资者。CLN 的交易结构如图 12 - 6 所示。

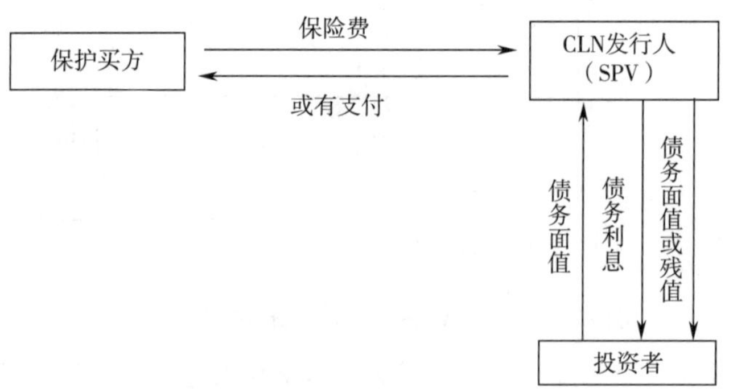

图 12 - 6　CLN 的交易结构

假如一家银行与 SPV 达成信用违约互换交易，向 SPV 支付 50 个基点的保险费，为其持有的 100 万元贷款购买风险保护。SPV 向投资者发行面值为 100 元的 10 000 份 CLN。由于 SPV 的融资利率为 Libor - 10 个基点，故票据利率为 Libor - 10 + 50 = Libor + 40。若基础参考贷款发生违约，残值为75元，则SPV向保护买方支付25万元，同时向投资者每张票据返还75元。

作为融合了信用衍生交易的证券化品种，CNL是对传统结构化金融工具的改良，同时又保留了证券化的一些传统特征。与传统证券化相比，CNL是复制参考债务信用风险的合成投资工具，它只是将贷款的信用风险转移给投资者，同时贷款仍然保留在银行的资产负债表上，因此不需要办理转让贷款的法律手续。与其他类型的信用衍生品相比，CNL别具特色。CNL对于保护买方的吸引力在于，它是要求投资者提供资金的信用衍生工具，因而不存在交易对手风险，由于投资者在购买CNL时已支付了票据面值，当违约发生时，发行人只需返还低于面值的残值即可。信用违约互换的保护卖方则没有预先提供资金作为履约担保，当信用事件发生后，保护买方面临着保护卖方不履行支付承诺的可能。总收益互换由于包含现金流双向运动，因此交易双方都面临对手风险。CNL对于投资者也有特殊的好处，有些投资者受到约束不能涉及衍生交易，CNL能够为他们提供一条参考信用衍生交易的渠道。例如，某基金委托契约只允许基金投资于AAA级债券，而CNL的发行人通常是具有AAA等级的特设机构，故其发行的票据在基金可以购买的范围之内。此外，CNL的流动性相对较好。信用违约互换一般是非交易性的双边合约，投资者通常要执行一项反向的互换交易以抵消其头寸。CNL则是一项可交易的工具，能够像其他债券那样方便出售。

20世纪90年代后半期，从CNL的基本结构中演化出更为复杂的混合产品，即所谓的合成债务抵押债券（Synthetic Collateralized Debt Obligation），这些新型的合成证券化产品将证券化重组现金流的分层技术与信用衍生工具相结合，它们通常包含以许多捆绑在一起的参考信用为基础的一篮子违约互换，参考信用组合的合成暴露被分成若干份额，反映不同的风险等级，以吸引具有不同风险态度的投资者。

专栏12－4

中国农业银行创设国内首批信用联结票据

2017年5月3日，国内首批两单信用联结票据在银行间市场成功完成创设，中国农业银行是两家创设机构中唯一一家银行类创设机构。信用联结票据的创设填补了国内该类产品的空白，是银行间市场一次重要的功能升级。

近年来，受经济周期的影响，国内债券市场信用违约事件增多，对于信用风险避险工具的需求上升。2016年9月，中国银行间市场交易商协会发布了《银行间市场信用风险缓释工具试点业务规则》，进一步完善了信用风险缓释工具产品体系，增加了信用违约互换（CDS）和信用联结票据（CLN）等新品种。该规则强调风险管理实需原则，更加契合市场机构的需求，有助于提高信用风险的定价效率，防范系统性风险，提升金融市场服务实体经济的能力。

2016年10月底，农业银行参与了国内首批CDS的交易，取得了良好的市场反响。考虑到CLN具有结构清晰、交易便利和对手方风险小的特点，其潜在交易机构范围大，可能更加契合国内市场的需求。为此，农业银行在人民银行、交易商协会和市场机构的大力支持下，积极投入CLN产品的研发，先后实现了产品结构设计、会计核算、风险管理、定价模型等关键业务需求，积极推进产品落地。本期 CLN 是基于债券投资组合风险敞口对冲的实际需要进行创设的，信用标的是某能源行业企业私募债，金额为 2 000 万元。经过创设，农业银行将实现对标的债务信用风险的有效管理，债券组合的信用风险管理水平将明显提升。

信用联结票据是金融机构进行信用风险对冲的有力工具，是新形势下国内金融市场具有代表性的重要创新。本次成功创设标志着信用风险缓释工具系列产品已全面落地。

五、违约指数合约

违约指数合约由破产指数（国内或某一地区的破产数量）驱动，若到期日指数高于合约起始时指数，合约买方可得到补偿。

1998 年 11 月，芝加哥期货交易所（CME）推出第一个场内交易的信用衍生产品，即美国季度破产指数衍生产品。破产指数衍生产品可以是期货，也可以是期权，都是基于 CME 季度破产指数（CME QBI）产生的。该指数是合约到期日前 3 个月在美国新登记的破产数。交易者购买该合约后，若到期日 QBI 高于订立合约时的指数，合约买方就可获得偿付，合约金额等于指数乘以 1 000 美元。

银行可以利用违约指数合约对其持有的大规模信贷组合进行管理，以规避经济低落导致普遍的个人或企业破产造成的信贷损失，缓解信用环境恶化的系统性风险可能造成的冲击。而且，由于违约指数是公开可得的参照标准，寻求风险保护的银行并不具有相对于交易对手的信息优势，从而可以避免信用风险出售中交易双方信息不对称导致的逆向选择问题。

六、金融衍生工具作为风险管理手段的优越性

长期以来，从事信贷业务的银行、赊销商品的企业、持有债券组合的投资基金等信用风险的承受者主要通过担保、保险、资产出售、资产证券化等方式将信用风险转移给其他经济主体，或是对预期风险损失保留准备金作为补偿。金融衍生工具使债权人可以对信用风险进行灵活便捷的保值，不失为信用风险管理方法的革命。与传统的信用风险管理手段相比，信用衍生工具的优越性表现在以下方面。

（一）提高信用风险市场交易的频率

贷款的合约要素标准化程度较低，债权出售方不容易寻找到合适的交易对手，使债权直接买卖受到较大限制。证券化技术将贷款转化成为可交易的、标准化的证券，为债权人转移风险提供了便利，不过，原始债权人出于破产隔离等目的，通常首先将债权资产转让给从事资产证券化的特设机构，再由其基于基础资产的现金流发行证券，因而可能涉及烦琐的法律程序。再者，证券化的理想资产是相对标准化的住房抵押贷款、汽车贷款，工商贷款的证券化比较困难。

信用衍生工具是单纯针对信用风险独立于参考债务的合约，债权人可以与各类交易对手达成信用衍生合约，迅速便捷地出售其不愿承载的信用风险。信用风险交易摆脱了贷款本身缺乏流动性的束缚，简化了法律手续，节约了交易成本。

（二）解决信用风险转让与维持客户关系的悖论

债务人对银行公开出售贷款比较敏感，担心会影响自己的市场信誉度。如果债权人意欲向第三方转让债权，就不得不顾虑由此可能对客户关系产生的负面影响。而且，贷款合同附

带着银行与客户间的“隐性契约”，银行承诺对客户提供资金支持，客户考虑优先购买银行的其他产品和服务，贷款成为维系客户关系的支撑点。如果银行出售贷款以减持风险暴露，可能面临客户关系流失。出于维持客户关系的考虑，银行被迫继续持有风险暴露，从而面临“信贷悖论”的两难困境。

（三）扩展对信用风险的保护范围

担保和保险等传统的信用风险转移工具仅针对违约风险，而金融衍生工具则将债务重组、企业并购、信用等级、信用价差加宽等信用事件也纳入保护范围，如果这些标志债务人信用品质下降的事件产生，即使未发生违约，保护卖方也对买方进行支付。此外，传统风险管理工具只能着眼于特定债务人的特殊风险，而盯住破产数量的违约指数产品还可以对冲债券组合面临的系统性违约风险。可见，金融衍生工具能够覆盖包括违约风险和信用价差风险在内的各种信用风险形式，甚至可以用于对系统性信用风险进行免疫，从而最大限度地为信用风险承受者提供保护。

（四）提供重塑信用风险敞口的机会

债权出售和证券化由于涉及债权转让，一般适用于组合的整体风险转移，而不是对债权（组合）中的局部风险暴露进行有选择的特别处理。金融衍生工具独立于参考资产，有较大的设计弹性空间，其名义金额、期限等无须与参考资产完全一致，因而在重新构造信用风险方面具有常规的信用风险管理工具不可比拟的灵活性。债权人可以量身定制金融衍生合约，对基础资产的信用风险进行再设计，以调整其面临的信用风险敞口。债权人既可以对冲单项债权资产包含的部分信用风险，又可以为债权组合设计不同程度的信用保护覆盖率，譬如为组合中任意一项或多项资产可能发生的违约损失购买保护，或是为组合所能承受的损失水平设定上限。银行还可虚拟地卖空与自身面临的信用暴露具有类似特征的其他债务工具的信用风险为信贷组合保值，而不必实际持有该债务工具。同时，银行也可作为金融衍生工具的投资者，购买与自身偏好匹配的合成信用暴露，以实现信贷组合风险构成的多样化。

（五）提供动态的信用风险补偿手段

贷款损失储备是静态的风险管理手段，债权人在预计未来损失的基础上确定并保持准备金水平。信用衍生工具则是动态地盯住参考债务人信用品质，保护卖方对买方的或有支付取决于债务人信用度的实际变化，相当于提供了及时跟进的债权损失准备，又不需占用大量流动资金。

本章小结

本章介绍了信用风险的衡量方法和管理方式，其中衡量信用风险方法包括专家分析法、内部评级法、基于财务比率指标的信用评分法和现代信用风险度量模型，而管理信用风险方式包括互换、期权、远期合约、信用联结票据和违约指数合约，这些衡量方法和管理方式相对于传统信用管理方式虽然优势较为明显，但是也不可避免地带有一些缺点，例如衡量信用风险的两种模型都面临数据缺乏的窘境。因此，我们在现实当中遇到此类风险时，应当根据实际情况选择最佳处理途径。

重点概念

信用风险的概念、特点和来源　信用风险衡量模型　互换对冲信用风险　期权对冲信用风险　信用联结票据　违约指数合约

思考与练习

一、判断题

1. 信用风险不仅包括借款人违约的可能性，还包括借款人信用状况或评价下降的风险。(　　)

2. 金融衍生产品可以分散、转移风险，但它的高杠杆交易功能也能放大风险，形成金融泡沫。(　　)

3. 为有效识别、计量和监测风险，银行通常需要设立专门的风险管理部门，全面负责银行风险管理工作。(　　)

4. 外部评级是由银行基于自身掌握的信息，对特定借款人和债项进行的信用风险评价。(　　)

5. 对于贷款而言，信用风险管理不应当仅仅停留在单笔贷款的层面上，还应当从贷款组合的层面进行识别、计量、监测和控制。(　　)

二、选择题

1. 根据标准普尔的历史违约数据，一个信用等级为 BB 的债务在一年内发生违约的概率大约是（　　）。

A. 0.05%　　B. 0.20%　　C. 1.06%　　D. 5.00%

2. 对主要的信用衍生工具产品，下列描述正确的是（　　）。

A. 信用互换是信用衍生工具的主要产品

B. 信用价差期权是占主要市场份额的产品

C. 资产互换是信用衍生工具的高级产品

D. 债务抵押票据是市场份额比较少的产品

3. 如果已经知道了一年期的信用转移矩阵，则一个季度的信用转移矩阵的每个元素与一年期的信用转移矩阵的关系是（　　）。

A. 每个元素都是一年期的四分之一

B. 每个元素都是一年期的四倍

C. 每个元素都是一年期的四次方根

D. 每个元素都是一年期对角化后特征矩阵四次方根

4. 使用 KMV 模型给出的违约距离与下列因素有关（　　）。

A. 公司的杠杆率和资产波动率

B. 公司股票和债券的市场价值

C. 公司长期债务和短期债务及波动率

D. 公司的短期债务与公司的波动率

5. 已知某农村商业银行的风险信贷资产总额为300亿元，如果所有借款人的违约概率都是5%，违约回收率平均为20%，那么该农村商业银行的风险贷款资产的预期损失是（　　）。

A. 15亿元　　B. 12亿元　　C. 20亿元　　D. 30亿元

三、计算题

1. 阿里银行对某零售店以4.5%的利率（每年付息一次）提供了一笔15万元的贷款，抵押物的价值为7万元。该笔贷款的年预期违约概率为3%，违约损失率为60%。在这种情况下，银行的预期损失是多少？

2. 信用评级分析师要确定一个新的三年期贷款的预期违约久期，其第一年发生违约的可能性为3%，第二年发生违约的可能性为4%，第三年发生违约的可能性为6%。那么该三年期贷款的预期违约久期是多少？

3. 国内某银行确定三一重工有2%的概率会发生贷款违约，该笔贷款金额为30亿元，一年后一次性还清利息和本金部分。银行对工程机械行业企业收取3.5%的利差，无风险利率是5%。该银行在年底一次性收取本息，三一重工只能在年底违约。如果三一重工违约，银行预期会损失承诺支付金额的50%。在该银行向三一重工提供30亿元贷款的六个月后，由于一个新的竞争对手加入工程机械行业，导致三一重工调整其定价并减记其库存的价值。因此，三一重工的违约概率从2%上升到10%，其违约损失率从50%上升到70%。如果银行能重新定价其贷款，那么新的利率为多少？

四、材料分析

中海地产中标国内某大学的招标项目，双方之后随即签订合同，合同标的为一幢员工住宅楼的施工工程。主楼地下一层，地上6层，总建筑面积9 000平方米。合同协议书由甲方自己起草。合同工期为2年。合同中的价格条款为“本工程合同价格为人民币1 000万元。此价格固定不变，不受市场上材料、设备、劳动力和运输价格的波动及政策性调整影响而改变。因设计变更导致价格增减另外计算。”在招标文件中，该大学提供的图纸虽号称“施工图”，但实际上很粗略，没有配筋图。

在中海地产报价时，国家对建材市场实行控制，有钢材最高市场限价，约1 800元/吨。中海地产则按此限价投标报价。工程开始后一切顺利，但基础完成后，国家取消钢材限价，实行开放的市场价格，市场钢材价格在很短的时间内上涨至3 500元/吨以上。

另外，由于设计图纸过粗，后来设计虽未变更，但却增加了许多中海地产未考虑到的工作量和新的分项工程。其中最大的是钢筋。中海地产报价时没有配筋图，仅按通常商住楼的每平方米建筑面积钢筋用量估算，而最后实际使用量与报价所用的钢筋工程量相差500吨以上。

按照合同条款，这些都应由中海地产承担。开工后约5个月，承包商再作核算，预计到工程结束承包商至少亏本2 000万元。中海地产与该大学商议，希望照顾到市场情况和承包商的实际困难，给予中海地产以实际价差补偿，因为这个风险已大大超过其承受能力，中海地产已不期望从本工程获得任何利润，只要求保本。但该大学予以否决，要求中海地产按原价格全面履行合同责任。中海地产无奈，放弃了前期工程及基础工程的投入，撕毁合同，从工程中撤出人马，蒙受了很大的损失。而该大学不得不请另外一个地产商进场继续施工，结果也蒙受很大损失：不仅工期延长，而且最后花费也很大。因为另一个地产商进场完成一个半拉子工程，只能采用议标的形式，价格也比较高。

在这个工程中，几个重大风险因素集中都一起：工程量大、工期长、设计文件不详细、市场价格波动大、做标期短、采用固定总价合同。最终不仅损害了地产公司的利益，而且也伤害了该大学和大学职工的利益，影响了工程整体效益。

问题：

1. 你认为在该项目建设过程中，地产商和大学分别承受了哪些风险？其原因何在？

2. 如果你负责监管这项工程，你会如何进行风险管理？依据是什么？

主要参考文献

［1］赫尔．期权、期货及其他衍生产品（原书第 11 版）［M］．王勇，索吾林，张翔，译．北京：机械工业出版社，2023.

［2］威尔莫特．金融工程与风险管理技术［M］．刘立新，译．北京：机械工业出版社，2009.

［3］格利茨．金融工程：运用衍生工具管理风险（第三版）［M］．彭红枫，译．武汉：武汉大学出版社，2016.

［4］马歇尔，班赛尔．金融工程［M］．宋逢明，译．北京：清华大学出版社，1998.

［5］施兵超，杨文泽．金融风险管理［M］．上海：上海财经大学出版社，1999.

［6］叶永刚，彭红枫．金融工程学［M］．大连：东北财经大学出版社，2018.

［7］林清泉．金融工程（第五版）［M］．北京：中国人民大学出版社，2022.

［8］周爱民．金融工程［M］．北京：科学出版社，2007.

［9］桑德斯．信用风险度量：风险估值的新办法与其他范式［M］．刘宇飞，译．北京：机械工业出版社，2001.

［10］赫尔．风险管理与金融机构［M］．王勇，董方鹏，张翔，译．北京：机械工业出版社，2010.

21世纪高等学校金融学系列教材

一、货币银行学子系列

书名	作者		定价	出版时间
★货币金融学（第五版）	朱新蓉	主编	69.00元	2021.05出版
（普通高等教育“十一五”国家级规划教材/国家精品课程教材·2008）				
货币金融学	张　强　乔海曙	主编	32.00元	2007.05出版
（国家精品课程教材·2006）				
货币金融学（附课件）	吴少新	主编	43.00元	2011.08出版
货币金融学（第二版）	殷孟波	主编	48.00元	2014.07出版
（普通高等教育“十五”国家级规划教材）				
现代金融学 ——货币银行、金融市场与金融定价	张成思	编著	69.00元	2022.08出版
货币银行学（第二版）	夏德仁　李念斋	主编	27.50元	2005.05出版
货币银行学（第三版）	周　骏　王学青	主编	42.00元	2011.02出版
（普通高等教育“十一五”国家级规划教材）				
货币银行学原理（第六版）	郑道平　张贵乐	主编	39.00元	2009.07出版
金融理论教程	孔祥毅	主编	39.00元	2003.02出版
西方货币金融理论	伍海华	编著	38.80元	2002.06出版
现代货币金融学	汪祖杰	主编	30.00元	2003.08出版
行为金融学教程	苏同华	主编	25.50元	2006.06出版
中央银行通论（第三版）	孔祥毅	主编	40.00元	2009.02出版
中央银行通论学习指导（修订版）	孔祥毅	主编	38.00元	2009.02出版
商业银行经营管理（第二版修订版）	宋清华	主编	50.00元	2021.08出版
商业银行管理学（第六版）	彭建刚	主编	80.50元	2023.09出版
（国家级一流本科课程配套教材/普通高等教育“十一五”国家级规划教材/国家精品课程教材·2007/国家精品资源共享课配套教材）				
商业银行管理学（第四版）	李志辉	主编	76.00元	2022.03出版
（普通高等教育“十一五”国家级规划教材/国家精品课程教材·2009）				
商业银行管理学习题集	李志辉	主编	20.00元	2006.12出版
（普通高等教育“十一五”国家级规划教材辅助教材）				
商业银行管理	刘惠好	主编	27.00元	2009.10出版
现代商业银行管理学基础	王先玉	主编	41.00元	2006.07出版
金融市场学（第三版）	杜金富	主编	55.00元	2018.07出版
现代金融市场学（第四版）	张亦春	主编	50.00元	2019.02出版
中国金融简史（第二版）	袁远福	主编	25.00元	2005.09出版

（普通高等教育“十一五”国家级规划教材）

货币与金融统计学（第四版）	杜金富	主编	48.00 元	2018.07 出版

（普通高等教育“十一五”国家级规划教材/国家统计局优秀教材）

金融信托与租赁（第六版）	王淑敏　齐佩金	主编	45.00 元	2024.06 出版

（普通高等教育“十一五”国家级规划教材）

金融信托与租赁案例与习题	王淑敏　齐佩金	主编	25.00 元	2006.09 出版

（普通高等教育“十一五”国家级规划教材辅助教材）

金融营销学	万后芬	主编	31.00 元	2003.03 出版
金融风险管理	马昕田	主编	40.00 元	2021.06 出版
金融风险管理	宋清华　李志辉	主编	33.50 元	2003.01 出版
网络银行（第二版）	孙　森	主编	36.00 元	2010.02 出版

（普通高等教育“十一五”国家级规划教材）

银行会计学	于希文　王允平	主编	30.00 元	2003.04 出版
互联网金融	万光彩　曹　强	主编	50.00 元	2022.01 出版

二、国际金融子系列

国际金融学	潘英丽　马君潞	主编	31.50 元	2002.05 出版
★国际金融概论（第五版）	孟　昊　王爱俭	主编	45.00 元	2020.01 出版

（国家级一流本科课程配套教材/普通高等教育“十二五”国家级规划教材/国家精品课程教材·2009）

国际金融（第四版）	刘惠好	主编	66.00 元	2022.11 出版
国际金融概论（第四版）（附课件）	徐荣贞	主编	48.00 元	2022.01 出版
★国际结算（第七版）（附课件）	苏宗祥　徐　捷	著	70.00 元	2020.08 出版

（普通高等教育“十二五”国家级规划教材/2012—2013 年度全行业优秀畅销书）

各国金融体制比较（第五版）	白钦先	等编著	78.00 元	2021.09 出版
国际金融（第二版）	周　文　漆腊应	主编	43.00 元	2021.04 出版
国际金融管理	鞠国华	主编	43.00 元	2020.01 出版

三、投资学子系列

投资学（第四版）	张元萍	主编	63.00 元	2022.04 出版
证券投资学	吴晓求　季冬生	主编	24.00 元	2004.03 出版
证券投资学（第二版）	金　丹	主编	69.00 元	2022.08 出版
证券投资学	王玉宝	主编	38.00 元	2018.06 出版
现代证券投资学	李国义	主编	39.00 元	2009.03 出版
证券投资分析（第二版）	赵锡军　李向科	主编	35.00 元	2015.08 出版
组合投资与投资基金管理	陈伟忠	主编	15.50 元	2004.07 出版
投资项目评估（第三版）	李桂君　宋砚秋　王瑶琪	主编	60.00 元	2021.06 出版
项目融资（第三版）	蒋先玲	编著	36.00 元	2008.10 出版

四、金融工程子系列

金融经济学教程（第三版）	陈伟忠　陆珩瑱	主编	56.00 元	2021.11 出版
衍生金融工具（第二版）	叶永刚　张　培	主编	53.00 元	2020.07 出版
衍生金融工具	王德河　杨　阳	编著	38.00 元	2016.12 出版
现代公司金融学（第三版）	马亚明	主编	59.00 元	2021.08 出版
金融计量学	张宗新	主编	42.50 元	2008.09 出版
数理金融	张元萍	编著	29.80 元	2004.08 出版
金融工程学（第二版）	沈沛龙	主编	63.00 元	2023.02 出版
金融工程	陆珩瑱	主编	39.50 元	2018.01 出版

五、金融英语子系列

金融英语阅读教程（第五版） （北京高等教育精品教材）	沈素萍	主编	69.00 元	2022.10 出版
金融英语阅读教程导读（第四版） （北京高等学校市级精品课程辅助教材）	沈素萍	主编	23.00 元	2016.01 出版
保险专业英语	张栓林	编著	22.00 元	2004.02 出版
保险应用口语	张栓林	编著	25.00 元	2008.04 出版

注：加★的书为“十二五”普通高等教育本科国家级规划教材。

21 世纪高等学校保险学系列教材

书名	作者		著作方式	定价	出版时间
保险学概论	许飞琼		主编	49.80 元	2019.01 出版
保险学概论学习手册	许飞琼		主编	39.00 元	2019.04 出版
经典保险案例分析 100 例	许飞琼		主编	36.00 元	2020.01 出版
保险学（第二版）	胡炳志	何小伟	主编	29.00 元	2013.05 出版
风险管理与保险	孔月红	高　俊	主编	39.50 元	2019.10 出版
保险精算（第三版） （普通高等教育“十一五”国家级规划教材）	李秀芳	曾庆五	主编	36.00 元	2011.06 出版
人身保险（第二版）	陈朝先	陶存文	主编	20.00 元	2002.09 出版
财产保险（第六版） （普通高等教育“十一五”国家级规划教材/普通高等教育精品教材奖）	许飞琼	郑功成	主编	56.00 元	2020.12 出版
财产保险案例分析	许飞琼		编著	32.50 元	2004.08 出版
海上保险学	郭颂平	袁建华	编著	34.00 元	2009.10 出版
责任保险	许飞琼		编著	40.00 元	2007.11 出版
再保险（第二版） （普通高等教育“十一五”国家级规划教材）	胡炳志	陈之楚	主编	30.50 元	2006.02 出版
保险经营管理学（第二版）	江生忠	祝向军	主编	49.00 元	2017.12 出版
保险经营管理学（第二版） （普通高等教育“十一五”国家级规划教材）	邓大松	向运华	主编	42.00 元	2011.08 出版
保险营销学（第四版） （教育部经济类专业主干课程推荐教材）	郭颂平	赵春梅	主编	42.00 元	2018.08 出版
保险营销学（第二版）	刘子操	郭颂平	主编	25.00 元	2003.01 出版
★风险管理（第五版修订本） （普通高等教育“十一五”国家级规划教材）	许谨良		主编	50.00 元	2022.01 出版
保险产品设计原理与实务	石　兴		著	24.50 元	2006.09 出版
社会保险（第五版） （普通高等教育“十一五”国家级规划教材）	林　义		主编	49.00 元	2022.08 出版
保险学教程（第二版）	张　虹	陈迪红	主编	36.00 元	2012.07 出版
利息理论与应用（第二版）	刘明亮		主编	32.00 元	2014.04 出版
保险法学	李玉泉		主编	53.50 元	2020.08 出版

注：加★的书为“十二五”普通高等教育本科国家级规划教材。